国家文化产业资金支持媒体融合重大项目

高等职业教育教学改革特色教材·财经

安徽省“十二五”规划教材

管理心理学

（第六版）

朱丹 朱吉玉 编著

GUANLI
XINLIXUE

东北财经大学出版社 大连
Dongbei University of Finance & Economics Press

图书在版编目（CIP）数据

管理心理学 / 朱丹，朱吉玉编著．—6版．—大连：东北财经大学出版社，2024.11．—（高等职业教育教学改革特色教材·财经通识课）．—ISBN 978-7-5654-5416-5

Ⅰ．C93-051

中国国家版本馆CIP数据核字第2024SF8077号

东北财经大学出版社出版

（大连市黑石礁尖山街217号　邮政编码　116025）

网　　址：http://www.dufep.cn

读者信箱：dufep@dufe.edu.cn

大连天骄彩色印刷有限公司印刷　东北财经大学出版社发行

幅面尺寸：185mm×260mm　　字数：411千字　　印张：19

2024年11月第6版　　2024年11月第1次印刷

责任编辑：张晓鹏　孟　鑫　　责任校对：一　心

封面设计：原　皓　　版式设计：原　皓

定价：48.00元

教学支持　售后服务　　联系电话：（0411）84710309

富媒体智能型教材出版说明

“财经高等职业教育富媒体智能型教材开发系统工程”入选国家新闻出版广电总局新闻出版改革发展项目库，并获得文化产业专项资金支持，是“国家文化产业资金支持媒体融合重大项目”。项目以“融通”“融合”“共建”“共享”为特色，是东北财经大学出版社积极落实国家推动传统媒体与新媒体融合发展的重要举措之一。

“财济书院”智能教学互动平台是该工程项目建设成果之一。该平台通过系统、合理的架构设计，将教学资源与教学应用集成于一体，具有教学内容多元呈现、课堂教学实时交互、测试考评个性设置、用户学情高效分析等核心功能，是高校开展信息化教学的有力支撑和应用保障。

富媒体智能型教材是该工程项目建设成果之二。该类教材是我社供给侧结构性改革探索性策划的创新型产品，是一种新形态立体化教材。富媒体智能型教材秉持严谨的教学设计思想和先进的教材设计理念，为财经职业教育教与学、课程与教材的融通奠定了基础，较好地避免了传统教学模式和单一纸质教材容易出现的“两张皮”现象，有助于教学质量的提高和教学效果的提升。

从教材资源的呈现形式来说，富媒体智能型教材实现了传统纸质教材与数字技术的融合，通过二维码建立链接，将VR、微课、视频、动画、音频、图文和试题库等富媒体资源丰富地呈现给用户；从教材内容的选取整合来说，其实现了职业教育与产业发展的融合，不仅注重专业教学内容与职业能力培养的有效对接，而且很好地解决了部分专业课程学与训、训与评的难题；从教材的教学使用过程来说，其实现了线下自主与线上互动的融合，学生可以在有网络支持的任何地方自主完成预习、巩固、复习等，教师可以在教学中灵活使用随堂点名、作业布置及批改、自测及组卷考试、成绩统计分析等平台辅助教学工具。

富媒体智能型教材设计新颖，一书一码，使用便捷。使用富媒体智能型教材的师生首先下载“财济书院”App或者进入“财济书院”（www.idufep.com）平台完成注册，然后登录“财济书院”，输入教材封四学习卡中的激活码，建立或找到班级和课程对应教材，就可以开启个性化教与学之旅。

“重塑教学空间，回归教学本源！”“财济书院”平台不仅仅是出版社提供教学资源和服务的平台，更是出版社为作者和广大院校创设的一个教学空间，作者和院校师生既是这个空间的使用者和消费者，也是这个空间的创造者和建设者，在这里，出版社、作者、院校共建资源，共享回报，共创未来。

最后，感谢各位作者为支持项目建设所付出的辛劳和智慧，也欢迎广大院校在教学中积极使用富媒体智能型教材和“财济书院”平台，东北财经大学出版社愿意也必将陪伴广大职业教育工作者走向更加光明而美好的职教发展新阶段。

东北财经大学出版社

第六版前言

《管理心理学》是东北财经大学出版社为贯彻党的二十大提出的“实施科教兴国战略，强化现代化建设人才支撑”战略目标，落实立德树人根本任务和“为党育人、为国育才”的教育使命，按照教育部有关高等职业教育人才培养的精神，以提高学生整体素质为基础，以培养学生的专业基本技能为主线组织编写的“高等职业教育教学改革特色教材·财经通识课”之一。在编写过程中，编著者充分吸收了国内外同类学科、同类教材的研究成果，并与我国的国情和专业实际相结合。本书针对相关内容和体例，设置了“知识目标”“素养目标”“小思考”“补充阅读材料”“案例”“管理寓言”“管理法则”等栏目，在每章章后设置有“知识掌握”“案例分析”“实践训练”等练习题，形式多样，内容活泼，以提高学生的学习兴趣，增强其学习效果。

本书共有10章内容，分为5个部分：第一部分是管理心理学概述，主要介绍管理心理学的研究对象、产生与发展、相关基础理论等内容；第二部分是个体心理，主要包括社会认知、个性、需要与动机、情绪、态度、挫折、激励等内容；第三部分是群体心理，主要包括群体的规范、压力和凝聚力，群体中的人际关系，群体的冲突与沟通等内容；第四部分是组织心理，主要包括组织结构与类型、组织的变革与发展、组织文化等内容；第五部分是领导心理，主要包括领导行为、领导者的影响力、领导理论、领导者的素质与心理等内容。

本书由于体例新颖简洁、内容通俗易懂、趣味性强，被评为安徽省“十二五”规划教材。在第五版的基础上，我们结合当前形势的发展和管理实践的需要，对部分内容进行了增删，对书中的“趣味导读”“案例”等内容进行了调整，增加并替换了部分“补充阅读材料”“案例”“管理寓言”“管理法则”等栏目的内容，使教材内容更新、更丰富，知识性、趣味性更强。

本书由安徽商贸职业技术学院朱丹老师和朱吉玉教授共同组织修订。其中，朱丹修订了第1、7、8、9、10章，朱吉玉修订了第2、3、4、5、6章。本书在编写和修订过程中参阅了大量文献，或在文中列出，或在书后参考文献中说明；同时，本书的出版也得到了东北财经大学出版社的大力协助和指导，在此一并致谢。

由于编著者水平有限，书中不妥与疏漏之处在所难免，敬请同行专家和读者批评指正。

编著者

2024年8月

目　录

第1章

管理心理学概述

学习目标

知识目标：通过本章的学习，你应该能够了解管理心理学的概念和研究对象；明确管理心理学的产生与发展过程；认识管理心理学的研究任务和意义；掌握管理心理学的研究原则和研究方法。

素养目标：掌握心理学的基本原理，学会运用心理方法分析管理活动中人的心理和行为规律，保持积极心态，提高管理、用人的心理意识。

趣味导读　　钥匙与锁

一把坚固的大锁挂在大门上，一根铁棒费了九牛二虎之力，还是无法将它撬开。钥匙来了，它瘦小的身子钻进锁孔，只轻轻一转，大锁就“啪”地一声打开了。

铁棒奇怪地问：“为什么我费了那么大力气也打不开，而你却轻而易举地就把它打开了呢？”钥匙说：“因为我最了解它的心。”

每个人的心都像是上了锁的大门，任你再粗的铁棒也撬不开。唯有通过关怀和了解，把自己变成一把相配的钥匙，才能进入他人的心中，了解他人。

分析提示：管理工作主要是和人打交道，所以管理者要了解人的心理，听懂员工的“心声”，这是一个优秀的管理者应该具备的基本功。

管理心理学是将心理学的一般原理用于组织管理行为过程中的一门应用学科。它是心理学的一个重要分支，也是管理学的一个重要组成部分。多年来，由于企业管理发展的需要，管理心理学在西方发达国家被广泛关注，在理论研究和实际应用方面都得到迅速的发展。在我国，随着改革开放的深入和市场经济的不断发展，对管理心理学的研究和运用也受到普遍关注，探索和完善有中国特色的管理心理学理论，成为时代发展的迫切要求。

1.1 管理心理学的概念和研究对象

1.1.1 管理心理学的概念

简单地讲，管理心理学是研究管理过程中人的心理现象的产生、发展及其变化规律的科学。

管理心理学是从现代管理科学和行为科学的发展过程中派生出来的一门新兴学科。它把心理学的基本原理和其他学科的研究成果应用到管理活动中，分析和研究组织中人的心理活动和行为规律，探索激励人的心理和行为的各种途径和技巧，以加强对人的行为的预测、引导和控制，达到充分调动人的积极性、提高其工作绩效的目的。所以说，管理心理学是一门综合性的应用学科。

现代企业管理强调以人为中心，建立以人为中心的管理制度。从系统论的角度分析，组织的管理系统包括两大类（如图1-1所示）：一是技术系统，即“人机”系统，也就是人和机器的关系，其核心是采用最新科研成果，努力实现机械化、自动化、现代化，以提高生产效率。二是社会心理系统，即“人人”系统，就是在管理过程中，依据心理学的原理，协调员工的人际关系，满足员工的心理需求，最大限度地调动员工的积极性、主动性和创造性。

- 管理系统
  - 技术系统（生产过程）
    - 物质资料结构
    - 劳动力结构
    - 技术结构
    - → 劳动、机器及劳动工具作用于生产对象的结构 → 技术管理
  - 社会心理系统（社会过程）
    - 管理者与员工的关系
    - 员工间的关系
    - → 人际关系 → 心理管理

图1-1　管理系统结构示意图

在现代企业的人、财、物、信息等资源中，人是最重要的资源。科技越发达，社会越发展，人就越关键。从心理学角度来定义管理过程，实质上就是由一个人或一群人来协调其他人的活动，以便取得个人单独活动所不能取得的效果。因此，可以将管理理解为：

（1）管理工作的中心是管理其他人，目的是通过管理其他人的活动来提高工作绩效。

（2）管理工作是通过协调其他人的活动来进行的。

（3）在管理工作中必须考虑其他人的心理特点，了解其他人的心理活动规律，以增强管理效果。

小思考1-1

答案

小思考1-1

问：管理工作的中心是什么？为什么？

1.1.2　管理心理学的研究对象

管理心理学的研究对象是组织中的人及其心理活动。管理心理学是研究如何调动人的积极性的学问。管理心理学包含丰富的内容，涉及组织管理活动中具体的社会心理现象，以及个体、群体、组织和领导的具体心理活动及其规律。概括地讲，其大体包括个体心理、群体心理、组织心理和领导心理。

（1）个体心理。任何组织都是由众多的个体组成的。个体的积极性、主动性和创造性直接影响群体、组织乃至整个工作过程的效率。因而，对个体心理的研究是管理心理学的主要课题之一。

组织中的个体都是有思想、有感情、有追求的有机体。一方面，由于先天遗传因素的差别和后天社会环境以及个人经历、文化水平的不同，形成了个体差异；另一方面，又由于他们处于同一组织环境中，追求同一个组织目标，并且相互影响、相互作用，因而，又具有许多相同的心理活动规律。

个体心理研究的内容主要包括：个体的认知差异、个性差异；个体的需要、动机；个体的情绪、态度和挫折；个体的激励等。

管理心理学通过对个体心理的研究，揭示不同个体的心理差异和心理特征，为管理者“因材施教”、合理用人提供理论依据，为对人的行为的预测、控制和引导提供方法指导。

（2）群体心理。群体是由个体组成的，群体心理是群体成员在共同活动中表现出来的心理活动和行为规律。它不是个体心理的简单相加，而是相互影响、相互作用的有机整体。

群体心理研究的内容主要包括：群体的规范、压力和凝聚力，群体中的人际关系，群体的冲突和沟通等。

（3）组织心理。组织是群体或个体存在的形式，组织的状况直接影响群体或个体的行为效率。组织心理主要研究个体、群体与组织的关系，探讨什么样的组织更有利于激发个体动机，更好地实现组织目标。

组织心理研究的内容主要包括：组织的类型和结构、组织的变革和发展、组织文化建设等。

（4）领导心理。领导心理和行为是影响组织、群体、个体心理和行为的关键因素，也是影响组织工作效率和组织发展的核心要素。

领导心理研究的内容主要包括：领导的行为和功能、领导体制的演变、领导者的影响力、有关领导行为的理论、领导者的素质与心理特征等。

小思考 1-2

答案

小思考 1-2

问：“刘备摔阿斗——收买人心”，这句话说明了什么？

1.2 管理心理学的产生和发展

1.2.1 管理心理学在国外的产生和发展

管理心理学产生于20世纪40年代末50年代初，并逐步发展成为一门独立的学科。管理心理学的产生，一方面，与社会化大生产分不开；另一方面，20世纪初期，社会心理学及管理学均有了长足的发展，为管理心理学的形成奠定了比较充分的理论基础，使管理心理学的产生成为可能。

1）管理心理学的萌芽

“管理心理学”一词最早出现于20世纪50年代的美国。然而，关于管理心理学的研究在20世纪初期就已经开始了。管理心理学产生的前提条件是社会心理学的发展和管理实践的需要。管理心理学的理论起源，除了和当时新兴的、进步的管理学理论相关外，同工业心理学的兴起也是分不开的。

1879年，德国心理学家冯特在莱比锡大学建立了第一个心理学实验室，标志着心理学的诞生。随着对心理学的深入研究及其自身的不断发展，许多实践领域都要求运用心理学的知识去探讨与解决各自的具体问题，于是出现了诸多应用心理学科。其中，工业心理学就是这样的学科，它将心理学的知识直接应用到工业生产领域，形成了早期的“管理心理学”，其创始人是冯特的学生芒斯特伯格。他不满足于关起门来研究人的心理问题，于是就把注意力放在工业生产领域，并于1913年出版了《心理学与工业效率》一书。人们把这本书看作心理学与工业管理相结合的第一本书，并尊称芒斯特伯格为“工业心理学之父”，这为管理心理学的诞生开辟了道路。

2）管理心理学的形成

虽然工业心理学把心理学引入工业生产中，对管理心理学的形成起到了推动作用，但其研究活动只局限在个人心理领域，而没有注意到工作环境、人际关系等内容。直到霍桑实验，才进一步把心理学、社会学、管理学等结合起来，真正开创了管理心理学。梅奥的人际关系学说和勒温的群体动力理论、马斯洛的需要层次理论等共同构成了管理心理学的基础理论。

（1）梅奥的霍桑实验及人际关系学说。著名的霍桑实验，是1924—1932年在美国芝加哥郊外的西方电器公司的霍桑工厂进行的。霍桑工厂是一个制造电话交换机的工厂。当时，这个工厂有比较好的福利待遇，如比较完善的娱乐设施、医疗制度和养老金制度等。但是工人们仍愤愤不平，生产效率不高。为了探究原因，1924年11月，美国国家研究委员会组织了一个由心理学、管理学等多方面专家组成的研究小组，在该厂开展实验研究。研究的中心课题是生产效率与工作物质条件间的关系。该小组先后进行了照明实验、福利实验、访谈实验、群体实验等。通过实验，研究小组最后得出的结论是：生产条件的变化固然影响劳动者的生产热情，但不存在直接的因果关系，也并非影响生产效率的第一要素；而提振劳动者的士气（态度）及改善人与人之间的关系，使人们心情愉快地工作，并对自己的工作感到满足，才是提高生产效率的决定性因素。1933年，霍桑实验的主要负责人梅奥出版了《工业文明的人类问题》一书，全面总结了霍桑实验的结果，系统地提出了人际关系学说。

梅奥的人际关系学说在企业管理领域有着重要的意义和深远影响。它第一次正式地把社会学、心理学引入企业管理领域，有力地冲击了传统的管理理论，使管理者认识到他们的下属都是有思想、有情感的活生生的人，组织就是由这些具有不同心理特征的人组成的。因此，作为一个管理者，不仅必须具有组织、控制整个企业经营的能力，还必须具有满足员工的社会与心理需求，以激发其积极性和创造性的能力，以及控制和驾驭整个组织的能力。人际关系学说为管理心理学的形成奠定了坚实的理论基础。

（2）勒温的群体动力理论。德裔美籍心理学家勒温提出了群体动力理论。他认为，人的心理活动取决于人的内在需要以及与周围环境的相互作用。当人的需要没有得到满足时，会产生内部力场的张力，而客观环境中的一些刺激起着导火索的作用。他把人的内在需要看成内在的心理力场，把外界环境因素看成外在的心理力场。人的心理活动是现实生活中内在的心理力场和外在的心理力场相互作用、影响的结果。因此，要测定人的心理和行为，就必须了解产生这一行为的内在的心理力场和外在的心理力场的情境因素。据此，勒温提出了心理力场的理论公式：

B=F（PE）

其中：B代表行为；P代表个人的内部力场；E代表环境；F是函数。

这个公式表明，人的行为是个性特征与环境相互作用的结果。勒温最初用“场”的理论研究个体行为，后来又把“场”的理论扩大到对群体行为的研究，提出了“群体动力”的概念。所谓群体动力，就是指群体活动的方向及其构成的诸因素相互作用的合力。因为群体活动的方向同样取决于内在的心理力场与外在的心理力场的相互作用。一旦两个或两个以上的人在一起，就会产生一种复杂的人与人之间的关系，这种关系就决定了他们的行为。这种力量的相互作用及其对群体的影响，就构成了群体的动力。如果一个组织要最大限度地利用人力资源和满足人们最高水平的需要，就必须注意加强组织群体中个人之间的关系，这对领导者而言极其重要。群体动力理论对管理心理学的形成和发展有着重大影响。

（3）马斯洛的需要层次理论。需要层次理论是美国心理学家亚伯拉罕·马斯洛提出来的，他把人的需要分成五个层次，即生理需要、安全需要、社交需要、尊重需要和自我实现需要。这五个层次的需要从低级向高级依次发展，呈阶梯形。要激发员工心理的内在诱因去努力工作，提高工作效率，就要采取有效的管理措施去满足员工的需要。马斯洛的需要层次理论对管理心理学的发展有着重大影响。当前，西方各国的管理心理学几乎都把这一理论作为重要的基础理论。

小思考 1-3

问：“脚不能到达的地方，眼睛可以到达；眼睛不能到达的地方，心灵可以到达”。这句话说明了什么道理？

小思考 1-3

答案

3）管理心理学的发展

20世纪60年代以后，管理心理学得到了长足发展，而且与管理科学学派逐步结合，研究也愈加深入；在理论研究上硕果累累，在实际应用中也取得了显著成果。管理心理学日益走向成熟。

（1）管理心理学的理论体系初步形成。西方管理心理学的理论体系开始都按三个层次编排，即个体心理、群体心理和组织心理。其研究和讨论的内容包括人性、激励、需要、挫折、知觉、学习、态度、价值观、情绪、群体动力、群体决策、人际关系、信息沟通、组织结构、组织发展与变革等方面。后来，又把领导心理作为一部分独立出来，构成了管理心理学的四大范畴：个体心理、群体心理、组织心理和领导心理。

（2）管理心理学的基本理论不断丰富。20世纪60年代以后，新的管理心理学理论，即行为科学理论产生了，主要有X理论、Y理论、激励理论、期望理论、公平理论、挫折理论、人性理论、权变理论、领导生命周期理论、效率理论、超Y理论、Z理论等。管理心理学的领域不断扩大，所涉及的问题和学科也不断扩展。管理心理学已经不能再被单纯地理解为用于管理的心理学，而是具有更宽广的范畴，是一个没有固定界限的领域。它同许多学科交叉渗透，许多学科的基本理论均被引入管理心理学，使管理心理学的基本理论不断丰富和完善。

（3）人员激励的重要性日益显现。管理心理学并没有停留在理论研究上，而是从实践中来，又回到实践中去，充分体现了它的应用性。管理者已切身体会到人才的重要性，组织事业的发展和竞争其实就是人才的竞争。工作价值观和工作方式的变化导致劳动力的复杂化和多元化，员工不像过去那样依赖组织和对组织表示忠诚，员工和员工群体经常处于变迁状态。对管理者而言，其必须学会在充满灵活性、不可预测性的环境中工作，了解员工的态度、价值观，激发其工作积极性。只有吸引优秀人才并鼓励他们不断创新，企业才能在激烈的市场竞争中生存和发展。许多优秀的企业家已意识到，吸引优秀的人才，单凭奖金和工资是远远不够的，只有让他们参与到企业的剩余分配中，将智力资本化、股份化，才能充分调动他们的工作热情。利用管理心理学的基本理论指导管理工作，可以使管理工作更加科学化。

（4）组织变革和发展是管理心理学研究的首要问题。20世纪80年代以前，管理心理学的研究相对集中于对个体心理的探讨，在激励、群体行为和领导行为的研究中也产生了大量理论。20世纪80年代之后，随着经济全球化的发展和经济结构调整，对企业重组、战略管理、跨国公司或国际合资企业管理的研究已呈现出强劲势头，文化成为这类研究的关注热点。宏观的经济行为研究更加受到重视，经济信心和经济预期成为国家经济景气的重要预测源。目前，管理环境研究的复杂程度逐渐提高，这促使研究的注意力全面转向整个组织层面，因为如果不从整体的角度来考察问题，不论是企业的结构调整、管理者的决策、员工的适应，还是跨国公司管理中的组织文化建设、各种激励政策的制定，均无法达到预期的管理目标。

（5）强调对人力资源的系统开发。技术创新已成为21世纪各国企业拓展市场、在竞争中取胜的关键。在这一系统中，具有高水平胜任能力的人力资源，是技术创新和市场开拓的关键。因此，当前，管理心理学更加注重探索管理者决策、技术创新和员工适应方面人力资源必须具备的胜任能力，更加关注如何充分地利用和开发人力资源。科技进步和管理的复杂性对员工素质提出了新的要求，这使得人力资源管理成为研究的又一热点，开始由局部的、分散的研究转向整体的、系统的研究。目前，有关胜任能力评价、个体对组织的适应性和干预等方面的人力资源管理研究正向纵深发展。

（6）研究领域不断拓展，更加关注国家目标。管理心理学在研究领域方面，更加重视突破传统框架，不断拓展研究的新领域。目前，管理心理学不同于其他心理学分支的特征是，在拓展研究领域时，不仅有大量商业咨询机构出于市场经济利益方面的考虑，进行投入和资助，各国政府出于对本国在国际竞争中国家安全和市场利益方面的考虑，也在进行有计划的管理决策方面的行为科学研究。可以说，当前，管理心理学的研究更加关注国家目标。总之，研究的新热点在于跨国公司和国际合资公司的比较研究、科技投入的行为研究、失业指导研究等，而且这些均取得了可观的经济效益和社会效益。目前，管理心理学家正把组织作为开放的社会技术系统来看待和研究，研究领域已突破传统框架，开始涉及管理培训与发展、工作业绩评价、管理决策、组织气氛和组织文化、跨文化比较等领域。

（7）研究队伍的不断扩大。由于管理心理学的实用性强，社会需求迫切，所以吸引了越来越多的研究者加入管理心理学的研究队伍中。这些研究者以心理学家为主，社会学家、人类学家、行为学家等也参与其中。此外，不仅学者、专家们研究，职业经理人及其他管理人员也参与研究。管理心理学的研究队伍不断扩大。

管理寓言1-1　　**什么样的鹦鹉最值钱？**

一个人去买鹦鹉，看到一只鹦鹉前标明：此鹦鹉会两门语言，售价200元。另一只鹦鹉前则标明：此鹦鹉会4门语言，售价400元。该买哪只呢？两只都毛色光鲜，非常活泼可爱。这人转啊转，拿不定主意，突然发现一只年老的鹦鹉，毛色黯淡，标价800元。这人赶紧将老板叫来，问："这只鹦鹉是不是会说8门语言？"店主说："不是。"这人觉得奇怪，又问："那为什么这只鹦鹉又老又丑，还没有能力，会值这个价钱呢？"店主回答："因为另外两只鹦鹉叫这只鹦鹉'老板'。"

管理寓言1-1

分析提示

1.2.2　我国管理思想和管理心理学的发展

1）我国古代管理思想和实践

在中国5 000年的文明发展史中，包含着丰富的管理思想和实践，也蕴含着许多管理心理思想供我们学习和借鉴。其主要体现在：

（1）组织管理。中国古代的组织管理理论，相传起源于《周礼》。该书系统记载了周朝的组织制度，把官员分为天、地、春、夏、秋、冬六官，又细分为360职，并规定了相应的级别和员额，层次清楚、职类分明。最有代表性的组织管理理论著作是春秋时期杰出的军事家孙武所著的《孙子兵法》，其距今已2 000多年。《孙子兵法》中提出的“知己知彼，百战不殆”思想，至今在各国的军事管理和经济、政治管理实践中仍被广泛运用。

在管理实践方面，早在秦始皇时代，大将蒙恬曾征役30万人修筑长城；隋代，隋炀帝征集百万民工修筑世界上最大、最长的人工大运河等，都是我国古代杰出的大规模管理的实例。

（2）领导艺术和心理。在领导艺术和心理方面，早在春秋战国时期，就有丰富的相关言论。《管子·心术下》中说：“心安，是国安也，心治，是国治也。治也者心也，安也者心也。治心在于中，治言出于口，治事加于民，故功作而民从，则百姓治矣。”管子在这里提出了一个重要的管理心理学问题，即要治理好国家，必须治民心、安民心；要想民心安定，就必须把国家的事、人民的事办好。这种“得民心者得天下”的领导思想和艺术，一直被历代统治者和管理者奉为至理名言。

老子的《道德经》第六十六章中说：“是以欲上民，必以言下之；欲先民，必以身后之。是以圣人处上而民不重，处前而民不害。是以天下乐推而不厌。”其意思是说，(统治者）要统治人民，必须言语谦和，甘居人民之下；要领导人民，必须把自己放在人民之后。只有这样，人民才会爱戴而不厌弃他。

公元前653年，管仲在告诉齐桓公怎样取得民众拥护时说：“德礼不易，无人不怀。”也就是说，只要能坚持德治、礼治，就能取得众人的拥护。春秋时期，郑国的子产曾问然明怎样治国，然明回答说：“视民如子。”公元前539年，齐国的晏婴在论述陈氏收买人心时说：“其爱之如父母，而归之如流水。”他认为，谁能如父母爱子女般对待民众，民众就会如百川一样拥护他。

（3）经营理财。中国古代有许多经营理财的理论思想，比较著名的有范蠡（或计然）的“待乏原则”和“积著之理”。“待乏原则”主要强调预测市场上物资的需要和价格的变化，不断调整自己的经营方向。范蠡（或计然）还首次提出“人弃我取”的经营理念。“积著之理”则注重获取利润的方式。《史记·货殖列传》中写道：“务完物，无息币。以物相贸，易腐败而食之货勿留，无敢居贵。论其有馀不足，则知贵贱。贵上极则反贱，贱下极则反贵。贵出如粪土，贱取如珠玉。财币欲其行如流水。”这是指在经营中，一要重视质量，二要使货币流通，不能停滞。

此外，与经营理财有关的理论还有对策论。它又称博弈论，研究的是双方对阵胜负的问题。战国时代的“田忌赛马”就是一个典范，这种思想在企业经营活动中也十分重要。

（4）选人用人之道。中国古代选人用人，素有“选贤任能”和“任人唯贤”的主张。“禅让制度”就是推举能人的制度。

《荀子》中说：“桓公之于管仲也，国事无所往而不用，知所利也。吴有伍子胥而不能用，国至于亡，倍道失贤也。故尊圣者王，贵贤者霸，敬贤者存，慢贤者亡，古今一也。”创造“贞观之治”的李世民，为达到长治久安的目的，以史为镜，探究历代王朝兴衰成败的原因，深深认识到“能安天下者，惟在用得贤才”。

此外，我国从隋唐时期就开始实行的科举制度，系统地体现了古人的人事选拔思想。从某种意义上说，科举制度体现了公开申报与竞争、综合评价与考核、多层筛选与录用等现代管理思想。我国古代选拔人才，一般遵循“宽于取，严于用”和“量才录用，无才罢黜”的原则。三国时，著名的政治家曹操就是“唯才是举”的典范，他选用人才不问出身、资格，只要有才就任用，无才就罢黜。唐太宗李世民讲究量才适用，取其所长，避其所短，他任用魏徵，就体现了这一用人原则。

（5）“人本”和“人和”思想。人本主义或人本论是先秦经济管理思想的理论前提。相传，西周太师姜尚（姜太公）最早提出了人本思想。在姜尚看来，人为国之本，能否“得人”和“得心”，关系到国家存亡。此外，我国古代著名的军事著作《黄石公三略》提到：“庶民者，国之本”“治国安家，得人也；亡国破家，失人也”“军国之要，察众心，施百务”。

春秋时期伟大的思想家、教育家孔子也很重视人本思想。他强调仁者爱人，提倡“爱民”“养民”“惠民”“裕民”等。战国时期的思想家孟子在中国历史上第一次提出“民为贵，社稷次之，君为轻”的思想，他强调“得民心者得天下”“失其民者，失其心也”。

另外，我国古代思想家也特别重视“人和”思想。儒家学说最先提出“和为贵”的思想。荀子认为：“上不失天时，下不失地利，中得人和，而百事不废。”孟子则进一步强调“人和”的重要性，提出“天时不如地利，地利不如人和”。荀子还进一步分析道：“和则一，一则多力，多力则强，强则胜物。”就是说，人们和谐相处就能团结统一，团结统一就会坚强有力，坚强有力就能战胜万物。后来，在经营上又发展为“和气生财”的理念。日本人也很重视“人和”，认为“人和”和“人顺”是成功的关键。“人和”为贵，只有“人和”企业才能发展的思想，是古今中外的通理。

小思考 1-4

答案

小思考1-4

问：古代“和为贵”的思想，在今天有现实意义吗？

2）我国管理心理学的发展概况

我国管理心理学的发展是从引进、翻译早期心理学著作开始的。早在1935年，我国著名心理学家陈立就撰写和出版了《工业心理学概观》一书。从20世纪50年代开始，我国工业心理学日益注重劳动心理方面的研究。1957年，中国科学院心理研究所成立了劳动心理组。但在计划经济体制下，管理心理学并没有引起人们的关注。

改革开放后，特别是在社会主义市场经济条件下，管理心理学的研究和运用受到普遍关注并得到迅速发展。从20世纪80年代初开始，中国心理学会建立了工业心理专业委员会；同时，行为科学被逐步引入我国，1985年中国行为科学学会成立。进入20世纪90年代，随着国有企业改革的突破和外资企业的迅猛发展，交叉文化条件下的组织文化与战略管理成为管理心理学研究的重要课题。进入21世纪，随着中国加入WTO，人才竞争加剧，人力资源管理成为十分活跃的研究和应用领域。这些研究大大促进了我国管理心理学理论的发展，为进一步发展和完善有中国特色的管理心理学体系奠定了良好的基础。

1.3 管理心理学的研究任务和意义

1.3.1 管理心理学的研究任务

管理心理学是将心理学的基本原理与管理实践相结合而形成的一门应用学科，它的首要任务是提高组织的生产效率。具体来讲，其任务主要体现在以下三个方面：

（1）努力提高组织的生产效率，促进生产力的发展。我国目前还是一个发展中国家，生产力水平还较低，虽然改革开放后发生了巨大变化，但与发达国家相比，目前还有很大差距，特别是在管理水平和管理思想方面，我们还相对落后。

因此，认真研究管理心理学理论，充分借鉴国外先进的管理心理学理论与经验，结合我国的国情，汲取我国古代管理心理学的思想成果，深入探究组织中个体、群体与领导的心理，为促进我国企业管理的现代化提供切实可行的理论和策略，是管理心理学首要的、核心的任务。

（2）提高管理者和组织成员的思想水平和心理素质，促进精神文明的发展。管理的科学化与现代化，不仅表现为在管理过程中激发员工的工作热情，提高生产效率，而且表现为不断提高领导者和组织成员的思想水平和心理素质，促进社会主义精神文明的发展，为构建和谐的组织环境和社会环境服务。

管理心理学，通过对组织成员心理与行为规律的研究，可以预见和调整人的心理和行为，使组织的思想政治工作具有预见性、针对性和科学性；通过对需要、动机的研究，可以培养员工的主人翁意识、责任意识和进取精神；通过对个体心理的研究，可以培养员工形成健全的人格和具有高尚的情操；通过对群体心理的研究，可以形成良好的群体规范，增强群体凝聚力；通过对组织心理的研究，可以形成正确的组织观念、深化改革意识；通过对领导心理的研究，可以提高领导者的素质和领导效能。

（3）不断完善具有中国特色的管理心理学理论体系。管理心理学从诞生至今不足百年，而在我国，从引进到发展不过30多年的时间。因此，我国的管理心理学还处在以学习和借鉴国外研究成果为主的阶段。虽然已初步建立了一定的科学架构，但要形成一整套适合我国国情、具有中国特色的管理心理学体系仍有大量的工作要做。

要建立我国的管理心理学体系，一方面要学习、借鉴国外的研究成果，汲取古代优秀的管理心理思想；另一方面还必须充分吸收心理学、社会学、管理学、运筹学等相关学科的优秀成果，并面向生产、管理一线，用理论指导实践，再从实践中获取经验，发展理论。

1.3.2 管理心理学的研究意义

改革开放40多年来，我国的经济发展取得了辉煌的成就，但与发达国家相比，仍存在较大差距。这不仅体现在技术和资金上，更突出表现为人力资源缺乏、管理落后，这些都严重制约着我国经济的发展。因此，加强对管理心理学的学习和研究，对提高我国企业管理水平、促进生产力发展、增强国际竞争力，具有十分重要的意义。其具体表现在以下方面：

(1) 推进管理的现代化和科学化。传统的管理方式强调“权威”和“服从”，管理手段提倡“恩威并施”，管理者一个人说了算，是独裁式、专制型的管理；对人才的选拔和使用是主观随意的，很少考虑人的心理特点和差异。

现代化的管理是以人为中心的管理。科学化的管理，是指符合人的心理特点和行为规律的管理。它同单凭个人主观臆想的管理、经验主义的管理、单纯依靠行政手段进行的管理，是完全不同的。

管理心理学强调推行“合乎人性”的管理，在管理方式上，强调要尊重员工的心理和行为规律，增进与员工的情感联系；在管理手段上，强调建立各种激励机制，满足员工的各种需要，激发员工的工作积极性、创造性；在管理制度上，强调民主管理，提倡员工参与决策与管理；在人才的选拔和使用方面，强调根据人的心理活动特点和个性差异合理用人，人尽其才。总之，管理心理学研究，无论是理论价值和实用价值，还是思想和方法，对推进我国企事业管理现代化与科学化都会产生积极的作用。

(2) 充分发掘人的潜能，不断提高工作绩效。心理学的研究表明，每个人都有巨大的潜能。对每个人来讲，充分发掘、利用人的潜能，是创造积极人生、走向成功的重要条件。

人的潜能包括身体潜能和心理潜能。就身体潜能而言，人在绝境中或遇险时，往往会发挥出不寻常的能力；而人的心理潜能更大，心理潜能的表现是多方面的，创造力就是人类重要的心理潜能，而创造力几乎人人都有。由于一些人总是消极地适应社会环境，墨守成规，在不知不觉中抑制、埋没以致丧失了自己的创造性潜能；而另一些人则求变创新，展现出了强大的创造力。

人的潜能有待自身去开发。大量事实表明，一个人、一个组织的效率或效益等于“人的积极性”乘以“能力”，而人的积极性的发挥靠有效的激励。管理心理学通过研究人的心理活动和行为规律，以人为中心，以激励为主要管理方式和手段，构筑起充分开发和利用人的潜能的管理体系。因此，管理心理学是促进企业发展的一种非物质要素的生产力。

我们学习、研究管理心理学，掌握了生产过程中个体、群体、组织、领导的心理活动规律之后，就可以制定出对个体、群体、组织行之有效的科学管理的原则和方法，提高管理者的领导艺术和决策水平，从而极大地调动每个员工的积极性和创造性，促进工作效率或效益的提高。国外一个研究机构提供的资料表明：在一个现代化企业里，在人员合理配置的情况下，每增加一名合格的体力劳动者，可以取得1∶1.5的经济效果；每增加一名合格的脑力劳动者，可以取得1∶2.5的经济效果；而每增加一名有效的管理者，可以取得1∶6的经济效果。我国有关部门的测算表明：我国的工业固定资产每增加1%，生产只增长0.2%；工业劳动力每增加1%，生产只增长0.75%；而每增加1%训练有素、懂管理、会经营的管理人员，生产可增长1.8%。美国心理学家詹姆斯指出：一般人在正常的情况下，只发挥了工作能力的20%～30%。通过激励，调动了其积极性后，其能力可发挥到80%～90%。可见，调动人的积极性是一个很重要的课题。管理心理学就是研究和探讨人的心理活动和行为规律，充分调动人的积极性，以促进生产率提高的一门科学。

小思考1-5

答案

小思考1-5

问：电影《聚宝盆》中大明首富沈万三有段话：生意的“意”字，是要伙计们“每天”“站着”和“用心”对待顾客。对吗？

（3）增强思想政治工作的科学性和有效性。当前，我们的目标是实现我国的现代化，不仅要建设高度的物质文明，还要建设高度的精神文明。企业作为社会的一部分，不仅要发展生产，提高经营效益，而且负有教育、培养和改造人的历史任务。因此，中国式的管理心理学与西方的管理心理学不同，它把思想政治工作的有效性和科学性作为一个重要的研究课题，探索在社会主义市场经济条件下企业如何培养具有良好素质的建设者和管理人才。

社会意识是对社会存在的反映。随着我国改革开放的深入，社会经济成分、生活方式、组织形式、就业方式日益多样化，人们的社会心理活动也不断地发生新的变化。研究在改革开放的新形势下人们社会心理活动的新情况、新特点，探索新形势下做好思想政治工作的规律和办法，是切实加强和改进思想政治工作的前提和基础，也是当前管理心理学面临的一个新课题。

总之，管理心理学通过研究人的心理活动特点和行为规律，预测、控制和调整人的行为，使思想政治工作更具有针对性、科学性、预见性、实效性，为社会主义物质文明和精神文明建设服务。

（4）提高领导者自身的素质，改进领导方法，讲究领导艺术。领导者自身的素质对一个单位的兴衰与成败有着重要影响，也是领导者个人事业成功与否的基础。

领导者的素质泛指品德、知识、才能和体格、领导方式及领导水平等，而心理素质是基础。有的学者曾经这样形象地比喻：人的全面素质就像一个木制水桶，而心理素质就是木桶中最短的那块木板，桶里能盛多少水，取决于木桶最短的那块木板。

领导者的良好素质并非与生俱来，一个领导者必须在工作实践中不断提高自身素质。管理心理学的研究证明，古今中外无数成功者，尽管他们有不同的出身、经历和处境，但他们都具备一些共同的心理素质。国内一些学者也总结出成功者必备的三大心理素质，即积极的自我意识、明确的价值观念和良好的情感状态。管理心理学研究人的心理活动和行为规律，研究领导心理，将有助于领导者提高自身心理素质。

管理心理学既研究人的心理活动和行为规律，也研究领导方法和领导艺术。领导方法是领导者思考问题、处理问题和指导工作的方式和方法。学习和掌握科学的领导方法，对做好管理工作具有重要意义。毛泽东同志曾把任务和方法的关系形象地比作过河与桥（船）的关系，他说："我们不但要提出任务，而且要解决完成任务的方法问题。我们的任务是过河，但是没有桥或没有船就不能过河。不解决桥或船的问题，过河就是一句空话。不解决方法问题，任务也只是瞎说一顿。"可见，科学的领导方法是领导工作有效性的直接要求，是领导者顺利实现领导职责的重要保证。每一个企业或组织的领导者、管理者都必须注重自己的领导方法，并在实践中不断改进，这样才能取得事半功倍的效果。

领导方法反映了领导工作的普遍规律，而领导艺术则体现了领导工作的特殊规律，即领导者要根据不同情况、不同对象灵活地采取不同的领导方法。领导艺术无固定的模式，它强调因人、因时、因地、因事而异，不能照搬照抄、因循守旧。一个具有高超领导艺术的领导者必然与众不同，创意新颖，他的领导方法能给人耳目一新的感觉。因此，掌握科学的领导方法，学会运用领导技能和技巧，对每个领导者而言都是十分重要的。而要掌握科学的领导方法与领导艺术，就必须了解和掌握人的心理活动和行为规律，就必须认真地学习和研究管理心理学。

补充阅读材料1-1

决定成功的十种积极心态

1.决心。请随时随地问自己：你到底想要什么？是想要，还是一定要？如果是想要，你可能什么都得不到；如果是一定要，你一定能够有方法得到。人生就决定于你做决定的那一刻。

2.企图心。一个顶尖的推销员最优秀的素质是有强烈的成交欲望；一个优秀的足球前锋最可贵的素质是有强烈的射门意识。要成功，你必须先有强烈的成功欲望，就像你有强烈的求生欲望一样。

3.主动。中国有句古话："枪打出头鸟。"这句话保护了一大批精明人士免遭"枪打"，但同时也造就了无数弱者和懦夫。市场经济的本性就是竞争，而竞争的本性就是去获取主动权。

4.热情。一事无成的人往往表现为前3分钟很有热情，而成功往往属于最后3分钟还有热情的人。

5.爱心。内心深处的爱是你一切行动力的源泉。缺乏爱心的人，就不太可能得到别人的支持；失去别人的支持，离失败就不会太远。你有多大的爱心，决定你有多成功。

6.学习。信息社会里信息更新的周期大大缩短，危机每天都会伴随你我左右。所谓逆水行舟，不进则退，唯有知道的比对手更多，学习的速度比对手更快，才可能立于不败之地。

7.自信。一个主妇，当她进入厨房的时候就感觉很自信；一个老师，当他走上讲台的时候就感觉很自信。厨房，是主妇的卓越圈；讲台，是老师的卓越圈。卓越圈一旦被牢固建立，就可以成为你自信的源泉。

8.自律。别人在看电视、看电影的时候，你能否去工作？别人在娱乐的时候，你能否去学习？别人在睡懒觉的时候，你能否早点起来？别人"老婆孩子热炕头"的时候，你能否忍受与家人暂时分开，去外地推销产品？这一切都是你强迫自己付出的成功的代价。自律，是人生的另一种快乐。

9.顽强。人生有两杯水一定要喝：一杯是苦水，一杯是甜水。只不过不同的人喝甜水和喝苦水的顺序不同。成功者常常是先喝苦水，再喝甜水；不愿吃苦、不能吃苦、不敢吃苦的人，往往吃苦一辈子。

10.坚持。一次在采访一家大公司的老板时，有人问他："假使成功只有一个秘诀的话，请问那会是什么？"他几乎毫不犹豫地回答："那应该是坚持。"选定你的目标，放弃所有与你的目标无关的东西，接下来就是按丘吉尔的话去做："坚持到底，永不放弃，直至成功。"

资料来源　易发久．成功一定有方法［M］．北京：世界图书出版公司，2001.

1.4　管理心理学的研究原则和方法

1.4.1　管理心理学的研究原则

管理心理学的研究对象决定了其研究原则，主要有以下几个方面：

（1）理论联系实际原则。贯彻理论联系实际原则，就是要求从管理实践活动中总结和概括管理心理学的基本理论、程序和方法，坚持在实践中检验、丰富和发展管理心理学理论。这就要求在管理实践中不能照搬照套理论成果，要尊重我国的客观实际，找到既符合我国国情，又能和国际接轨的行之有效的方法和途径，建立有中国特色的管理心理学。比如，中国个别地区"拉关系"、"走后门"、讲人情之风盛行，生活中有许多合法不合情、合情不合法的事例存在，管理心理学都要予以关注。

（2）客观性原则。坚持客观性原则，就是要密切联系管理活动的实际情况，依据人们可以观察并加以检验的客观事实，客观、全面地分析社会主义市场经济条件下管理心理学理论的特点，揭示组织成员心理的产生、发展、变化的规律；而不能凭主观臆测，把管理心理学理论当作脱离客观实际的抽象理论，想当然地进行逻辑推理。那样，必然会使管理心理学研究进入死胡同。这就需要进行广泛的市场调查，掌握第一手资料，或对成功的管理案例进行分析，总结经验，用以指导实践活动。

（3）联系性原则。它又称系统性原则，即研究者要把组织中人的行为和心理活动放在一定的系统中进行研究。因为任何心理现象的产生和发展，不仅会受到环境中种种因素的影响和制约，而且会受到内部生理和心理的子系统的影响。系统性原则要求研究者要善于对人的行为和心理活动进行综合考察，把几个不同的系统对人的影响联系起来，以联系的观点分析人的心理活动，认识人的心理全貌。

（4）发展性原则，即研究者要以动态的观点来分析人的行为和心理活动。人的心理活动既然是对客观事物的反映，也一定会像客观存在的一切事物那样，不断地发展变化。例如，在考察员工的心理活动时，要特别注意员工的需要、动机、态度、行为、思想、人际关系等在一定条件下的发展变化。发展性原则要求研究者依据客观事物的发展变化来分析组织中人的心理活动规律，切不可用僵化、静止的观点去研究动态中的心理活动。

1.4.2　管理心理学的研究方法

管理心理学研究的是有思想、有感情的人，由于人的心理活动是一种内在体验，不能像研究物理、化学等自然科学那样，可以借助望远镜、显微镜等工具进行精确的定量分析，所以研究管理心理学，只能通过观察、实验等方法进行间接的判断和分析。常用的方法有：观察法、实验法、访谈法、问卷法、测验法、案例分析法等。

（1）观察法。它是心理学、社会学中最常用、最简单的研究方法，是指观察者通过感官对组织成员的言行和表情进行有计划、有目的的实际考察，并把考察结果按时间顺序系统地记录下来，分析其内在联系，以便揭示人的心理活动规律。

观察法的优点在于简便易行，被观察者的心理和行为表露比较自然，所获得的资料比较真实可靠，且观察过程不需要被观察者合作，不会干扰被观察者的行为，观察的结果有直接意义。但是这种方法也有缺点，研究者比较被动，仅能了解大量的一般现象和表面现象，对所取得的材料难以区分哪些是偶然的，哪些是本质的。所以，它与其他方法配合使用效果更好。

小思考 1-6

答案

小思考 1-6

问：高雅的人，看背影就知道；奋进的人，听脚步声就知道；和善的人，看笑容就知道。这说明了什么？

（2）实验法。它是指研究者有目的地在严格控制或人为创造的一定环境中给被试者一定的刺激，以引发其某种心理反应，从而揭示其心理规律的方法。实验法一般有自然实验法和实验室实验法两种。

自然实验法是在管理活动中，有目的地创造或变更某些条件，并给员工一定的刺激或诱导，以观察员工心理活动的外在表现。这种方法能与日常工作结合起来，具有直接的现实意义，能够依照一定的目的，获得比较准确的材料。因而，具有广泛的应用性和很强的适用性。

实验室实验法是在专门的实验室内，借助各种特定的心理仪器，严格控制实验条件来研究人的心理活动的方法。这种方法对研究个别或较简单的心理现象具有优势，而用于研究复杂的心理现象则较为困难，且结果与现实有一定的差距。因此，在实际中较少运用。

（3）访谈法。它是研究者与研究对象面对面地谈话，根据对方的言谈和体态语言直接分析其心理活动规律和行为规律的一种方法。访谈法按照谈话过程中结构模式的不同分为有组织的访谈和无组织的访谈两种。

有组织的访谈是指研究者根据预定目标，拟定谈话提纲，按提纲的内容提出问题。有组织的访谈结构较严密、条理清楚、层次分明，谈话过程容易掌握。但在这种谈话中，访谈对象较被动、受拘束，研究者与访谈对象之间不易产生情感交流。

无组织的访谈虽然也有一定的目标，但谈话没有严密固定的程序，结构松散、层次交错，研究者的提问往往涉及较大范围，访谈对象可较自由地做出回答，较为主动，便于情感交流。但这种谈话费时较多，研究者也难以掌握进程。总之，访谈的质量在很大程度上取决于双方所建立的关系。所以双方首先要互相了解，消除心理负担；其次，要求研究者具备一定的谈话技巧，既要保证谈话进程的基本内容和方向，又要根据访谈对象的回答对问题进行适当调整，并进行有效的引导，更要注意保持谈话过程中气氛的轻松愉快。

（4）问卷法。运用内容明确、表达正确的问卷量表，让被试者根据个人情况，自行选择答案的研究方法，称为问卷法。常用的问卷量表有三种格式：是非、选择、等级排列。

问卷法的优点是可以在较短时间内获得广泛的材料，并使结果达到数量化。但问卷法所取得的材料一般很难进行质量分析，因而无法把所得结论直接与被试者的实际行为进行比较。

（5）测验法。采用标准化的心理测验量表或精密的测量仪器来测试被试者心理品质的研究方法，称为测验法（如能力测量、性格测量、反应速度测量等）。在管理心理学的研究中，测验法常常作为员工选择、人员安置的一种工具。

测验法采用标准化测验工具，特别重视信度和效度这两个基本因素。信度是指测验本身的一贯性，效度是指测验本身的有效性。现在许多国家已经规范了用于人员选择的测验量表，信度系数必须达到或超过0.80，效度系数必须达到或超过0.60。

（6）案例分析法。它是借助搜集和剖析管理活动的案例，学习和理解管理心理学理论，并对心理现象和行为进行深入研究的方法。

管理心理学是一门实践性很强的学科，通过了解古今中外的管理活动案例，探索管理成功的秘诀，寻找管理心理的一般规律，是一种非常有效的理论研究和学习方法。这些案例的取得有两条途径：一是自己通过对某一群体或组织在较长时间里（几个月、几年或更长时间）的连续调查，搜集全面的资料，然后进行归纳总结和深入分析；二是直接借鉴相关书籍资料或查找网络中的管理活动案例等。

这种方法的优点是能够吸取别人成功的经验和失败的教训，增强学习研究的兴趣，迅速提高分析和解决问题的能力，弥补实践有限的不足；缺点是分析研究可能会有个人情感色彩和认识上的局限，不一定能得到具有普遍性和规律性的结论。

管理法则 1-1

二八法则——最省力的法则

1897年，意大利经济学家帕累托（1848—1923）偶然注意到英国人的财富和收益模式，于是潜心研究并提出了著名的二八法则。帕累托从大量具体的事实中发现：社会上20%的人占有80%的社会财富，即财富在人口中的分配是不平衡的。同时，他还发现生活中存在许多不平衡的现象。因此，二八法则成了这种不平衡关系的简称，不管结果是不是恰好为80%和20%（从统计学上来说，精确的80%和20%不太可能出现）。这样，我们可以得到一个很多人不愿意看到的结论：一般情况下，我们付出的80%的努力，都没有创造收益，而我们80%的收益却仅仅来源于20%的努力。很明显，二八法则向人们揭示了这样一个真理，即投入与产出、努力与收获之间普遍存在着不平衡关系。小部分的努力，可以获得大的收获；起关键作用的小部分，通常就能主宰整个组织的产出或成败。

二八法则无所不在。现实世界中，只要你用心去体会，你就会发现：20%的产品或20%的客户，涵盖了公司约80%的营业额；占公司人数20%的业务员，其创造的业绩占公司总营业额的80%；占出席会议人数20%的与会者，其发言占所有发言的80%。也就是说，重要的东西只占了很小的一部分，它的比例是20%，因此，你只要集中精力处理工作中比较重要的20%的那部分，就可以解决全部工作的80%。

研究二八法则的专家理查德·科克认为："凡是洞悉了二八法则的人，都会受益匪浅，有的甚至会因此而改变命运。"

二八法则给我们的启示：①做自己擅长的事；②集中精力做最有用的事；③集中精力做最重要的事；④寻找生命中关键的20%，让它结出最甜美的果实。

知识掌握

随堂测1

1.管理心理学的研究对象是什么？主要包括哪些内容？

2.管理心理学的形成主要有哪些基础理论？

3.管理心理学的研究任务是什么？

4.研究管理心理学有何重要意义？

5.如何理解管理心理学的研究原则？

6.现代企业管理，为何重视人的心理研究？

案例分析

有一个员工在一次年终聚会上趁着酒意对他的老板说："论技术，你不如我；论勤奋，你也不如我，但你为什么30多岁就成为大企业的老板，我都40岁了，还是一名普通技术人员呢？"那位老板听了觉得很奇怪，说："为什么你会认为我应该比你更懂技术，更加勤奋呢？我从来没有想过自己的钱是靠勤奋赚来的。当然，在做老板前，在为别的老板工作的时候，我也非常勤奋，我对业内的技能也很精通，我甚至比你们更勤奋，没有时间照顾家人，却没有你们现在的工资高。但靠技能和勤奋是做不了老板的，也是发不了大财的。"

那位员工酒一下子醒了，问道："当老板不靠勤奋，不靠技能，那靠什么？"

老板说："当老板最重要的工作，一是用尽心力把别人的技能和勤奋收买过来，为我所用；二是用尽心力让别人愿意努力为我工作、快乐地为我工作，这才是我的职责，也是我成功的关键。"

犹太人相信，用心管理人和自身苦干是企业家与员工的根本区别。

问题：这个案例对本课程的学习有何启发意义？

实践训练

分组就班级的管理现状、管理与心理的关系进行讨论，并列出班级管理的优缺点。

【心理小测验】

心理健康测查表

表1-1是广州中山大学附属第三医院心理咨询室集多年对中国人心理状态的研究经验首创的心理健康测查表，现已在全国范围内使用。请认真回答本表问题，如回答“是”，便加入题后分数，将每题分数累加后，计算出您各项指标的总分填入测查报告单。

表1-1　“心理健康测查表”测查报告单

项目	1	2	3	4	5	6	7	8
	H分	D分	P分	O分	A分	HS分	N分	SP分
	健康分	抑郁分	恐怖分	强迫分	焦虑分	疑病分	神衰分	分裂分
分数	1～14（总37）	15～28（总45）	29～42（总62）	43～56（总52）	57～70（总60）	71～84（总47）	85～98（总35）	99～112（总58）

心理医生忠告：

如果健康分超过30分，其他分低于15分，则心理健康或基本健康；如果健康分低于25分，其他分有一项超过健康分，且超过20分，则可能有某种神经症倾向，需要找心理医生咨询。除健康分外，哪种疾病的分最高，可能有哪种疾病倾向。

1.我感觉我的身体很好，精力旺盛 ………………………………………… 05
2.我很少有头痛、头晕、心跳、心慌等现象 ……………………………… 03
3.我的食欲正常 ……………………………………………………………… 02
4.我很容易入睡，也不会早醒 ……………………………………………… 03
5.有时我有小病，但很快就能治好 ………………………………………… 02
6.我精神较愉悦，很少有什么忧愁的事儿 ………………………………… 03
7.我的家庭是和睦的家庭 …………………………………………………… 02
8.我能胜任学习或工作，有自己的奋斗目标 ……………………………… 03
9.我对人诚恳，有不少好朋友或好同学经常往来 ………………………… 02
10.我与周围大多数人的关系都不错……………………………………… 03
11.我是一个有同情心的人………………………………………………… 02
12.我认为我是一个较为乐观的人………………………………………… 03
13.如果有机会去风景优美的地方玩，我一定玩得很开心………………… 02
14.我有时也有不愉快或伤心的事，但不久我就能想开或忘掉它………… 02

15. 我的心情总是抑郁和悲伤 …… 04
16. 我感到处处不如意，对过去喜欢做的事情也提不起兴趣 …… 03
17. 我感觉生活得很凄凉、很痛苦 …… 05
18. 即使在风景优美的环境中，我亦毫无欣赏的心情 …… 04
19. 遇到亲友、同事我不想打招呼 …… 03
20. 我经常觉得什么都不如人 …… 02
21. 我有时曾失去生活的勇气甚至想到过死 …… 05
22. 我经常失眠、易早睡 …… 04
23. 我常头痛、头晕、全身不适 …… 02
24. 我的命运不好，人生道路上有许多挫折和困难 …… 05
25. 我总感到全身乏力，难以胜任日常学习或工作 …… 02
26. 我性欲减退或月经不调 …… 02
27. 我是一个内向、孤僻、多愁善感的人 …… 03
28. 我做过检查，医生说没有大毛病 …… 01
29. 在与人谈话中，当我与对方对视时，感到心跳、心慌、紧张，有时脸马上发红 …… 05
30. 我在公共场合讲话时特别紧张和恐惧 …… 05
31. 我在登到高处时会出现异常恐惧症状 …… 04
32. 我在过桥时会出现异常恐惧症状 …… 04
33. 我在见到刀、剪子、针等尖物时会出现异常恐惧症状 …… 05
34. 当自己被人注视或自己注视别人时会出现异常恐惧症状 …… 04
35. 我在接触或想到某些疾病，如麻风病、癌症等时会出现异常恐惧症状 …… 05
36. 我在见到血液时会出现异常恐惧症状 …… 04
37. 我在见到不干净的东西时会出现异常恐惧症状 …… 04
38. 我在想到可怕或可能发生的不祥之事时会出现异常恐惧症状 …… 04
39. 我去空旷的地方，如无树木、无房子的地方时，恐惧到要绕道而行 …… 05
40. 我遇到害怕的对象时，会尽量避免接触它，以免妨碍学习和工作 …… 05
41. 我由于恐惧症状无法克服，有时抑郁甚至绝望 …… 03
42. 我内向、害羞、胆小怕事 …… 05
43. 我出门后常想门或抽屉是否锁好，总要反复检查才放心 …… 04
44. 我把信寄出后，总怀疑地址写错而惶惶不安 …… 04
45. 我经常反复思考一些无实际意义的问题，明知无必要，但无法控制 …… 04
46. 我老担心在某一场合丧失自我控制能力，会做出荒唐或不道德的事来 …… 04
47. 我在某些场合总会产生与自己内心相反的意向 …… 04
48. 我总要反复洗手或换衣服，不洗或不换就不舒服 …… 03
49. 我总是强迫自己计算一些无意义的数字 …… 05
50. 为了自己内心的安宁我总是刻板地重复一些动作 …… 04
51. 我总是强迫自己回忆一些事，自己无法控制 …… 04

52.当我见到、听到某些事时，总会联想到别的事情…………………………………… 03
53.对于一些无关紧要的事或现象，我总是要追问到底，反复询问………………… 03
54.我常失眠，一上床就想东想西，难以入睡…………………………………………… 03
55.我怕得精神病，怕治不好病，因此，常悲观失望…………………………………… 02
56.我的性格倾向于好思虑、喜幻想，做事总是过分认真，较固执刻板………… 05
57.我有时会莫名其妙地紧张…………………………………………………………… 05
58.我有时会突然惊恐，常感觉“气不够用了”或“马上要死去了”，但过后一切如常… 05
59.我常处于紧张、焦虑的状态甚至惶惶不安………………………………………… 05
60.我常出现阵发性的心跳、胸痛，但心电图检查又大致正常……………………… 05
61.我经常失眠，大多是入睡困难 ……………………………………………………… 05
62.我常感到疲乏无力，即使休息了也无明显好转…………………………………… 05
63.我神经过敏，常因小事而大发脾气，但事后又后悔……………………………… 05
64.我怕声音、怕光线、怕拥挤、怕上街、怕串门…………………………………… 05
65.我经常头昏脑涨，四肢或指趾发麻………………………………………………… 02
66.我经常想哭…………………………………………………………………………… 02
67.我担心我的病治不好，因此渐渐失去信心，心情抑郁…………………………… 05
68.我胆小、怕事（怕得罪人）、敏感多疑、小气 …………………………………… 05
69.我与周围人的关系尚好，生活路也较顺利………………………………………… 04
70.为自己的病，我或亲人曾去求神问鬼，但也不能解决问题……………………… 02
71.我坚信我有严重疾病，但不知为什么许多医院都无法确诊……………………… 03
72.我常感觉喉部有东西阻塞，很不舒服……………………………………………… 03
73.我觉得我的肠子扭结了 …………………………………………………………… 05
74.我感觉我的血液在皮下流动，有时直冲脑部……………………………………… 03
75.我感觉身体某些部位总不舒服或疼痛……………………………………………… 02
76.我的下腹部经常痛，怀疑有内脏器官方面的病…………………………………… 02
77.我感觉有病的部位症状明显，甚至可用图描绘出来……………………………… 05
78.当我听医生说我有什么病后，我的症状越来越明显……………………………… 05
79.我对我的病非常烦恼，四处求医，花了不少钱…………………………………… 03
80.我的病历一大堆，每次我均详细给医生介绍病情，但每次检查又都没有病… 04
81.个别医生说我有病，其他医生说我没大病，我认为前者的意见较正确……… 04
82.我常为自己的病而紧张、焦虑、忧郁，但别人不理解…………………………… 04
83.尽管医生一再向我保证我的身体没有大问题，但我总怕有……………………… 02
84.我承认我是个较敏感多疑的人，人家说我较主观、固执…………………………… 04
85.我的注意力难以集中，记忆力下降………………………………………………… 04
86.我经常一看书就头痛、头晕，头痛位置不固定，与心情好坏有关……………… 04
87.我有时易兴奋，兴奋时回忆及联想增多，控制不住……………………………… 02
88.我易烦恼，为精力不足而焦虑……………………………………………………… 02

89.我早上起床就感到疲劳，晚上症状反而减轻 …………………………………… 03
90.我常感到紧张 …………………………………………………………………… 02
91.我常失眠多梦 …………………………………………………………………… 03
92.我对声音和强光很敏感，有一点声音就不能入睡 ……………………………… 02
93.我常怀疑我得了严重的疾病，并为此担心、恐惧 ……………………………… 02
94.我有时遗精或月经不调 ………………………………………………………… 02
95.我有时觉得全身肌肉酸痛，肢体有麻木感 ……………………………………… 02
96.我的病时轻时重，用脑工作后加重，但休息后减轻 …………………………… 02
97.我的工作和学习过度紧张，压得我喘不过气来 ………………………………… 02
98.我是较敏感、多疑、急躁的人 …………………………………………………… 03
99.我有几个月经常失眠，有时整晚都睡不着 ……………………………………… 05
100.我一出门就很恐惧，觉得许多人都在注视着我 ……………………………… 04
101.我的学习成绩明显下降或工作无法完成，故我索性不上学或不上班 ……… 04
102.我最近很烦，动不动就发脾气，骂人甚至打人、砸东西 …………………… 03
103.有时只有我一个人时想笑就笑，自己无法控制 ……………………………… 04
104.当我心烦时，喜欢一个人出外散心，无目的地到处走 ……………………… 04
105.我现在什么都懒得干，如洗澡、洗衣、理发等 ……………………………… 03
106.有时只有我一个人时，耳边却能听到有人讲话的声音 ……………………… 05
107.我有时白天会看见死去的人或其他图像 ……………………………………… 05
108.我感觉周围的人对我不怀好意，怕有人跟踪或放毒害我，故很不放心 …… 05
109.我怀疑有人用窃听器、无线电或其他仪器控制我 …………………………… 05
110.我脑子里想的事似乎别人都知道 ……………………………………………… 03
111.我的性格倾向于内向、孤僻、离群、较小气 ………………………………… 05
112.家里人怀疑我有病，但我认为我没病，所以我不想找医生看病 …………… 03

第2章

管理心理学的基础理论

学习目标

知识目标：通过本章的学习，你应该能够了解人性观的含义、理论观点及其对管理的影响；明确管理的概念、管理基础理论的内容及其发展；理解心理的实质，掌握心理活动的主要内容；掌握人的本质和行为规律。

素养目标：树立正确的人生观和价值观，把握人的心理本质，提高人性化管理能力。

趣味导读　　**不发年终奖**

某公司过去一直效益很好，而今年效益大滑坡，春节即将来临，年终奖成了问题。按往年惯例，年终奖金最少加发两个月的工资。董事长受到以退为进的启发，很快公司传来小道消息："由于效益不佳，年底要裁员。"公司上下顿时人心惶惶，唯恐自己被裁掉。但没过多久，董事长宣布："公司经营虽然艰难，但大家同舟共济，所以不愿'牺牲'共患难的同事，只是年终奖不能发了。"听说不裁员，大家心里的石头落了地，压过了没有年终奖的失落。

眼看除夕将至，人人都做好了过个"穷年"的打算，彼此约好拜年不送礼，以共度时艰。突然，董事长召集各单位主管召开紧急会议。看主管们匆匆上楼，员工们面面相觑，心里都有点七上八下："难道又变了卦？"是变了卦！没几分钟，主管们纷纷冲进自己的部门，兴奋地高喊："有了！有了！今年还有年终奖，整整一个月的工资，马上发下来，让大家过个好年！"

整个公司大楼爆发出一片欢呼声，连坐在顶楼的董事长，都感觉到了地板的"震动"。与其因为最好的期盼造成最大的失望，不如用最坏的打算引来意外的欣喜。

分析提示：这是以退为进的心理控制策略在管理工作中的运用。这个案例告诉我们，企业领导者可以运用一定的心理策略和技巧，对组织成员的心理和行为施加影响，使其为实现组织目标服务。

管理心理学是一门多学科相互渗透的综合性应用学科。它既是心理学的一个分支，也是管理学的一个重要组成部分；而组织管理理论又建立在对“人性”问题认识的基础上。可见，管理学、心理学、人性观等理论是构成管理心理学的最基础理论。掌握这些基础理论，有助于明确管理心理学的研究方向，加深对管理心理学理论和实际问题的理解。

2.1 人性观基础理论

什么是“人性”？简单地讲就是指人的本性。对人性的研究，自古以来在中外哲学史上一直是个争论不休的问题。它是哲学、社会学、伦理学等研究的共同课题。研究人类自身心理现象和行为规律的心理学，包括管理心理学，当然也离不开对人性问题的研究。

2.1.1 人性观基础理论的内容

美国著名的行为科学家道格拉斯·麦格雷戈认为，在每一项管理决策或管理措施的背后，都隐含着某些关于人性及人的行为的假设。也就是说，有关人性及人的行为的假设，对决定管理人员的工作方式、管理措施等都是极为重要的。

各层次管理人员以他们对人性的假设为依据，用不同的方式来组织、领导、控制、激励其员工。管理者接受这种人性假设就会用这种方式来管理，接受另一种人性假设就会用另一种方式来管理。

管理心理学所讲的人性假设，是指管理者对被管理者劳动态度和工作目的的基本估计，是对劳动者为什么要工作，以及用什么方法去激励他们的基本看法。它是管理者世界观的一个组成部分。人性观理论主要包括以下几种观点：

1）X理论

X理论与Y理论是麦格雷戈提出的人性假设理论。麦格雷戈通过研究认为，在理论研究和管理实践中，存在两种不同的人性观。麦格雷戈将这两种人性观称为X理论和Y理论。

X理论是传统管理思想和管理方式中蕴含的关于人性的看法。

（1）基本观点。其包括：①人趋于天生懒惰，不愿多工作；②人缺乏雄心，希望依赖他人，而不喜欢担负责任；③人以自我为中心而忽视组织目标；④人易受欺骗，常有盲从举动；⑤人习惯于抵抗变革；⑥管理者从经济利益角度出发来使用生产中的人力、物力、财力；⑦管理者的任务在于指导与激励员工，并时常控制与修正员工的行为，以符合组织需要；⑧管理者必须管制其下属，并要利用说明、奖赏、处罚和控制等手段。

（2）管理思想与措施。根据X理论，可推导出下述管理思想与措施：①任何一个组织绩效低下都是人性使然；②人必须在强迫与控制之下才肯工作，因而在管理上要求集权化管理；③组织应遵循“阶梯原则”，即通过权威的运作以执行督导与控制；④组织要求重于个人需要。

2）Y理论

Y理论是与X理论相对的一种人性假设，该理论强调个人目标与组织目标的融合而非背离。

（1）基本观点。其包括：①一般人并非天生厌恶工作。人在工作中消耗体力与智力，乃极其自然的事，如同游戏和休息一样。②人为了达成自己已承诺的目标，能够“自我督导”和“自我控制”，并为组织的目标而努力，外力的控制及惩罚的威胁并非可行的方法。③人对目标的承诺，是由于达成目标可以给个人带来某种报酬。对人最有意义的报酬是自我需要及自我实现需要的满足。这种报酬是使人朝组织目标而努力的动力。④只要情况适当，一般人不仅能学会承担责任，而且能学会争取责任。常见的规避责任、缺乏志向以及只知重视保障等问题，是后天习得的结果，而非人的本性使然。⑤大多数人均拥有以高度的想象力、智力和创造力来解决组织中各种问题的能力，而非只有管理者才具有这种能力。⑥在现代产业活动中，常人的智慧和潜能仅有一部分得到了运用。

可见，人都有成长和发展的潜在可能，组织管理的方式将直接影响这种潜能能否被发掘。

（2）管理思想与措施。麦格雷戈认为，Y理论的各项人性假设，是对传统的、根深蒂固的管理思想与习惯的挑战。与Y理论对应的管理思想与管理方式，核心就是将传统的个人目标与组织目标相背离转向使个人目标与组织目标相融合。

第一，任何一个组织绩效低下的原因都应归咎于管理。根据Y理论关于人性（假设）的观点，在组织运作过程中，如果人与人之间缺乏很好的协调与合作，绝非人类本性使然，而是由于管理层的能力不足，未能了解如何充分发挥人力资源的潜力。

第二，人是依靠自己的主动性、天资禀赋与自我督导去工作的，因而在管理上要求由集权化管理转向参与管理。

第三，组织管理的基本原则是融合原则，即创设一种环境，以使组织中的成员在该环境下既能达到各成员的个人目标，又努力促成组织目标的实现。

第四，组织管理必须兼顾组织需要与个人需要。一方面，员工要按照管理层的要求来调节他们自身的行为，以适应组织的需要，而不是脱离组织目标，单纯追求个人目标；另一方面，员工努力工作大都会使组织获得成功，从而共享这份成功的果实。

总之，根据Y理论，组织管理应采取诸如目标管理、参与管理、绩效考核、薪资与升迁管理等措施，来创设一种环境，使组织中的每一个成员都深切地了解到，唯有努力促成组织目标的实现，才是他们达成个人目标的最佳选择。

麦格雷戈认为，X理论和Y理论在管理实践中将导致两种不同的管理倾向。根据X理论，管理者在管理中强调的是各种控制技术、步骤和方法；而根据Y理论，管理人员在管理实践中要营造一种环境，以鼓励员工对组织目标的承诺，同时提供一种机会，使员工得以发挥自己的聪明才智，达到自我实现的目标。

麦格雷戈倾向于赞同Y理论及其相应的管理方式，但他又指出，X理论广泛存在于管理实践中的事实说明它“绝不是一项已经衰亡的哲学”。

小思考2-1

答案

小思考2-1

问：你认为X理论和Y理论，究竟哪个好呢？

3）超Y理论

超Y理论是由莫尔斯和洛希提出来的。该理论实际上受了权变理论的影响。

（1）基本观点。超Y理论的提出者主张：X理论并非一无是处，Y理论也不一定是普遍适用的。正确的态度应该是针对不同的情况，对任务、组织、人员进行最佳的组合，以激励工作人员取得最好的工作业绩。

超Y理论认为，并不存在放之四海而皆准的组织模式，组织模式应视工作性质和工作人员的特定需要而定。例如，假定有两个工作单位，甲单位的工作任务比较确定，如在高速自动流水线上制造某种标准的产品；乙单位的工作任务则具有较大的灵活性，如从事某项科学研究工作。那么对于这两个单位的管理方式，必须根据工作任务的性质以及从业人员的特点来定，只有这样才可能取得相同的高效率的工作结果，见表2-1。

表2-1　超Y理论示例

特　点	甲单位	乙单位
正式关系和职责的模式	结构严谨、规定明确	结构松散、规定含糊
正式规章、程序、控制和衡量系统的模式	遍布各处，具体、一致、全面	极少、松懈，有伸缩性
赋予工作制度的时间范围	短期	长期
赋予工作制度的目标范围	制造	科研

从表2-1中可见，对于甲单位，建立有更多的控制手段和更为正规化的组织是合乎需要的，即使这样的组织也不一定是强迫性的或惩罚性的。如果其中的人员，从他们的需要和工作内容上看，认为组织采取上述管理措施是有道理的，他们会发现为它工作是值得的，因而也具有激励作用。

对从事科研工作的乙单位而言，需要员工实行更为广泛的自制。随着社会的发展和技术的变化，参与管理的方法更适合乙单位。

（2）超Y理论关于人性的假设。超Y理论对人性的看法，概括起来主要有以下几点：①人们工作的动机是各种各样的，需要也各不相同，但其主要需要是获得胜任感。所谓胜任感，是指一个组织的成员，成功地适应并掌控了周围的环境，其中包括所面对的任务而积累起来的满意感。②获得胜任感的动机尽管人人都有，但不同的人可以用不同的方式来实现，这取决于这种需要同一个人其他需要（诸如权力、独立、自由、成就和交往等）的力量的相互作用。③如果任务与组织形式相适合，获得胜任感极有可能得以实现。④即使获得了胜任感，它仍然继续起激励作用。一旦一个目标实现了，一个新的、更高的目标就树立起来了。

人人都希望从工作中获得胜任感，但由于人与人之间的差异，其获得胜任感的方式是不同的。

综上分析可以看出，超Y理论的人性观认为，X理论与Y理论对人性的看法以及相应的管理方式都有其合理的一面，但片面强调一种理论的正确性则是不科学的。超Y理论认为，现实生活中人的需要和动机是多种多样的，因此人性也是复杂的。但从发展的眼光看，追求胜任感是最重要的，是工作的核心动机。所以，管理实践、管理方式不仅要适合工作任务本身的性质和特点，还要适合从业者的需要和追求，使其能够获得胜任感。适合工作任务又适合人的组织形式和管理方式是提高工作效率的核心和关键。

4）经济人、社会人、自我实现人与复杂人假设

美国当代著名的管理心理学家雪恩在《组织心理学》一书中，对人性的假设提出了另一种分类方式，认为管理活动中存在四种不同的人性观，即经济人、社会人、自我实现人与复杂人假设。

雪恩提出的四种人性假设反映了管理活动中对人性看法的多样性和复杂性，具有一定的典型性和实际意义。

（1）经济人假设。“经济人”（Rational-Economic Man）也叫“唯利人”或“实利人”。这种假设归根到底是从享乐主义哲学中衍生出来的。这种哲学思想认为，人的一举一动都是为了使自己获得最大的利益。以泰勒为代表的古典管理理论实际上就是经济人假设的具体体现。

经济人假设认为，人是唯利是图的，人的行为动因源于经济诱因，在于追求自身的最大利益。因此，管理就是要通过金钱与权威的双重手段，控制员工的行为，以维持良好的生产效率。

雪恩对该人性观做了以下概括：①员工基本上都是受经济刺激物激励的，不管是什么事，只要能向他们提供最大的经济利益，他们就会去干。②因为经济性刺激在组织的控制下，所以员工是被动的，要受组织的左右、驱使和控制。③情感按其定义来说，是非理性的，因此必须加以防范，以免干扰人们对自己利害关系的理性权衡。④组织能够而且必须按照能中和并控制住人们情感的方式来设计，也就是要控制住人们那些无法预计的品质。

雪恩认为，上述假设中还隐含着另外一些附加的假设，这些附加假设在麦格雷戈提出的X理论中已经得到了阐释。这说明，经济人假设同X理论关于人性的假设是一致的，二者互为补充、相互说明。

从根本上说，经济人假设把人划分成两大类：一类是那些不值得依赖、受金钱驱使、斤斤计较的人；而另一类则是可以依赖的，是受更广泛因素激励并且在道德上是高尚的人，这些人组织并管理多数人。

根据经济人假设而制定的管理策略可以归纳为以下三方面：①主要采取任务管理的措施。其主张管理的重点应放在提高工作效率上，认为管理就是通过一套权力与控制系统，实现其计划、组织、人员指派、指导、控制职能，从而提高生产效率，完成任务。管理部门对员工的情感、情绪等非理性因素必须加以控制和防范，以免干扰其对经济利益的理性权衡。②“胡萝卜加大棒”式的管理方式。这是指以金钱来刺激员工的生产积

极性，以严厉的惩罚来处理员工的怠工行为。如果生产率降低了，管理者就会对生产率高的员工实行个人奖励计划，或者在员工之间开展竞赛而给优胜者发放特殊奖酬。最后一招，就是重新检查一下自己的控制机构：主管人员是否对员工施加了足够的压力？现有控制机构能否找到不干活和干活溜号的员工并给他们以处罚？信息收集机构是否能够帮助管理者找出本组织中哪一部分人未能很好地完成分内的工作任务？③管理工作是少数人的事，与广大员工无关。员工只是服从命令，听从指挥，接受管理，努力工作，无须参与管理。

雪恩认为，经济人假设以及由之而来的管理原则，可以适用于许多不同类型的场合。例如，装配线是一种高效率的生产方式这一事实就一再证明它是有道理的。在很多不同类型的组织里，金钱及个人奖酬制都已被证明是对人们努力工作最成功的激励因素之一。以经济人假设为基础而制定的管理策略尽管已取得了引人注目的成功，却也存在不少问题和失败的例证：①如果工人们指望能从组织中获得的唯一东西就是薪酬，那么他们总是越要越多，欲壑难填。②随着工业化社会人们生活水平的提高，员工们对薪酬待遇提供方式的期望也会改变。③大型工业企业开始时觉得，“剥削”工人是轻而易举的事，然而，这种剥削最终导致了工会的发展。在员工的期望未获满足时，工会就是影响管理层的一种更强有力的工具。

工作变得更复杂了，而企业间的竞争也更激烈了，管理层不得不越来越倚重员工的判断力、创造力和忠诚心。随着组织对员工期望的增多，管理层将不得不重新审视自己对员工所作的假设了。

与此同时，工业心理学家和工业社会学家也对组织真正的激励模式与组织成员的行为模式进行了更为细致的研究。研究结果表明，现实中的许多模式并不符合经济人假设的动机、需要与期望。于是，一套更重视人的交往需要与动机的社会人假设出现了。

（2）社会人假设。“社会人”（Social Man）也称“社交人”，这种假设的理论基础是梅奥等人在霍桑实验的基础上提出的人群关系理论。该理论强调组织成员间良好的人际关系、员工社交与尊重需要的满足对员工工作行为和绩效的影响及意义，认为员工绝非简单地为追求最大经济利益而工作。

社会人假设认为：人们最重视的是工作中与周围人的友好关系，良好的人际关系是调动员工生产积极性的决定性因素，物质刺激只具有次要意义。

雪恩对该人性观做了以下概括：①社交需要是人类行为的基本激励因素，而人际关系是形成人们身份感的基本因素。②从工业革命中延续过来的机械化，结果是使工作失去了许多内在的意义，这些丧失的意义必须从工作中的社交关系里找回来。③与对管理部门所采取的奖酬和控制措施的反应比起来，员工们更易于对同级同事们所组成的群体的社交因素做出反应。④员工们对管理部门的反应能达到什么程度，视管理者对下级的归属需要、被人接纳的需要以及身份感的需要满足到什么程度而定。

根据社会人假设而制定的管理策略可以归纳为几个方面：①管理者不应把自己的注意力局限于完成任务上，而应将更多的注意力集中在为完成任务而工作的员工的需要上。②管理者不应只注意指挥、计划、组织和控制，还应关心员工的心理健康，注意他们归属需要与尊重需要的满足。③管理者应注重集体奖励，而不仅只注重个人奖酬。④管理者的职能不仅是计划、组织与控制，更要充当下级员工与上一级领导者之间的联络人；要倾向于并力求理解下级的需要和情感，要对其给予理解和同情，还要在高层领导那里支持下级的要求和呼声。

根据社会人假设，管理心理学家提出了新型的“参与式管理”，即让员工不同程度地参与企业决策的研究和讨论。

日本式管理模式在一定程度上是社会人假设这一人性观在管理实践中的运用。日本式管理模式要求管理者花较多的社交时间与下属交往，用常常一起进餐等富有人情味的方式，增进与员工间的感情，同时了解工作的进展和员工的思想动态，并提供较多的非正式机会去影响员工的思想和行为，而非简单地发号施令。日本许多企业实行的合理化建议奖励制度以及终身雇佣制，也都是社会人假设的人性观的具体体现。终身雇佣制不仅为员工提供了稳定的工作，而且给予他们一种重要的社会身份。

总之，组织关心和重视员工的个人与社交需要，并使其获得这些需要将会得到满足的期望，有助于员工对组织保持忠诚，积极努力，勤奋工作。

雪恩认为，除了梅奥的研究成果之外，还有许多研究成果从一定程度上证实了社会人假设的论断。他说：“对许多工人来说，在一些场合下受了社交需要的强烈驱动以及认为这种需要可以胜过经济性需要，这种论点已经没有什么疑问了。”但是，如果要说社会人假设是唯一正确的，并且可以作为组织设计与管理的基础，则还缺乏足够的证据。

（3）自我实现人假设。“自我实现人”（Self-Actualizing Man）也叫“自动人”，其假设是由马斯洛、阿吉里斯、麦格雷戈等人所倡导的一种人性观，麦格雷戈将其称为“Y理论”。

自我实现人假设认为，人并无好逸恶劳的天性，人的潜力要充分表现出来，才能充分发挥出来，才能感受到最大的满足。雪恩对该人性观做了以下概括：

第一，人具有最大限度地利用自己的才能与资源的需要，即自我实现的需要。人的需要可以归结为由多种需要组成的一个层次系统，由低到高，它们依次是生理、安全、社交、尊重和自我实现的需要。当人最基本的需要得到满足后，就会转而致力于较高层次需要的满足。即使是一个普通的工人，在他的其他需要或多或少获得了满足之后，也会在自己的工作中寻求任务完成的满足感。

第二，厌恶工作并非普通人的天性，相反，个人总是追求在工作中变得成熟起来。他们通过行使一定的自主权，以长远的观点来看问题，培养了自己的专长和能力，并以较大的灵活性去适应环境，使自己真正变得成熟。

第三，人主要还应该是自我激励和自我控制，外部施加的刺激物与控制很有可能变成对人的一种威胁，并使人陷入较不成熟的状态中。

第四，自我实现和使组织的绩效更富有成果，这两方面并不一定矛盾。如果给予适当的机会，员工们还是会自愿地把他们的个人目标和组织目标融为一体。

根据自我实现人假设而制定的管理策略可以归纳为以下几个方面：

第一，管理的重点。管理者要较多地考虑怎样才能使工作本身变得具有内在意义以及具有更高的挑战性。经济人假设的管理重点是重视任务而轻视人的因素，社会人假设的管理重点是重视和关心人的需要，而自我实现人假设的管理重点又从重视人的因素转移到重视工作环境上面来了。它主张创造一种适宜的工作环境、工作条件，以充分发掘人的潜力和才能，充分发挥个人的特长和创造力。同经济人假设重工作任务不同，自我实现人假设更重视人的因素，注重人的价值与尊严。

第二，管理者的职能。管理者应该是生产环境与生产条件的设计者与调节者。管理者与其说是一位激励者、指导者或控制者，不如说是一位起催化作用的媒介者，是创造与提供方便的人。管理者要为员工发挥个人的聪明才智创造适宜的条件，减少乃至消除员工自我实现过程中所遇到的障碍。

第三，奖励方式。它可以分为内部奖励和外部奖励两种。外部奖励，即“经济人”和“社会人”假设强调的工资、晋升、晋级、良好的人际关系等奖励。内部奖励重视员工获得知识、施展才能、自尊、自重、自主、利他、创造等自我实现的需要，以达到调动员工积极性的目的。麦格雷戈认为，管理的任务是创造一个适当的环境，即允许和鼓励每一位员工都能从工作中得到“内在奖励”的环境。人们在工作中获得知识，增长才干，因完成了任务与发挥了个人潜能而使自尊与自我实现需要得到了满足，这是对员工最大的激励。

第四，管理制度与方式。它应能保证员工充分展示自己的才能，取得自己所期望的成就。

自我实现人假设主张下放管理权限，建立较为充分的决策参与制度、提案制度、劳资会议制度，制订发展计划，选择具有挑战性的工作等，使劳动者显示出自己的能力，满足自我实现的需要。

雪恩认为，随着组织中受过良好教育和半专业化员工人数的增多，内在激励因素的重要性在不断提高，而且随着竞争的加剧，企业使全部员工全心全意地参与生产经营与管理，对尽可能最大限度地提高其长期生产率与创造性来说，是十分必要的。

自我实现需要是个人自主地充分发挥自己的潜能与才智等的较高层次的需要。有明确的证据表明，追求自我实现的驱动力，对管理人员和专业技术人员的行为有关键性的影响。

当然，并不是每一个人都期望能向他提供自我实现的工作环境，他们的核心价值观并非把工作当作“生活的主要乐趣”，而是“凭良心干一天活，公平地得一天钱”就行。

(4) 复杂人假设。它是雪恩在对前三种人性观进行回顾和总结的基础上提出的一种新的人性假设。该假设的提出亦受权变理论的影响，同莫尔斯和洛希提出的超Y理论有很大的相似性。

雪恩认为，无论是经济人、社会人还是自我实现人，虽然各有其合理性的一面，但并不适用于所有人。许多证据表明，人的需要与潜在欲望是多种多样的，而且这些需要的模式随着年龄与发展阶段、所扮演的角色、所处环境及人际关系的变化而不断变化着。因此，人性是复杂的、可变的，必须以一种权变的、动态的观点来看待人性。雪恩对该人性观做了以下概括：

第一，人类的需要是分成许多类的，并且会随着个体的发展和环境的变化而变化。各类需要对每一个人而言，其重要性程度不同，从而形成了一定的需要等级体系。这种等级体系不仅因人而异，而且对每一个人来说，亦将随着时间、情境的变化而变化。

第二，由于需要与动机彼此作用并组合成复杂的动机模式，所以满足需要、达成激励目的的方式是复杂多变的。例如，金钱可以满足许多不同的需要，对某些人而言，哪怕是自我实现的需要也要有金钱才能满足。另外，社交或自我实现的需要在不同发展阶段可以用不同的方式来满足。

第三，人们可能在生活和工作中产生新的动机。这也就意味着一个人在某一特定的职业生涯或生活阶段的总的动机模式是他的原始需要与生活、工作经历之间一连串复杂因素交互作用的结果。

第四，每个人在不同组织或是同一组织的不同部门中，可能有不同的需要。一个在正式组织中受到冷遇的人，可能会在工会或非正式群体中寻求其社交需要和自我实现需要的满足。如果工作本身包含多样性的要求，那么在不同时间及面对不同的工作任务时，就可能有众多动机发挥作用。

第五，人们可以在许多不同类型的动机基础上，成为组织中重要的一员，全心全意地参与到组织活动中。

激励的性质决定了能否使员工获得根本性满足，它是影响绩效的决定性因素之一。另外，工作任务本身的性质、员工自身的能力和经验以及同事们所营造的环境和气氛等因素交互作用而形成的特定工作模式和情感，亦是重要的影响因素。

第六，员工能否对多种互不相同的管理策略做出反应，这既取决于他们自己的动机和能力，也取决于工作任务的性质。换句话说，不会有在任何时间对所有人都能起作用的唯一正确的管理策略。

根据复杂人假设而制定的管理策略可以归纳为以下三个方面：

第一，管理者应注意采用不同的组织形式，以提高管理效率。组织形式必须适应工作性质和员工复杂的动机。换句话说，所谓正确的组织、管理或领导方式是根据大量的实际情况确定的。

第二，管理者应根据企业的实际情况，采用弹性、应变的领导方法，而不能过于简单化、一般化。例如，在企业任务不明、工作混乱时，较严格的管理措施是适当的；在工作走上正轨，任务明确、分工合理时，民主的、授权的领导方式则是适当的。

第三，管理者应善于发现员工在需要、动机、能力和个性上的差异，因人、因时、因事、因地制宜地采取灵活多变的管理模式和奖励方式。

复杂人假设的管理策略强调的是领导、管理、组织方式和方法的灵活性、变化性，即所谓的权变。以现实的情境作为基础的、可变的或灵活的行为都离不开“权变论”，它表明了这样一个事实，就是在某一给定的情境中，正确的组织、管理或领导方式要由大量因素而定。

雪恩认为，一定程度上，支持前三种人性假设及其相应的管理策略的研究，全都支持复杂人假设的基本观点及管理策略。另外，越来越多的最新研究成果已经从不同的侧面支持和证实了这种新的人性观。

案例2-1　　松下公司的70分人才

松下幸之助在人才选用上是十分智慧的，他对人才的选用可以“适当”一词来形容，而不强调“最优秀”。他常说，100分人才固然好，但可遇而不可求，十分难得，用人就要善于用70分的人才。这一选才准则，是松下幸之助在创业初期就定下的。当松下公司“小打小闹”的时候，它只能选用三井、住友、三菱等大企业不要的人。而正是这些大公司看不上的“次级人才”，与松下幸之助一起创造了松下的辉煌。

更重要的是，松下幸之助认为，70分的人才更有进取心。他需要的人才是“不忘初衷而虚心学习的人，不固守成规而常有新观念的人，爱护公司并和公司成为一体的人，不自私而能为团体着想的人，有自主经营能力的人，热忱的人，能得体地‘指使’上司的人，能忠于职守的人，有气概担当公司重任的人”。同100分的人才相比，70分的人才更容易满足这样的要求。如果企业中都是顶尖人才，这些人往往会以自我为中心，不能很好地同其他人沟通并相处，不能很好地把自身融入集体之中。而70分人才则不同，他们会关注自己的不足，会虚心接受他人的建议和意见，会投入十分甚至十二分的努力来完成自己的工作，能够融入集体之中。尤其是对顶尖人才的仰视，会使他们明确自己将要达到的目标，激发他们自主自觉的学习动力，从而不断地成长为可以为企业发展做出贡献的人。这种人往往对企业心存感激，感恩心理会使他们对企业更加信赖并更加忠诚，有利于整个企业的团结与发展。

选择70分人才还有标准上的主次。松下幸之助强调，技术和能力固然不可或缺，但从人才素质上看，技术却最不重要，最重要的是毅力和热忱。我们经常看到聪明反被聪明误的事例。人不怕笨拙，就怕取巧。毅力是成功的最基本因素，那些所谓没有兴趣、不大喜欢之类的说法，不过是缺乏毅力的托词。选人就要选那些能够像日本谚语说的“在石头上坐三年”的人。还有，热忱领先于才干。才干出众的人有的是，而真正取得成功的是有工作热忱的人。“主管可以没有智慧、才华，但对工作的热忱，必须永葆领先”。

案例2-1

分析提示

资料来源　作者根据网络资料整理。

2.1.2　人性观理论在管理中的运用

（1）正确认识人性观的异同和优劣。逐一分析上述人性观理论，可以发现不同观点背后隐含着对员工追求的核心需要的不同见解。每种人性观理论都既有一定的合理性，也有一定的片面性，各有侧重。因此，尊重客观实际，结合组织所处的社会环境，做到具体问题具体分析，才是科学的工作态度。

（2）客观分析员工的人性特点。管理者必须结合本组织的实际和社会环境状况，正确地认识和理解员工的心理和行为，分析员工的行为动机，把握不同员工的人性特点。

比如，要把握不同年龄、不同社会经历、不同层次、不同文化程度、不同地位的员工的人性差异，而不能搞“一刀切”，用一种人性观来对待所有的人。

（3）有针对性地采取管理措施。不同的被管理者对同一管理措施会有不同的反应。因此，管理工作要因人而异，无论是对待群体还是个人，都应该根据其人性特点与成熟程度，采取相应的管理措施。例如，对成熟度低的员工，可适当地进行“任务管理”；对成熟度高的员工，自然应采取“参与管理”措施。

（4）把适应与提高结合起来。领导者对员工的管理，应该把适应与提高两个方面有机地结合起来：一方面，应采取与员工人性特点相适应的管理措施；另一方面，要在管理过程中不断提高员工的人性认知水平，依靠教育和实际锻炼，使他们不断地向成熟的方向发展。

补充阅读材料2-1　我国古代的人性思想

荀子认为人性是恶的，“人之性恶，其善者伪也”。就是说，人的本性是恶的，而性善则是人为的。人性之所以为恶，在于人之“有欲”。“人生而有欲，欲而不得，则不能无求，求而无度量分界，则不能不争；争则乱，乱则穷”，因此荀子主张要“养人之欲，给人以求，使欲必不穷于物，物必不屈于欲，两者相持而长”。也就是说，要使人的欲望和物质两者在相互制约中增长。荀子的性恶论，类似于西方行为科学中的“X理论”或“经济人”理论。荀子主张性恶论，所以认为其管理原则是“明分”“赏罚”。

在先秦思想家中，商鞅和韩非子也是主张性恶论的，他们都把人看作本质上的“经济人”。因此，在管理上都强调用富贵名利去刺激和调动人的积极性，强调重赏重罚，以实现其管理目标。

孟子认为人性是善的，“人性之善也，犹水之就下也”。就是说，人之性善，人性向善，如同水的本性向下一样是自然而然的。孟子从性善论角度出发，强调管理应施“仁政”。孟子的性善论有点类似西方行为科学中的“Y理论”。

管子认为，应从不同角度对人性进行分析。他首先指出：“仓廪实而知礼节，衣食足而知荣辱。”就是说，人的需要首先是衣食足，其次是知荣辱，最后是知礼节。这有点类似西方行为科学中需要层次论的思想。其次，管子强调多方面满足人的需要，“民恶忧劳，我佚乐之；民恶贫贱，我富贵之；民恶危坠，我存安之；民恶灭绝，我生育之”。人民的要求得到满足，就会拥护统治者，甚至为了统治者的利益而牺牲自己，这就叫作“予之为取”。因此其强调管理是“得人之道，莫如利之”，应做到“故只见予之形，不见夺之理”。管子的这些思想有点类似西方行为科学中的“超Y理论”。

小思考2-2

小思考2-2

答案

问：孟子认为，“人之初，性本善”。荀子认为，“人之初，性本恶”。谁是谁非呢？

2.2　管理学基础理论

管理学是从管理实践中形成和发展起来的，是由一系列管理理论、制度、职能、原则、形式和方法组成的科学体系。它是管理心理学的基础理论之一。

2.2.1　管理的含义

管理是人类社会的一种普遍现象。它作为一种社会活动，自古就有。可以说，凡是有人群的地方，都存在着管理问题。大到国家，小到一个单位、一个家庭，几乎所有的组织和群体都离不开管理。然而，要给管理下一个准确、科学的定义并非易事。

随着管理科学的产生和发展，在不同时期，不同学者对管理进行了不同的描述。有人从管理任务和结果的角度出发，认为管理就是使一个组织提高工作效率，用最好、最经济的方法去完成工作任务，如泰罗；有人从管理过程角度出发，认为管理就是实行计划、组织、指挥、协调和控制，如法约尔；有人从管理目标角度出发，认为管理就是决策，就是确立目标和实现目标的手段。

综合起来，我们认为，管理是在特定的环境下，管理者对组织所拥有的资源进行有效的计划、组织、领导、控制，以便更好地完成组织既定目标的过程。

这个定义包括下述含义：①管理具有多种职能，包括计划、组织、领导、控制等。②管理的本质是活动或过程，是管理者通过各种手段，使组织实现既定目标的过程。③管理的对象是包括人力资源在内的一切可以调用的资源。在这些资源中，人员是最重要的，所以管理要以人为中心。④管理是一门科学，称为管理科学。管理是一门艺术，是管理者在管理实践中的创造性活动。⑤管理的目的是实现既定目标，而该目标仅凭个人的力量是无法实现的。

小思考2-3

答案

小思考2-3

问：有人说，“管理也是生产力”这句话对吗？

2.2.2　管理理论及其发展

管理是人类社会的一种普遍现象，伴随着人类社会的发展和进步，管理的经验和知识也在不断丰富和发展。在古代社会和中世纪，管理还没有形成一门科学。随着资本主义的产生和发展，在社会化大生产的条件下，人类的生产活动和生产方式发生了重大变化，对管理提出了更高的要求，管理科学的产生成为必要和可能。直至19世纪末20世纪初，泰罗科学管理理论的出现，才标志着管理科学的诞生。

回顾整个管理理论发展史，可以将管理理论大致分为早期管理、科学管理、行为科学和现代管理四个阶段。

（1）早期管理阶段。其主要指19世纪末以前的漫长历史时期，这一阶段又称为管理理论的萌芽阶段。早期的管理，又称经验管理，主要是凭借业主个人的经验，一切由业主说了算，属于小农经济的家长式管理。随着英国产业革命的兴起，机器大工业逐渐代替手工作坊，促使小生产的管理方式发生变化，新的适用于社会化大生产的管理制度、管理思想、管理方法应运而生。

早期有代表性的管理理论有：英国重商主义的代表人物詹姆斯·斯图亚特提出的实行刺激工资的思想；古典政治经济学的奠基者亚当·斯密提出的劳动分工理论和“经济人”假说的观点；空想社会主义的代表罗伯特·欧文提出的人的因素在工业中起主要作用的思想；法国庸俗经济学创始人萨伊提出的管理是生产的第四要素及所有权与经营管理权分离的思想等。这些理论都为管理科学的诞生奠定了坚实的基础。

（2）科学管理阶段。19世纪末，资本主义进入垄断阶段，科学技术得到空前发展，社会生产力也达到一定高度。这时管理落后于生产和技术的矛盾日益凸显。一些管理学家围绕如何提高企业劳动生产率等问题进行了大量的试验和研究，终于形成了一系列科学的管理制度和管理方式，完成了从经验管理到科学管理的转变。

科学管理最杰出的代表人物是美国管理学家泰罗，他于1911年出版了《科学管理原理》一书，标志着科学管理阶段的开始。19世纪末20世纪初，他在美国米德维尔钢铁厂工作期间，针对当时管理落后、劳动生产率低的问题，经过大量实验，提出了一整套的科学管理方法和管理制度。其主要包括：定额管理制、差别工资制、工人培训制、职能工长制以及操作标准化、工具标准化等。泰罗也由此被誉为“科学管理之父”。

科学管理理论的另一位代表人物是法国管理学家亨利·法约尔。法约尔最主要的代表作是1916年发表的《工业管理与一般管理》一文。在该文中，他首次区分了经营和管理的概念，系统地提出并阐述了管理的计划、组织、指挥、协调、控制五种职能，强调了进行管理教育和建立管理理论的必要性。法约尔还根据自己长期担任矿业公司总经理的工作经验，提出了管理的十四条原则，并从一般管理原理的角度对管理理论进行了系统的研究。

科学管理理论的另一重要组成部分，是由德国管理学家马克斯·韦伯提出的行政组织理论。他不是从企业管理的角度而是从行政管理的角度对管理理论进行了系统的研究。韦伯所提出的行政组织理论开辟了资本主义管理理论研究的新领域，为后来的行政管理研究奠定了理论基础，为此他被西方誉为“组织理论之父”。

（3）行为科学阶段。20世纪20年代前后，随着资本主义经济危机的加剧和工人思想觉悟的提高，泰罗等人提出的以“经济人”假设为依据的科学管理理论和由此形成的基本上是“胡萝卜加大棒”的管理制度，已表现出很大的局限性。针对当时劳资双方的矛盾日益加剧、工人与资本家之间的斗争愈演愈烈的情况，以新的理论假设为依据的行为科学理论应运而生。

资本主义行为科学理论包括对人际关系理论、个体行为理论、团体行为理论、组织行为理论等的研究。

人际关系理论，主要是指梅奥等人通过著名的霍桑实验所提出的理论。其要点是：①人是社会的人，因此企业不能单纯着眼于技术、物质条件，还必须从心理方面来鼓励工人提高劳动生产率。②企业中不但存在着“正式组织”，而且存在着“非正式组织”。因此，在企业管理中，不但要发挥“正式组织”的作用，而且要注意发挥“非正式组织”的作用。③领导能力体现为是否能提高员工的满足度。员工的满足度在很大程度上是由员工的社会地位决定的，相对于金钱和物质刺激来说，它在提高企业劳动生产率方面起着首要作用。梅奥等人的这些观点为行为科学理论后来的发展奠定了理论基础。

个体行为理论，最有代表性的是由马斯洛等人提出的需要层次理论和麦格雷戈等人提出的关于人性的X理论和Y理论。这几种理论总的来说就是研究如何通过不断满足人的需要、调动人的创造性和积极性来提高劳动生产率的问题。

团体行为理论，主要是研究如何协调由两个人以上所组成的团体的行为，不断增强团体合力的理论。它主要包括团体动力理论、信息交流理论和有关团体成员之间相互关系的理论。其中，最有代表性的是美国心理学家库尔特·勒温提出的团体力学理论。这一理论对团体要素、团体“力场”、团体目标、团体结构、团体领导方式、团体规模等问题进行了深入的研究，提出了许多颇有价值的观点。

在有关组织行为理论的研究中，西方学者的研究重点是领导行为，他们提出了关于领导者的品质、领导方式等方面的理论，探讨了领导者如何处理好“对人的关心”和“对生产的关心”的关系问题，其中以美国行为科学家布莱克提出的管理方格理论最为著名。

（4）现代管理阶段。第二次世界大战之后，资本主义管理理论发展到现代管理阶段，之所以称为“现代”，不仅有时间的含义，还有关于以下特征的考虑：

第一，这一时期的管理理论研究充分运用了现代自然科学和社会科学的研究成果，如系统论、控制论、信息论等，使管理思想、管理观念进一步现代化，从而促使对管理理论的研究也进一步适应现代化大生产的要求。

第二，电子计算机、现代通信设备等高科技成果广泛运用于管理中，使管理手段进一步现代化，从而促进了管理理论研究的现代化。

第三，对管理理论的研究已不再局限于企业管理人员、技术人员或某些专家，而是形成了一支庞大的职业队伍。加入这支队伍的有从事自然科学、社会科学和管理科学研究的各方面专家，他们从各个方面对管理理论进行研究，形成了许多管理理论学派，促使管理科学不断向纵深发展。

资本主义管理理论发展到现代阶段，理论丰富、学派林立。1961年，美国管理学家哈罗德·孔茨在美国《管理学会杂志》上发表了一篇名为《管理理论丛林》的文章。他从历史和现实的角度出发，把西方现代管理理论划分为六个学派。现将其划分的主要理论学派的基本原理和主要观点分述如下：

① 社会系统学派。这一学派的主要代表巴纳德认为，社会的各级组织都是由相互协作的个人组成的系统。它包括三个要素：协作的意愿、共同目标、信息的联系。而非正式组织则与正式组织互相创造条件，并对正式组织产生积极的影响，进而要求各级管理人员在系统中作为相互联系的中心，对协作各方进行协调，以保持组织的活力。

② 决策理论学派。它是在接受了行为科学、系统理论、运筹学和计算机程序等科

学内容以后，从社会系统学派中衍生出来的。其代表人物西蒙等人认为，决策贯穿管理的全过程。其强调决策和决策者在系统中的重要作用，建立了有关决策的过程、决策的准则、程序化和非程序化的决策、组织机构的建立与决策过程的联系等理论原则。

③ 系统管理学派。它也是从社会系统学派中衍生出来的，侧重于从系统的观点来考察和管理企业，以提高生产效率。这一学派强调各个系统和有关部门关系网络的清楚和高效，对当代管理经济中的自动化、控制论、管理情报系统、权变理论的发展有着重要影响。

④ 经验主义学派。它的代表人物是德鲁克和戴尔等人。他们认为，以往的科学管理理论和行为科学已不能适应现代管理的需要和多方面的期望。其强调要了解当今的企业管理现状和实际需要，主张注重大企业的管理经验，以此作为当代经济管理理论的基点。

⑤ 权变理论学派。这是随着20世纪70年代西方国家科技进步、经济发展、政治剧变、员工构成及其技术水平的改变应运而生的一种经济管理理论。这一学派认为，管理要根据企业所处的内外部条件随机应变，不存在什么一成不变、普遍适用、最好的管理理论和方法。这种管理理论曾具有一定的实用价值。

⑥ 管理科学学派。其代表人物伯法等人认为，管理就是运用数学手段来表示计划、组织、控制、决策等合乎逻辑的程序，并通过电子计算机技术找出最优答案，以达到企业的最终目标。

以上是西方国家现代经济管理的一些主要学派，除此以外还有组织行为学派、社会技术系统学派、经理角色学派、经营过程学派等，在这里就不一一介绍了。

补充阅读材料2-2　管理名家名言

管理，从根本上讲，意味着用智慧代替鲁莽，用知识代替习惯与传统，用合作代替强制。

——彼得·德鲁克

管理意味着根据目标进行管理，它要求采取行动以获得期望的效果。管理的具体职责就是把想要达到的目的先变成可能的东西，然后再变成实际存在的东西。换句话说，以有意识和有目的的行动来改变环境，这才是真正的管理。

——彼得·德鲁克

管理是要使资源成本最小化，因此效率是管理极其重要的组成部分，而仅仅有效率是不够的，管理还必须使活动实现预定目标，即追求活动效果。通常，效率和效果是相互联系的，但在现实生活中，有效率却无效果的组织和以低效率来取得效果的组织并不少见。使活动达到目标，而且做得尽可能有效率，这就是管理的最终使命。

——斯蒂芬·罗宾斯

管理使得组织不再是一群乌合之众，它是一个有效的、能使组织一体化、能给予组织以生命力的“器官”。在一个“组织的社会”里，管理成为一项关键的社会功能，成为现代社会中一个基本的、普遍的、通用的、具有决定性的“器官”。

——唐纳利

资料来源 吴照云. 管理学［M］. 北京：经济管理出版社，2006.

管理寓言2-1 学会借力

有一对父子，两人在沙滩上玩，父亲让儿子搬一块石头，儿子力气太小，怎么也搬不动。父亲问：“你用尽全力了吗？”儿子说：“用尽了。”

父亲回答：“你没有用尽，还有一种外力你没有用，你为什么不请我帮忙呢？”

管理寓言2-1

分析提示

2.3 心理学基础理论

心理学是管理心理学的主要理论依据之一。我们研究和应用管理心理学，做人的工作，预测人的行为的规律，首先必须了解和掌握有关人的心理过程、心理特征及其规律性。了解这门学科的知识，对学习管理心理学、了解一切社会实践领域均具有普遍的意义。

2.3.1 心理学的含义

心理学是一门研究人的心理现象及其规律的科学。长期以来，心理学一直从属于哲学的范畴。随着近代哲学思想的发展和生理学研究的深入，尤其是19世纪以来，自然科学的迅速发展，特别是生物学的发展，为心理学的研究积累了大量有关人体的知识，加之医学在神经系统研究方面的巨大成就，也为心理学的研究提供了科学依据。这些学科的研究成果推动了关于心理是人脑机能的理论产生，为心理学的创立奠定了基础。1879年，德国生理学家、哲学家冯特继承了近代哲学思想和18世纪与19世纪欧洲心理学的研究成果，在莱比锡大学创办了世界上第一个心理学实验室，对各种心理功能进行系统的研究，并创办了心理学刊物，提出了许多心理学观点，从而使一向从属于哲学范畴的心理学分离出来，成为一门独立的学科。

20世纪中期以来，心理学有了极大的发展。这是由它的学科特点所决定的。心理学在自身发展中一个最突出的特点，就是它最容易与邻近学科建立联系，向所有与之相联系的学科渗透并与其结合。因此，它的发展之快、分支之多、服务领域之广，是其他任何一门学科都难以比拟的。这些分支主要有动机心理学、发展心理学、管理心理学、创造心理学、消费心理学、劳动心理学、社会心理学等。心理学的形成和发展，为管理心理学的研究和应用进一步提供了理论依据。

2.3.2 心理的实质

人的心理的实质到底是什么？对这个问题的理解，自古以来就存在两种根本对立的观点。唯心主义认为，心理是人脑之外的、不依赖人脑而独立存在的难以捉摸的抽象之物；唯物主义则认为，心理现象起源于物质，与人的身体有关。马克思辩证唯物主义观的创立，真正揭示了心理的实质：人的心理是客观现实在人脑中的主观映像。它有两层含义：

（1）心理是人脑的机能。物质发展和人类进化过程的事实说明，心理只不过是人的反应的一种形式，它是物质发展到高级阶段所具有的属性。猿进化为人类以后，劳动和语言的发展、饮食结构的改变，促进了人脑的发展，从而形成了人的心理。所以说，心理不是物质之外的独立实体，它是人脑的一种机能。

人脑是人体神经系统的中枢部位，其中大脑的两个半球是中枢神经的最高级部位。它的结构和机能最为复杂，是人的心理活动的主要生理基础。人的大脑如果受到损害，心理活动就必然遭到破坏。

（2）心理是客观现实的反映。心理是人脑的机能，这并不是说有脑就可以产生心理。有脑，只是提供了人们产生心理的物质基础和可能性，而要把这种可能性变为现实，必须依靠外界的客观事物。没有客观事物作用于人脑，心理活动便不可能产生。

小思考 2-4

答案

小思考 2-4

问：人一生下来，就会有心理活动吗？

第一，客观现实是人的心理活动内容的源泉。人的心理活动，不论是简单的还是复杂的，其内容都可以从客观事物中找到源泉。例如，人对颜色的视觉是光波作用于眼睛而产生的；人对声音的听觉是声波作用于耳朵引起的；文艺作品中塑造的典型人物，只是社会生活中的人物被作家通过典型化的手法加工出来的而已。

第二，社会生活实践对人的心理起制约作用。科学的心理学特别强调人的心理基础是人的社会实践，没有人的社会实践也就没有人的心理。只有通过社会实践，才能更广泛、更深刻地认识自然和社会，增长自己的知识和才干。人们常说：读万卷书，行万里路，就是强调积极参与社会实践的重要性。

第三，心理是客观现实的主观映像。人的心理是对客观现实的反映，但这种反映是由一定的具体的人来实现的。一定的具体的人在过去实践中已积累的知识、经验以及形成的世界观和个性心理特征会影响他对客观现实的反映。因此，又可以说，人的心理是客观和主观的统一。例如，同上一堂课，每个人所接受的内容与程度是不同的；一件衣服，有人认为很好看，有人认为不怎么样。

第四，心理是对客观现实能动的反映。人们对客观事物的反映不是消极被动的，而是在实践中积极能动地把外界事物变成观念性的东西，把客观的东西反映到主观上来，然后，人又通过实践活动使主观见之于客观。同时，人的心理活动又受到实践活动的检验。人们在反映现实的活动中总是依照实践的标准，不断地调整自己的行为，使所反映的东西能符合客观现实的规律。

案例 2-2 印度的狼孩

“印度狼孩”，8岁时被人发现并带回到人类生活的世界里。当时他只有相当于4个月婴儿的智力，经过悉心的照料，他4年学会了6个单词，6年学会了走路，7年学会了45个单词，17岁时死去，死前只相当于4岁孩子的心理发育水平。

案列 2-2
分析提示

2.3.3 心理现象及其内容

心理学是研究人的心理现象的产生、发展和变化规律的科学。人的心理现象是极其复杂的，同时也是绚丽多彩的。恩格斯曾讲过：“地球上最美丽的花朵是人的心理。”心理现象包括感觉、知觉、记忆、想象、思维、情感、意志、气质、性格等一系列内容，一般分为心理过程和个性心理两大类：

（1）心理过程。人的心理过程包括认识过程、情感过程、意志过程，简称知、情、意。

第一，认识过程。它是心理活动的起点，一般包括感性认识和理性认识两个阶段，具体是通过感觉、知觉、记忆、想象、思维等心理活动来完成的。

感觉是对客观事物个别属性的认识，是认识过程的开端；在感觉的基础上，人们对事物的个别属性加以综合分析，形成较完整的形象，就是知觉。感觉和知觉是认识的初级阶段。

人们为了增强对事物的认识，还借助记忆把过去生活实践中感知过的东西、体验过的情感，在头脑中重复反映出来。当感知过的事物不在眼前时，在大脑中再现出的该事物的形象，心理学上称为表象，而表象在人脑中的再加工，即产生想象活动。当人们在感知的基础上进一步思考时，即产生了思维活动。思维是人脑对客观事物一种间接和概括的反映，进一步获得对事物本质属性和内在联系的认识，是认识的高级阶段。

第二，情感过程。人们在认识事物时，并非只停留在认识上，还会表露出一定的态度，产生一定的感受，如满意或厌恶、喜爱或憎恨、高兴或烦恼等。这种对客观事物的体验和态度就是情感过程。

情感过程又可细分为情绪和情感两个方面。情绪是与有机体生理需要是否得到满足相联系的态度体验；情感是与人的社会性需要相联系的态度体验。

第三，意志过程。人们认识事物也不仅满足于情感体验，有时还需要按照自己的意图去处理、改造它们，这便是意志过程。意志过程是指人们自觉地确定目标，并支配和调节自己的行为，克服种种困难，以达到预期目的的过程。

（2）个性心理。人的心理过程，具有人类的共性。但是，心理过程表现在每一个具体的人身上，又不是完全一样的，从而表现出个人心理的不同倾向和特点。

在复杂的现实生活中，由于个人的种种因素和条件的不同，人们在形成需要、动机、兴趣、信念、理想和世界观等方面，总会有这样或那样的个体差异。上述这些差异，在心理学上被看作人们表现出来的不同的个性倾向。

与个性倾向相关联，人们的认识、情感、意志和行为中，也通常反映着个人的许多不同心理特点。例如，对同一事物的认识过程，有的人感知敏锐、思维深刻，而有的人则相反；有的人善于形象思维，有的人则善于抽象思维；有的人善于解决问题、富于创造性，有的人则遵循常规、不善开拓等。凡此种种，在认识及其活动效率方面表现的不同，就形成了人们在能力和智力方面的差异。又如，有的人性情暴烈，易于激动，有的人则性情温和，不易发脾气；有的人反应迅速，情感外向，有的人则反应迟钝，情感内向。这些表现就形成了人们在气质方面的差异。

再如，有的人活泼愉快，有的人则经常多愁善感；有的人沉默寡言，有的人则善于交际；有的人勇敢顽强，有的人却怯懦软弱；有的人积极进取，有的人却消极不前；有的人机智果断，有的人却优柔寡断等。

综上所述，人们在能力、气质和性格等方面表现出来的差异，心理学上称为个性心理特点。个性倾向和个性特点有机地、综合地体现在一个人的身上，就形成了一个人完整的个性心理，简称个性。

据此，我们可以把人的心理活动的各个方面绘制成图，如图2-1所示。

- 心理活动
  - 心理过程
    - 认识过程——感觉、知觉、记忆、思维、想象等
    - 情感过程——爱、憎、喜、怒、哀、乐等
    - 意志过程——目的性、自觉性、决心、坚持性等
  - 个性心理
    - 个性倾向——需要、动机、兴趣、理想、信念等
    - 个性心理特征——能力、气质、性格等

图2-1 人的心理活动结构图

小思考 2-5

答案

小思考 2-5

问：有人说："物质的贫困不是贫困，心理的贫困才是最贫困的。"这句话有道理吗？

管理寓言 2-2

管理寓言 2-2

分析提示

孙膑请魏王走下座位

战国时期，孙膑初到魏国，魏王要测试一下他的本事，就对孙膑说："你有什么办法让我从座位上下来吗？"庞涓出言："可在大王座位下边生起火来。"魏王说："不可。"孙膑捻了捻胡子说："大王坐在上边我是没有办法让大王下来的，如果大王在下边我却有办法让大王上去。"魏王洋洋得意地说："那好，我倒要看看你有什么办法让我坐上去。"说完就从座位上走下来了。这时，孙膑哈哈大笑说："我是无法让大王坐上去，却已经让大王从座位上下来了。"魏王这才知道自己上当了。

2.4　行为学基础理论

行为学，是研究人的哲学、人的本质与行为规律的学问。早在2 000多年前，古代的思想家就开始研究这一学说，但未正式形成一门学科。其理论散见于古今中外之著作，并和近代西方的行为科学理论一脉相承。对这门学科的研究与学习管理心理学有着密切的关系。

2.4.1　人的本质

探讨人的本质，是我们学习、研究管理心理学的出发点。对于什么是人，历史上有不同的看法。在马克思以前，许多科学家特别是达尔文的进化论就阐明了：人是猿进化而来的，而猿又是由更低级的动物经过更长的时间进化而来的。人和动物一样都有非条件反射的属性，有生存本能、饮食本能和繁衍本能等。这些本能是动物（也包括人）得以生存、繁衍的基本条件。因此，承认人和动物一样具有自然属性，不是马克思的独创。

把意识作为区别人和动物的标志，第一人也不是马克思。历史上许多进步的思想家、革命家都是这样认为的。莎士比亚就曾说过："人类是一件多么了不起的杰作！多么高贵的理性！多么伟大的力量！多么优美的仪表！多么文雅的举动！在行为上多么像一个天使！在智慧上多么像一个天神！宇宙的精华，万物的灵长。"在这里，莎士比亚很明确地把理性、智慧作为人的标志。中国革命的先行者孙中山先生也曾指出："依余所见，古人固已有言：人为万物之灵，然则万物之灵者，即为人之定义。"

在有关人的定义的问题上，马克思、恩格斯比历史上任何一位哲学家、科学家都高明的独创之处在哪里呢？就在于他们从社会关系的总和方面去考察人的本性。

马克思说："人的本质并不是单个人所固有的抽象物。在其现实性上，它是一切社会关系的总和。"这是对人的问题最科学、最深刻的说明。马克思这个论断的依据有以下三个方面：

（1）生产劳动、语言、思维是人特有的属性，是人区别于动物的根本，是人的社会性的重要表现。众所周知，生产劳动是人类改造自然界以满足自身各方面需要的物质活动。在生产劳动过程中，人以意识为指导，有目的、有计划地改造自然界。以生产劳动为手段，人类一方面获取自然界已有的财富，如捕捉行兽、开采石油；另一方面创造自然界没有的财富，作为自己的生存资料。而动物只能获取自然界已有的现成的物质，却不能创造自然界没有的财富。正因为这样，人类对自然界的影响是深刻的、积极的，而动物对自然界的影响是表面的、消极的。在生产劳动过程中，人与人必须建立一定的社会关系，即一定的经济关系，才能实现人类对自然界的改造。经济关系是其他一切社会关系存在与发展的基础。政治关系、思想关系、民族关系等，都是由经济关系决定，为经济关系服务的。总之，生产劳动不论就它的形式（经济关系）还是就它的内容（社会生产力）而言，都是社会特有的。这种社会性是人的本质的一个方面或一个层次。

（2）语言是人类交流思想的工具。语言是在生产劳动过程中产生的，生产劳动，不论是在原始社会还是在现代社会，都不是孤立的个人所能进行的。它需要人与人之间的协作。在从猿进化到人的过程中，猿的活动渐渐地过渡到人的生产劳动。在使用手和石器的生产劳动过程中，劳动者之间的直接协作成为改造自然、获得最低限度生活资料的一种必然。人们同心协力地狩猎、捕鱼、伐木、取火、防御野兽的袭击，甚至采摘也要同心协力。为了做到同心协力，原始人需要有协调彼此行动的指挥，就像劳动号子一样。而这种指挥必须具有一定的意义，否则就达不到协调行动的目的。这种由口发出的表达一定意义的有节奏的信号就是语言。语言是在生产劳动中产生的包含一定意义的社会符号。

（3）思维是语言的内容。语言是思维存在、传播的具体形式。思维具有社会性，因为它是人类特有的心理过程，在生产劳动中产生，借助语言这一社会现象传播。大家知道，思维是对事物内在属性的认识，正确思维是对事物本质属性的反映。要形成思维，就要获得客观事物的大量现象，并对这些在改造自然的劳动过程中获得的现象进行抽象概括。抽象概括能力是人类在生产劳动中培养出来的，而这种抽象概括的实现非借助于语言不可。

生产劳动、语言、思维相结合，形成人类特有的主观能动性。这就是说，人在生产劳动中，借助语言的思维形式反映事物的内在一般属性，尤其是事物存在和发展的规律性。人类正是在思维的指导下，通过语言协调人们的行动，以改造自然和社会。

如上所述，人有动物属性或自然属性，也有社会属性。人类的这几种属性无疑是客观存在的，它们不是同等重要的，也不是平行存在、平行发展的。人的自然属性受人的社会属性限制。比如，人和动物一样需要睡眠，人类的睡眠是为了劳动、工作、学习，也是在劳动、工作、学习之后才睡眠；由于劳动、工作、学习的需要，人们可以缩短、延长睡眠时间，还可以对睡眠做不同时间段的安排，如上夜班的白天睡，习惯于午睡的人取消午睡等。又如，人和动物一样，有繁衍后代的本能，但是，人繁衍后代要通过结婚等社会形式，而且受到社会计划的调节。总之，在人身上，像疾病、睡眠、种族繁衍等自然属性已经不是纯粹自然而然的了，它们受到人的社会属性如生产劳动的影响甚至控制，它们已经是有社会性的自然属性了。人身上没有纯粹的自然属性这一事实表明，人的本质确实是各种社会关系的总和。

当然，作为人的本质的社会属性的内容是十分复杂的。除了上面提到的生产劳动、语言、思维之外，还有民族国家关系、家庭婚姻关系、亲朋师生关系、同事同乡关系、宗教信仰关系等。

小思考 2-6

答案

小思考 2-6

问：人们常说，“听其言、观其行，而知其人”。这种说法对吗？

2.4.2　人类行为

学习管理心理学就要弄清什么是人类行为。

1）人类行为的概念

什么叫人类行为？简而言之，人类行为是人类日常生产或生活中所做出的一切动作。关于人类行为的定义，心理学家库尔特·勒温曾写出以下公式：

$$B=F(P\cdot E)$$

其中：行为（B）是个人（P）与环境（E）交互作用所发生的函数或结果。

从心理学的角度讲，人的行为起源于脑神经的交合作用，形成精神状态，即所谓意识；由意识表现于动作时，便形成了行为，而意识本身则成为一种内在行为。

人类行为是有共同特征的。也就是不管男女老少，不管他们属于何种社会阶层、时代、种族，都有其不同于其他动物的行为的共同点。综合心理学家研究的结果，人类行为特征至少包括下列几个方面：

（1）自发的行为——人类的行为是自动的而不是被动的。外力可能影响人的行为，但无法引发其行为，外在的权力、命令无法使一个人产生真正的效忠行为。

（2）有原因的行为——任何一种行为的产生都是有其起因的。遗传与环境可能是影响行为的因素，同时，外在条件亦可能影响内在的动机。

（3）有目的的行为——人类的行为不是盲目的，它不仅有起因，而且有目标。有时候在第三者看来毫不合理的行为，对他本人来说却是合乎目标的。

（4）持久性的行为——行为指向目标，目标达成之前，行为是不会终止的。也许人会改变行为的方式，或由外显行为转为潜在行为，但还是会不断地向目标前进。

（5）可改变的行为——人类为了谋求目标的达成，常变换其手段，而且其行为是可以经过学习或训练而改变的。这与其他受本能支配的动物行为不同，它是具有可塑性的。

研究人的行为的共同特征，对探索其动机和心理活动的规律，是有很大帮助的。

人的行为的基本单元是动作。所有的行为都是由一连串的动作组成的。人，生在世界上，总是在做某些事情的，如走路、谈话、吃饭、睡觉、开车、造房子、织布等。在许多情况下，可以同时做一个以上的动作，如两个人一边走路一边谈话或一边吃东西。在任何一个时刻，我们都可以决定从一个动作转换成另一个动作。为什么某人做这个动作，而不做其他动作？他为什么要改变动作，他有什么想法，要达到什么目的？管理工作的重要任务之一，就是要了解、预测与控制一个人在什么时候可能做出什么动作（动作的发生），同时要了解是什么动机或需要能在某一特定时间唤起某个动作（动作的起因）。

2）人类行为的种类

人类行为的种类极多，可以从不同方面对其分类：

（1）按行为主体的不同可分为：①个人行为，包括个人的成长、发育、学习、思考等行为；②团体行为，包括团结、互助、合作、友好、谅解、默契、分歧、对抗、破坏等行为。

（2）按人类活动的不同领域可分为：①管理行为，包括计划、组织、领导、激励、控制、决策、预测等行为；②政治行为，包括选举、公务、行政、民族团结、国际关系等行为；③社会行为，包括社会控制、社会变迁、社会保险、社会文明、社会进步、社会发展等行为；④文化行为，包括文化艺术、教育、体育、学术研究等行为；⑤战争行为，包括思想战、心理战、谋略战、团体战、情报战、宣传战、军事战等行为。

3）人类行为的目的

研究人类行为的科学称为行为学，它是用心理学、社会学、生理学、伦理学等科学原理，以人的行为和人群关系、人的积极性为研究对象的一门综合性的科学。行为学研究的主要内容和目的包括以下几个方面：①研究人类行为产生的原因，目的在于激发动机，推动行为的产生；②研究人类行为的控制与改造，目的在于做出正确的行为；③研究人与物的配合，如人机工程，目的在于提高劳动生产率和经济效益；④研究人与人之间的协调，如人际关系，目的在于创造一种良好的环境，使人们能够持久地在受激励的状态下工作，保持饱满的情绪、十足的干劲、舒畅的心情，主观能动性得到充分的发挥。

总之，研究行为学的目的在于调动人的积极性。

2.4.3　近代行为科学的发展

1）近代行为科学产生的历史背景

近代行为科学产生于20世纪30年代的管理工作实践。它正式被命名为“行为科学”，是1949年在美国芝加哥举行的一次跨学科的科学会议上。

20世纪30年代以前，很多管理学派对管理方法的研究都以“事”为中心，忽视了对“人”的研究。对行为科学的研究最早产生于20世纪50年代的美国。行为科学的英文有单复数之分，以复数表示的行为科学为广义的行为科学，是一个学科群；以单数表示的行为科学为狭义的行为科学。广义的行为科学包括运用类似自然科学的实验和观察方法，研究在自然和社会环境中人的行为；狭义的行为科学是指研究有关工作环境中个人和群体的行为的一门综合性学科。

行为科学研究人的行为或人类集合体的行为，是在心理学、人类学、社会学、经济学、政治学和语言学等的边缘领域协作的一门科学。其研究涉及思考过程、交往、消费者行为、经营行为、社会和文化的变革、国际关系政策的拟定等广泛的课题。

按照《美国管理百科全书选编》的定义，“行为科学是运用自然科学的实验和观察方法，研究自然和社会环境中人的行为以及低级动物行为的科学，已经确认的学科包括心理学、社会学、社会人类学等”。按照这一定义，行为科学的应用范围几乎涉及人类活动的一切领域，形成了众多的分支学科，如组织行为学、医疗行为学、犯罪行为学、政治行为学、行政行为学等。现在管理学中所讲的行为科学专指狭义的行为科学，即应用心理学、社会学、人类学及其他相关学科的成果，来研究管理过程中人的行为和人与人之间关系的一门科学。

狭义的行为科学，指的是在人群关系理论的基础上形成的管理科学中的一门学科，又称组织行为学。它着眼于对一定组织中的人的行为的研究，重视人际关系、人的需要、人的作用和人力资源的开发利用。这一学科的出现对管理科学的发展产生了重要影响，使其由以“事”与“物”为中心的管理发展到以“人”为中心的管理，由靠监督与纪律的管理发展到动机激发、行为引导的管理，由独裁式管理发展到参与式管理。它的应用成果也受到了普遍的重视。虽然行为科学的历史并不长，关于它的研究对象和理论体系至今尚未形成统一的认识，但作为当今世界的“热门”科学之一，由于狭义行为科学旨在通过研究生产和工作环境中人的行为，来提高生产和工作效率，其已成为现代管理科学的支柱之一。它广泛应用于企业管理中，研究如何激发员工的工作积极性，提高劳动生产率，改善并协调人与人之间的关系，缓和劳资矛盾。很多心理学家、社会学家围绕这些问题进行研究，这些人被统称为行为科学家，如马斯洛等。行为科学不同于心理学中的行为主义派别，行为主义派别拒绝意识或把意识等同于行为，虽然行为科学标榜研究人的行为规律，但它结合人的主观世界来研究，广泛接受传统心理学上用来描述人们主观世界的观念，如需要、动机、性格、爱好、心理机制等。

2）近代行为科学产生的原因

（1）人是社会的主体。行为科学是研究人的行为规律，以调节人与人的关系，并实现预测和控制人的行为目的的一门综合性学科。人在社会中的主体地位是行为科学产生的条件之一。

（2）大生产的企业环境。工人力量增强，活动范围和规模扩大，所需的劳动环境不仅要适合生存，更迫切的是要合乎人情。

近代行为科学研究管理问题，提出了要关心人、尊重人的管理原则，基本论点是每个人都有自己的需要，想激发人的动机就应首先满足他的合理需要；需要引起动机，动机决定行为。要研究人的行为规律，人的需要十分重要，并产生了诸多理论，如需要层次理论、成就激励理论、人性假说四分法、双因素理论和期望理论等。

西方有人将行为科学的研究分为微观和宏观两种：微观行为科学研究个人或小集体的行为，宏观行为科学则研究较大的社会集团或某一社会阶层具有共同趋向性的行为。因此行为科学还被用于社会、医学教育、市场预测等领域。

心理学在行为科学中占有特别重要的地位。首先，人的行为既指有意识的行为，也指心理、意识本身。人的心理、意识既在活动、行动或行为中形成，又调节人的活动、行动或行为。这正是现代心理学所研究的重要内容。其次，在基础理论方面，心理学从认知、学习、思维、动机、需要、心理发展及个性等方面为行为科学提供了大量的线索和启示。最后，心理学还在应用方面（如管理心理学、医学心理学、教育心理学及其他许多联系实际的心理学分支）不断地丰富行为科学。其中，管理心理学由于发展较快，有人甚至将其定义为狭义的行为科学。1973年，美国心理学家伍尔曼主编的《行为科学词典》，正是从上述心理学的基础理论与实际应用两大方面结合有关学科编纂而成的。它是行为科学领域的综合性辞书。

3）近代行为科学的基本内容

近代行为科学的基本内容包括：

（1）个体行为研究。个体行为是行为科学分析企业（组织）中人们行为的基本单元。在个体行为这个层次中，行为科学主要通过心理学的理论和方法研究两大类问题：一类是影响个体行为的各种心理因素；另一类是关于个体的人性假说。

（2）动机与激励理论。社会心理学家和行为科学家认为，人的行为都是由动机引起的，而动机是因人自身内在的需要而产生的，能满足人的需求活动本身就是一种奖励。

（3）群体行为研究。群体行为在组织行为学中是一个重要的问题，行为科学主要探讨群体的特征、群体的凝聚力等。

（4）组织行为。行为科学家认为，一个人的一生大部分时间是在组织环境中度过的。人们在组织中的行为即称为组织行为，它建立在个体行为和群体行为的基础上，通过研究人的本性、需要、行为、动机及在生产组织中人与人之间的关系，总结人类在生产中行为的规律。

管理法则 2-1

蝴蝶效应——细节决定成败

20世纪60年代，美国麻省理工学院气象学家洛伦兹用计算机求解仿真地球大气的13个方程式时发现，初始条件的极小偏差，将会引起结果的极大差异。1979年12月，洛伦兹在美国科学促进会的一次讲演中提出，一只蝴蝶在巴西扇动翅膀，有可能会在美国的得克萨斯州引起一场龙卷风。其原因在于，蝴蝶翅膀的扇动，使身边的空气系统发生变化，产生微弱气流，而微弱气流的产生又会使四周空气或其他系统发生相应变化，由此引起连锁反应，最终导致其他系统的极大变化。他的演讲和结论给人们留下了深刻的印象。从此以后，“蝴蝶效应”之说就不胫而走了。

西方流传着这样一首民谣：

丢失一个钉子，坏了一只蹄铁；

坏了一只蹄铁，折了一匹战马；

折了一匹战马，伤了一位骑士；

伤了一位骑士，输了一场战斗；

输了一场战斗，亡了一个帝国。

在我国，曾名噪一时的三株集团，就是典型因忽视细节而失败的例子。三株集团曾在短短的3年内使销售额提高了64倍，总资产高达80亿元，打造了辉煌耀眼的保健品帝国。但是，一个“常德事件”、一篇《八瓶三株口服液喝死一个老汉》的报道，却使拥有15万名员工的“三株大厦”顷刻间轰然倒下，直接损失达40多亿元。

随堂测2

知识掌握

1.什么是人性观？主要包括哪些观点？

2.谈谈你对人性观的认识。

3.什么是管理？为什么说管理是一门艺术？

4.管理理论包括哪几个阶段？主要代表人物有哪些？

5.什么是心理学？如何理解心理学的实质？

6.什么是行为科学？主要研究哪些内容？

7.心理活动的主要内容有哪些？

案例分析

微软的人性化管理

微软公司无疑是世界上聪明人云集的地方，比尔·盖茨靠什么对这些员工进行有效的管理呢？答案是：实行人性化管理。

（1）建立电子邮件系统。方便员工之间和上下级之间的沟通是微软公司民主化和人性化管理的一大特色。微软公司有方便的电子邮件系统，每个员工都有自己的电子邮箱，相互间都知道对方的邮箱号，上至公司领导，下到每个员工都无一例外。员工相互间可以传递信息，讲悄悄话甚至聊天。只要你高兴，无论在什么时间、什么地点，你都不需要秘书安排，就可以和在任何地方的员工（包括比尔·盖茨）进行联系并交谈。

（2）无等级的安排。等级隔阂是人与人之间关系难以融洽的一大原因，它妨碍了人们之间的相互沟通，不利于企业员工形成一个强大的整体，为共同的事业齐心努力。微软在公司内部人员关系的处理上是这样做的：

①平等的办公室。只要是微软公司的员工，都有自己的办公室或房间，办公室都是相互隔开的，有自己的门和可以眺望外面的窗户，每个办公室的面积大小都差不多。员工对办公室的布置和位置都有自主权，任何人都无权干涉。

②无等级划分的停车场。在微软公司，停车场是不按等级划分的，只有先来后到，没有职位高低。

（3）宽松的工作氛围。让员工尽可能放松，减少不必要的干扰，是微软公司积极为员工设想的又一个方面。

①没有时钟的办公大楼。据员工自己分析，公司不设钟表源于软件开发行业的特点。开发人员进入工作状态后，中途停顿下来往往会打断和破坏开发设计思路。有时钟，员工会按时间上下班，这样不利于产品研发的连续性。

②到处可见的高脚凳。微软公司向员工免费提供各种饮料，除此之外，在公司内部，可用于办公的高脚凳随处可见，目的是方便公司员工不拘形式地在任何地点办公。当然，这种考虑也离不开软件开发行业的生产特点。

③快乐的周末。每周五晚上举行狂欢舞会是微软公司的传统。比尔·盖茨一直想把这个舞会办得更正式一点，以缓解员工因繁重工作而形成的压力和紧张情绪，增强员工的凝聚力和向心力，达到相互沟通、增进理解和感情的目的。

微软公司就是靠别出心裁的人性化管理，吸引了一大批富有创造力的人才到公司工作，且公司独特的文化氛围将这些人才留在了这里。

问题：（1）试分析微软公司人力资源管理的特点。

（2）微软公司的人性化管理给了我们什么启示？

分析提示：虽然每个企业都有自己的经营特征，但以人为本、实行人性化管理是对现代企业的基本要求。

实践训练

请就所在学校教学和生活管理的人性化问题进行讨论，并提出合理化建议。

【心理小测验】

你是否具备管理才能

指导语：假如你真正了解了与管理工作有关的事项，是否仍想从事管理工作？请按下列问题自测并做出回答。

1）测查如果从技术领域往管理领域转变，你是否能适应

（1）你将越来越多地做管理工作，而和技术工作的联系越来越少。

（2）一旦决定做管理工作，就不能半途而废，即使你想再去做技术工作，也是办不到的，因为技术的更新太迅速了。

（3）你将从一个可靠的领域（即对自己所做的事情有把握的领域）转向一个无论是可利用的人力还是工作条件都无法把握的领域。

（4）你必须扩大知识面和兴趣范围，丝毫不能将兴趣集中于一点或致力于一个专业。

（5）你必须放弃你在专业上所取得的成就，而为自己能渐渐支配更多的人、组织越来越多的活动，以及能够帮助其他专业人员取得成功而感到满足。

2）测查你是否具有当领导的兴趣

（1）如果让你选择不同于现在工作的一个职业，你喜欢当一名：A.医生 B.勘探员

（2）你喜欢读关于哪一方面的书？A.地理学 B.心理学

（3）你喜欢怎样度过夜晚？A.做新家具 B.和朋友做游戏

（4）如果某人耽误了你的时间，你该怎么办？A.总是很耐心 B.往往会发火

（5）你喜欢做哪件事？A.会见陌生人 B.看展览

（6）你喜欢别人怎么评价你？A.善于合作 B.足智多谋

（7）每样东西都放得有规律，各就各位，这对你来说：A.很重要 B.不怎么重要

（8）如果你强烈反对某人，将会怎么办？A.力求高度统一 B.将在价值、原则及政策上进行争论并弄个水落石出

（9）你是否能容易地放下正在阅读的一个很有趣的故事？A.能 B.不能

（10）在一出戏中，你喜欢扮演哪个角色？A.富兰克林（美国《独立宣言》的起草人、避雷针的发明人）B.狄克维多（寡头政治家）C.法拉第（工程师、电机的发明人）

3）测查你处理难题的能力

（1）你做出从事管理工作的决定，是否与你的能力、兴趣、品质、个性和目标相一致？与从事技术工作相比，从事管理工作是否更能施展你的才能？

（2）你是否具有从事管理工作的较强能力和必要条件？是否期待亲身投入管理工作

中去？

（3）你肯定管理工作能使自己获得心理上的更大满足吗？

（4）你是否对本企业的情况有一个全面的了解？你熟悉所在企业各个部门的不同要求和不同管理方法吗？是否很容易从一个部门转到另一个部门呢？

（5）你已确立了今后5～10年的奋斗目标吗？你肯定现在的工作更能达到你的目标吗？你意识到管理阶层中，存在更强有力的竞争吗？你肯定自己能充分地正视这些竞争吗？

（6）你是否更注重人而不是工作？你更喜欢和别人在一起工作吗？你能很容易地找到合作者吗？你自愿帮助别人吗？你真的知道人们为什么在社会中那样表现吗？

（7）你的同事和朋友认为你友好随和吗？假如你已意识到帮助别人时要牺牲个人的利益，是否还执意要这样做呢？朋友经常请教你吗？你愿意得到别人的帮助吗？

（8）你能在变化莫测的情况下灵活处事，在一时混乱的情况下泰然处之吗？当所有的事情都不能如愿以偿时，你仍能快乐吗？当你对自己所做决定的结果尚无把握时，你会烦躁不安吗？

（9）你是否觉得信任他人且他人信任你？你能很容易地消除隔阂吗？

（10）你在工作中注重人的主观因素吗？你注重“利用”他人吗？你同样重视自己的下级吗？

（11）你是否注意自己的行为且试图解释过？你是否意识到有时听见自己的言论像来自别人的观点？你曾努力站在别人的立场来看待事物吗？

（12）你觉得自己很善于广泛接触各种各样的人，并在用人时尽可能发挥他们的作用吗？

4）测查你的管理能力

你是反对还是赞成下列说法：

（1）对不同专业人员类似的个性和要求，应该同等对待，用一种方式去领导他们。

（2）对专业人员来讲，最重要的是得到更多的钱。

（3）一个有能力的管理人员初次见到一位专业人员便能对他做出评价。

（4）精神不振、消极散漫、牢骚满腹可以认为是由于没有竞争对手和兴趣引起的，而不是天生懒惰。

（5）管理人员丝毫不用去顾及专业人员的情感。

（6）不要对专业人员的一项成果加以赞扬，因为那样做的话，将很难领导他们，而是要马上提薪。

（7）使专业人员提高工作效率最有效的方法，是告诫他们随时有失去工作的危险。

（8）一组专业人员总比一个人能更妥善地解决问题。

（9）一个称职的管理人员必须像每个专业人员一样熟悉其专业。

（10）了解本企业中每个人的个性，对防止士气低落大有益处。

（11）如果一个管理人员对某专业人员提出的问题答不上来，他应该说“我不知道，等我找到答案再告诉您”，然后继续做自己的事。

（12）在制订与专业人员有关的计划时，管理人员应该让他们参与制订。

（13）专业人员对要求他们提建议的管理人员并不太尊重。

（14）知己和知彼同等重要。

（15）一个称职的管理人员应该较注重参谋而并非监督。

（16）即使持反对意见，管理人员也应该执行其上级的旨意。

（17）管理人员千万不要授权其管理下的专业人员。

（18）重要的是分清每个专业人员的贡献，而不是赞赏专业人员所在的集体。

（19）一般来说，对专业人员的要求，要区别对待。

（20）管理最重要的作用之一是提供信息及减少挫折。

计分与解释：

（1）主要测查如果从技术领域往管理领域转变，你是否能适应。如果你的工作发生上述4~5种变化你仍能适应，说明你并不总希望做技术工作，也许管理工作更适合你。

（2）主要测查你是否有当领导的兴趣。适合做管理工作的人，通常答案如下：（1）A，（2）B，（3）B，（4）A，（5）A，（6）A，（7）B，（8）A，（9）A，（10）A。如果你的选择很接近上述答案，说明你喜欢与人打交道，喜欢有创造性的工作，不愿意一成不变，愿意而且善于表现自己，喜欢说服他人。

（3）主要测查你处理难题的能力。上述12个问题中，如果你有50%的答案为“是”，你就有可能领导一个棘手的团体。

（4）主要测查你的管理能力。如果你的管理能力较强，往往会赞成以下几个说法：（4）（10）（11）（12）（14）（15）（18）（19）（20）。

第3章

社会认知与管理

学习目标

知识目标：通过本章的学习，你应该能够了解认知理论的基本内容；明确自我认知、社会认知的含义及影响因素；认识社会认知的规律及其对管理的影响；了解价值观的内涵及其在管理中的运用；掌握归因理论的内涵及其在管理中的运用。

素养目标：提高自我认知和社会认知水平，培养自信心，发挥自我潜力；树立正确的价值观，遵循核心价值观行为规范。

趣味导读 **追求完美**

上帝把万物创造出来以后，有一只蛹，看到蝴蝶是那么漂亮，用羡慕的眼光追随它。蛹又看了看自己，认为自己长得丑陋，行动又不灵活，便开始对上帝抱怨道："上帝啊，你能创造出如此美妙的世界，但为何把我的一生分成了两个阶段，不是又丑陋又行动迟缓，就是又美丽又轻盈，使我在前一阶段受尽人们辱骂，后一阶段却获得诗人的歌颂，这未免太不协调了。你何不平均一下，让我现在虽然丑一点儿，却能行动轻巧，以后当漂亮的蝴蝶时，行动迟缓一点儿，这样我做蛹和蝴蝶的两个阶段不就都能很愉快了吗？"

上帝路过这里时听到蛹这样的抱怨，就停下来对蛹说："如果那样做，你根本活不了多久。"

"为什么呢？"蛹抬着小脑袋问。

"因为如果你有蝴蝶的美貌，却只有蛹的速度，一下子就会被捉住了。"上帝说，"你要知道，正因为你行动迟缓，我才赐给你丑陋的外貌，使人类都不愿意去碰你。现在，你还要坚持你的想法吗？"

"不，请维持你原来的安排吧。"蛹这才慌张地说，"我知道了，不论美与丑，轻盈与迟缓，只要是你创造的，一定都是合理并且完美的。"

资料来源　作者根据相关资料整理.

分析提示：不要抱怨生活，不要怨天尤人，正确认知自己。不求完美，但求更好，天生我材必有用。

认知是人类重要的心理现象之一。它不仅表现为人对客观事物和现象的反映，而且是其他一切心理现象的基础和开端。

认知，尤其是社会认知问题，是管理心理学探讨的一个基本问题。人的行为是主体对客体所做出的反映，这种反映是通过包括认知在内的心理因素的调控而表现于外的。主体对客体的认知差异，会导致其行为反映的差异。组织成员对人、对事、对己的认知是组织行为管理的基点，几乎所有涉及组织中个体、群体及组织心理与行为的问题都始于认知，尤其是社会认知的过程。这是由于人的认知因素直接影响其对工作中的物质环境和社会心理环境的认识和理解，并由此影响人的行为活动，从而影响其生产与管理的绩效。

3.1 认知概述

3.1.1 认知的含义

从一般意义上看，“认知”等同于普通心理学理论中所说的“认识”和“认识过程”。认知是人脑对客观事物和现象“是什么”的反映，即对客观现实属性的认识。

认知是一个过程，包括感觉、知觉、记忆、想象和思维等环节。感觉是人脑对当前作用于感官的客观事物的个别属性的反映；知觉是在感觉信息的基础上，对客观事物的整体属性的反映；记忆是指对曾经感知过的事物和现象，以经验的形式在人脑中得以保存的内容；想象是人脑对记忆形象的加工和创造；思维是人脑凭借感知和记忆的内容，对客观事物进行分析、推理、判断，形成概括的、间接的反映，得出事物本质和规律性的认识。可见，认知过程是从感觉、知觉到记忆，再到想象和思维，是人脑对客观事物由表及里、由浅入深、由现象到本质的过程，表现为一个不断深化、不断发展、不断完善的历程。

关于认知过程的详细内容是普通心理学的研究重点。管理心理学着重探讨自我认知和社会认知问题，所以只对认知过程作简要的概述。

小思考 3-1

答案

小思考 3-1

问：俗话说“人贵有自知之明”，请问是何含义？

3.1.2 自我认知

1）自我认知的含义

自我认知，或称自我意识，是指人在社会实践中，对所有属于自己的身体、思想、感情、需要、动机、个性等状况，以及自己同周围关系的认识。它包括对自己生理状况、心理状况、行为表现、地位和作用、人际关系的认知。简单地说，就是对“我是什么样的人”的认识。

人们只有正确认识、评价自己，才能适应社会环境，有效地控制自己的行为，和他人友好相处。

从表面上看，人对自己最了解，掌握的信息最多，似乎人最易于认识自己。然而，研究指出，自我知觉未必真实确切，人通过自我知觉所确立的自我观念往往不正确。

研究表明，人的自我知觉有很大的不确定性，常常随着环境的变化而变化。比如，一段时间认为自己强壮、文雅、有能力、有吸引力，另一段时间又认为自己软弱、粗俗、无能力、不吸引人。这些认识往往随着时间、地点、事件的不同而改变着。

个人的自我知觉很容易受他人对其认识的影响。人的自我观念是在与他人的交往中形成的。人总要把自己和别人加以比较，在这种比较中判定自己的形象和位置。人在与他人的交往中还总会看到别人对自己的态度，而这种态度就恰如一面镜子反映着自身的优劣。因此，一位管理者如何对待下级，将极大地影响着下级的自我观念。

此外，研究还表明，个人的自我观念常常会出现错误。比如，一位女青年明明长得模样一般，却会认为自己美得惊人。要知道人总是根据自己的自我观念行事，自我观念错了，其行为举止必然有误。

正确的自我认知，可以激发人的自尊心、自信心、事业心、荣誉感，从而推动人学习、工作和事业的成功，有助于人自觉地适应社会，改造自己，增强自我控制和调节能力，从而有助于管理工作的顺利开展。

案例3-1 一位学子的困惑

一位刚刚入学的大学生愁云满面地向自己的导师求救。

“老师，有人赞我是天才，将来必有一番作为，也有人骂我是笨蛋，一辈子不会有多大的出息。依您看，我是天才还是笨蛋呢？”

教授反问道：“你是如何看待自己的？”

学生一脸茫然。

教授解释说：“譬如同样一斤米，对不同的人来说，它的价值迥然不同。在炊妇眼里，它不过能做几碗米饭而已；在农民看来，它最多值几元钱罢了；在卖粽子的人眼里，它被包成粽子后，一只可以卖3元钱；在制作饼干的人看来，它能被加工成饼干，一包可以卖5元钱；在味精厂商眼中，它可提炼出味精，一包卖8元钱；在制酒商看来，它能被酿成酒，勾兑后，一瓶可以卖到40元钱。不过，米还是那斤米。”

案例3-1

分析提示

教授停了一下，接着说：“无论是有人抬高你，还是有人贬低你，你还是你，究竟你有多大出息，取决于你到底怎么看待自己。”

资料来源 佚名. 励志小故事：你自身的价值取决于你自己［EB/OL］.［2023-11-23］. https://www.ximalaya.com/ask/q10924639.

小思考3-2

答案

小思考3-2

问："东施效颦"和"癞蛤蟆想吃天鹅肉"与自我认知有关吗？

2）自我认知的构成要素

人的自我认知，既有整体性，又有可分性，它是由许多要素构成的，宛如一幅完整的个人自画像。英国心理学家威廉·詹姆斯认为，自我认知一般包括物质自我、社会自我和精神自我三个要素。

（1）物质自我。

它是自我知觉的最原始形态，核心内容是个体自身的躯体，所以也称为生理自我。当个体能够把自己的躯体与外界区分开来时，也就产生了对物质自我的认识。所以，人在少年、青年时期，个体对躯体的意象特别关注，会产生强烈的评价意识，并伴随着自尊与自卑的各种体验。

（2）社会自我。

它是个体对自己被他人或群体所关注的心理反应，也就是个体在社会上的地位和声誉，这是自我知觉的重要内容。

在社会生活中，每个人都需要其他个体或群体关注自己、尊重自己，而且特别需要他自己认为最重要的那些个体和群体来关注和尊重自己。社会自我首先要受到社会制度的制约，其次还要受到其他个体或群体的道德规范的制约，同时也要受到个体自身的制约。

（3）精神自我。

它是个体对自己心理活动的知觉，并且能够通过这种知觉来调节个体心理活动的过程、状态及其特征，控制自己的某种行为，修正自己的经验和观念。

实际上，精神自我既是个体对自己思想状况的一种认知，也是一种精神上的追求。

我们平常所讲的一个人具有远大的理想，就是指这个人精神上有一种动力。假若没有这种动力，他的生活就必然显得毫无生气。因此，精神自我是自我知觉的核心内容，没有理想，没有追求和奋斗目标，就失去了生活的基本意义。

这三种要素是既有区别又有联系的有机体，都伴有自我认知评价的感情（满意与否）和自我追求的行为，见表3-1。

表3-1　自我认知的结构

自我要素	自我认识与评价	自我追求行为
物质自我	对自己身体、仪容、仪表、家庭等的认知与评价	追求身体、外表、欲望的满足
社会自我	对自己的社会地位、名誉、财产及与他人关系的认知和评价	引人注目，讨好别人，追求名誉、爱与归属等
精神自我	对自己的智慧、能力、道德水准及自卑与优越的认知与评价	追求智慧、信仰、道德与良心

认识自我认知的内容对认识个体的心理活动规律具有重要意义。

首先，个体的自我认知对其活动有直接的影响。这种影响就在于能够使自我认知成为个体活动的觉察者、调节者和发动者，并使个体的活动具有独特性，能够发挥自我优势，刺激自我评价与自我追求，寻求理想的自我实现。

其次，自我认知是自我行动的内现，自我行动则是自我认知的外现。个体通过自我行动能够保持自身的心理平衡以及与现实世界的和谐关系。所以，有了某种自我认知就必然要有某种相应的自我行动。

最后，认识自我认知对提高管理水平具有一定的指导意义，管理工作既不是简单的压服和控制，也不是放任自流，而是要观察和认识员工自我认知的心理活动规律来因势利导，教育员工树立远大理想，把个人追求和事业发展结合在一起，这样才能取得良好的管理效果。

管理寓言3-1　　乌鸦学鹰

鹰从高岩上飞下来，以非常优美的姿势俯冲而下，把一只羊羔抓走了。一只乌鸦看见了，非常羡慕，心想：要是我也能这样去抓一只羊，就不用天天吃腐烂的食物了，那该多好呀。于是乌鸦凭借着对鹰的记忆，反复练习俯冲的姿势，也希望像鹰一样去抓一只羊。

一天，它觉得练习得差不多了，猛地从山崖上俯冲而下，猛扑到一只公羊身上，狠命地想把它带走，然而它的脚爪却被羊毛缠住了，拔也拔不出来。尽管它不断地使劲拍打翅膀，但仍飞不起来。牧羊人看到后，跑过去将它一把抓住，剪去了它翅膀上的羽毛。傍晚，牧羊人带着乌鸦回家，交给了他的孩子们。孩子们问是什么鸟，牧羊人回答说：“这是一只乌鸦，可是它自己却要充当老鹰。”

管理寓言3-1
分析提示

资料来源　作者根据相关资料整理.

3.1.3　社会认知

社会认知是关于社会现象，尤其是对社会中人的认知。人是社会的人，总处在一定的社会环境和关系之中。

人的活动离不开与他人的联系和交往，人在交往活动中，不断对他人、对自己及与他人的关系做出种种估计和判断，从而为自己的行为决策提供参考依据。可见，社会认知就是对社会环境中有关个人或群体的特性及相互关系的认识。

社会认知是一种最基本的社会心理过程。无论是人的态度、情感、动机的形成，还是一定社会行为的发生，都是以社会认知为基础的。同样，在组织管理中，要加强组织成员的人际沟通，建立良好的人际关系，正确地选人用人，激发员工的工作热情等，都离不开正确的社会认知。

社会认知一般包括他人认知、人际认知和角色认知等内容。

1）他人认知

他人认知是指在与他人接触中，通过对他人外部特征的知觉，进而取得对其心理活动的认识。

我们要认识某个人，总是要在一定的社会环境中，最先接触到这个人的外显行为——其言谈举止、表情神态、仪表风度等。通过频繁的交往，才能透过外显行为了解该人的兴趣、爱好、能力、气质、性格等个性心理特征，并逐步形成对该人正确的、全面的、深刻的认识。

对他人的知觉依赖于许多因素，但概括地说，包括两个方面：

一是知觉对象的外部特征，包括面部表情、目光接触、身段表情和言语表情四个方面。

（1）面部表情。

人的面部表情十分丰富，也非常直观。在社会生活中，人们能较准确地识别：口角下垂为悲哀，嘴角向上为愉快，面红耳赤是羞愧，咬牙切齿表示愤怒、仇恨，嘴唇撅起表示生气等。

（2）目光接触。

眼睛是心灵的窗口，通过眼神可以洞察他人的内心活动。目光接触还可以传递感情，如怒目而视表示愤怒，双眼睁大表示惊讶，温情脉脉表示爱慕等。

（3）身段表情。

人的体态和动作是表达、交流人的思想感情的一种重要方式。如点头表示赞同，摇头表示反对，低头表示屈服，垂头表示丧气，扬手表示再见，手心向上伸出手表示邀请，手舞足蹈、动作轻快表示兴奋，步伐沉重、动作缓慢表示悲哀等。

（4）言语表情。

人们说话的语音、语调、节奏、速度、停顿及弦外之音等都是表达和识别感情的标志。如语调高昂、节奏轻快表示高兴，语调低沉、节奏缓慢表示悲哀，语调温柔表示爱抚，言语生硬表示愤怒等。

二是知觉者的认知结构。所谓知觉者的认知结构是指一个人在认识别人时，并不能像镜子一样客观公正地认识对方，总要受到自身的态度、观点、需要、动机、认识和判断能力的影响。研究发现：

①无忧虑的人倾向于把别人当成热情的人；

②善于思考的人不会轻易表达对别人的知觉；

③那些对自己持肯定态度的人比那些对自己持否定态度的人更容易从积极的角度去感知别人的言行。

对他人的知觉，依赖于知觉者的知识、经验、观点、态度和知觉组织结构等。如管理者按照知人善任的用人原则选拔人才就是一个例证。知人是一个关键环节，反映管理者的态度、思想、观点等个性特征。在任人唯贤的组织中，管理者注重的是人的品德和才能。在任人唯亲的组织中，管理者注重的是谁和自己关系密切，能够唯命是从。

2）人际认知

人际认知是指对人与人之间相互关系的认知。人际关系从主体角度看，包括自己和他人的关系、他人和他人的关系两个方面。

人际关系的外延十分广泛，诸如朋友、同事、家人、师生、买方和卖方、领导成员之间、上下级之间等；从人际关系性质来看，有正式与非正式、和谐与非和谐、友好与敌对、正常与非正常关系等。

有专家在分析一个成功的管理者应具备的品质时，把善于处理自己与他人的关系，善于控制、协调他人与他人的关系作为重要的内容。这是因为在分工越来越精细的现代社会里，任何人脱离他人的合作孤军奋战都是很难成功的。因而就要求人们诚实交友以被别人接纳，善于理顺人际关系以增强团体的凝聚力。

人们对人际关系的认知与人对自己、对他人、对自己所扮演角色的认知之间是相互制约、相互影响的。人们只有正确地认识自己，才能够正确地认识别人。有学者讲过这样一句深刻的话："假如你感到自己崇高，你眼前看到的一定是渺小；假如你感到自己渺小，你一定看到了崇高。"这说明，人们对自己和对他人的认识存在着某种此消彼长的关系。

人际知觉是复杂的知觉，它受多种因素的影响。一方面，人际关系本身的特点，是简单还是复杂、是临时还是长久等都会影响人们对人际关系的认知和判断。另一方面，知觉者本身的个性特征、情绪状态、态度倾向、知识经验等也影响着人际知觉的效果。另外，人们彼此之间的交往频率、相似性程度等方面也影响着人际知觉。一般来说，人们越是彼此接近、交往频繁、有较多的相似之处，就越会产生友谊、同情和好感。

3）角色认知

角色认知是个体对人在社会活动中所扮演的角色及特定角色行为标准的认识与判断。

在社会生活这个大舞台上，每一个人在特定的情境中，都有一定的分工，承担不同的任务，并引发规范化的行为，这就是所谓的"角色"。不同的角色有着不同的行为模式和要求，存在公认的评价标准。正是这种角色的规定和分工，保障了社会运作的秩序性和发展的可能性。

现实生活中的个体往往要扮演众多的角色。例如，在家庭生活中可能是儿子、是父亲；在工作单位可能是下属、是领导；在公共场所可能是游客、购物者。对于组织中的每一个人，角色认知的意义在于，只有具有正确、清晰的角色认知，才能以合乎身份的态度和行为方式在各种社会情境中行事，达到良好的社会适应。

角色认知包括三个方面的内容：

一是关于角色规范的认知，这是角色认知的基本内容。每一种角色都有一定的为社会所规定的身份、地位、准则和特定的行为规范。例如，一个领导者应具备较高的政治理论水平，知人善任、关心群众疾苦，严于律己、宽以待人，有一定魄力和开拓精神等。又如，一位教师应具备比较渊博的知识与优秀的操行，教书育人、为人师表。

人们对角色规范的认知一般从几个不同角度着眼：

①情绪与情感方面的角色规范，如中国传统思想中，认为为人父母应“严父慈母”。

②动机方面的角色规范，如教师应为人师表、教书育人；医生应救死扶伤。

③社会责任的角色规范，如政治家应为人民谋福利；教师应为学生负责。

④社会地位方面的角色规范，如把父亲看作一家之主；把厂长、经理看作企业的领头人。

⑤人格品质方面的角色规范，如商家应诚实守信、公关人员应灵活机动、服务员应热情耐心等。

二是对他人所扮演角色的认知，这是角色认知的直观内容。在社会生活中，了解了角色规范之后，就能够根据他人的行为表现并对照角色规范识别他人所扮演的角色。例如，在特定的情境条件下，根据他人的言谈举止、服饰打扮、仪表风度，就可以判定他是领导、下属、知识分子、工人、农民或是其他角色。

三是关于角色扮演是否适当的判断，这实际上是一个角色评价的过程。把一个处在特定角色的人的行为表现同该角色的规范和标准进行比较，就能够衡量、判断自己或者他人的角色扮演是否符合角色规范。实际上，这种比较的过程最终可能导致两种结果，一种结果就是对角色扮演是否适当做出判定；另一种结果则可能是丰富或修正原有的角色规范体系，这就是所谓观念的更新。这种现象在角色规范体系正处于形成阶段的青少年中是经常发生的。

3.2 认知规律与管理

社会认知是个体对人及以人为核心的事物或现象的认知，与对其他事物的认知相比，更容易受认知者主观因素的影响。又由于认知对象的复杂多变性，使得认知信息真真假假，变化多端。因此，正确的社会认知必须全面把握认知过程中主客体双方及其相互作用过程中形成的特点和规律。

3.2.1 影响社会认知的因素

在实际生活中，人们往往受到主、客观条件的限制而不能全面看待问题，尤其是在看待别人时，常常受到各种偏见的影响而形成歪曲的社会认知，对别人的行为做出错误的判断。

综合来看，影响社会认知的因素不外乎以下三个方面：

1）认知信息的特点

认知信息是社会认知形成的基础和前提。信息本身的特点直接影响认知的结果。

（1）认知对象本身的特点。

显然，一个热情的人，其言谈举止总容易流露出“热情”的信息；相反，一个冷淡的人，其言行总透着“冷淡”的信息。

也就是说，一个人有什么样的人格品质，总容易在社会交往中，通过种种方式表露出来。

（2）信息呈现的特点。

由于认知者接收到的信息往往具有片面性，有限的表面信息往往不能反映对象的深层人格。因此，认知对象信息呈现的广泛性、全面性、深刻性和顺序性都将影响认知的准确性。

比如，有的人很诚实；有的人却正话反说、阳奉阴违、口蜜腹剑等。

（3）认知情境的特点。

认知信息经常会由于认知情景的特异性而被赋予不同的意义，包括特殊的社会环境、社会地位、特定的境遇，都将影响和改变认知信息的性质，如大多数人的观点、权威人士的看法、民主或专断的交往气氛等。

还有一些世俗的看法，如名人做蠢事称“轶事”，传为佳话，凡人做错事叫“犯傻”，遭人耻笑；名人蓬头垢面谓“艺术气质”，有个性，凡人不修边幅是“缺乏修养”。

（4）社会文化的特点。

特定的社会文化也会使认知信息形成一定的倾向性。

例如，特定的风俗、习惯、民族传统、行为规范、价值标准、流行时尚，乃至意识形态等，都将无形中附着在认知信息上，使对象的反应被赋予一定的社会意义。

2）认知主体的特点

认知主体对信息的选择性、对信息的期待状态以及其心理特点，可能使其经常透过“有色眼镜”来审视社会中的人和事。

（1）认知者的知识经验。

认知者已有的知识经验直接影响其对认知信息的深入分析和判断，从而影响认知的正确性、深刻性和客观性。

（2）认知者的人格品质。

一个人的人格是否健全、人格品质的倾向性会影响认知者对信息的选择和判断。如一个好嫉妒的人从他人的成功中看到的是威胁，而好强者看到的是挑战，理智者看到的是榜样，挑剔者看到的则是问题和不足。

（3）认知者的需要与兴趣。

凡是能够满足认知者的需要和兴趣的社会认知刺激往往容易成为认知的对象；反之，与个体需要和兴趣相悖的社会刺激，则不易成为个体社会认知的对象。

心理学家莱文（R.Levine）等人曾就需要对认知的影响做过一项试验，该试验让一群饥饿程度不同的被试者看几张乱涂乱画的图片，其中几张是描绘食物和其他东西的。图片上面都盖着一层薄纱，使被试者看不清图片的真实内容，然后要求被试者根据自己的回忆，讲述所看到的图片内容。结果，饥饿时间越长的被试者越倾向于回忆图片上画着的食物，说明饥饿程度越高，对食物的认知越深刻、越敏感。

（4）认知者的情绪状态。

情绪状态也会影响社会认知的过程和结果。一般来说，个体在积极的情绪状态下，容易注意到社会刺激的积极面；反之，则容易看到社会刺激的消极面。

个体在平静的情绪状态下能够比较客观、全面地接受、认知和评价认知信息；相反，个体如果处于极端的情绪状态下，对于认知信息的接受、认知和评价则容易失之偏颇。

另外，认知者的品质、健康状况等因素对社会认知也存在一定程度的影响。

小思考3-3

答案

小思考3-3

问：俗话说："以小人之心，度君子之腹"，是何心理原因？

3）社会认知效应

社会认知效应，是人们对社会刺激的一些特殊反应形式，是客观存在的具有规律性的认知偏见。常见的认知效应主要有：

（1）首因效应。

它也称第一印象，是指人们首次认知客观事物时形成的印象往往十分深刻，并对以后的认知起着重要的影响和指导作用。

这种第一印象会在人以后的认知过程中不断地在其头脑中出现，产生先入为主的作用，制约新的印象的产生。

在现实生活中，无论是介绍对象、工作招聘，还是各种社交活动，给人留下的第一印象往往会成为人们对一个人的基本印象，较难改变，特别是初次见面或交往不多的情况下。因而，公关人员参加各种社交活动要特别慎重，注意自己的仪表风度，力争给公众留下良好的第一印象。

（2）近因效应。

它是指最近的信息所形成的印象对人的认知活动的影响十分深刻。近因效应和首因效应是相对应的。

一般来讲，首因效应对初次或短期交往作用较大，当面对长期和较熟悉的事物时，首因效应已经淡化，而最近的印象会成为新的心理定式，给人留下较深刻的印象。比如，一个一贯表现很差、学习不用功的学生，近来各方面表现很好，成绩也直线上升，一跃进入班级前10名行列，老师和同学们会刮目相看，大加赞赏，甚至比对一贯优秀的前几名的同学印象更好。这就是近因效应的反映，所谓"浪子回头金不换"，也是这个道理。

近因效应给我们的启示是，第一次给人留下了不好的印象，并非世界的末日，不可改变。

只要不断努力，用真诚打动人，用实力说服人，最终会赢得别人的信任，甚至获得别人更好的评价；相反，再知名的企业、再好的产品，一旦偷工减料或生产假冒伪劣产品，欺骗消费者，好的企业形象就要一落千丈，造成不可估量的损失。

（3）晕轮效应。

它是指人们在社会认知过程中，把认知对象的某个特征不加分析地扩展到其他方面的现象。就像晕轮或月晕一样，从一个中心亮点向外扩散，使周围笼罩在一片光环下。所谓“一俊遮百丑”“情人眼里出西施”，便是晕轮效应的典型反映。

在日常生活中，晕轮效应往往悄悄地而又强有力地影响着我们对客观事物的评价。比如，有的领导对一些年轻员工衣着打扮或生活习惯看不顺眼，于是就把他们看得一无是处；相反，喜欢一个人连他的缺点也成了优点。可见，晕轮效应是个典型的以点带面、以偏概全的认知偏差。

案例3-2

分析提示

案例 3-2

有则笑话说，有甲、乙两个学生在课堂上睡觉，老师看见后，批评乙说：“你看你，一看书就睡觉。你看甲，多用功，睡觉还在看书。”

小思考3-4

答案

小思考 3-4

问：海尔集团在成功地塑造了“海尔”这个知名品牌后，乘势进行品牌延伸，除了生产海尔电冰箱、电视机、空调之外，还生产海尔电脑、手机等诸多产品，并且都曾取得成功。这是运用了什么心理原理？

（4）经验效应。

它是指公众个体在进行认知时，总是凭借自己的经验对对象进行认识、判断、归类的心理定式。

比如，人们一般认为进口产品质量要比国产的好；大型商场产品一般质量好、价格高；个体商店经营灵活，可以砍价等。

毫无疑问，经验是非常重要的，它有助于人们对对象做出概括性的了解，并根据经验进行推理和归类，从而迅速做出判断和反应。但是，经验既是一种财富，也是一种束缚，在当今这个变化万千的世界中，用一种固定的经验千篇一律地看待一切人和事，难免会陷入僵化和停滞。因而，不能迷信经验，要不断充实、发展新经验，与时俱进，全面客观地认识新事物。

（5）移情效应。

它是指人们习惯于将对某一特定对象的情感迁移到与该对象相关的人或事物上去。“爱屋及乌”就是典型的移情效应的反映。

移情效应与晕轮效应都是一种知觉的泛化，但晕轮效应多指由对象的局部泛化到整体，而移情效应则是由对象泛化到与之相关的事物上。

人是充满感情的。在社会生活中，人们常常自觉不自觉地受到情绪的影响，产生移情效应。比如，年轻人喜欢某位明星，进而喜欢与他相关的一切事物。正因为这样，许多厂商请最受欢迎、最具人气的名人和明星来做企业或产品的形象代言人，目的是想把公众对明星的喜爱之情迁移到产品上来。

管理寓言3-2

苏东坡和佛印的故事

管理寓言3-2
分析提示

一日，佛堂里，正和佛印大师一起打坐参禅的大学士苏东坡突然问道：“你看我打坐的样子怎么样？”

“像一尊金佛。”佛印答道。

“你看我打坐的样子怎么样？”佛印见苏东坡非常高兴，也问道。

“像堆牛粪。”苏东坡说。

佛印知道苏东坡又趁机嘲弄自己，也不在意，只是笑而不语。

苏东坡以为赢了佛印，回到家后，就眉飞色舞地向妹妹苏小妹叙述了一遍。

苏小妹正色道：“心如佛，所以看人像佛。心如粪，所以看人如粪。哥哥，输的人是你！你实在比不上佛印禅师的境界啊！”

苏东坡惭愧不已。

资料来源　作者根据相关资料整理.

小思考3-5
答案

小思考3-5

问：电影《天下无贼》中的傻根不相信“天下有贼”，这是什么原因？

（6）定式效应。

它或称心理定式，是指在过去经验的影响下，人对外界事物进行感知和评价的心理准备状态。它表现为心理上的一种“定向趋势”或“固定模式”。

这种定式和模式使人们在认识事物或从事某项活动之前，已构成了一种心理准备状态，影响人们的信息接收、态度变化及行为举止，使人不自觉地顺着一定的倾向性去解释所得到的信息，去感知和评价事物，从而使客观知觉带上了主观色彩，无意识地影响个人行为。

案例3-3

案例3-3
分析提示

有一位心理学家曾经做过这样一个实验，他让测试者听两首曲子，并告诉大家，第一首曲子是名家的作品，另一首是无名小辈的作品，让测试者仔细听，并鉴别一下。

听完之后，心理学家让测试者说出哪首曲子比较好，结果发现，超过百分之九十的测试者认为前一首曲子十分好听，很高雅很有韵味，而第二首曲子没有什么吸引人的地方。实际的情况却是第二首曲子是名家的作品，而第一首曲子是心理学家胡乱编写的。

资料来源　作者根据相关资料整理.

小思考3-6
答案

小思考3-6

问：“一朝被蛇咬，十年怕井绳”是什么心理效应？

（7）刻板印象。

它是指社会上对于某一类人或事物所形成的共同的、比较固定的、笼统的看法和印象。其形成过程就是按照预想的方式把人分成若干类型，然后分别贴上固定的“标签”。

比如，在我们的心目中，英雄有英雄的风姿，小人有小人的奸相；文人有文人的风仪，武夫有武夫的气概。

一般来讲，职业、地区、性别、年龄等都可以成为各种刻板印象形成的基础。比如说，北方人豪爽、粗犷，南方人精明、细致；老年人稳重、保守，年轻人冒失、冲动等。

补充阅读材料3-1

民族性刻板印象调查

美国1967年对普林斯顿大学的学生进行过有关民族性的刻板印象调查，结果发现，大多数学生都有如下有关民族性的刻板印象：

美国人：勤奋、聪明、实利主义、有雄心、进取。

英国人：爱好运动、聪明、因袭陈规、爱传统、保守。

黑种人：迷信、懒惰、逍遥自在、无知、爱好音乐。

犹太人：精明、吝啬、勤奋、贪婪、聪明。

意大利人：爱艺术、冲动、感情丰富、爱好音乐。

德国人：有科学头脑、勤奋、不易激动、聪明、有条理。

日本人：聪明、勤奋、进取、精明、狡猾。

中国人：有忍耐力、聪明、保守、爱传统、忠于家庭。

爱尔兰人：好斗、急躁、机智、诚实、信教。

……

3.2.2 社会认知规律与管理

高效率的组织管理从正确的社会认知开始。强调以人为中心的管理，就是要关心人、重视人、遵循人的心理规律，调动人劳动和工作的积极性。所有这一切都必须从了解人开始。

一个管理者如果不能正确认识自己、了解员工，就不可能分清自己的角色、正确处理组织中的人际关系，也就不可能有高效率的组织形式和管理决策，最终也将不可能有良好的工作绩效和生产效率。管理者只有不断提高认知水平，遵循认知规律，才能提高管理效能，实现组织目标。

1）积极创造条件，广泛占有信息

全面、可靠的信息是正确认知的必备条件。没有广泛的信息基础，管理者就不可能对问题和现象做出正确的认识和判断，也难以保证决策的有效性。因此，组织中的任何决策的出台，都必须建立在充分、有效的信息基础之上。

获取信息的途径很多，可以通过正规的组织途径获得信息，如请示汇报制度、例会制度、定期接待制度等；也可以通过非正规的途径获得信息，如设立意见箱、举报箱；再如深入基层直接了解情况，同一些具有代表性的员工面对面交流；还可以通过民意调查的方式广泛收集意见以及提出合理化建议、建立奖励制度等。

2）加强自身修养，克服认知偏差

社会认知过程中，经常可能对人、对事形成错误的印象或认知偏见。认知偏差的产生，一方面源于获得信息的片面性、局限性，另一方面则是由认知主体的心理原因造成的，而且主体的心理原因对于认知偏差的形成影响更大。这是因为信息本身是客观的，而如何选择、分析和判定信息，则往往取决于认知者的主观因素。

具体地讲，认知者的需要和动机、兴趣和爱好、知识与经验、喜怒与哀乐、人格与修养，都是导致认知偏差的可能因素，其中需要和人格的影响最大。一个私欲膨胀、把一己私利看得很重的人，经常会处在患得患失的境地，期望他能够客观地认识他人、群体和组织，那显然是非常困难的；相反，一个人一旦端正了个人与他人、个人与集体、个人与组织的利益关系，他对人对事的认识就容易公正一些、客观一些。

因此，作为组织的领导者和管理者，如果要不断克服可能出现的认知偏差，就必须加强自身修养，以提高认知水平。具体来说，要做到这一点，首先，必须克服个人利害得失对社会认知和判断的干扰。其次，要不断积累知识和经验，同时不为陈旧的观念所局限。要做到这一点，全面把握并深入解析信息是很重要的。再次，要不以个人的好恶左右自己的判断，不对知之不深的人和事轻率地下结论，不在情绪激动时做决定。最后，就是要不断加强自身的人格修养，不因个人的不良人格品质影响认知和分析的公正性。

案例3-4

分析提示

案例3-4

有个富婆与一个乞讨的妇女在冬日的阳光下聊天。乞丐说："我已经两天没吃饭了。"富婆说："这样不行，你的身体会垮的，要想办法吃一点东西。"请分析二者表述不同的原因。

3）掌握认知规律，增强管理效能

掌握认知规律，就是掌握认知的基本过程、认知现象的形成原理、影响认知的主客观因素以及各种社会认知效应。

增强管理效能就是运用认知规律，正确认识组织中的人和事，协调组织中的人际关系，和谐组织的社会心理气氛，提高群体凝聚力，激发群体士气，从而提高组织运作的效率和效益。

（1）正确认识他人，力求知人善任。

作为一个管理者，其自身并不能直接创造财富。管理者的价值是通过被管理者也就是员工的有效劳动体现出来的。这也就是说，管理者的价值在于将合适的人安排在合适的岗位，从事合适的工作，取得最好的成绩。简单地说，就是善于用人。

众所周知，只有知人方能善任。管理必须正视人的复杂性，克服认知偏差，深入了解员工需要、兴趣、动机、追求以及人格（个性）品质，结合员工的知识水平和业务专长，选择适当的管理策略，激发员工的工作热情和积极性、创造性，实现组织目标，从而最终实现管理者的价值。

（2）正确认识自己，恰当地自我定位。

正确认识自己就是要明确自己的心理状态和心理特点，即有自知之明。自知不仅表现为看清自己的需要倾向、行为动机、爱憎与喜好、人格品质和思想境界，而且表现为正确评判自己的长处和不足。做到了这一点，管理者才可能端正自我意识，恰当地进行自我定位；才可能发挥自身优势，克服自身不足，提高管理绩效。例如，一个管理者只有意识到自己存在急躁冒进的问题，才能在管理行为上有意识地使决策和行为更趋审慎；反之，只有意识到自己存在优柔寡断的问题，才能主动增强管理和决策的果断性。

（3）正确认识人际关系，促进人际沟通。

人际关系的好坏与人际沟通的程度密切相关。良好的人际关系有助于有效的人际沟通；不良的人际关系则不利于人际沟通的达成。

人际沟通的程度和人际关系的性质是影响组织、群体社会心理气氛和组织成员工作热情的重要因素。因此，人际关系和人际沟通在组织管理行为中占有十分重要的地位，必须为管理者所重视。

重视人际关系和人际沟通，首先表现为管理者正确的人际认知，即正确认识管理者自己与组织中其他成员的关系，以及其他成员之间的关系；其次表现为管理者有效地调节和利用各种关系，为组织行为服务。

（4）正确认识角色，强化责任意识。

正确的角色认知对于管理者的意义主要表现在两个方面：

一是正确的角色认知，有助于管理者端正自己的角色意识和角色行为。一个管理者如果把自己看作下属的“主宰”、员工工作行为的“督导者”，就容易采用“经济人”假设式的管理模式；如果把自己看作员工关系的“协调者”，就容易采用“社会人”假设式的管理模式；如果把自己看作员工工作环境的“设计者”，就容易采用“自我实现人”假设式的管理模式。这就是说，管理者对于自身角色的不同认识，将会导致不同的管理模式。

二是正确的角色认知，有助于管理者对不同岗位员工心态的把握。处在不同工作岗位上的员工，具有不同的规范、地位和身份，从而产生不同的行为和心理倾向。正确的角色认知就是认清不同职位和岗位员工的心理特点和行为倾向，进而遵循员工的心理和行为规律，加强人际沟通，和谐人群关系，强化责任意识，提高生产效率。

管理寓言3-3 换位思考

一头猪、一只绵羊和一头奶牛，被牧人关在同一个畜栏里。有一天，牧人将猪从畜栏里捉了出去，只听猪大声号叫，强烈地反抗。绵羊和奶牛讨厌它的叫声，于是抱怨道：“我们经常被牧人捉去，都没像你这样大呼小叫的。”猪回应道：“捉你们和捉我完全是两回事。他捉你们，只是要你

管理寓言3-3

分析提示

们的毛和乳汁，但是捉住我，却是要我的命啊！”

3.3 价值观与管理

一个人从出生开始，就生活在一定的社会环境中，以一定的社会文化为背景，构建并形成自己的价值体系，显然价值观属于社会认知范畴。

人的行为的发生和改变及其行为方式的形成和选择，都受其价值观的影响和制约。管理者要了解一个人的行为规律，必须研究人的价值观的构成及其特征，研究价值观对人的行为的影响。这对了解人、做好人的思想工作、调动人的积极性，都是非常重要的。

此外，企业经营管理也要树立一定的价值观，它是企业成长与发展的基石，是现代企业管理的一项重要内容。

3.3.1 价值观概述

1）价值观的概念

价值观代表一个人对周围事物的是非、善恶和重要性的评价，如人们对自由、幸福、自尊、诚实、服从、平等、功名利禄、政治制度的评价和判断等。

其内涵可以从两方面来理解：第一，价值观决定了事物或行为对于个人是否有意义及重要程度的评价。例如，在同一单位，有的人把金钱看得很重，是个拜金主义者；有的人把事业看得很重，注重工作成就，对金钱看得比较轻。第二，价值观具有个体性。也就是说，每个人都有自己的价值观，每个人的价值观大都会有所不同。例如，有人认为不应有死刑判决，有人则认为对罪大恶极者应处以极刑，方可避免和消除危害，体现公平。

每个人对各种事物和行为的意义及重要程度的评价和判断，在自己的心目中有轻重主次之分。这种主次的排列，就构成了个人的价值观体系。价值观及其体系是决定人的态度和行为的心理基础。在同一客观条件下，具有不同价值观和价值体系的人会产生不同的行为。因此，心理学和行为科学都很重视对人的价值观的研究。

2）价值观的形成

一个人的价值观是在一定的社会文化背景下逐步形成的。在价值观形成的过程中，个人的早期经验起着举足轻重的作用，其所处的社会生产方式及其经济地位有决定性的影响，家庭、学校、同辈群体、大众传播媒介以及其他因素扮演了重要角色。最终，个人在获得某些传承下来的价值观的基础上，结合自己的需要，形成具有个性特点的价值观。

人的价值观一旦形成，就如同社会文化价值观一样，具有相对稳定的特点，在特定的时间、地点、条件及环境下，人的价值观是相对稳定和持久的。

价值观并不是一成不变的，其稳定持久性是相对的。当人们所处环境发生变化，必须符合新的情境要求时，旧的价值观可能不再适合，不得不予以修正。

影响价值观变化的因素是多种多样的，生产力水平和人民生活水平的变化都会促使价值观的改变。例如，过去我国长期存在一种“越经久耐用越好”的价值观念，这是因为那时我国生产力水平低下，商品经济不发达，消费品供应不足，人民生活水平很低，消费品更新换代的周期很长，所以越经久耐用就越符合人们的要求，商品的使用寿命就成为人们评价其好坏、优劣的主要标准。随着生产力和人民生活水平的提高，人们对商品的评价标准也发生了变化，出现了对商品的品种、式样要求越来越高的趋势，对商品“一新、二美、三优、四廉”的新要求取代了“商品经久耐用就是好”的传统价值观。

3.3.2　价值观的分类

人们的生活和受教育经历互不相同，因此价值观也多种多样。

行为科学家格雷夫斯为了把错综复杂的价值观进行归类，曾对企业组织内各种类型的人物做了大量调查，就他们的价值观和生活作风进行分析，最后概括出以下七个等级：

第一级，反应型。这种类型的人并没意识到自己和周围的人是作为人类而存在的。他们总是照着自己基本的生理需要做出反应，而不顾其他任何条件。这种人非常少见，实际等于婴儿。

第二级，部落型。这种类型的人依赖成性，服从于传统习惯和权势。

第三级，自我中心型。这种类型的人信仰冷酷的个人主义。他们自私、爱挑衅，主要服从于权力。

第四级，坚持己见型。这种类型的人对模棱两可的意见不能容忍，难以接受不同的价值观，只希望别人接受他们的价值观。

第五级，玩弄权术型。这种类型的人通过摆弄别人，篡改事实，以达到个人目的，处心积虑地争取地位和提高社会影响力。

第六级，社交中心型。这种类型的人认为被人喜爱和与人善处重于自己的发展，受现实主义、权力主义和坚持己见者的排斥。

第七级，存在主义型。这种类型的人能高度容忍模糊不清的意见和不同观点的人，对制度和方针的僵化、权力的强制使用等现象敢于直言。

上述等级分类提出以后，管理学家迈尔斯等人于1974年就美国企业的现状进行了对照研究。他们认为，一般企业成员的价值观分布于第二级到第七级之间。就管理人员来说，过去大多属于第四级、第五级。现在情况在发生变化，这两个等级的人逐渐被第六级、第七级类型的人取代，虽然目前还是少数，可是趋势在不断增强。

价值观的最终点便是理想。价值观与兴趣有关，但它强调生活的方式与生活的目标，牵涉更广泛、更长期的行为。

有人认为“人生以服务为目的”，有人以追求真理为目标，有人则重视物质享受。如史布兰格认为，在美国社会被重视的中心价值有六种：①以知识真理为中心的理论性价值观；②以形式与调和为中心的美的价值观；③以权力地位为中心的政治性价值观；

④以群体他人为中心的社会性价值观；⑤以有效实惠为中心的经济性价值观；⑥以信仰为中心的宗教性价值观。

3.3.3 价值观的作用

价值观不仅影响个人行为，还影响群体行为和整个组织的行为，进而影响企业的经济效益。

在同一个客观条件下，对于同一个事物，由于人们的价值观不同，就会产生不同的行为。在同一个企业中，有人注重工作成就、有人看重金钱报酬，也有人重视权力地位，这就是因为他们的价值观不同。

同一个规章制度，如果两个人的价值观相反，那么他们将会采取完全相反的行为。认为这个规章制度是合理的人就会认真贯彻执行；认为这个规章制度不合理的人就会拒不执行。这种截然相反的行为，将对组织目标的实现起着完全不同的作用。因此，为了获得好的经济效益，企业领导人在选择企业的目标时，就必须考虑到与企业有关人员和群体的价值观。只有在平衡各方面价值观的基础上才能选择出合理的组织目标。比如，消费者要求价廉物美，生产者要求增加盈利，员工要求增加工资和福利，政府部门要求企业创造出更多的经济效益和社会效益。

我们在选择企业目标时，要兼顾各方面的利益，而不能只顾一方。在中国，对纯收入的分配要逐步引入“按劳、按资”分配相结合，坚持兼顾国家、企业、个人利益的原则。

美国许多经营良好的公司的成功经验之一就是有明确的价值观，有共同的信念，并严守这个信念。

IBM公司的开拓者托马斯·沃森在他所著的《一个企业和它的信念》一书中，回顾他的父亲老沃森创建公司十几年成功的经验时指出，首先，任何企业要生存和取得成功，都必须有一套健全的信念，作为该企业一切政策和行动的出发点；其次，企业成功的唯一最重要的因素是严守这一套信念；最后，一个企业在其生命过程中，为了适应不断改变的世界，必须准备改变自己的一切，但不能改变自己的信念。在该企业价值观和信念中，最核心的内容就是为顾客提供世界上任何企业都比不上的最佳的服务，以及对企业员工的尊重。也正是因为该企业始终严守这个信念，所以它在同行业的竞争中获得了广大的市场。

在社会主义市场经济条件下，一个成功的经营管理者必须十分重视人的价值观的改变以及其对经营管理和经济效益的影响。为此，一方面要使经营管理工作适应人们普遍存在的价值观；另一方面又要树立和培植新价值观。例如，消费品的生产部门就必须按照人们对消费品的评价来安排自己的产品品种和花色。例如，“时间就是金钱”“效率就是生命”“信息就是资源”等价值观念一旦为更多的人所接受，就会大大地推动我们的企业经营管理工作和整个经济工作的开展。

3.3.4 经营管理价值观

1）经营管理价值观的内容

经营管理价值观是对经营管理好坏的总看法和总评价，也是企业经营管理工作的出发点。一般来说，企业经营管理价值观主要有最大利润价值观、企业价值最大化价值观、企业价值-社会效益最优价值观。

（1）最大利润价值观。

这是一种最古老、最简单、局限性最大的价值观念。这种观念认为利润代表了企业新创造的财富，利润的增加就是企业财富的增加。因此，企业的经营管理决策和行为都必须服从利润最大化，以此作为评价企业经营管理好坏的唯一标准。这种观念的局限性在于：

首先，没有考虑货币的时间价值对利润的影响，即没有考虑利润的获取时间。

其次，没有考虑利润和投入资本额之间的关系，会使企业经营者在决策时优先考虑高投入的项目，不利于企业提高经营效率。

最后，没有考虑所获利润与所承担风险之间的关系，会使企业经营者在决策时优先选择高风险的项目，一旦不确定因素导致不利后果，企业将陷入困境，有可能因市场竞争被淘汰，甚至破产倒闭。

18世纪至20世纪初，这种观念在工业发达国家盛行。在美国等国家现有不少企业仍然信仰和坚守这个观念。

（2）企业价值最大化价值观。

从20世纪20年代开始，企业价值最大化价值观或称之为股东财富最大化价值观进一步修正和补充了最大利润价值观的不足之处。在企业规模不断扩大、组织结构日趋复杂、投资额激增而投资者分散的条件下，企业财产的所有权和经营管理权逐渐分离，财产所有者与经营管理者之间形成了一种新型的委托-代理关系。

众多分散的投资者一般只考虑能否取得可观的利润。比如，他们把能否取得相当于投资总额20%的利润作为经营决策好坏的标准，而不会真正考虑企业未来的发展，对员工来说要取得满意的工资福利和工作环境，对消费者来说要得到价廉物美的商品，对政府来说要取得应得的税收。

经营管理者是在企业直接从事生产经营管理工作的，他们必须综合考虑各方面的利益关系，并进行协调，以企业资产的保值增值作为企业发展的基础，以企业价值最大化作为企业发展的最终目的。

（3）企业价值-社会效益最优价值观。

这是20世纪70年代兴起的一种新型价值观。企业生产经营的目标与社会利益在许多方面是共通的。

在市场经济中，企业为了生存必须面向市场生产符合消费者需要的产品，满足社会需求；企业在进行简单再生产和扩大再生产的过程中，会增加员工人数，并对其进行教育和培训，从而解决了社会就业问题，提高了人口素质；企业为了在市场竞争中处于不败地位，必须改进产品质量和服务，提高生产效率，开发新产品，从而促进了社会生产效率和公众生活质量的提高。

如果企业从其自身的获利动机出发，可能会生产伪劣产品，不顾工人的健康和利益，不改善劳动场所的安全设施和卫生条件，也可能在生产过程中造成水源污染、大气污染及土壤污染等其他对人类生存环境的危害。

因此，企业必须在国家法律和商业道德的约束下，在政府有关部门的行政监督及社会公众的舆论监督下，充分兼顾企业价值和社会效益，从而实现两者最优化。

组织行为学对以上这三种价值观的模型作了以下概括，见表3-2。

表3-2　三种经营管理价值观的比较

比较方面	最大利润价值观	企业价值最大化价值观	企业价值-社会效益最优价值观
一般目标	最大利润	令人满意的利润水平加上其他集团的满意	利润只是一种手段，重要性只排在第二位
指导思想	个人主义、竞争、野心勃勃	混合的，既有个人主义又有合作	合作
政府的作用	越少越好	虽然不好，但不可避免，有时是必要的	企业的合作者
对员工的看法	只是一种手段，只有经济的需要	既是手段，也是目的	本身就是目的
领导方式	专权方式	专制和民主混合方式	民主、高度的参与式
股东的作用	头等重要	主要的，但其他集团也要考虑	并不比其他集团更重要

2）现代企业经营管理观念

改革开放以来，伴随着中国经济体制改革的实践，出现了许多很值得重视的新价值观念，如经济效益观念、时间和信息观念、效率和创新观念、流通观念、人才开发观念、质量第一和市场竞争观念等，都是对传统生产型的企业管理观念的突破。为实现企业经营管理现代化，管理者必须树立以下现代经营管理观念：

（1）战略观念。

企业经营管理应当有自己的战略，一般可归结为以下几个方面：

①战略思想。

主要有两点：第一，调动人的积极性，企业上下要沟通思想，让所有员工的想法与企业目标、任务以及最终目的一致起来；第二，要让本企业的所有员工都能接受新思想、新事物，要把新东西运用到管理上，运用到自己的产品上，运用到事业发展上，跟上时代发展的步伐。

②战略方针。

国外大公司认为要把重点放在技术转让上。

③战略管理。

有以下几个方面：选好经理人（这有时候比投资还重要）、专家治厂、科学管理、应用新技术、均衡发展。

④战略组织。

管理机构应当是可变的，要根据企业总体发展而随时增加或减少。

⑤战略计划。

战略计划应当具有全面性、完善性（每年要修改一次）、统一性、可靠性（生产最优质的产品）、长远性（制订五年计划要考虑到以后十年的发展，制订十年计划时要考虑到以后二十年的情况）、现实性。

（2）市场观念。

中国的企业管理正在由生产型向生产经营型转变，因此从多方面预测和观察市场发展趋势，了解社会需求情况，对搞好经营管理是十分重要的。

首先，要考虑到潜在市场的发展变化；其次，要研究经济发展趋势，要考虑能源与其他物资供应情况及价格变化影响；最后，要考虑到有关领域采用新技术的速度以及世界经济发展的影响。

（3）变革观念。

从国外大企业实行分权，即扩大下层权力的经验看，主要有以下一些方面：

①领导层要相对稳定，不称职的要马上换掉，选拔干部要注意事前的考察；

②保护和合理使用具有各种才干的人；

③增加管理方面的投资；

④组织机构要与生产发展相适应；

⑤要研究企业增长与人员素质增长的关系，当企业效益大幅增长时要谨慎，防止犯错误；

⑥要运用新技术提高劳动生产率；

⑦要以财务管理为中心，利润就是目标，既要注意眼前利益，也要看到长远利益；

⑧要有长远眼光，领导层要把握方向，保持发展；

⑨要注意应变，不断修正设想；

⑩要接受政府的行政指导。

（4）竞争观念。

竞争可以推动生产力的发展，可以锻炼人才，可以“八仙过海，各显神通”，最大限度地激发潜能。竞争要在国家政策范围内、在政府指导下进行。

（5）服务观念。

搞好售后服务，对用户热情周到，有求必应，是现代企业经营理念的重要观点，也是扩大销售的重要环节。

（6）专业观念。

按专业化原则组织生产是现代社会大生产的客观要求。

从国外现状看，产品专业化和零部件专业化这两种形式仍占很大比重。就产品专业化来说，目前多注重发展横向专业化生产，即在多品种基础上发展专业化生产。

（7）素质观念。

提高企业素质是提高企业经济效益的关键。企业素质是指构成企业生产经营能力的各种因素的总和。

其主要有以下几个方面：

①领导班子的素质；

②员工队伍的素质；

③设备工艺的素质；

④产品开发素质；

⑤管理素质。

衡量企业素质的主要标准是：

①满足社会需要的能力；

②有效利用人、财、物资源的能力；

③扩大再生产的能力；

④技术进步的能力；

⑤竞争与协作的能力。

（8）开发观念。

其主要指两方面：一是人才开发，二是产品开发。

人才开发包括选拔人才和培养人才。

产品开发就是要重视企业的科学研究，不断开发新产品，加速产品的更新换代，以满足社会多方面的需要。

（9）质量观念。

国内外经营管理成功的企业总是把研究、保证和提高质量的工作放在重要地位。

日本的企业管理者提出："质量是企业的生命，关系到国家和企业的存亡。"

美国的经理们认为"质量是成功的伙伴，公司的盛衰全赖于此"。

国内很多企业管理人员也深知要"以质量求生存，以品种求发展"，认为"品牌"是企业的无形资产。

要在质量上取得成就，就要有效利用物（指物质与能源）和人（指人的创造性与技能）这两种因素或力量。

（10）信息观念。

信息和时间是两类重要资源。信息作为一种能创造价值并可用于交换的知识，已成为一种生产力。

现代企业的生产与经营所需的信息量增长很快。1935年美国生产1美元产品处理信息费用为1.5美分，1975年已上涨到3.6美分以上。

现代企业管理必须加强信息观念。加强企业管理中的信息观念主要应做三件事：①提高企业人员对信息的认识；②建立管理信息系统；③企业领导者要善于运用信息，把信息迅速转变为生产力。

案例3-5　华为的用人之道

华为以何种“育人”及“驭人”之术将一支数万人的本土军团打造成一支能征善战的国际之师？

1999年，华为总裁任正非在与新员工的一段调侃式的对话中说道：“华为公司都是三流人才，我是四流人才。一流人才出国，二流人才进政府机关、跨国企业，三流、四流的人才进华为。只要三流人才团结合作，就会胜过一流人才，不是说三个臭皮匠顶个诸葛亮吗？”

10年后的2009年，这场“三流人才”与“一流人才”的战争，以令人惊诧的战果印证了任正非当年的预见——占据人才优势的欧美厂商，如北电、诺基亚、西门子，纷纷陷入破产或亏损的颓势之中。相比而言，处于人才劣势的中国公司华为，继2008年取得42.7%的股市增长并稳稳进入全球系统设备“前三”之后，2009年仍能保持30%的业绩提升。

与此同时，华为也以其20年的实践，打破了“谁是优秀人才”的狭隘界限。曾经以“三流人才”自居的华为，已成为华南乃至中国企业的“黄埔军校”。围绕着华为总部所在地深圳而生的一批新生代的优秀民营企业——腾讯、迈瑞医疗、深圳宇通等公司，正在受惠于华为培养的人才。在这些公司的研发或营销团队中，“华为军团”甚至时常达到近1/3的规模。腾讯的一位高管曾说：“如果没有华为，深圳难以造就今天的腾讯。”

案例3-5

分析提示

资料来源　作者根据网络相关资料整理而成.

3.4　归因理论与管理

在日常生活中，人们往往要对周围发生的事情问一下为什么，或对自己的成败得失寻找原因，这种推测的过程就是归因的过程。

归因就是根据人的外部表现来推测其内在的意图和动机，对其心理活动状态做出解释和推论的过程。

掌握归因理论对于准确地认识个体的行为和心理活动规律，搞好管理工作是非常必要的。

3.4.1　归因理论概述

归因理论是美国心理学家海德（F.Heider）在1958年首次提出的。他认为，人们都有一种理解、预测和控制周围环境的需要。为了满足这种需要，人们就根据各种线索对已发生的行为和事件进行原因解释。人们只有了解事件和行为发生的原因，才能理解、预测世界的变化，以达到适应世界的目的。归因既包括对他人言行的归因，也包括对自己言行的归因。

海德认为，归因有两种类型：

①当一个人把行为的根本原因理解（推论）为外部因素的时候，称之为外归因；

②当一个人把行为的根本原因理解（推论）为内在因素的时候，称之为内归因。

后来，维纳等学者根据海德的理论，把归因又分为四种类型，即把内归因分为能力和努力，把外归因分为难度和运气。

后来，美国心理学家维纳、凯利等又提出归因的三维度理论，使该理论得到进一步的丰富和发展。

3.4.2 归因理论与管理

行为的原因是多种多样的，不同的归因不仅会对过去的行为产生不同的认识和理解，而且会影响人们对未来行为的预期，以及行为倾向和抱负水平。

如果一个人习惯于把失败归因于那些稳定的内因，如能力低、脑子笨等，则不会加强今后的努力和坚持等行为，对未来行为不具有激励作用，因为努力并不能改变这些失败的原因。

如果一个人把失败归因于那些不稳定的内因，如情绪状态、努力程度、重视程度等，则可能加强今后的努力与坚持等行为。

如果一个人将失败归因于那些稳定的外因，如任务难度太大、工作条件太差等，就会感到不用对失败承担责任，也很难改变自己的行为。

如果一个人将失败归因于那些不稳定的外因，如机遇、运气等，不一定会降低人行为的积极性，但能加强一定的努力或坚持等行为。

如果一个人习惯于把失败归因于那些人力可以控制的因素，则在未来行动中可能会提高努力和积极性；反之，如果一个人习惯于把失败归因于那些人力不可控的因素，则对未来行为不容易产生激励作用。

可见，管理者根据不同员工对成败归因的取向不同，因人而异地做好员工的思想工作，帮助员工正确归因，对调动员工工作的积极性、开创性和坚持性具有十分重要的作用。

不仅如此，管理者还应有目的、系统地对员工的工作行为进行归因，这对量才录用、合理分工、人尽其才、才尽其用，提高管理绩效具有重要的帮助。

那么，应如何对员工行为进行合理归因呢？

美国社会心理学家凯利提出的三度归因理论对正确分析成败的原因具有一定的帮助。凯利认为，人们的行为原因十分复杂，仅凭一次观察，有时难以推断某人的行为原因，往往需要在类似的情境中做多次观察，根据多种线索，才能做出合适的归因。他主张一个人行为的原因可以归为三方面的因素，即行为者本人的特点、行为对象的特点以及行为者与行为对象交往时所处的情境。要把一个人行为的特殊性、连续性、一致性作为归因的参照点。

特殊性又称区别性，即指某人的某种行为是否特殊，与他的其他行为是否一致。例如，某员工的某项工作任务完成的效率低，那么首先要看他完成其他工作任务的效率如何。如果该员工完成所有任务的效率都低，则可能是由于某些稳定的因素在起作用；否则，则可能与某些不稳定的因素有关。

连续性又称一贯性，即指某人特殊行为的发生是一贯的，还是偶然的。例如，某一行为在不同时间、不同地点都会发生，说明此行为具有连续性或一贯性。

一致性又称普遍性，是指被分析的行为是否与其他人一致。如上例中，若所有员工在该项工作任务上效率都低，则表明该行为具有一致性，或一致性高；否则，则表明该行为的一致性低。

一般而言，特殊性与影响因素的稳定性有关，连续性与影响因素的稳定性和可控性有关，一致性与影响因素的来源或情境有关。例如，某人的某种行为特殊性高，连续性和一致性低，则可以归因于当时的情境或环境条件；如果特殊性低、一贯性高、一致性低，则可以归因于行为者自身的内在原因或素质。

总之，对行为的归因一定要在大量信息资料的基础上进行，避免仓促草率、主观臆断。

在自我归因时，应避免过分强调客观因素或障碍；对他人行为归因时，应避免一味求全责备，过分强调主观因素，而忽视情境因素和客观环境条件。

知识掌握

随堂测3

1.什么是认知？在管理心理学中它主要研究哪些内容？

2.什么是自我认知？结合生活实际谈谈它的重要性。

3.社会认知包括哪些具体内容？

4.常见的社会认知效应有哪些？

5.什么是价值观？它与管理心理学有何关联？

6.什么是归因理论？内归因和外归因的含义分别是什么？

7.结合实际，分析内归因和外归因的优缺点。

案例分析

小蜗牛的抱怨

小蜗牛问妈妈：“为什么我们从生下来就得背负这个又硬又重的壳呢？”

蜗牛妈妈说：“因为我们的身体没有骨骼的支撑，只能爬，又爬得不快，所以要有这个壳的保护！”

小蜗牛：“毛毛虫妹妹没有骨骼，也爬不快，为什么她却不用背这个又硬又重的壳呢？”

蜗牛妈妈：“因为毛毛虫妹妹能变成蝴蝶，天空会保护她。”

小蜗牛：“可是蚯蚓弟弟也没有骨骼，也爬不快，也不会变成蝴蝶，他为什么不背这个又硬又重的壳呢？”

蜗牛妈妈：“因为蚯蚓弟弟会钻土，大地会保护他。”

小蜗牛哭了起来："我们好可怜，天空不保护我们，大地也不保护我们。"

蜗牛妈妈安慰他："所以我们有壳啊！"

资料来源 作者根据网络资料整理而成.

问题：

1）这个故事说明了什么问题？

2）当你在生活或组织中遇到不满意时，你应该怎样对待？

分析提示：抱怨命运是没有用的，正确的自我认知，可以扬长避短，激发人的自尊心、自信心。

实践训练

自我知觉训练——20个"我是谁"

训练目的：认识并接纳独特的自我，认识并接纳独特的他人。

操作程序：

1.请大家边思考边写下20句"我是一个……的人"。

2.将你所陈述的20项内容归类，见表3-3。

表3-3 自我知觉训练表

所属类别	相应题号
身体状况	
情绪态度状况	
才智状况	
社会关系、品德状况	

3.接着评估一下你对自己的陈述是积极肯定的还是消极否定的。

在每句话后面的括号内标上"+"表示肯定、满意，标上"–"表示否定、不满意。看看你的加号与减号的数量各是多少。

结果解释：如果你的加号多于减号，说明你的自我接纳状况良好。如果你的减号占总数的将近一半甚至超过一半，表示你不能很好地接纳自己，你的自尊程度较低，这时你要寻找问题的根源，如：在哪一方面过低评价了自己？是什么原因造成的？有没有改善的可能？

【心理小测验】

自信心测验

你对自己有信心吗？回答下面这些问题并根据表3-4做出自我评价：

1.一旦下了决心，即使没有人赞同，你仍然会坚持做到底吗？

2.参加晚宴时，即使很想上洗手间，你也会忍着直到宴会结束吗？

3.如果想买件性感内衣，你会尽量邮购，而不亲自到店里买吗？

4.你认为你是个绝佳的恋人吗？

5.如果店员的服务态度不好，你会告诉他们经理吗？
6.你不常欣赏自己的照片，对吗？
7.别人批评，你会觉得难过吗？
8.你很少对人说出你真正的意见，是吗？
9.对别人的赞美，你持怀疑的态度吗？
10.你总是觉得自己比别人差吗？
11.你对自己的外表满意吗？
12.你认为自己的能力比别人强吗？
13.在聚会上，只有你一个人穿得不正式，你会感到不自然吗？
14.你是个受欢迎的人吗？
15.你认为自己很有魅力吗？
16.你有幽默感吗？
17.目前的工作是你的专长吗？
18.你懂得搭配衣服吗？
19.危急时刻，你很冷静吗？
20.你与别人合作愉快吗？
21.你认为自己只是个寻常人吗？
22.你经常希望自己长得像某人吗？
23.你经常羡慕别人的成就吗？
24.你会为了不使他人难过而放弃自己喜欢做的事吗？
25.你会为了讨好别人打扮吗？
26.你会勉强自己做许多不愿意做的事吗？
27.你会任由他人来支配你的生活吗？
28.你认为你的优点比缺点多吗？
29.你经常跟人说抱歉吗，即使不是你错了的情况下？
30.如果在非故意的情况下伤了别人的心，你会难过吗？
31.你希望自己具有更多的才能和天赋吗？
32.你经常听取别人的意见吗？
33.在聚会上，你经常等别人跟你打招呼吗？
34.你每天照镜子超过三次吗？
35.你的个性很强吗？
36.你是个优秀的领导者吗？
37.你的记性很好吗？
38.你对异性有吸引力吗？
39.你懂得理财吗？
40.买衣服前，你通常先听取别人的意见吗？

表3-4　　测试计分表

题号	1	2	3	4	5	6	7	8	9	10	11	12	13	14	15	16	17	18	19	20
是	1	0	0	1	1	0	0	0	0	0	1	1	0	1	1	1	1	1	1	1
否	0	1	1	0	0	1	1	1	1	1	0	0	1	0	0	0	0	0	0	0
题号	21	22	23	24	25	26	27	28	29	30	31	32	33	34	35	36	37	38	39	40
是	0	0	0	0	0	0	0	0	0	0	0	0	0	1	1	1	1	1	1	0
否	1	1	1	1	1	1	1	1	1	1	1	1	1	0	0	0	0	0	0	1

分数在25～40分之间：说明你对自己信心十足，明白自己的优点，同时也清楚自己的缺点。不过，在此要警告你一声；如果你的得分将近40分的话，别人会认为你很自大狂傲，甚至气焰太盛，你不妨在别人面前谦虚一点，这样才会更有亲和力。

分数在12～24分之间：说明你对自己颇有自信，但是你仍或多或少地缺乏安全感，对自己产生怀疑，你不妨提醒自己，在优点和长处方面并不输给其他人，特别强调自己的才能和成就。

分数在11分及以下：说明你对自己不太有信心。你过于谦虚和自我压抑，因此经常受人支配。从现在起，尽量不要去想自己的弱点，而是往好的方面想。先学会看重自己，别人才会真正看重你。

第4章

个性与管理

学习目标

知识目标：通过本章的学习，你应该能够了解个性的含义和特征，明确个性的形成与发展；理解气质的含义、表现及与管理的关系；明确性格的含义、类型及对管理的影响；掌握能力的类型、差异及在管理中的运用。

素养目标：塑造良好个性品格，加强个性修养；加强学习锻炼，提高管理能力。

趣味导读　　看电影迟到的人

某天，有四个人去看电影迟到了。

第一个人匆匆赶来之后，对自己的迟到带着怒气，想进电影院的心情十分迫切，便和检票员大声吵闹，而且不顾检票员阻拦往里闯。

第二个人赶来之后，对门卫十分热情，又是问好又是感谢，想出许多令人同情的理由，并急中生智找熟人想办法，最终没有进去，但是他爽快地离开了。

第三个人来了之后，犹犹豫豫地想进去又怕门卫不让进，微笑而平静地向门卫解释迟到的原因，规规矩矩站在门口等，看着别的迟到的人和门卫争论未果后平静地离开。

第四个人来了之后，也不愿意解释迟到的原因，只是唉声叹气地说："真不走运，太倒霉了。"说完便默默地走开，最多只是责怪自己为什么不早点来。

资料来源　作者根据网络资料整理而成.

分析提示：同样是迟到的行为，不同个性的人对迟到的反应不一样。同样，对管理者而言，对不同个性的人应运用不同的管理方法。

人首先是作为个体而存在的。人与人之间既有许多共同的特性，即共性；又存在着诸多的差异，即个性。对管理者来讲，只有全面、充分地了解下属的个性特征，才能有效地开发和利用人力资源，有针对性地开展思想教育和激励工作，真正做到知人善任，用得其所。

4.1 个性概述

4.1.1 个性的含义

所谓个性，也叫人格，它是一个人之所以成其为自身而区别于他人的稳定的心理特点和行为模式的综合。

个性是个人带有倾向性的、本质的、比较稳定的心理特征，如兴趣、爱好、气质、性格、能力等内容的总和。它是在先天生理素质基础上，并在一定的社会历史条件下，通过社会实践活动，逐步形成、发展起来的。个性所表现出来的是个人独特的风格，它反映了一个人的基本的精神面貌。

个性从广义上讲应包括个性倾向性和个性心理特征两方面。本章主要探讨气质、性格、能力等个性心理特征。有关需要、动机、情感、态度等个性倾向性内容将在以后章节中论述。

4.1.2 个性的特征

一般来讲，个性具有下列基本特征：

（1）本质性。

个性是对人的总的、本质的描述。一个人的个性既能表现这个人，代表这个人，又能解释这个人的行为，是一个人的基本精神面貌的反映，而不是一些非本质、次要的特征。

（2）独特性。

个性具有独特性，即每个人都有不同于他人的个性倾向性和个性心理特征。正因为如此，每个人都以自己独特的思维方式和行为方式来适应社会，都有与别人不一样的能力、气质、性格，都有自己的需要、兴趣爱好和理想追求。

世界上没有完全相同的两个人，人的个性是极端个别化的。正所谓“人心不同，各有其面”。

然而，个性的独特性并不排斥人与人在心理上的共同性。虽然每个人具有不同的个性，但是受本民族或本地区思想、文化、习俗等因素的影响，人的个性同时又表现出一定的共同性。

（3）稳定性。

个性具有稳定性，即个体思维方式和行为模式具有一贯性、必然性和持续性的特点。

个性是在一定社会历史条件下，在一个人的长期生活历程中逐渐形成的，而且一经形成就比较稳固。所以每个人在不同时期、不同社会活动中表现出的个性是相对稳定的，我们可以根据某人的个性预料他在某种情况下会有什么举动。

个性的稳定性是相对的，不是绝对的、一成不变的，随着所处社会环境、家庭环境、知识水平、个人实践活动等方面的变化，个性也会随之发生相应的改变，特别是青年人的个性具有很强的可塑性。

（4）社会性。

马克思认为人的本质是一切社会关系的总和，人的个性是在特定的社会历史条件下形成的，个性中的各个方面都受到社会现实的影响，可以说人的个性是人社会化的产物。然而，个性并不是社会环境的消极产物，个体在社会实践中不断进行着有目的、自觉的、积极的活动，在这些活动中逐渐形成了自己的个性。所以，个性既有社会性又有个体性，是两者的统一。

（5）倾向性。

它是指人们在与客观现实的相互作用中，总是对现实事物持有一定的看法、态度和倾向性。这种倾向性，决定了一个人心理活动的选择、行为的方向。

小思考4-1

问：什么是有“个性”？

小思考4-1

答案

4.1.3　个性的形成与发展

心理学家对个性的形成与发展有不同的观点。

一种观点认为，个性是由遗传决定的，即先天决定论。例如，美国心理学家荷尔认为：“一两的遗传胜过一吨的教育。”

另一种观点认为个性是由后天环境决定的，即后天决定论。例如，心理学家华森说过：“一个人生下来后主要看后天培养，培养他当法官他就是法官，培养他当小偷他就是小偷。”

以上两种观点都过于极端，个性的形成与发展应该是先天遗传因素和后天环境因素相互作用的结果。

遗传为个性的形成与发展提供了前提和可能性，但不起决定作用；后天环境特别是社会生活条件和受教育水平决定着个性的形成与发展，人的个性是在社会实践中，在教育的主导下，经过长期的塑造而逐渐形成和发展的。总之，人的个性受生理条件和社会条件的双重制约，起决定作用的是社会条件。

1）生理因素是个性形成和发展的自然前提

人的个性虽然是一种社会历史现象，但并不是说个性形成可以离开人的生理因素。生理因素是指个性与生俱来的生理解剖特征，主要是神经系统特别是大脑的特点。这些生理因素是个性形成的物质基础，离开这些生理因素，根本不会形成人的个性。一些高级灵长类动物，由于不具有人的生理因素，即使把它们放在人的环境中生长，也不可能产生人的个性。

2）社会因素是个性形成的决定条件

社会因素是指人的社会生活，包括政治、经济、文化生活。社会因素是人所特有的，是人的个性形成的决定性条件。离开社会生活，即使具有正常人的生理条件，也不能形成人的个性。

影响个性形成与发展的社会因素主要有以下几个方面：

（1）家庭环境的教育和熏陶。

家庭是个体最早接触到的学习环境。父母是孩子的第一任老师。人的语言、举止、行为方式、生活习惯等，多自父母兄弟学起。

影响个性的家庭因素主要有：父母的社会地位及其表率作用，对孩子自身表现出来的才能和爱好的“智力投资”等。

（2）学校教育。

学校是人社会化的基本场所。学校里的教学内容、教学方法、教师的表率作用以及校风校纪等，对人的个性的形成和发展影响极大。

教育是一种环境影响，是一种有目的、有计划、有组织的自觉活动。所以，教育对一个人个性形成和发展的主导作用是显而易见的。

（3）文化背景。

文化是人类在社会发展过程中创造的物质财富和精神财富的总和。文化背景主要包括社会经济制度、历史渊源与传统、宗教影响等。

文化背景作为社会环境的重要因素，在人的个性形成和发展中有着不可忽视的间接作用。

3）实践活动是个性形成和发展的重要条件

社会因素对人的影响是通过实践活动产生的。一个人不参加任何实践活动，仅靠社会因素影响，其个性也是无法形成的。

人的实践活动是多种多样的，对一个人的生活方式影响最大的莫过于他的职业。人们的自我形象，总是被其职业所主宰。在长期的职业实践中，人们除了逐步具备相应的学识技能外，还会养成从事该职业所特有的性格、志趣、道德与纪律。所以，职业在人的个性形成与发展中起着关键性的作用。

4）群体和组织是培养个性的场所

人是社会的人，任何人都需要在一定的群体和组织中生活。

群体和组织对个人的教育、影响、约束是个体个性形成的重要因素。按照人的发展，对个体影响较大的群体和组织先后是家庭、学校、朋友、单位。人的个性是在群体和组织生活中形成和发展的。

小思考4-2

答案

小思考 4-2

问：历史上的“孟母三迁”说明了什么道理？

4.2　气质与管理

4.2.1　气质概述

1）气质的含义

气质是指一个人与生俱来的、典型的、稳定的心理特征，它表现为人的心理活动的动力特征。

心理活动的动力特征是指心理过程的强度、速度、稳定性、灵活性等。

心理过程的强度是指情绪的强弱、意志努力的程度、耐受力的强弱等。

心理过程的速度是指知觉的快慢、思维的敏捷性等。

心理过程的稳定性是指情绪的稳定性、注意力集中时间的长短等。

心理过程的灵活性是指兴奋与抑制转换速度的快慢、注意力转移的难易等。

例如，有的人心理过程迅速、敏捷，有的人迟钝缓慢；有的人稳健有序，有的人动摇不定；有的人强而有力，有的人软弱无力等。

气质就是人们通常所说的脾气、秉性。人的气质特征不以活动的动机、目的内容为转移，往往以同样的方式表现在各种各样的活动之中。也就是说，具有某种气质特征的人，常常在内容完全不同的活动中表露出同样的动力特点。例如，情绪容易激动的人，不仅在应该兴奋的场合表现出情绪激动，而且在不值得或不应该激动的场合也表现出情绪激动，有时甚至为了一点小事会和他人无休止地争得面红耳赤。所以，气质往往使一个人的心理活动涂上个人独特的色彩。

一般来讲，人的气质基本受遗传因素影响，是与生俱来的，具有较大的稳定性，变化很慢，气质的许多特点甚至可保持终身。但在后天教育环境和生活条件的影响下，气质也会发生一些缓慢变化。

小思考4-3

答案

小思考4-3

问：人们常说“江山易改，秉性难移”，这里的“秉性”是指什么？

2）气质的类型

气质是个古老的概念。心理学家对气质这一心理特征进行了多方面的研究，自从公元前5世纪古希腊医生希波克拉底首先提出气质的体液说以后，相继产生了各种气质学说，如体形说、血型说、倾向说、激素说、高级神经活动类型学说等，其中最具代表性的是希波克拉底的体液学说和巴甫洛夫的高级神经活动类型学说。

（1）体液学说。

公元前5世纪，古希腊医生希波克拉底在自己的临床实践中，首先提出人体内有血液、黄胆汁、黑胆汁、黏液四种体液，这四种体液所占比例不同，就会形成不同的气质类型。在体液的混合比例中，血液占优势的属于多血质，黄胆汁占优势的属于胆汁质，黑胆汁占优势的属于抑郁质，而黏液占优势的属于黏液质。这种分类方式的生理基础带有朴素的唯物主义性质，但缺乏科学性。然而这四种类型又符合人的现实表现，因而一直沿用至今。各种气质类型的心理特征见表4-1。

表4-1　各种气质类型的心理特征

气质类型	主要心理特征
多血质	情绪兴奋性高，思维言语动作敏捷，心境变化快但强度不大，稳定性较差。活泼好动，富有生气，灵活性强。乐观亲切，善于交往，浮躁轻率，缺乏耐力和毅力。不随意，反应性强，具有可塑性，外倾性明显
胆汁质	情绪兴奋性高，反应迅速，心境变化剧烈，抑制能力差，易冲动，热情直率，不够灵活。精力旺盛，动作迅猛，性情暴躁，脾气倔强，容易粗心大意。感受性较低而耐受挫性较高，外倾性明显
抑郁质	感受性很强，善于觉察细节，见微知著，细心谨慎，敏感多疑。内心体验深刻但外部表现不强烈，行动迟缓，不活泼。易疲劳，疲劳后也易恢复。办事不果断而且缺乏信心，内倾性明显
黏液质	情绪兴奋性和随意反应性都较低，沉着冷静，情绪稳定，深思熟虑，思维言语动作迟缓。交际适度，内心很少外露，坚毅执拗，淡漠，自制力强。感受性较低而耐挫性较高，内倾性明显

以上是四种气质类型的典型表现。而在现实生活中绝对属于某种气质类型的人并不多，大多数人是以某一种气质类型为主，兼有其他气质特征的混合型。

（2）高级神经活动类型学说。

俄国著名心理学家巴甫洛夫利用条件反射学说所揭示的高级神经活动的规律性和神经过程的基本特征，对气质作了科学的阐述，使气质理论建立在科学的基础之上。他把气质分为以下几种类型：

①兴奋型（强而不平衡型），这类人的神经素质反应较强，但不平衡，容易兴奋而难以抑制，所以在很强的刺激下，容易产生精神分裂。

②活泼型（强平衡灵活型），这类人神经素质反应较强，而且平衡，既容易形成条件反射，也容易改变条件反射。行动迅速，一旦缺乏刺激就很快无精打采。

③安静型（强平衡而不灵活型），这类人的神经素质反应迟钝，但较平衡，容易形成条件反射，但难于改造，是一种行动迟缓而有惰性的类型。

④抑制型（弱型），这类人的神经素质反应较弱，但较为平衡，兴奋速度较慢，容易形成条件反射，但难以改善，也是一种行为迟缓而有惰性的类型。

高级神经活动类型学说和体液学说具有一一对应关系。巴甫洛夫指出：兴奋型相当于胆汁质、活泼型相当于多血质、安静型相当于黏液质、抑制型相当于抑郁质。

案例4-1　《西游记》中唐僧师徒气质类型

唐僧是《西游记》中取经任务的组织者。他能够在重重困难前坚持自己的信念，虽历经磨难但一心向佛，表现出非常强的自我控制能力和较强的持久性。他做事谨慎，安静而稳重，表现出明显的黏液质特征。

孙悟空是唐僧师徒中个性特征最鲜明的。他心直口快，精力旺盛，顽强果敢，但是缺乏自控力和耐心。孙悟空是非常典型的胆汁质气质类型。

猪八戒在取经团队中的主要作用是调节团队气氛。有了猪八戒，取经路上不再只是赶路、除妖，他给团队成员带来了许多欢乐与谈资。他活泼好动、思维敏捷而灵活，喜欢与人交往，容易适应新环境，缺乏耐力，体现出明显的多血质特征。

沙和尚是公认的老实人。他做事循规蹈矩，反应缓慢，细心，不善于交往，对枯燥的工作有忍耐力。在《西游记》原著中，描写沙和尚挑担子有三十多处，但是沙和尚毫无怨言，体现出了超强的忍耐力。在第八十一回中，沙和尚率先发现经书无字，提醒师父，体现出沙和尚观察细微的特点，这些特点都体现出沙和尚是以抑郁质为主的气质类型。

案例4-1

分析提示

资料来源　陈红. 管理心理学［M］. 上海：华东师范大学出版社，2014.

补充阅读材料4-1　气质类型的行为特征

（一）胆汁质

1. 日常活动带有强烈的情绪色彩。情绪高时，学习、工作热情高涨，肯出大力，反之，情绪不高时，对什么事都不感兴趣。

2. 是各项活动的积极参加者。喜欢每一项新的活动，甚至喜欢倡导一些别出心裁的活动，尤其喜欢运动量大和场面热闹的活动。

3. 完成作业（工作）比谁都快，考试交卷争第一。

4. 工作效率高，想干的事未完成，饭可不吃，觉可不睡。

5. 学习的理解能力和接受能力很强，但不求甚解，总是未想好答案就先举手。

6. 说话快，喜欢与同学争辩，总想抢先发表自己的意见。

7. 容易激动，经常出口伤人而自己不觉得。

8. 喜欢在公开场合表现自己，坚信自己的见解。

9. 姿态强而有力，眼光锐利而富有生气，表情丰富而敏捷。

10. 喜欢看情节起伏、激动人心的小说和电影，不爱看表现日常生活题材的作品。

（二）多血质

1. 内心的体验一般会在面部表情和眼神中明显地表现出来。

2. 是一切活动的积极参加者，但表现散漫，有始无终。

3. 学习新知识容易产生兴趣，但也会很快厌烦，觉得枯燥无味。

4. 学习（工作）疲劳时，只要休息一下，便能立刻焕发精神，重新投入。

5. 理解问题总比别人快，但学习（工作）常会见异思迁，注意力不容易集中。

6. 希望做难度大、内容复杂的工作，但不耐心细致。总希望尽快完成工作。

7. 容易产生骄傲情绪，觉得自己比别人机智和灵敏。

8. 容易激动，但情绪表现不强烈。

9.情感变化迅速，稍遇到不如意的事就情绪低落，稍得到安慰或遇到使他高兴的事，马上就会无比喜悦。

10.善于交际，待人亲切，容易交上朋友，但友谊常不稳固，没有知心朋友。

（三）黏液质

1.不容易激动，很少发脾气，情感很少外露，面部表情单一。

2.工作守纪律，静坐不打扰别人，生活有规律，很少违反作息时间。

3.理解问题总比别人慢些，希望他人能多重复几遍。

4.工作认真严谨，始终如一，希望做有条不紊、不太难的工作。

5.能集中注意力做某一件事情，但不能很快把注意力从一件事转移到另一件事上。

6.喜欢安静的环境，否则就做不下去。

7.埋头苦干，有耐久力，能承担长时间的工作。

8.平时沉默寡言，说话没有感情渲染。

9.善于克制忍让，心胸较宽，不计较小事，能忍受委屈。

10.动作迟缓，反应较慢，办事力求稳妥，不做没有把握的事。

（四）抑郁质

1.情感不易变化，在别人看来缺乏感情。

2.工作时不愿和很多人在一起。

3.工作容易感到疲倦。

4.工作总比别人花费的时间多，怕他人提问，人多时讲话常表现得惊慌失措。

5.喜欢复习过去学过的知识。

6.对新知识接受能力差，但是弄懂之后就很难忘记。

7.不爱表现自己，对抛头露面的工作尽量推脱，在陌生人面前害羞。

8.感情比较脆弱，因为一点小事就会情绪波动，容易神经过敏，患得患失。

9.当工作或学习失误时，会感到很痛苦，甚至痛哭流涕。

10.爱看感情细腻、心理活动丰富的小说和电影。

资料来源　陈红. 管理心理学［M］. 上海：华东师范大学出版社，2014.

小思考 4–4

答案

小思考 4-4

问：在生活中，人们常说“某人的气质较佳”。这和心理学中讨论的“气质”是一样的吗？

4.2.2　气质与管理

1）气质对人们行为的影响

（1）气质类型无好坏之分。

任何一种气质都有其积极的方面和消极的方面。有些人总埋怨自己的气质不理想，其实，这大可不必。各类气质都有它的优点和缺点。如胆汁质的人容易形成勇敢、爽直、有进取心等积极品质，但也有粗心、任性、暴躁等缺点；多血质的人有活泼机敏、爱交际的积极品质，但也易有浮躁、不踏实等缺点；黏液质的人具有沉着、冷静的优点，但也有冷淡、缺乏活力等缺点；抑郁质的人有情感深刻、稳定的优点，但也有孤僻、羞怯等缺点。

（2）气质不能决定一个人活动的社会价值和成就的高低。

据研究，俄国历史上的四大文豪就分属四种气质类型：普希金有明显的胆汁质特征，赫尔岑是多血质，克雷洛夫为黏液质，果戈里为抑郁质。不同的气质类型并不影响他们在文学上取得杰出的成就。

（3）气质可以影响人的活动效率。

气质虽然在人的实践活动中不起决定作用，但是它可能影响活动的效率。例如，要求做出迅速灵活反应的工作，对于多血质和胆汁质的人较为适合，而黏液质和抑郁质的人则难适应；反之，要求持久、细致的工作对黏液质、抑郁质的人较为合适，而多血质、胆汁质的人又较难适应。

（4）气质可以影响人的情感和行动。

气质对于形成和改造人的某种情感、行动特点、个性特征等方面，都有很大的影响，做教育工作和思想政治工作都需要重视这一点。

2）气质在管理中的意义

管理者应该深入了解员工的气质，根据员工的不同气质进行针对性管理，这对于选拔人才、提高管理效率、充分发挥人的潜能等都有重要意义。为此，必须注意以下几个方面：

（1）根据人的气质特征来调动人的积极性，合理用人。

管理工作纷繁复杂，每项工作都有自己的特点，每个人也都有自己的气质特征。所以，要尽量使人的气质特征与工作特点相互协调配合，各尽所能、各得其所，才能有利于工作。

一般情况下，多血质的人应该安排他们做一些社交工作（如采购员等）；胆汁质的人可以委以突击性、开拓性工作；黏液质的人可以做一些具有核算和监督职能（如会计、统计等）的管理工作；抑郁质的人可以安排他们做一些研究工作。

一些特殊职业对人某一方面的气质特征有特殊要求，如飞行员、驾驶员、宇航员等工作责任重大，要求极灵敏的反应，敢于冒险，机智果断，能经受高度的身心紧张等，这种情况下气质特征决定着一个人是否适合这一职业，应该通过心理测定来作为选拔依据。

（2）根据人的气质特征来合理调整组织结构，增强团队战斗力。

人的气质特征有积极的一面，也有消极的一面，合理调动不同气质的人员组成一个领导班子，组成一个生产班组，组成一个集体，形成气质“互补”的组合，就可以相互克服气质的消极影响，发挥气质的积极作用，从而达到增强凝聚力、战斗力的目的。

例如，一个领导班子要做出一个重大决策，需要有果断、机智、冷静、细心、创新、激情等不同气质类型的心理品质，但是很少有人同时具备上述品质，这就要求气质互补的团队组合。

（3）根据人的气质特征来做思想工作。

不同气质的人，对挫折、压力、批评、惩罚的容忍接受程度不同，所以做思想教育、做人的转化培养工作的重点就要有所不同。

多血质的人豁达大度、反应灵活、接受能力强，对他们的培养教育可采用批评和劝导相结合的方式；胆汁质的人积极主动、生气勃勃、容忍力也强，培养教育他们，既要开展有说服力的严厉批评，提高他们的自制力，又不能激怒他们，激化矛盾；黏液质的人沉着、坚毅、冷静，情绪反应较慢，对待他们要耐心说服开导，多用事实说话；抑郁质的人，情感深刻、脆弱、孤僻、冷淡，对待这样的人，不可以在公开场合批评他们、训斥他们，而应在关怀中激励，在照顾中促进，在情感中引导，使他们自觉接受别人的批评或主张。

案例4-2

大家都知道唐三藏是西天取经团队的领导者，他们之所以能成功取得真经，主要还是因为唐三藏能与团队中三个不同类型的徒弟，也可以说是与员工很好地相处。比如说，面对精明能干又桀骜不驯的孙悟空时，他先是用真诚的关心去感化悟空，这招行不通的时候他就念紧箍咒，就是这一软一硬的两手，让孙悟空服服帖帖地保护他去取经。

然后，他又用精明能干的孙悟空去钳制贪财好色，还时常想散伙的猪八戒，这样一来猪八戒也老实了；至于任劳任怨的沙和尚，唐三藏根本就没有费多少心思，因为他知道在修成正果这样的目标感召下，老实的沙和尚根本就不会再有别的想法。就这样，唐三藏一个肉眼凡胎凭借着出色的管理才能，硬是完成了一件普通人想都不敢想的事。

案例4-2

分析提示

资料来源　明道. 心理学与管理：案例应用版［M］. 北京：中国法制出版社，2015.

补充阅读材料4-2

西方管理人员的气质

西方管理心理学家将管理人员的气质分为三种类型：躁郁质型、分裂质型、黏着质型。

（1）躁郁质型。

这种类型的管理人员的行为有以下的表现：适应环境能力较强；有与别人共同生活、共事之倾向；行动善于应变；事前没有一定的设想与计划；不经思考就行动；容易亲近，有同情心；能与人接近，很会交际；待人和蔼，有竞争力；有干劲，但没有持久力；很容易发怒骂人，但马上就忘记了。

人们对这种类型的管理者的积极评价为：有进取心，能通融，很活泼，人很好。而对这种类型的管理者的消极评价为：没有心计，蛮干，不检点。

（2）分裂质型。

这种类型的管理者的行为有以下的表现：先思考后行动；思考多，行动少；能经常提出新规则、新设想，肯向别人学习，办法多；不做傻事；按自己的标准做事；会利用微妙的感情；认为生产只是消费精力。

人们对这种气质类型的管理者的评价为：像一个理论家，有独特性，但不实际，空想。

（3）黏着质型。

这种类型的管理者的行为有以下的表现：现实而稳定；正确，诚实，无懈可击；在生活中能尽义务，有道德观念，有礼貌；坚守一定的规则，脑筋很死；行动缓慢，但有耐心。

人们对这种气质类型的管理者的评价为：像一个朴素的研究者，稳重有余，变革思想较差。

现实生活中单纯属于上述一种类型的人较少，混合型的管理者较多。三种气质类型管理者的优劣，应该说是相对的。

躁郁质型的管理者适应环境的能力较强，上级领导可以无所顾忌地、坦率地从正面给予指示。其缺点是计划性差、脾气急躁。

分裂质型的管理者是多元性的人，无法在规定范围内行动，上级领导对这些人要表示热情或关心，不能对其施加太大的压力。这些人的缺点是讲得多、做得少。

黏着质型的管理者，其优点是比较稳重，缺点是变革精神较差，上级领导者对这些人要讲道理，不要正面批评他们。

应该说现代化社会需要的是第一种气质类型的管理者，他们适于打开局面，能适应环境的变化，热情，敢于改革，这是主流。当然，这些人的急躁，好发脾气的缺点是支流问题。为此，如果一个工作群体要选择能开创新局面的管理者，具有这种气质的人比较合适。

第二种气质类型的人不太符合现代社会的需要，他们崇尚高谈阔论，不注重实践，这种人一般不适宜当管理者。

第三种气质类型的人，虽然不适宜当开拓型的管理者，但是，作为管理者群体中的成员还是适宜的，因为我们也需要有耐心、细致、稳定的管理者。

补充阅读材料4-3　我国管理人员的气质

对我国管理人员的气质类型的研究结果表明，在研究对象中，胆汁质和抑郁质的管理者一个都没有。多血质类型的管理人员占29%，黏液质类型的管理人员占18%，多血质与黏液质混合型的管理人员占53%。这项研究的结论是：

①管理人员的气质类型中，不宜有典型的胆汁质和抑郁质。因为，前者表现为鲁莽，易激动，脾气急躁，不能控制自己等；后者表现为沮丧、抑郁、孤僻、行动迟缓等。

②管理人员的气质类型中，多血质、黏液质，或两者的混合型是较适宜的。因为，多血质类型者兴奋，对外反应快，能控制自己，平衡外向性，这类人适宜于当企业家，

其机敏而均衡的气质特点有利于生产经营管理。黏液质类型者属于平衡内倾性的，这种气质也是管理者所不可缺少的。

资料来源　俞文钊. 管理心理学［M］. 6版. 大连：东北财经大学出版社，2018.

4.3　性格与管理

4.3.1　性格概述

性格是人的个性中最重要、最显著的心理特征，在个性中起着核心作用，是一个人区别于其他人的集中表现。在日常生活中，人们经常把性格与个性混淆，也有人搞不清楚气质与性格的区别，实际上性格与其他个性心理特征，如气质、能力密切相关，相互影响、相互渗透。人的性格对行为往往起主导作用，管理者只有根据人的性格特点实施管理，才能取得良好的管理成效。

1）性格的含义

（1）性格的概念。

性格是人们对待客观事物的态度和在社会行为方式中经常表现出来的稳定的倾向。它是人的个性中最鲜明、最主要的心理特征，决定着一个人活动的内容和方向。如果一个人对现实的态度在类似的情况下经常出现，并逐渐得到巩固，而且成为习惯的行为方式，这就是性格。例如，勤奋、懒惰、诚实、虚伪、正直、自私、慷慨、吝啬、谦虚、骄傲等，都属于性格特征。

人的性格是在生理素质的基础上，通过社会实践活动，逐渐形成和发展起来的。作为一种稳定的态度和与之相适应的习惯化的行为方式是在主客观的相互作用中，伴随着人的世界观、信念、道德品质等社会理念的确定而形成的。性格是一个人本质属性的结合，是具有核心意义的个性特征。

性格一旦形成，就会在人的行为中留下痕迹，打上烙印。它贯穿于人的全部行为之中。因此，人们可以根据社会道德标准来评价性格的优劣和好坏。这就决定了性格具有直接的社会意义。例如，诚实、正直、认真负责是优良的性格特征，对社会有积极的影响；而虚伪、狡诈、马虎草率是不良的性格特征，对社会有消极的影响。

（2）性格与气质的关系。

性格与气质同属于人的个性心理特征，两者在许多方面十分相似，以致人们常把它们混淆，两者既有联系又有区别。性格与气质的区别主要表现在：

第一，形成的客观基础不同。气质的形成直接决定于人的高级神经活动类型，具有自然的性质；性格的形成虽然受先天生理素质的影响，但主要受社会环境、教育背景等后天因素影响。

第二，稳定程度不同。气质具有先天性，主要受遗传因素影响，后天影响极为缓慢，具有较强的稳定性；性格是后天形成的，是人与外界环境的相互作用中逐渐形成和发展的，虽然也具有稳定性，但与气质相比，具有较强的可塑性。

第三，气质类型无所谓好坏，而性格有好坏之分。气质反映的是人在情绪和行为活动中的动力特征，它不受活动内容的影响，也不具有社会评价意义。而性格反映的是对客观事物的态度和行为方式，会对他人和社会产生影响，因而有好坏之分。比如，抑郁类型的人，可以发展出爱好思考的优良的性格特征，也可表现为敏感多疑的不良性格特征。

性格与气质的相互联系主要表现在：

其一，气质可以按照每种类型的动力特征影响性格，从而使性格带有一种独特的色彩。例如，同样是对人友善的性格，胆汁质表现为热情豪爽，多血质表现为亲切关怀，黏液质表现为诚恳，而抑郁质则表现为温柔。

其二，气质可以影响性格形成和发展的速度。例如，自制力的形成，对胆汁质的人来说，比较困难，而对抑郁质的人就比较容易。

其三，性格可以制约气质的表现，也可以影响气质的改变。例如，顽强坚定的性格可以克服气质的某些消极方面，使积极方面得到充分发展。

2）性格的特征

（1）性格的态度特征。

它是指人对现实的态度所表现出来的性格特征。人对现实的态度主要体现在三个方面：一是对社会、集体和他人的态度，如大公无私或自私自利、热情或冷漠、诚实或虚伪等；二是对事业、工作、劳动和生活的态度，如勤奋和懒惰、认真负责和粗心大意、节俭朴素和奢侈浮华等；三是对自己的态度，如自信或自卑、严于律己或放任自流等。

（2）性格的意志特征。

它是指人对自己的行为调节方式和控制程度所表现出来的性格特征。这种特征体现在四个方面：一是行为目标明确程度的特征，如是有计划的还是盲目的；二是对自己的行为自觉控制水平的特征，如是一时冲动还是自制力强；三是在紧急或困难条件下表现出来的意志特征，如沉默镇定还是惊慌失措；四是对待长期工作的意志特征，如有无恒心、毅力等。

（3）性格的情绪特征。

它是指个人对情绪的控制或情绪对个人活动的影响等方面的性格特征。其主要体现在情绪活动的强度、稳定性、持久性等方面。例如，有的人容易情绪激动，有的人总是较平静；有的人时而激动、时而平静；有的人情绪活动的持续时间较长，留下的印象深刻，有的人情绪活动的持续时间短，几乎不留痕迹；有的人心境总是振奋、乐观，有的人则显得抑郁和沉闷。

（4）性格的理智特征。

它是指人在对事物的认识过程中表现出的个体差异方面的性格特征。例如，在感知方面有主动观察与被动知觉的性格差异；在记忆方面有形象记忆与抽象记忆的性格差异；在想象方面有富于创造想象和依赖模仿想象的差异；在思维方面存在着敏捷性、独创性、逻辑性、深刻性等方面的差异。

3）性格的类型

（1）按心理机能分类，可将性格分为理智型、情绪型和意志型三种。

理智型的人，常用理智来评价一切，并用理智来控制自己的行为；情绪型的人往往感情用事，不善于冷静思考，但情绪体验深刻；意志型的人，则表现为目标明确、行为主动、不怕困难、意志坚强。

（2）按倾向性分类，可将性格分为外倾型和内倾型两类。

外倾型的人，心理活动倾向于外部，又叫外向型，一般表现为活泼、开朗、善于交际、善于适应环境等；内倾型的人，心理活动倾向于内部，又叫内向型，一般表现为沉静孤僻、不善交际，心理活动不外露，适应环境困难，耐力和容忍力较强。

（3）按独立程度分类，可将性格分为独立型和顺从型两类。

独立型的人，独立性和自信心较强，不易受暗示和干扰，善于独立地发现问题和解决问题，有时甚至把自己的见解强加于人；顺从型的人，独立性较差，易受暗示和外来干扰，少有主见，从众倾向较强。

（4）按社会适应性分类，可将性格分为摩擦型、平常型、平衡型、领导型、逃避型五种。

摩擦型和逃避型的人社会适应性最差。前者表现为性格外露，人际关系紧张，容易造成摩擦；后者表现为性格内向，不善交际、与世无争。

平常型的人态度、意志、情绪等表现一般，属于中间型。

平衡型和领导型的人社会适应性较好，但平衡型的人较多地表现为被动适应、善结人缘；而领导型的人较多地表现为自主能动、有影响力。这种分类在国际上较为通用。

上述五种类型分别用A、B、C、D、E来表示，其表现见表4-2。

表4-2　国际通用性格分类法

类型 / 特性	情绪稳定性	社会适应性	向　性
A	不稳定性	较差	外向
B	稳定性	平衡	平衡
C	稳定性	良好	内向
D	稳定性	一般	外向
E	不稳定性	较差或一般	内向

补充阅读材料4-4　性格特征与人际交往

（1）喜欢炫耀的孔雀性格（可适当进行赞美，宣传其闪光点）。

（2）满身是刺的刺猬性格（不要触及其自卑之处）。

（3）爱贪便宜的狐狸性格（不宜热情、不宜靠近）。

（4）反复无常的变色龙性格。

(5) 自欺欺人的鸵鸟性格。
(6) 慢吞吞的蜗牛性格。
(7) 暴怒无常的老虎性格。
(8) 屁股沉重的懒牛性格。
(9) 喜爱学舌的鹦鹉性格。
(10) 温顺可亲的绵羊性格。

4.3.2 性格与管理

性格是具有核心意义的个性心理特征，是一个人社会本质的集中体现。

在人的个性心理特征中，与能力、气质相比较，只有性格具有直接的社会意义。一个人的能力有大小，对社会的贡献各不相同，但如果有良好的性格特征，就可以更好地服务社会。

不同的气质特点不会影响人对社会所做出的贡献。性格则不同，它贯穿于人的全部行为之中，既表现出一个人对人、对事、对己的态度，又反映出他习惯性的行为方式，是一个人品德和世界观的具体标志，精神面貌的综合反映，人的性格特征直接影响着人际关系、活动效果，具有直接的社会意义，因而可以做出优劣评价。

1）性格对管理的影响

(1) 性格与人际关系。

人际关系是影响管理绩效的重要因素。

科学研究与管理实践表明：人的良好的性格特征，如谅解、支持、友谊、团结、诚实、谦虚、热情等是使组织的人际关系和谐、有凝聚力的重要心理品质；相反，冷淡、刻薄、嫉妒、高傲则容易导致人际关系紧张，出现扯皮、拆台、凝聚力差与士气低落的局面。

(2) 性格与创造力、竞争力。

员工的创造力与竞争力是关系一个组织能否生存、发展，是否有生命力的重要心理品质。而人的创造力和竞争力又同人的某些性格特征有密切关系。

一般来说，独立性强的人抱负水平较高，适应能力强，有革新开拓精神，但有时难免武断；而依赖性强的人自信心弱，易受传统束缚，创造力和竞争性也差。组织管理者要妥善处理好某些职业与性格之间的关系，努力为员工创造良好的环境，鼓励独立性强的人从事具有创新性的工作，让依赖性强的人从事常规性工作，从而提高员工的工作满意度。

(3) 性格与效率。

性格是影响员工工作效率的一个重要因素。有的人虽然智力水平不高，能力也不强，但却有良好的性格品质，如有事业心、责任心、恒心、勤奋好学，则可以弥补能力的不足，同样能够在学习、工作方面取得成就。

相反，如果单凭小聪明，没有形成良好的性格，懒惰、浮躁、对知识不求甚解，那么学习和工作的效率不会很高。作为组织管理者在进行人才选拔时，除了考虑智力和能力的因素外，还要更多地考虑员工的性格等非智力因素。

（4）性格与领导类型。

在影响组织未来成功与否的因素中，领导是最关键的因素。一个优秀的领导应具备何种性格品质，是管理学家和心理学家一直试图研究的问题。

有人对玛格丽特·撒切尔、罗纳德·里根、纳尔逊·曼德拉等人的领导风格做了大量研究，将他们的性格特征描述为魅力、热情、勇气等。如撒切尔在执政期间，人们常常这样描述她：自信、铁腕、坚定、雷厉风行等。领导有多种类型，不同类型的领导在管理中所起的作用是不一样的。

（5）性格与工作匹配。

由于人的性格各有特点，与人际关系、工作效率等有着重要关系，因此针对人们在性格特征上的差异进行工作匹配就显得尤为重要。

比如害羞、不善社交的人，不适合做业务接洽员；性格柔顺、容易服从别人意见的人，不适合做广告设计师。

2）性格在管理工作中的意义

（1）有利于管理者做好管理工作。

管理者与被管理者相互了解性格，摸透对方的为人处世的方式，不仅有利于管理者因人、因事制宜地做好组织的管理工作，而且有利于人们克服消极性格品质，培养良好的性格，促进人才的健康发展。

（2）有利于个人不断陶冶、完善自我。

一个具有坚强果断性格的人，能果断地处理自己工作和生活中的各种问题，能自觉克服困难，达到既定的目标。

一个人具有良好的性格，不但有助于工作、学习，而且有助于心理健康；反之则会影响工作和学习，甚至有害身心健康。

一个人了解了自己性格中的良好品质和不良品质，就能自觉地陶冶自己的性格，促使性格向良好、健康的方向发展。

（3）有利于人际关系的协调和社会的稳定。

在群体或组织中，常常由于性格的影响，使集体不够和谐，家庭不够和睦，甚至经常发生矛盾和冲突，造成社会的不安定。因此，一个人应该培养明快、开朗、朝气蓬勃的性格，促进工作顺利地进行，促进家庭生活、集体生活的幸福与和谐。

（4）有利于提高工作效率。

首先，如果我们了解每位员工的性格，并尽量安排适合其性格特点的工作，就会调动员工的工作积极性，有助于提高工作效率。

其次，管理者在考虑组织中员工的人才结构、年龄结构、专业结构、性别结构时，应同时注意员工间存在的性格差异，尽量做到最佳的性格结构组合，以有助于提高工作效率。

管理寓言4-1　坚持就是胜利

1831年，瑞典化学家萨弗斯特朗发现了元素钒。对这一重大发现，后来他在给他的朋友维勒（化学家）的信中这样写道：在宇宙的极光角，住着一位漂亮可爱的女神。一天，有人敲响了她的门。女神懒得动，在等第二次敲门。谁知这位来宾敲过后就走了。她急忙起身打开窗户张望："是哪个冒失鬼啊？一定是维勒！"如果维勒再敲一下，不就会见到女神了吗？过了几天又有人来敲门，一次敲不开，继续敲。女神开了门，是萨弗斯特朗。他们相晤了，钒便应运而生！

管理寓言4-1

分析提示

资料来源　佚名．成功，贵在坚持［EB/OL］．［2018-11-26］．https：//www. jianshu. com/p/64dce2416f38.

3）性格在管理中的应用

管理者必须意识到性格问题不纯粹是个人问题，一个人的性格品质会直接或间接地影响甚至决定他的成功与失败。

心理学家通过对众多杰出人物的跟踪研究发现，这些人的成功不仅与他们的智力水平有关，而且与他们的性格品质有更大的关系。研究表明，一个人即使有很高的智商，较强的能力，但缺乏敬业精神，不求上进，做事马虎，独立性差，怕苦怕累，人际关系紧张，那么这个人也不利于企业的长期发展。因此，要有效地提高员工的工作效率，增强企业内部的凝聚力，必须注重培养员工良好的性格。为此，管理者要注意以下几个问题：

（1）准确把握员工性格特点。

对管理者来说，了解员工的性格，不仅有助于解释和掌握他现在的行为表现，而且有助于预测他未来的行为趋势，还可以据此创设适宜的工作环境，从而提高生产效率。管理者可以通过以下途径了解员工性格：一是通过各种活动不断地了解；二是通过深入调查进行了解；三是借助一些心理测验来了解。

（2）实施有针对性的管理。

所谓有针对性的管理，包括"因人施用"和"因材施教"两个方面。

因人施用是要根据员工的性格特点考虑岗位的适用性，选择合适的人从事合适的工作。如选用规章意识强、细心负责的人从事财务工作。

因材施教是指在对员工进行教育时，要针对员工的性格特点，提出适当的教育要求和教育方法。如对敏感的员工进行教育时，既要谨慎小心不伤害其自尊心，又要热情开导逐步帮助他拥有宽阔的胸怀。

（3）坚持进行职业道德教育，严格行为规范训练。

组织中成员的性格特征各异，有好的品质也有不好的品质。要使组织成员统一行动，并形成有利于组织高绩效的良好作风，管理者就必须通过有效措施，制定并严格实行组织统一的行为规范和政策制度，使每个员工在工作中受到严格的性格品质锻炼，从而逐渐形成高尚的职业观念和良好的职业作风。

靠群体风气和严格管理教育，熏陶改造每个员工个人性格缺点，同时使群体的整体素质得以提高。

（4）管理者应该提高自身性格修养。

一个优秀的管理者不仅要依靠知识的力量和法规的力量进行管理，还要依靠“人格的力量”和“榜样的力量”进行管理。

这就需要管理者提高自身的性格修养，限制不利于管理工作的性格特点，发挥有利于管理工作的性格特点。首先，要对自己的性格特点进行全面分析；其次，要认清哪些性格特点对管理工作有利或有害，据此提出对自己性格的培养目标；最后，要对性格的各方面作全面总结与反省。

补充阅读材料4-5

个性差异与管理对策见表4-3。

表4-3　个性差异与管理对策

性格类型	气质类型	行为表现	思想管理方法
开朗直爽	多血质	坦白、直爽、兴趣广泛、爱发牢骚，不拘小节、其言行有时易被人误解	表扬为主 防微杜渐
倔强刚毅	胆汁质	能吃苦、办事有始有终，但缺乏灵活性，与领导意见不一致时，不冷静，容易产生对抗、求胜心切	经常鼓励 多教方法
粗暴急躁	胆汁质	易冲动，心中容不得不公平之事，好提意见，不太注意方式方法、事后常后悔	肯定成绩 避开锋芒
傲慢自负	多血胆汁质	反应快、聪明能干、过分自信、好出风头、好发议论，听不进不同意见、虚荣心强	严格要求 表扬谨慎
沉默寡言	黏液质	少言寡语、优柔寡断、任劳任怨、踏实细致，有时工作效率不高	少用指责 多加鼓励
心胸狭窄	抑郁质	小心眼儿，遇到不顺心或涉及个人利益的事，往往患得患失，难以摆脱	多加疏导 开阔胸怀
自尊心强	各种气质都有	上进心强、严于律己、争强好胜、听不进批评、情绪忽高忽低	开阔视野，正确认识自己和他人
疲疲沓沓	各种气质都有	大错不犯、小错不断、工作拈轻怕重、漠视规章制度、生活懒散	找出闪光点、及时鼓励，要求严格而且具体

补充阅读材料4-6　成功者必须克服的9种性格缺陷

（1）远离让你站不起来的自卑。

（2）懒惰是成功路上的拦路虎。

（3）悲观是人生黑暗的深渊。

（4）走出自闭的牢笼，寻求真正的自由。

（5）暴躁是发生不幸的导火索。

（6）冲动是魔鬼。

（7）抑郁是灵魂在疼痛。

（8）偏执此路不通。

（9）依赖只能把你变为别人的附属。

成功者必备的15种优良性格

（1）自信；

（2）乐观；

（3）宽容；

（4）谦逊；

（5）诚信；

（6）坚忍；

（7）勇敢；

（8）理智；

（9）果断；

（10）自制；

（11）热忱；

（12）独立；

（13）进取；

（14）谨慎；

（15）稳重。

4.4　能力与管理

4.4.1　能力概述

1）能力的含义

（1）能力的概念。

所谓能力，是指人们能够顺利地完成某种活动，并直接影响活动效率的本领。比如，在学习活动中，人们要具有观察能力、记忆能力、思维能力、想象能力、分析和解决问题的能力等。对能力的理解还要注意以下两点：

首先，能力是顺利完成某种活动的主观条件。人们从事任何一项活动都需要一定的条件，这些条件既有客观的，也有主观的。能力就是人们成功地完成一项活动的主观条件。例如，消费者只有具备基本的观察能力、记忆能力和思维能力等，才能保证购买活动的顺利进行。

其次，能力总是与人的活动相联系，并直接影响人的活动效率。因为人的能力总是存在于人的活动之中，并通过活动表现出来。只有从一个人所从事的某种活动才能看出他具有何种能力，并通过活动的效率和效果看出其能力的大小、强弱。

人的实践活动是复杂多样的，当人们进行某项具体活动时，靠单一的能力很难胜任，必须有多种能力的组合。为了完成活动任务的各种能力的独特组合，心理学称之为才能。例如，营销人员需要有出色的语言表达能力、敏锐的观察力、良好的服务技能、自我调节情感的能力和随机应变的能力等。

（2）能力的发展。

能力是在遗传素质的基础上，通过环境与教育的作用，在实践活动中逐步形成和发展起来的。能力的发展离不开知识和技能的学习。

能力是在掌握和运用知识、技能的过程中发展起来的，离开知识、技能的学习和训练，能力无从发展。同时，能力又是掌握知识和技能的必要前提，能力的大小往往制约着掌握知识和形成技能的快慢与巩固程度。

比如，不具备感知能力的人，是无法获得感性认识的，而缺乏抽象思维能力的人，也难以获得理性认识。所以，能力与知识和技能是密切联系的。不过，它们又是有区别的。一个人知识的多少，不能完全表明他的能力的大小，也就是说，能力与知识技能的发展并不是完全同步的。

人的能力除与知识、技能有着密切联系外，还受到人的遗传、环境、心理以及社会实践等因素的影响。

第一，遗传因素。

遗传就是父母把自己的性状结构和机能特点遗传给子女的现象。遗传因素是能力发展的自然前提。著名科学家高尔顿调查了1786—1868年英国的首相、将军、科学家、音乐家和画家等977人的家谱，发现他们的亲属中成名的有322人，而在对977名普通人的家谱的调查中发现，成名的只有1人。

第二，环境因素。

环境即人生存的客观现实条件，包括自然环境和社会环境。一般认为，遗传提供了心理发展的可能性，而可能转化为现实要受环境因素的影响和制约，其中家庭和教育环境对人的能力的形成与发展起着很重要的作用。

第三，社会实践。

人的能力是人在改造客观世界的实践中形成和发展起来的。不同的生活实践，制约着能力的发展方向和水平。例如，有经验的染色工人能分辨出40种以上色调不同的黑色；古人云“读万卷书，行万里路”，也是强调实践活动的重要性。

第四，心理因素。

人的主观能动性与人的能力发展也有密切联系。有相似的先天素质与环境条件，又从事同样的实践活动的人，能力的提高与发展也不同。这主要取决于个人的心理因素，特别是性格特征对一个人能力的发展常常起制约作用。

例如，具有远大的理想、浓厚的兴趣、顽强的意志等良好的性格特征能促进能力的发展，并且能弥补某些能力的不足；而不良的性格特征或性格上的弱点，往往成为能力发展的障碍。例如，软弱而缺乏自信的性格，常常是一个人无所作为的主观因素。

案例4-3 不择优录取

德国一家著名的钢铁公司录取员工的标准别具一格，它不是择优录取，而是经过笔试和实际操作，从实验操作合格和笔试成绩优秀者中录取20%，从成绩平平者中录取60%，从成绩较差者中录取20%。

这家钢铁公司的老总解释说："成绩优秀者只录取20%，是因为笔试成绩优秀并不等于在实际操作时一定是佼佼者，成绩优秀的人往往骄傲、不合群、共事困难、不团结，我们在录取员工时，倾向于更多地吸收成绩并不十分出众但具有一定水平的人。实践证明，这批人中往往会出不少人才。而且，笔试成绩差的人中也不乏人才，他们中有的笔试成绩不太好，可是在实际操作中却令人十分满意，再说，如果工厂都不收他们，会造成社会问题。"

案例4-3

分析提示

资料来源 作者根据相关资料整理.

小思考4-5

答案

小思考4-5

问：人的学历越高，掌握的知识越多，能力就越强。这句话对吗？

2）能力的种类

（1）按照能力的倾向性划分，能力可以分为：

①一般能力，是指人们从事各种活动所必须具备的，并在各种活动中表现出来的基本能力。它主要包括观察力、注意力、记忆力、想象力、思维能力五种基本能力，这五种能力的有机结合，称为智力。这五种能力在智力结构中相互联系、相互渗透，以抽象思维能力为核心有机地组合为一个整体。

②特殊能力，是指人们完成某种专业活动所需要具备的专门能力，如绘画能力、音乐能力、计算机操作能力等。特殊能力的有机结合称为专业才能，是人们从事某种专业活动所必备的能力。

（2）按照能力的功能划分，能力可以分为：

①认知能力，是指人们在工作、生活、学习、研究中对客观事物观察、分析、概括、理解的能力，如观察能力、分析能力、理解能力等。它是人们成功地完成活动过程最需要的能力。

②操作能力，是指操作、制作和运动的能力。例如，电器修理、计算机操作或汽车驾驶等方面的能力。它是人们从事日常工作和生活的重要条件。

③社交能力，是指人们在社会交往活动中所表现出来的能力，如组织能力、管理能力、公关能力、言语表达能力等。它是人们在社会生活中不可缺少的重要能力。

（3）按照能力的创造性程序划分，能力可以分为：

①模仿能力，又称再造能力，是指仿效他人的言行举止而进行与之相类似的行为活

动的能力，也就是依样画葫芦，善于按照原有模式进行活动和解决问题的能力。

②创造能力，是指人们产生新思想、发现和创造新事物的能力。它是人们超越原有模式进行思考和解决问题的能力，是人的主观能动性的体现。创造能力一般具有独特性、变通性、创新性等特点，是成功完成某种创造性活动所必需的条件。

（4）按照能力的表现划分，能力可以分为：

①现实能力，是指在现实中已经表现出来的，可以被认知的能力，如学生的学习能力。

②潜在能力，是指在现实中无法表现或未完全表现的潜在的、可能的能力素质，如学生的推销能力、社交能力等。

补充阅读材料4-7　怎样才能挖掘潜能

（1）在使用中挖掘潜能。

要挖掘潜能，必须使用已有的能力。只有使用能力，能力才能产生实际作用。哪怕你已经具有了某种能力，可是搁置一旁，废弃不用，严格地说它也只能算是潜在能量，对现实毫无作用。很多没受过专业训练的推销员比那些专门学营销专业的大学生的推销能力强得多，这正是由于他们在"使用中开发潜能"的缘故。

（2）选准最易突破的一点。

面对五花八门、种类繁多的各种潜能，并不需要你对每一种潜能都投入完全一样的时间成本、精力成本去大力开发。那不仅会分散有限的精力，而且也很不现实。我们在全面了解、重视整体潜能的同时，还应根据自己的优势，集中力量，选准一种关键潜能进行开发，取得突破，这样才能盘活整体潜能。开发潜能一定要选准最易突破的一点，以求尽快突破。

（3）充分考虑自身的天赋、资质等客观条件。

要根据自身的天赋和资质，特别是根据自身的优势和特长来确定应当着重开发的潜能。只有这样，才能使潜能的开发事半功倍。人人都有自己的优势才能，人人都有自己的最佳发展区域。

开发潜能一定要根据自身的天赋、资质等客观条件，大力开发优势潜能，否则会费时费力还不讨好。最新教育观提出：由于每个人的特点不同，故而"每个人都应当有自己的课程"。每个人开发潜能，都要根据自身特点，设计出自己开发、利用潜能的蓝图。

（4）承受适当的压力。

人往往都有惰性，只有在一定的压力下才能最大限度地开发自身的潜能。压力是促使人进步的最好动力。著名科学家贝弗里奇说："人们最出色的工作往往是在逆境中完成的，思想上的压力，甚至肉体上的痛苦，都可能成为精神上的兴奋剂。"创造学之父奥斯本说："多数有创造力的人，其实都是在期限的逼迫下从事工作的。决定了期限，他们就会产生对失败的恐惧感，因此，在工作时就会加上情感的力量，会使得工作更加完美。"他还说："谁被逼到角落里，谁就会有出奇的想象力。"当然，压力不能过大，压力过大，就会把人给压怕了、压垮了。适度的压力，不但是行动的最好保障，而且往往能使人把潜能发挥到极致，从而创造出令人震惊的奇迹。

资料来源　佚名．好心态：心态决定一切［EB/OL］．［2023-03-10］．https：//weibo.com/ttarticle/p/show？id=2309404877857804387107.有删减．

小思考4-6

答案

小思考4-6

问：古人所说的“千里马常有，伯乐不常有”是何道理？

3）能力的差异

人的能力差异是客观存在的。这是由于人们接受的先天因素和后天环境的影响不同而形成的。其中最主要的是环境、教育和社会实践活动的影响。

（1）能力类型的差异。

它是指人的能力在类别上、方向上存在的不同而形成的差异，主要是指人与人之间具有不同的优势能力。例如，有的人认知能力较强，而操作能力较弱；有的人专业能力较强，而社交能力较弱；有的人善于抽象思维，而有的人善于形象思维。还有许多人各种能力较平衡，属于混合型或中间型等。

（2）能力发展水平的差异。

它是指不同的人在同种能力的发展水平上存在着高低的差别。在相同条件下，一个人从事某项活动的顺利程度和取得的成绩高于别人，在一定程度上表明了这个人能力比其他人强。比如，从小在一起练习打乒乓球，有的人成绩好，进了省队或国家队，而有的人则成绩平平，这是运动能力差异；大家同去推销某种商品，有的人推销业绩很好，有的人则业绩很差，这是推销能力的差异。

（3）能力表现早晚的差异。

它是指不同人之间在同种能力的发展上，表现出的时间早晚的差别，有的人“年少有为”，有的人“大器晚成”。早晚的差异原因是多方面的，除了自身条件和教育以外，与参与活动的机遇和社会实践的早晚、多少都有很大关系。只要有坚韧的意志和毅力，在明确的人生理想和目标的引导下，经过勤奋努力，差距是可以逐渐缩小的。

（4）能力的性别差异。

美国心理学家桑代克曾做过试验，发现女性在语言表达、短时记忆方面优于男性，而男性在分析综合能力以及观察、推理和历史知识的掌握方面优于女性。此外，在感知、记忆、思维及创造性等方面，男女性别上也都有差异。

4.4.2　能力与管理

1）管理者的能力要求

在现代社会中，各种不同的工作对人们有不同的能力要求。管理者除了应具有相应的决策能力之外，还必须具有三种基本能力，即技术能力（或业务能力）、人际关系能力和管理能力。

（1）技术能力。

它主要是通过科学技术和专业知识的学习和训练，以及个人经验所获得的知识、方法和技巧去完成任务的能力。这种能力，各层次的管理者都应当具备，但基层管理者尤其应该具备。

（2）人际关系能力。

它是指与人共事的能力，对于管理者来说，是指通过各种激励措施对下级施行有效管理与领导的能力，它是通过学习心理学、管理学、行为科学等知识获得的。各层次的管理者都需要这种能力，中层管理者则最需要。

（3）管理能力。

它是了解整个组织及自己在组织中的地位和作用，从而使自己能随时按照组织的总体目标办事的能力。它要求管理者要有较高的决策能力、驾驭能力和对整个组织目标具有全局观念。各层管理者都需要这种能力，高层管理者特别需要。

管理寓言4-2　　我们不是木桶

“狐假虎威”这件事，很快在森林里传为笑谈。老虎羞愧不已，觉得抬不起头来，于是就躲到了森林的边缘。

这一天，老虎又躲在草丛里为自己曾经的愚蠢行为懊悔不已时，看见森林里最有智慧的黑熊老师带着几个学生在森林里踏青。黑熊老师边走边教育弟子们：“一个木桶能装多少水，不是取决于它最长的那根木板，而是最短的那根。”老虎听了，心中灵光一闪，豁然开朗。狐狸那样的智慧，正是自己最短的那根木板啊。

老虎决定弥补自己的这项缺陷。从此，一有空闲，它就跟着黑熊老师学习各种知识。老虎非常刻苦用功，渐渐地，它的知识越来越丰富。随着学习的逐渐深入，它又发现，它还有许多的短处。于是，又向猴子学习爬树，向羚羊学习奔跑，向老鼠学习掘土……每一项本领，老虎都学得不错。从此，老虎作为森林里技能最全面的动物，名扬森林王国。

后来，老虎又遇到了狐狸，它再也不听狐狸如簧的巧舌，狠狠地惩罚了狐狸。老虎终于一雪前耻，为自己当初的选择得意不已。

管理寓言4-2

分析提示

可是，有一天，老虎捕猎时遭遇了两只凶猛的猎豹。双方发生了激烈的战斗。几个回合下来，老虎就败下阵来，躺在了血泊之中。因为这几年来，老虎一直忙于学习各种本领，撕咬搏斗的能力反而无暇训练。

一只老虎，就算不如狐狸狡猾，不如猴子会爬树，不如羚羊跑得快，又有什么关系？只要它的爪子足够尖，牙齿足够锋利，就丝毫不减其森林王者的风范。就如韩信不必会耕地；诸葛亮也不必会经商……

资料来源　朱国勇. 我们不是木桶［EB/OL］.［2023-04-14］. https: //wenku.baidu.com/view/ad149e7968d97f192279168884868762caaebbd1.html? _wkts_ =1727575463496&bdQuery=%E6%88%91%E4%BB%AC%E4%B8%8D%E6%98%AF%E6%9C%A8%E6%A1%B6&needWelcomeRecommand=1.

小思考4-7

问：性格影响人的能力的发展吗？

小思考4-7
答案

2）能力在管理中的运用

管理者除了认识自身能力外，还必须认识到员工的能力差异，根据工作需要和员工能力科学合理地进行人事安排，并对员工进行相应的培训，才能够充分开发和利用人力资源，求得人与工作的最佳匹配。从认识能力差异出发，管理者需要做好以下几个方面的工作：

（1）合理招聘人才，量才而用。

对于管理者来说，不应该谋求把能力最优秀的人才聚集在自己的周围，而应该谋求适合本企业能力标准的人才，这样既不浪费人才又能提高工作效率。把优秀的、合适的人才招聘进企业，关键是把握好衡量人的能力标准，做到既重视学历又注重实际工作能力，既重视经验又注重潜力，利用科学方法全面合理地测评人才能力。

（2）让员工能力与工作相匹配。

在安置员工时，要尽量使员工的文化水平、技术水平等工作能力与实际工作所要求的水平相匹配。

研究表明，一个人所具有的能力水平高于实际工作要求时，不仅浪费人才，而且员工本人会感到工作乏味，工作效率不高；一个人的能力水平达不到工作要求时，他就会感到力不从心，不但工作效率不高，而且压力过大对其身心健康不利。管理者应该采取科学的方法测评员工的能力并且说明工作岗位的要求，进行双向选择以求职能相配。

（3）发挥员工的所有能力。

管理者用人的目的就是要发挥人的所有能力，提高管理绩效。由于员工的能力存在差异性，管理者要全面了解员工的能力、特点，不拘一格，用人所长，激发员工能力中积极的因素，最大限度地将其能力发挥出来，为组织服务。这就需要建立合理的竞争机制、评价机制和激励机制，通过物质奖励和精神奖励，来激发员工的所有潜力，以达到最优的管理效果。

（4）注意提高员工的能力。

有效提高员工能力是组织管理的重要内容。人的一般能力和特殊能力在不同工作中都会直接或间接地起作用，而人的能力结构又各不相同。所以应该根据人的能力差异，因材施教地进行培训，这样才能有效地提高员工能力。

一般可以通过提高人的科学文化和知识水平，来提高其观察能力、思维能力、分析能力、想象能力、创造能力等一般能力；通过不断的专业知识教育和专业技能教育，提高其业务能力、技术能力、实际工作能力等特殊能力；通过不断地对员工进行教育培训来提高员工能力，以保证组织队伍的素质不断提高，使人力资源得到充分的利用。

小思考4-8

答案

小思考4-8

问：有人说，“蠢才是放错地方的人才”“没有无能的士兵，只有无能的将军”。这些观点对吗？

管理法则4-1

帕金森定律——工作要有效率

1958年，英国历史学家、政治学家诺斯科特·帕金森出版了《帕金森定律》一书。

他经过多年调查研究发现：不同的人做同样的事所耗费的时间差异惊人。一个工作效率高的人，即使同时应对几件事也能应对自如；而一个行动迟缓的人，往往一事无成。两者的区别究竟在哪儿呢？其实就在于前者已经养成了高效做事的习惯，并且掌握了做事最简捷的方法。而后者，习惯了拖延，事情总是做不完，所以时间也总是不够用。

资料来源　作者根据相关资料整理.

随堂测4

知识掌握

1.什么是气质？它可分为哪些类型？

2.结合实际，分析气质对人的行为的影响。

3.什么是性格？它是如何形成的？

4.性格和气质关系如何？

5.举例分析性格对管理活动的影响。

6.能力有哪些类型？能力的发展受哪些因素影响？

7.结合实际，分析管理者应具备哪些能力？

案例分析

两个神佛

去过庙的人都知道，一进庙门，首先是弥勒佛，笑脸迎客，而在他的背面，则是黑口黑脸的韦驮。但相传在很久以前，他们并不在同一个庙里，而是分别掌管不同的庙。

弥勒佛热情快乐，来庙里的人非常多，但他什么都不在乎，没有好好地管理账务，所以依然入不敷出。而韦驮虽然管账是一把好手，但成天阴着个脸，太过严肃，搞得来庙里的人越来越少，最后香火断绝。

佛祖在查香火的时候发现了这个问题，就将他们俩放在同一个庙里，由弥勒佛负责公关，笑迎八方客，于是香火大旺。而韦驮铁面无私，锱铢必较，由他负责财务，严格把关。在两人的分工合作下，庙里一派欣欣向荣的景象。

资料来源　作者根据网络资料整理而成.

问题：1）这个寓言故事说明了什么问题？

2）这个故事对管理工作有何启发？

分析提示：对管理者而言，要知人善任，给不同个性的人安排适当的工作岗位。

管理名言

管理有句名言“给猴子一棵树，给老虎一座山”。

问题：1）怎样理解这句话的含义？

2）对管理活动有何启发？

分析提示：领导者最重要的职能就是对下属知人善任，根据下属的能力大小，给他们恰当的任用，提供发展空间。

实践训练

分析一下自己的个性，适合做管理工作吗？

【心理小测验】

性格测验

下面有50道题，请根据自己的实际情况做出回答。A为符合；B为难以回答；C为不符合。

1.与观点不同的人也能友好往来。

2.读书较慢，力求完全看懂。

3.做事较快，但较粗糙。

4.经常分析自己、研究自己。

5.生气时，总不加抑制地把怒气发泄出来。

6.在人多的场合总是力求不引人注意。

7.不喜欢写日记。

8.待人总是很小心。

9.是个不拘小节的人。

10.不敢在众人面前发表演说。

11.能够做好领导团体的工作。

12.常会猜疑别人。

13.受到表扬后会工作得更努力。

14.希望过平静、轻松的生活。

15.从不考虑自己几年后的事情。

16.常会一个人想入非非。

17.喜欢经常变换工作。

18.常常回忆自己过去的生活。

19.很喜欢参加集体娱乐活动。

20.总是三思而后行。

21.使用金钱时从不精打细算。

22. 讨厌在工作时有人在旁边观看。
23. 始终以乐观的态度对待人生。
24. 总是独立思考回答问题。
25. 不怕应付麻烦的事情。
26. 从不轻易相信陌生人。
27. 几乎从不主动制订学习或工作计划。
28. 不善于结交朋友。
29. 意见和观点常会发生变化。
30. 很注意交通安全。
31. 肚里有话藏不住，总想对人说出来。
32. 常有自卑感。
33. 不太注意自己的服装是否整洁。
34. 很关心别人会对自己有什么看法。
35. 和别人在一起时，你的话总比别人多。
36. 喜欢独自一个人在房内休息。
37. 情绪很容易波动。
38. 看到房间里杂乱无章就静不下心来。
39. 遇到不懂的问题就去问别人。
40. 旁边若有说话声或广播声，总无法静下心来学习。
41. 口头表达能力还不错。
42. 是一个沉默寡言的人。
43. 很快就能熟悉新的环境。
44. 要同陌生人打交道，常感到为难。
45. 常会过高地估计自己的能力。
46. 遭遇失败后总是忘却不了。
47. 认为脚踏实地地干比探索理论、原理更重要。
48. 很注意同伴们的工作或学习成绩。
49. 比起看小说和看电影来，更喜欢郊游和跳舞。
50. 买东西时，常常犹豫不决。

评分规则：

题号为奇数的题目（即1，3，5，7……），每选择一个“A”记2分，每选择一个“B”记1分，每选择一个“C”记0分；题号为偶数的题目（即2，4，6，8……），每选择一个“C”记2分，每选择一个“B”记1分，每选择一个“A”记0分。最后将各道题的分数相加，其和即为你的性向指数。

性向指数在0~100分之间。由性向指数的值就可以了解一个人内倾或外倾的程度，见表4-4。

表4-4　　内倾、外倾程序表

性向指数	0 ~ 19	20 ~ 39	40 ~ 59	60 ~ 79	80 ~ 100
性格倾向	内倾	偏内倾	中间型（混合型）	偏外倾	外倾

气质测试

测试说明：在回答下面问题时，你认为很符合自己情况的，记2分；比较符合的，记1分；介于符合与不符合之间的，记0分；比较不符合的，记负1分；完全不符合的，记负2分。

测试题目：

1.做事力求稳妥，不做无把握的事。

2.遇到可气的事就怒不可遏，把心里话全说出来才痛快。

3.宁可一人做事，也不愿和很多人在一起。

4.到一个新环境很快就能适应。

5.厌恶那些强烈的刺激，如尖叫、噪声、危险镜头等。

6.和人争吵时，总是先发制人，喜欢挑衅。

7.喜欢安静的环境。

8.善于和人交往。

9.羡慕那种善于克制自己感情的人。

10.生活有规律，很少改变作息时间。

11.在多数情况下情绪是乐观的。

12.碰到陌生人觉得很拘束。

13.遇到令人气愤的事，能很好地自我克制。

14.做事总是有旺盛的精力。

15.遇到问题常常举棋不定、优柔寡断。

16.在人群中从不觉得过分拘束。

17.情绪高昂时，觉得做什么都有趣；情绪低落时，又觉得做什么都没有意思。

18.当注意力集中于某一事物时，别的事物很难使自己分心。

19.理解问题总比别人快。

20.碰到危险情况，常有一种极度恐怖感。

21.对学习、工作、事业抱有很高热情。

22.能够长时间做枯燥、单调的工作。

23.符合兴趣的事情，干起来劲头十足，否则，就不想干。

24.一点小事就能引起情绪波动。

25.讨厌做那种需要耐心、细致的工作。

26.与人交往不卑不亢。

27.喜欢参加热烈的活动。

28.爱看感情细腻、描写人物内心活动的文学作品。

29.工作学习时间一长，就感到厌倦。

30.不喜欢长时间谈论一个问题，愿意实际动手干。

31.宁愿侃侃而谈，不愿窃窃私语。

32.别人说我总是闷闷不乐。

33.理解问题常比别人慢些。

34.疲倦时只要短暂的休息就能精神抖擞，重新投入工作。

35.心里有话，宁愿自己想，不愿说出来。

36.认准一个目标就希望尽快实现，不达目的，誓不罢休。

37.同样和别人学习、工作一段时间后，常比别人更疲倦。

38.做事有些莽撞，常常不考虑后果。

39.老师讲授新知识、新技术时总希望他讲慢些，多重复几遍。

40.能够很快忘记那些不愉快的事情。

41.做作业或完成一件工作总比别人花的时间多。

42.喜欢运动量大的剧烈体育活动和各种文艺活动。

43.不能很快地把注意力从一件事转移到另一件事上去。

44.接受一个任务后，就希望迅速完成。

45.认为墨守成规比冒风险强些。

46.能够同时注意几件事。

47.当烦闷的时候，别人很难使自己高兴。

48.爱看情节起伏跌宕、激动人心的小说。

49.对工作认真严谨，具有一贯的态度。

50.和周围人们的关系总是相处得不好。

51.喜欢复习学过的知识，重复做已经掌握的工作。

52.希望做变化大、花样多的工作。

53.小时候背的诗歌，似乎比别人记得清楚。

54.别人说自己“出语伤人”，可自己并不觉得这样。

55.在体育活动中，常因反应慢而落后。

56.反应敏捷，头脑机智灵活。

57.喜欢有条理而不麻烦的工作。

58.兴奋的事常常使自己失眠。

59.老师讲新的概念，常常听不懂，但是弄懂以后就很难忘记。

60.假定工作枯燥无味，马上情绪低落。

气质测试结果分析：

1.将分数分类，并汇总各类得分。

胆汁质题号：2、6、9、14、17、21、27、31、36、38、42、48、50、54、58，总得分。

多血质题号：4、8、11、16、19、23、25、29、34、40、44、46、52、56、60，总

得分。

黏液质题号：1、7、10、13、18、22、26、30、33、39、43、45、49、55、57，总得分。

抑郁质题号：3、5、12、15、20、24、28、32、35、37、41、47、51、53、59，总得分。

2.如果其中一种气质得分明显高出其他三种，均高出4分以上，则可定为该类气质类型。此外，如果某类气质得分超过20分，则为典型型；如果某类得分在10~20分，则为一般型。

3.两种气质类型得分接近，其差异低于3分，而且又明显高于其他两种，高出4分以上，则可定为这两种气质的混合型。

4.三种气质得分均高于第四种，而且接近，则为三种气质的混合型，如多血质-胆汁质-黏液质混合型或黏液质-多血质-抑郁质混合型。

第5章

需要、动机、目标与管理

学习目标

知识目标：通过本章的学习，你应该能够了解需要的含义、特征和分类，认识需要在管理工作中的运用；明确动机的含义和分类，掌握动机在管理中的运用；掌握目标管理的含义，明确目标管理的作用。

素养目标：了解人的需求和偏好，规划人生发展目标，提高目标管理水平。

趣味导读　　小白兔钓鱼

第一天，小白兔去河边钓鱼，什么也没钓到，回家了。

第二天，小白兔又去河边钓鱼，还是什么也没钓到，回家了。

第三天，小白兔刚到河边，一条大鱼从河里跳出来，冲着小白兔大叫："你要是再敢用胡萝卜当鱼饵，我就打你！"

分析提示：不同的人有不同的需求和偏好，管理者要想笼络人心，就要善于观察和了解不同员工的需求和偏好，并设法满足他们的需求。从事管理，也如钓鱼一般，如果不能满足下属不同的需求，即使被骗的傻瓜也不高兴。

在第4章中，我们已经分析了人的气质、性格等个性心理特征。本章我们将讨论需要、动机等人的心理倾向性，以便我们更准确、更全面地把握人的个性心理。

在复杂的现实生活中，由于个人的种种因素和条件的不同，人们在形成需要、动机、兴趣、理想、信念、世界观等方面存在着广泛的差异。这些差异在心理学中被称为个性倾向性。本章从管理工作实际需要出发，着重探讨人的需要、动机对管理活动的影响。

5.1 需要与管理

5.1.1 需要概述

1）需要的含义

需要是指人们在个体生活和社会生活中感到某种缺乏或不平衡状态而力求获得满足的一种心理状态，它是人的机体自身或外部条件的要求在人脑中的反映。

需要是现实要求的反映。人作为高级动物，为了维持生命，就有补充养料、求得安全和进行繁殖的客观要求。这些生理要求反映在人脑中，就变成了吃饭、喝水、睡眠、性欲等需要。同时，人作为社会成员而存在，不能离开群体与社会而孤立地生活，这就要求人们有秩序而和谐地生活，要求人们和社会保持一致，这样就有与他人交往、获得友爱、被人尊重的需要等。可见，需要是自我发展和自我保护的一种心理倾向。

需要是人类一切行为的起点和动因。需要促使人向着一定的方向努力，追求一定的目标，以行动求得自身的满足。人类在满足最基本的需要的前提下，又不断产生更新的、更高层次的需要。正是这些不断发展的需要推动人的行为和发展，也推动着社会的文明和进步。所以说，需要又是个体积极性的源泉和动力。

人的需要是多方面的，但它并不总是处于觉醒状态。只有当公众的缺乏感、紧迫感达到一定程度时，真正的需要才会被激活，并促使人们付诸努力去采取行动。因此，新的管理理念和营销观念，不仅要满足公众的现实需求，还要设法“创造需求”和“制造缺乏”，有目的地唤醒公众的潜在需要，来为企业的生产经营和管理活动服务。

2）需要的产生

（1）需要产生的生理状态起因。

人的机体存在着某种欠缺而未获得满足，这是人的生理需要产生的根本原因。例如，饥饿的产生，依赖于味觉、胃的收缩、血液含糖程度、荷尔蒙（激素）状态以及神经活动等。脑神经系统与需要的产生有关，特别是与某些欲望的产生更是密切相关。

（2）需要产生的社会情景起因。

社会环境因素容易产生需要或提高已产生需要的强度。在社会情景中，产生需要的最强有力者是目标对象。比如，嗅到食物的香气或者看到食物，最容易产生饥饿的需要。优秀的企业管理者、技术高超的工人，可以使人树立崇高理想，激发员工模仿、学习的热情。

（3）需要产生的认识起因。

人们对客观世界的认识和评价是需要产生的重要起因。思想，特别是想象和幻想，可以使一个人不断地产生某些欲望。一个人想象他置身于某一社会情景之中，就能增强他的某一方面的欲望。因此，有些人就会将其中的某些欲望付诸实现，以求满足他们的需要。

小思考5-1
答案

小思考5-1

问：江苏某县把乡镇干部送到清华、北大进行培训学习；西部落后地区把干部送到江苏、浙江等发达地区考察。这是什么用意？

案例5-1
分析提示

案例5-1 需要驱使的心理作用

心理学家做过这样一个实验，让一部分人在实验1小时之前进食，另一部分人在实验前16小时不吃东西，然后给这两类人看一些模糊不清的图片，要求他们说明图片的内容。结果那些很久没有吃东西的人中，很多人把图片内容看成是食物。这实际上是需要驱使的心理作用。

比如，生活中有些人急于发财、恋爱，反倒往往被人骗钱骗色，并不是他们看不到对方的破绽，而是他们被自己的“需要”蒙蔽了双眼，对骗子并不高明的骗术“视而不见”。

3）需要的特点

（1）需要的层次性。

需要产生于人的有机体的缺乏状态。在一定时间内，人的缺乏状态是多种多样的，很难全部得到满足。于是有机体根据自己的生活环境、经济收入、兴趣爱好、社会地位、职业等条件，对其缺乏状态进行平衡，分清轻重缓急，决定需要的先后次序，于是产生了需要的层次性。同时，由于人类社会是一个由低级到高级的发展过程，人的需要也同样是一个由低级向高级发展的过程。当人的低层次需要得到满足之后，必然会产生较高层次的需要，以至形成一个由低级到高级逐级发展的层次。

（2）需要的复杂性。

人总是处在一定的社会经济与社会文化环境中，其民族传统、宗教信仰、生活方式、文化素质、经济条件、社会地位、兴趣爱好、情感意志、个性特征不同，决定了每个人需要的对象、结构和方式等千差万别，纷繁复杂，对其主导需要的选择各异。需要的复杂性，还表现在差异性方面，如个体与个体的差异、个体与群体的差异、群体与群体的差异、目前和将来的差异、现实和潜在的差异等。

（3）需要的发展性。

人的需要不是一成不变的。随着社会经济和文化的不断发展、道德风尚的变化、生活和工作环境的改善，以及广告宣传的影响，人的需要总是在不断地发展变化着。旧的需要满足了，又会产生新的或更高一级的需要，如此循环往复，以至无穷。需要的发展性，不仅表现为纵向的发展，不断地向高水平、高层次的方向发展，还表现为横向的发展，不断地扩大需求的范围和种类。正是需要的不断发展，推动人类社会的不断进步，激发企业的竞争，同时也为企业和组织的发展创造了机会。

（4）需要的伸缩性。

需要的伸缩性或称弹性，是指人们对某种需要追求的多寡和强弱程度。具体讲是对某种需要或有、或无、或多、或少具有可变性。这种伸缩性受到人的自身条件和外部环境的制约。

从自身条件来看，主要是指人对欲望的需求程度和货币支付能力；外部环境包括企业对所提供的商品进行广告宣传、销售服务等，两者都会促进或抑制人的需要。同时，不同的需要其弹性也不一样。比如，生活必需品（如粮食、食盐、食油等），需要的弹性就小；而满足享受需要的用品（如高档时装、高档化妆品等），需要的弹性就大。

（5）需要的竞争性。

人的需要具有竞争性，首先表现为多种需要在同一个体或同一群体内部的竞争，即争夺优势地位和优先满足的权利；其次表现为同一种需要在不同个体或群体间的差异，即群体或社会成员间的互相感染、模仿和互相攀比。

（6）需要的可诱导性。

人的需要的产生和发展，与客观现实的刺激有着很大的关联。社会政治、经济的变革，生产部门和流通部门的广告宣传，经营战略的调整，新的道德风尚的倡导，生活和工作环境的变迁等，都有可能使人的需要发生变化和转移，使潜在的欲望和需要转变为现实的行为，使未来的需要变成现在的需要，使微弱的需要变成强烈的需要。

案例5-2　　关注客人的需要

案例5-2

分析提示

巴黎希尔顿大酒店里，有一天来了一位美国女贵宾，她进房间安顿好行李后，就匆匆参加商务活动去了。值班的公关经理吩咐服务员，立即将这间房内的窗帘、地毯、床罩和桌布换成大红色。女贵宾回房时，惊喜异常，就问公关经理如何知道自己喜欢红色。经理说："我见您的皮鞋、提包和帽子都是红色的，猜想您对红色有兴趣。您商务繁忙，一定希望有个自己喜欢的舒适的环境，这样布置，您喜欢吗？"女贵宾大喜，随即取出支票，开出一张一万美元的支票，作为小费赠送。

资料来源　作者根据网络资料整理而成.

小思考5-2

小思考5-2

答案

问：需要与需求是不是同一个概念？

5.1.2　需要的类别和层次

1）需要的类别

人的需要复杂多样，可以按不同标准对其进行分类。常见的分类主要有：

（1）按需要的起源，可分为生理需要和社会需要。

生理需要是人类为了维持生命和种族繁衍而与生俱来的需要，是本能的机体需要，如对水、空气、食物、睡眠、配偶、运动等的需要。

社会需要是人们为了参与社会生活、进行社会交往而产生的对客观条件的欲望，如对友谊、爱情、归属以及地位、成就和威望的需要。这是后天习得并在社会实践中形成的需要，是人类所特有的高级需要。

（2）按需要的作用，可分为生存需要、享受需要和发展需要。

生存需要是人类为了维持生存而产生的对基本生活用品的欲求，如对食物、衣服和住所的基本需要等。

享受需要是人们为了增添生活情趣和提高生活质量而产生的对各种娱乐、休息以及享受消费品的欲求，如欣赏音乐、购买高档产品、旅游等的需要。

发展需要是人类对发展智力和体力、提高个人才能所必需的消费品的欲求，如对书籍、仪器、药品以及滋补品等的需要。

（3）按需要的性质，可以分为物质需要和精神需要。

物质需要是指人们对物质对象的欲望和要求，如对衣、食、住、行等有关物品的需要，参加社会劳动对劳动工具、劳动对象的需要等。

精神需要是指人们对社会精神生活和精神产品的需要，如对知识、艺术、道德、宗教信仰以及美的需要等，精神需要是人的高层次需要。

（4）按需要的社会属性，可分为权力需要、交际需要和成就需要。

权力需要是指人们对支配他人和各种物品的欲望，如取得某种职务，指挥他人，取得对某种物品的支配控制权等。权力需要与人的个体素质和所处的环境密切相关。交际需要是指人们对爱情、友谊、归属的欲望和要求。

交际需要表现为愿意参加社会交往，寻找温暖或与他人保持良好关系，希望得到爱情，希望被某个团体所接纳，成为其中的一员并相互关心、相互照顾等。

成就需要是指人们对发挥自己的潜在能力，干一番事业，获得相应成就的欲望和要求，成就需要是一种高层次的需要。人们接受的教育层次越高，成就需要越强烈。具有成就需要的人把个人成功视为目的，他们接受每一项任务，干任何一份工作都努力干好，并从中得到满足感，增强自信心。

（5）按需要的觉醒状态，可分为现实需要和潜在需要。

现实需要是人们眼前必需的、可以意识到的，并有货币支付能力作保障的需要。

潜在需要则是人们还未完全意识到的，并不紧迫的，或是未来的，目前还无能力实现的需要。例如，对在校大学生来讲，学习知识、参加考试、购买书籍或谈恋爱是他们的现实需要，而购买房子、成家立业则是他们的潜在需要。

2）需要的层次

需要既有不同的类别，又呈现出一定的层次差别。类别是从横向上对需要的划分，层次则是从纵向上对需要的划分。

我们对人的需要进行分析，不能不介绍马斯洛的需要层次理论。因为马斯洛的需要层次理论在一定程度上揭示了人类需要的发展规律，对心理学及相关科学的研究和发展有着重要的借鉴作用。

马斯洛是美国著名的人本主义心理学家。他经过20多年的潜心研究，于1943年和1954年先后发表了《人的动机理论》《动机和人格》两本著作，提出了著名的需要层次理论。马斯洛认为，人的行为是由动机驱使的，而动机又是需要所引起的。人的基本需要可以分为生理需要、安全需要、社交需要、尊重需要和自我实现需要。

（1）生理需要。

它是指人类为维持和延续个体生命所必需的一种最基本的需要。例如，满足解饥、御寒、睡眠等所需的吃、穿、住等需要；维持生命而对水、阳光、空气的需要等。生理需要是人最低层次也是最重要、最原始的需要。只有人的生理需要得到满足或基本满足时，较高层次的需要才会成为人的行为的驱动力。

（2）安全需要。

它是指人类在社会生活中希望保护自己的肉体和精神不受危险和威胁，确保其安全的需要。

安全需要是比生理需要高一级的需要，它包括安全操作、劳动保护、健康保障、有稳定的职业、财产受到保护、失业保险等内容。

（3）社交需要。

它是指人们希望给予和接受别人的爱与感情，得到某些社会团体的重视和容纳的需要。

社交需要包括愿意参加社会交往，寻找温暖或与他人保持良好关系，彼此之间得到友谊、关怀与爱护；希望得到爱情，异性之间相互倾慕，亲密交往，坚贞不渝；希望自己有所归属，即成为某个团体中被人承认的成员，参加其中的活动，彼此互相关心、互相照顾等。

（4）尊重需要。

它是指人类在社会生活中希望有一定的社会地位和自我表现的机会，获得相应的荣誉，受到别人的尊重，享有较高的威望等需要。

尊重需要一般来说是与人们接受教育的程度及其经济、社会地位密切相关的。人们的受教育程度和社会地位越高，尊重需要就越强烈。尊重需要是人的高层次发展需要。

（5）自我实现需要。

它是指人们希望充分发挥自己的才能，干一番事业，获得相应的成就，实现理想，成为自己所期望的人。

马斯洛指出：如果一个人要从根本上愉快的话，音乐家必须搞音乐，画家必须画画，诗人必须作诗，一个人必须成就他梦想的事业。它是人们在以上四种需要得到一定程度满足之后所追求的最高层次的发展需要。

马斯洛认为，人类的五种基本需要是相互联系的。前两种需要是低层次的基本需要，后三种需要是高层次的发展需要。人类的需要是一个由低级向高级发展的阶梯，只有当低层次需要得到基本满足以后，才会产生并开始追求新的高一层次的需要。一个人生理上的迫切需要得到满足后，就会去寻求安全需要，只有当基本的安全需要得到满足以后，社交需要才会成为主要推动力，以此类推，如图5-1所示。

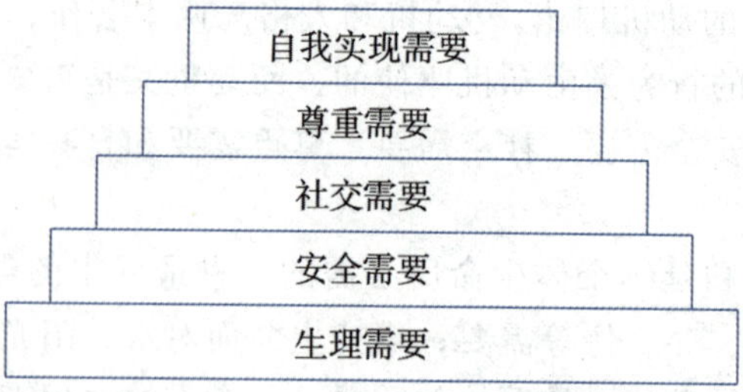

图5-1　人类的五种基本需要

马斯洛把人类千差万别的需要归结为上述五个层次，并进行了具体分析，指出了各层次之间的关系和有机联系，这在一定程度上揭示了人类需要的发展规律，对管理心理学的研究，具有重要的借鉴价值。

但是，马斯洛在分析人的需要时脱离了社会条件和其他因素对个体需要的制约，把人的需要看作自然的禀赋，看作一种机械的上升运动，忽视了社会、经济、文化因素对人的需要的影响和制约，忽视人的主观能动性，所以在学习、借鉴马斯洛的需要层次理论的同时，还必须与我国的国情和具体实际结合起来。

案例5-3　实现自我管理是管理的最高境界

"现代管理之父"德鲁克认为，知识社会中所有组织和个人所面临的最重要的挑战之一就是自我管理。

自我管理是管理的终极和最高境界，在企业中，如果员工做到了自我管理，那么管理就成功了一半。

所谓自我管理，是指个体对自己本身，对自己的目标、思想、心理和行为等进行的管理，自己把自己组织起来，自己管理自己，自己约束自己，自己控制自己，自己激励自己，最终完成奋斗目标的过程。简言之，就是一个人主动调控和管理自己的心理活动和行为的过程。同时，它又是一个人对自身的生理、心理和行为各方面实施自我认识、自我感受、自主学习、自我监督、自我控制、自我完善的能力。

以知识经济为特征的21世纪，呼唤着管理的革命，这场管理革命就是自我管理。

自我管理是管理的最高境界，是最经济、最实用、最有效的管理方法，对于提升企业的管理效果具有极大的价值和意义。

案例5-3
分析提示

资料来源　沈默. 管理要懂心理学［M］. 北京：北京理工大学出版社，2014.

补充阅读材料5-1　渴求自我实现的心理品质

对于渴求自我实现的人，马斯洛提出了一些建议：

①把自己的感情出口放宽，莫使心胸像个瓶颈。

②在任何情境中，都尝试从积极乐观的角度去看问题，从长远的利害关系角度做

决定。

③对生活环境中的一切多欣赏，少抱怨。有不如意之处，设法改善，临渊羡鱼，不如退而结网。

④要想成为一个充分发展的人，开阔的心胸、乐观的态度、长远的眼光和进取精神是必不可少的。

小思考 5-3

小思考5-3

答案

问：马斯洛的需要层次理论为什么对企业管理活动有指导作用？

5.1.3 需要在管理工作中的运用

从组织管理角度分析，了解和把握员工需要的内容、特点和方向，便可以掌握管理活动的主动性、准确性，这样才能有的放矢地开展管理工作、调动员工的工作积极性，从而提高管理的效能。

这具体表现在以下几个方面：

（1）了解需要产生的起因，便于主动地、有目的地开展管理活动。

比如，人类需要的产生除生理原因外，还有社会环境和思想认识方面的原因，因而我们要关注社会发展的动态，积极开展广泛的、有益的宣传教育活动，来引导和激发员工的需要，为实现组织目标服务。

（2）了解需要的特点，可以有策略地、灵活机动地开展管理活动。

比如，根据人们需要的多样性和差异性，可以开展多变的、有针对性的管理活动。如果我们以一成不变的管理方式来对待所有人，往往只能“隔靴搔痒”，起不到应有的效果，甚至会适得其反；要根据公众需要的发展性和可变性，来增强管理活动的预见性。根据人的需要的竞争性，创造和保护健康的竞争环境，促使竞争心理形成，并引导需求向企业的既定目标发展。

（3）了解需要的类别，可以有针对性地满足人的不同需要。

比如，人的需要有生理性的、有社会性的，对生理性需要可注意功用的宣传和生理特征的满足，对社会性需要可注重从众、时尚等社会心理的满足。

（4）了解需要的层次，便于准确地满足人们不同层次的需要。

需要有高低不等、缓急不同的层次之分，不同的个体和群体都通过一种或几种主导需要来反映出特定的需要层次上的倾向。

管理人员应准确地判断不同群体和个体的需要层次，以便有针对性地满足其主导需要，使管理活动能真正对症下药，关心员工最关心的事，满足员工最迫切的愿望。这样，管理活动的效果必然会大大增强。

比如，对处于较高需要层次的员工（社交需要、尊重需要），加工资、发奖金的意义就不如提拔、晋升所获得的荣誉感更有激励作用；而对处于较低需要层次的员工（生理需要、安全需要），涨工资、发奖金、买医疗保险的意义要大于表彰、荣誉或晋升。

管理寓言5-1

老鼠与米缸

初夏，一只母老鼠掉进了一个半满的米缸里，面对这天上掉下的“馅饼”，老鼠自然不会放过，但饿慌了的它仍是十分警惕的：这缸米会不会有毒？于是，它先用舌头舔一舔表层的米粒，几个时辰以后，发现自己依然口不干、舌不燥、头不疼，反倒觉得有点多虑了，接下来自然是饱餐一顿，吃完倒头便睡，不知不觉中这样丰衣足食地过了一段时间。

管理寓言5-1

分析提示

有时，它也想跳出缸来算了，那个时候它也确实是可以跳出来的，因为当时缸口离米面的高度并不高，但一想到这么多这么好的白米，心里便直痒痒。直到有一天，它发现米缸见了底，才觉得自己必须跳出这个米缸了。但是，在努力尝试了几次之后，才发现缸底离缸口的高度是自己难以企及的了……最后，这只老鼠活活饿死在缸中。

补充阅读材料5-2

人的15种基本欲望

美国俄亥俄州立大学的学者曾研究认为，人有15种基本欲望和价值观，分别是：

好奇心：所有人对学习、求知的渴望是不可抗拒的。

食物：对食物的占有是人本能的需求。

荣誉感（道德）：满足个人心理，并构成完整的社会结构。

被社会排斥的恐惧：这使人被动自觉地遵守规则。

性：弗洛伊德将其置于“清单”的首位。

运动：人们对运动锻炼的渴望是天生的。

秩序：人人都希望在日常生活中占有一席之地。

独立：对自己做主的渴望。

复仇：就像莎士比亚著作里的王子那样不会轻易忘记仇恨。

社交：渴望成为众人中的一分子并拥有众多的朋友。

家庭：与家人共享天伦之乐的欲望。

社会声望：对名誉和地位的渴望。

厌恶：对疼痛和焦虑的厌恶。

公民权：对服务于公众和社会公正的渴望。

力量：希望影响他人。

5.2 动机与管理

动机是需要和行为的中介，需要被人意识到后就会产生动机，动机就会支配人们产生行为。需要是人的能动性和积极性的基础，动机是积极性的直接动力，是反映在人的头脑中引起行为去满足某种需要的心理过程。

5.2.1　动机概述

在日常生活、学习及工作中，人们的行为在绝大多数情况下是有意识、有目的、有原因的。

管理心理学特别重视对人的行为动因的探讨，这就是动机问题。对人的行为动机的了解，是揭示人的行为规律，引发、控制、调节、强化人的行为的关键，是使管理实现激励功能的基本保证。

1）动机的概念

动机是推动人们去从事某种活动，指引活动去满足一定需要的愿望和意念。人们的一切活动总是从一定的动机出发，并且总是指向某一目标。动机就是活动的动力，是活动的直接原因。

动机作为活动的动力，其含义包括：

一是行为的指向性，也就是说，一个人为什么选择做这件事而不做那件事。

二是行为的持续性，一个人为什么能坚持不懈地完成某项工作？他的动力之源是什么？这就是行为持续问题。

三是引导行为指向某一特定目标。

2）动机的特点

个体的需要是动机形成的内因，而活动的对象是动机形成的外因。只有当个体的需要这种主观愿望或欲望与客观世界的具体对象建立了心理联系时，才变为真正的动机，并成为推动实践活动的巨大力量。

动机形成的过程使动机具有下列特点：

（1）动机的原发性。

人的动机是一种主观状态，是人进行活动的原发推动力或内驱力，即人的某种动机一旦形成，心理上往往随之而产生一种紧张感，这种紧张感推动主体围绕着实现这一动机而进行活动，成为推动主体活动的动力。

通过谋略上深思熟虑的筹划，主体可能选择或变换不同的方式，但最终目的都是实现动机。

（2）动机的内隐性。

由于个人的动机是一种主观状态并受主体意识的制约，因此动机特别是复杂的动机具有内隐层、过渡层、表露层等多层次结构。

内隐层是指真正的内心起因。过渡层是指为达到直接目的将真实动机隐藏在内心的最深处，这种现象在军事、政治、商业、情报等领域不乏其例。

（3）动机的实践性。

动机一旦形成必将付诸行动，所以它具有实践性。动机与行动是内与外、隐与显的对立统一，没有无动机的行为。因此，无论动机隐藏多么深，人们总可以听其言、观其行，并通过认真调查研究，由表及里、由现象到本质地辩证分析，发现和揭示行为的真正动机。

（4）动机的复杂性。

这种复杂性表现为：

①动机与行为不是简单的一一对应的关系。同一动机可以产生不同的行为，同一行为也可以由不同的动机所引起。

②个体的行为往往受多种动机支配。

③个体口头表示的动机往往未必是其真实的动机。

④个体真正起作用的动机与其本人所明确意识到的动机未必是一致的。这一点在儿童身上体现得尤其明显。

3）动机的分类

关于动机的分类，至今还没有一个统一的看法。我们可以从不同角度，根据不同标准相对地对人类的动机进行分类。

（1）根据动机的起源，可以把人类的动机划分为生理性动机和社会性动机。

生理性动机源于生理性需要，它是以有机体的生理需要为基础的。饥饿、干渴、性欲、睡眠、解除痛苦等动机都被认为是生理性动机。

社会性（心理性）动机源于社会性需要，它是和人的社会性需要相联系的。亲和、爱情、归属、成就等动机都被认为是社会性动机。其中，成就动机和亲和动机被认为是两种主要的社会性动机。

第一，成就动机。

它是指个人对自己认为重要的或是有价值的工作，去从事、去完成，追求成功并要求达到完美状态的原因。研究表明，个人的成功和失败的经验，影响其抱负水平的高低。一般地说，成功的经验会提高个人的抱负水平，失败的经验会降低个人的抱负水平。

麦克利兰认为，成就动机是一个人人格中非常稳定的特质，每一个人的成就动机都是不相同的，他认为成就动机强的人对学习和工作都非常积极，能够控制和约束自己，不受环境的影响，并且善于利用时间。成就动机得分高的人比得分低的人更可能取得优良的成绩。

第二，亲和动机。

心理学家认为，亲和需要是人类心理需要的一种。亲和动机强的人对于建立、保持和恢复友好关系是很关心的。人类的亲和动机反映了社会生活和劳动的要求。人类的亲和动机也是个体心理正常发展的必要条件，只有在社会生活中，通过与他人接近、交往，个体心理才能得到正常的发展。

（2）根据动机的影响范围和持续作用的时间，可以把人类的动机划分为长远的、概括的动机和暂时的、具体的动机。

长远的、概括的动机一般来自对活动意义的深刻认识。这种动机持续的时间长，比较稳定，影响的范围也广。暂时的、具体的动机常常由活动本身的兴趣所引起。这种动机只对个别的具体活动起作用，作用的时间较短，常受个人情绪的影响，不够稳定。

（3）根据动机的性质和社会价值，可以把人类的动机划分为高尚动机和低级动机。

高尚动机是符合社会发展规律和人民利益的，它能持久地调动人的积极性，促使人们为社会发展做出贡献。低级动机是违背社会发展规律与人民利益的，它不利于社会发展。

（4）根据动机在活动中作用的大小，可以把人类的动机划分为主导动机和次要动机。

在人的活动中，特别是在复杂的活动中往往存在着多种动机，人的活动可能由几种动机来推动。主导动机通常是指对活动具有决定作用的动机，其他动机则是次要动机。

4）影响动机的因素

（1）兴趣和爱好。

这是同人的愉快情绪相联系的认识与活动的倾向性。这种倾向性能推动人们对自然和社会生活的深刻认识，能使人积极地参加各种活动，从而满足人的求知与活动的欲望。这种认识、求知、活动欲望的满足又能使兴趣爱好丰富与深化。可见，兴趣和爱好是影响人的动机模式的重要因素。

（2）价值观。

这是指人对社会生活方式与生活目标的社会意义和价值观念的看法和理解。人的价值观不同，对生活目标的追求和行为的动机也不同。有人以毕生追求真理为目标，有人以为社会作贡献为人生目标，也有人以追求物质享受为人生的最大乐趣。人的价值观与人生观是紧密联系的，是人生观的重要组成部分，受世界观的制约。研究表明，一个人价值体系的形成，受家庭的影响、社会交往的影响和传统文化的影响。其中人生观、世界观起主导作用。

（3）理想与信念。

一个人有了理想和追求，前进就有了方向，行为就有了动力。当然，人各有志，理想、追求不同，其行为也有很大的差异。可见，理想和追求本身就是一种行为动机。信念是人的行为的主导动机。所谓信念，是坚信某种观点的正确性，并从感情上愉快接受，以此来支配自己行动的个性倾向性。一个人的信念一旦形成，就会对其动机和其他心理活动产生巨大影响。

（4）抱负水准。

所谓抱负水准，是指一个人欲将自己的工作做到某种程度的心理需求。一个人的兴趣与价值观决定其行为的方向，而抱负水准则决定其行为能达到什么程度。个人抱负水准的高低受个人因素（个人成就动机的高低、过去经验、个体心理差异）和外部因素（他人的影响、地位和角色）的影响。

5.2.2 动机与管理

动机对人的积极性和行为效果有着直接而又十分重要的影响。企业管理中的关键问题之一，就是如何激发员工的工作动机，以便充分而又有效地调动他们的积极性。因此，研究和了解如何形成人的正确有效的动机，使员工具有强烈而持久的工作动力，是管理中的一个重要问题。

（1）在企业管理工作中要注意掌握员工的主导动机，有针对性地对其做思想政治工作，正确满足和引导员工的主导需要。

动机能产生行为，是行为的内在动力。我们知道人的需要是多样的，动机也是多样的。

所有的动机都竞争着要引发行为，但是，真正引发行为的是某一时刻内最强烈的动机即主导动机。因此，在实际工作中，企业的领导者和管理者，要注意掌握员工一定时期的主导动机，有的放矢地做好思想工作，使员工主导动机无论是否实现都不会挫伤其积极性。

例如，企业在调整工资时，可能每个员工的主导动机都是争取晋级，领导者和管理者认识到这个主导动机后，要对广大员工进行宣传教育，使员工认识到晋级是对那些工作成绩突出的员工的鼓励，这样，得到晋级的员工积极性会更高，而没有晋级的员工，也会充分认识到自己的差距，能够在一定程度上调动其积极性。因此，引导人们的行为、掌握人们的主导动机，对管理人员来说，是一件十分重要的工作。

（2）正确引导员工动机的指向和选择。

动机可以使人们按照特定的方向，有选择地决定目标。

人类行为的心理过程可以分为两个阶段，即采取决定阶段和执行决定阶段。采取决定阶段决定行为的方向，规定行为的轨道，是整个行为不可缺少的开端；执行决定阶段是行为的完成阶段，在这个阶段，人们的主观愿望转化为客观结果，观念转化为实践活动，实现对客观世界的改造。

在实际工作中，管理者要通过思想政治工作等一系列行之有效的方法，引导员工做出正确的决定。当员工处在行为执行阶段时，对于正确的动机方向，要积极创造条件帮助满足，而对不正确的动机方向，要坚决制止。

（3）科学有效地利用强化机能。

强化是心理学上的一个术语，主要是指动机对行为的调节作用，它有加强和制止两个方面。前者在于推动人们去继续从事达到目标所需要的行为，后者在于制止不符合预定目标的行为。

在实际工作中，企业领导者和管理者要注意应用强化理论，对员工正确动机要积极鼓励，并创造条件使其达到目标；对不正确的动机要坚决加以制止，并帮助员工树立正确的动机。

5.3 目标与管理

在调动员工积极性时，我们不仅要了解员工的需要，还要根据员工的需要，适时地树立起有一定价值的目标，这是调动人的积极性的一项重要工作。

确立目标，激发期望心理，引导行为是一项细致的工作。需要指出的是：目标过高，令人望而生畏；目标过低，使人轻而易举达到，这都不能激发人的积极性。此外，还有一个目标价值问题，因为，没有满足人们精神和物质生活需要价值的目标，同样不能起到调动积极性的作用。实践证明，适时地确立适当的目标及目标价值是调动员工积极性的一个行之有效的方法。

目标管理是一种过程型的激励理论。它的功能是通过目标的设置来激励人的动机，指导人的行为，使个人的需要、期望与企业的目标挂钩，以调动人的积极性。目标管理在国外被称为现代企业的航标，是个性管理心理的组成部分。

小思考5-4

答案

小思考 5-4

问：篮球架为什么比一层楼高，比两层楼低？

5.3.1 目标的含义

1）目标的内涵

目标，是指在一定的时间内，所要达到的具有一定规模的期望标准，在某种意义上就是人所期望达到的成就和结果。它的主要功能：一是提供一个中心点来分配资源和拟订作业计划；二是提供一个尺度作为评价工作进度和成效的指标。

在企业管理中，目标可能是外界实在的对象，如一定的产量、质量指标；也可能是理想的或精神的对象，如达到一定的思想水平。目标又有个人和集体之分，团体目标规定着个人目标，也使团体内各个人的行动趋向一致。

在一个工业企业中，少则几百人，多则几千人或几万人，要把每个人的行动统一起来从事共同劳动，就需要有一个共同的目标，使每个人的目标服从于企业的共同目标，保证企业生产经营活动朝着预定的目标努力。这个共同目标被称为企业的总目标。企业总目标是整个企业管理活动的出发点，也是企业管理活动所指向的终点——期望得到的成果。因此，企业目标管理实际上就是根据企业的总目标拟定每个员工的行动纲领，规定每个员工的基本任务，决定每个员工的努力方向，使企业生产经营活动有节奏、有成效地进行。

2）目标与动机

人的行为是动机引起的，并且都是指向一定目标的。动机对人的行为起着引发、加强、推动和导向的作用，它驱使一个人的行为走向既定的目标。行为科学家强调通过目标的设置来激发动机、指导行为，这方面着重注意以下三点：

（1）目标必须与需要和动机结合，它既是鼓舞人心的奋斗方向，又是满足人们需要的目的物。因此心理学通常把目标称为“诱因”。

（2）无论设置个人目标还是设置团体目标，都要让员工自愿参与。自愿参与程度越深，义务感也越强。若上级为其设立目标，就会认为不是自己的目标，从而降低诱发力量。

（3）当人们受到阻碍不能实现目标时，往往会发生两种不同的动向：一种是客观地分析原因，调整力量，设置或改定更适宜的目标；另一种是非理智的破坏行为。企业管理者要善于引导，避免后一种动向的发生。

3）目标与行为

动机支配行为，促使人们向一定的目标努力，从而形成各种目标行为。目标行为一般分三类：

（1）目标导向行为。

这是指为了达到目标所表现的行为。

（2）目标直接行为。

这是指直接满足需要和达到目标的行为。例如，准备食物是目标导向行为，而吃饭就是直接的目标行为。

（3）目标间接行为。

这是指与当前目标暂无关系，而为将来满足需要做准备的行为。

管理心理学将个人从动机到行为，直到达成目标的过程称为激励过程，如图5-2所示。

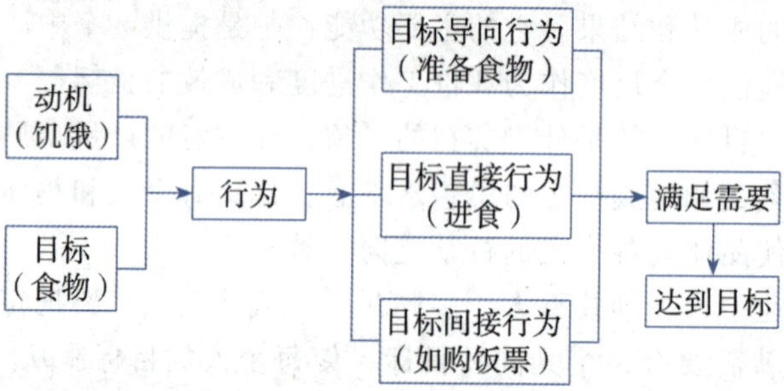

图5-2　激励过程

管理寓言5-2　石头汤

在一个下暴风雨的日子里，有一个乞丐到富人家讨饭。“滚开！”看门的仆人说，“不要来打扰我们！”“可怜可怜我，只要让我进去在你们的火炉上烤干衣服就行了。”乞丐请求着。看门的仆人以为这不需要花费什么，就让他进厨房烘烤衣服去了。

在烘烤衣服的时候，这个乞丐又请求厨娘给他一口小锅，以便他“煮碗石头汤喝”。“煮石头汤喝？”厨娘好奇地问，“我倒要看看你怎样用石头做成汤。”所以，她就答应了。穷人于是就到路上捡了块石头洗干净后放在锅里煮。

管理寓言5-2

分析提示

“可是，你总得放点盐吧？”厨娘说。“哦，对，我忘了，最好是要放些盐。”厨娘于是给了他一些盐。

过了一会儿，厨娘又发现自己的厨房里还剩下一些豌豆、香菜，于是也就随手给了他：“加上这些味道可能更好些。”

“唉，这些碎肉末我们留着也没有什么用，你也拿去放在汤里吧！”最后，这个乞丐竟然喝到了一锅美味的肉汤。

资料来源　佚名. 登门槛效应：如何一步步达到自己的目的［EB/OL］.［2018-10-28］. https：//www.163.com/dy/article/DV8264SR0516DS3U.html.有删减.

5.3.2　目标管理法

目标管理（MBO），又称目标管理法，是一种著名的管理技术，实质上是一种管理上的激励技术，也是员工参与管理的形式之一。

1）目标管理的形成与发展

目标管理是1954年美国著名管理学家彼得·德鲁克在《管理的实践》一书中首先提出的，他论述“目标管理和自我控制”时提出，一个企业的“目的和任务，必须转化为目标”，如果“一个领域没有特定的目标，则这个领域必然会被忽视”；各级管理人员只有通过这些目标对下级进行领导，并以目标来衡量每个人的贡献，才能保证一个企业总目标的实现；如果没有计划周密、方向一致的分目标来指导每个人的工作，则企业的规模越大、人员越多，发生冲突和浪费的可能性就越大。

因此，他提出，让每个员工根据总目标的要求，自己制定个人目标，并努力达到个人目标，这就能使总目标的实现更有把握，每个员工也为企业做出了自己的贡献。

为达到这个目的，他还主张，在目标管理的实施阶段和成果评价阶段，应做到充分信任员工，实行权力下放和民主协商，使员工进行自我控制（即自我管理），独立自主地完成各自的任务。

此外，成果的考核、评价和奖励也必须严格按照每个员工目标任务的完成情况和实际成果的大小来进行，以进一步激发每个员工的工作热情，发挥每个员工的主动性和创造性。

德鲁克的以上主张，在当时的企业界和管理学界产生了巨大的影响，为以后目标管理方法的形成和实际应用打下了坚实的基础。

此后，经许多管理学家的不断探索和完善，以及在广大企业中的逐步推广应用，德鲁克的目标管理思想得以丰富并发展，逐渐形成了比较成熟的目标管理方法。

2）目标管理的内容

企业目标是目标管理的主要内容，它是企业在一定时期内生产经营管理活动的主要依据，企业的一切生产经营活动都是围绕着企业目标的实现而进行的。

在实践中，有的企业把企业目标称为企业方针目标。这里指的方针就是目标的抽象和概括，其实是一个定量化的实体。在企业的目标管理中，目标的制定是一项主体工作，它是很繁重的。

企业目标一般是指企业的总体目标。它的基本内容指的是企业经营活动、生产发展、经济效益以及由此形成的对国家和社会的贡献、对员工生活保障等方面的目标。

目标是定量化的实体，由项目和数值两个方面组成，前者牵涉目标项目的选择，而后者则关系到目标值的确定。

（1）企业目标项目的选择。

德鲁克曾经设计了八个目标项目的选择或设置内容，它们是：市场地位、革新、生产力、资源和财源、经理人才的培养、获得能力、工人绩效和态度、社会负担。

对中国企业来说，在具体选择目标项目时，要根据国情和企业的实际情况来决定。

当前，企业的目标项目要体现“两个文明一起抓”的精神，以下几个方面的内容，可以作为企业选择项目时的参考：

①生产水平，主要包括产品的产量、质量、品种、均衡生产等要求；

②经济效益，主要包括产值、利润、成本、劳动生产率等各项技术经济指标；

③企业素质，包括领导班子、员工队伍的素质、企业经营管理能力、生产技术装备、产品竞争能力和企业应变能力等；

④技术发展，包括产品开发、创优和升级换代、工艺改进、技术改革、试验研究和技术储备等；

⑤经营销售，主要包括销售渠道、市场占有、三包三保和售后服务等；

⑥组织人事，指人才的培训和开发、干部的培养和选拔；

⑦安全环保，包括安全技术措施、环保措施、劳动保护和事故控制指标等；

⑧文明卫生，指厂区管理、道路畅通、环境绿化、设备状态等；

⑨政治工作，包括思想教育、政治宣传、劳动纪律、治安防范等；

⑩生活福利，即关于员工的生活问题，如食堂、宿舍、浴室以及员工活动和休息场所等生活福利设施的改善。

（2）目标值的确定。

目标值是目标项目的定量化。确定目标值有它自身的原则和要求。确定目标值一般有两个原则：

第一，确定的目标值应该直接或间接地与提高企业或社会经济效益相联系；

第二，确定的目标值必须具有激励、诱导作用，以提高各级人员的积极性和工作能力。

确定目标值一般有四个要求：

①目标值应定量化，凡是能用数据的都应以数据表示，如果有个别目标不能用数据表示，也要尽可能避免模棱两可的表述，否则就无法考核；

②目标值应略高于指标值，使其有激励作用；

③目标值必须注意到可行性，切忌好高骛远，防止挫伤员工的积极性；

④凡已经达到的标准，不能再用作目标值，否则就会失去目标管理的意义。

3）目标管理的过程

目标管理的整个过程分为三个阶段：目标的制定、目标的实施和目标成果的评价，如图5-3所示。

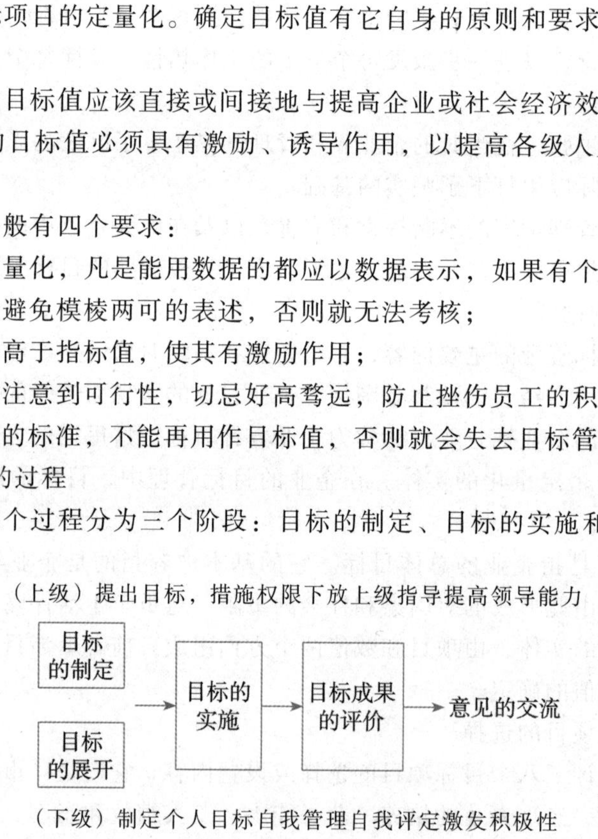

图5-3　目标管理过程

（1）目标的制定阶段。

企业目标作为一种体系，其制定阶段工作的主要内容是：

①根据国家宏观经济环境和本企业产品市场的趋势，结合本企业生产经营管理工作的任务确定企业总目标；

②各车间主任（科室负责人）根据本部门的具体情况，为完成企业总目标而提出车间（科室）目标；

③各工段长（班组长）为完成车间目标而提出工段（班组）目标；

④基层每一个员工为保证完成工段（班组）目标而制定个人目标。

这样，自上而下地把企业总目标层层展开，最终落实到每个员工，形成了一个纵横交错的目标体系，共同为实现企业总目标而奋斗。

（2）目标的实施阶段。

这是目标管理的第二个阶段，也就是进入了完成预定目标值的阶段。这个阶段的工作内容主要包括三个部分：

①通过对下级人员授以权限，使每个人都明确在实现总目标过程中自己应负的责任，让他们在工作中实行自我管理，独立自主地实现个人目标。

②加强领导和管理，主要是加强与下级的意见交流以及进行必要的指导等，至于下级以什么样的方法和手段来完成目标，则由其自行选择，这样就能极大地发挥各级人员的积极性、主动性、创造性和工作才能，从而提高工作效率，保证目标的全面实现。

③目标的实施者必须严格按照“目标实施计划表”的要求来进行工作。目的是在整个目标实施阶段，使得每一个工作岗位都能有条不紊地、忙而不乱地开展工作，从而保证完成预定的各项目标。

实践证明，“目标实施计划表”编制得越细，问题分析得越透，保证措施越具体、明确，工作的主动性就越强，实施的过程就越顺利，目标实现的把握就越大，取得的目标效果也就越好。

（3）目标成果的评价阶段。

对目标成果的评价是目标管理的最后一个阶段，这个阶段的工作内容是：

①当目标实施活动已按预定要求结束时，就必须按照定量目标值对实际取得的成果做出评价，并使这种评价与奖励挂钩；

②要把评价结果及时反馈给实施者，让其主动总结经验教训。根据一些企业目标管理的实践来看，做好成果评价工作的关键是：必须把评定结果与集体和个人的经济利益真正挂钩，严格实行按劳分配、奖勤罚懒的原则。

目标成果评价的主要目的是：

①通过评价活动，可以使目标实施者了解自己的工作状况。如果达到或超过目标值，就会获得工作上的满足感，从而产生向更高目标前进的信心；如果没有完成目标值，也可以从中找到失败的原因和今后努力的方向。

②从整个目标管理活动来看，每个循环周期对成果做出的评价，将成为下一循环周期制定目标和保证措施的依据，成为根据具体情况调整下一循环周期定量目标值的

基础。

③有关成果评价的资料，又能为人事管理工作中员工晋级、加薪、奖励等提供准确的信息，成为激励全体员工积极争取更好成果的强大推动力。

总之，成果评价的目的是促进领导工作的改善，鼓舞全体员工的士气，以便能更好地为保证达到下期目标而继续努力。

目标管理的这三个阶段构成了一个循环周期。目标管理就是不断地从一个阶段转入下一个阶段，从一个周期转入下一个周期的循环并不断提高的过程，从而构成目标管理循环的过程，如图5-4所示。

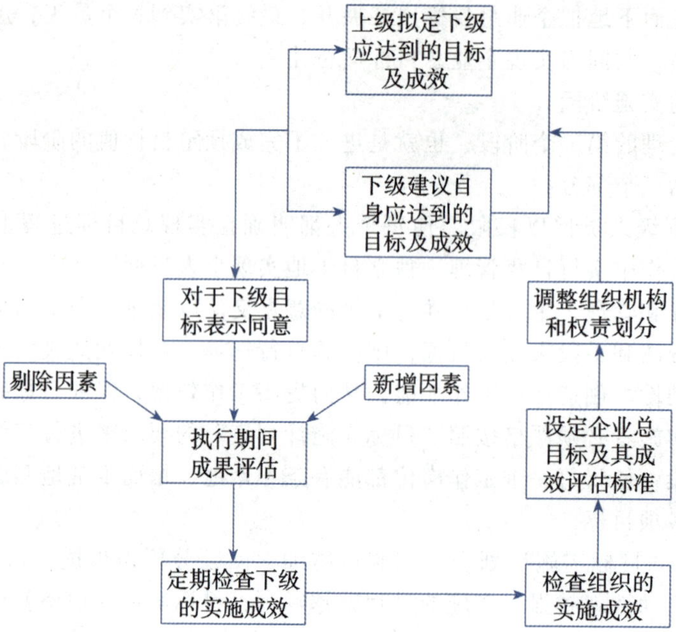

图5-4 目标管理循环的过程

管理寓言5-3　锁定目标

有一位父亲带着他的三个孩子到沙漠里去猎杀骆驼。他们到达了目的地，父亲首先问老大：“你看到了什么?”

管理寓言5-3

分析提示

老大回答：“我看到了猎枪、骆驼，还有一望无际的沙漠。”父亲摇摇头说：“不对。”父亲以相同的问题问老二。

老二回答：“我看到了爸爸、大哥、弟弟、猎枪、骆驼，还有一望无际的大沙漠。”父亲又摇摇头说：“不对。”父亲以相同的问题问老三。

老三回答：“我只看到了骆驼。”父亲高兴地点点头说：“答对了。”

5.3.3　目标管理的作用

虽然20世纪70年代以前“目标管理”这一概念在中国的企业管理中没有明确提出

过，但许多企业实行的“指标分解，层层落实”，与“目标管理”类似。近几年来，中国不少工业企业以“管理为先导，带动全局”为指导思想，以“管理促技术，管理促提高，管理促发展”为目的，结合本企业的实际情况，对国外目标管理的科学方法进行了实际运用，对经营管理水平的进一步提高起了很好的促进作用。从这些工业企业的实践来看，目标管理的作用主要有以下几个方面：

1）能集中企业每个员工的力量，保证完成企业的各项任务

随着现代科学技术的进步、企业生产规模和经营范围的扩大，企业管理工作也相应地复杂起来。

传统管理忽视了每个人必须“做什么”“做多少”“什么时候做”等关键问题，致使每个员工或部门看不清为企业做出更大贡献的努力方向，从而削弱了部门或个人工作同完成整个企业任务之间的有机联系。

企业目标管理通过总目标的层层展开，逐级落实，来制定整个企业的目标连锁体系，并使下级制定的目标必须保证上级目标的实现，这样就能把每个人的力量集中到完成整个企业任务的总目标上。形成一个从上到下的“力往一处用，劲儿朝一处使”的朝气蓬勃的生产经营局面，大大加强了部门和个人的工作与完成企业任务之间的联系，使总目标的顺利实现有了可靠的保证。

2）能创造一个培养各级管理人员真正领导能力的管理环境

企业目标管理能创造一个培养和锻炼管理人员领导能力的管理环境，使他们逐渐具备真正的领导能力。

“真正的领导能力”指不单凭职务权威和形式上的地位尊严去领导下级，而是像体育教练那样靠信任来实现领导，这就是所谓“信任型”的领导方法。因此，目标管理在管理方法上实现了从“命令型”到“信任型”的转变，也就是从以往的由上级制订计划、发布指示、督促检查，下级只是按指令实施的传统管理，转移到下级自己制定与上级目标紧密联系的个人目标、并由自己来实施和评价目标成果的现代管理方法上来。

3）能促使每一个员工的工作能力迅速提高

目标管理的基本方针是以全体员工为对象，以提高个人工作能力为中心，以取得个人目标成果为重点。所以，它能通过提高个人工作能力间接地与企业总目标相结合，成果评价也能以提高个人工作能力的努力程度为依据。这在客观上必然要求每个员工在制定目标时，重视自己工作能力的提高，并在实现目标的过程中进一步努力提高自己的能力。

目标管理的这种强调个人工作成果和个人工作能力的原则，无形中激发了员工努力学习科学技术的积极性与热情，促进了员工个人工作能力的自我提高，从而普遍提高了员工队伍的政治和技术业务素质，劳动生产率和经济效益也随之大幅度提高。

4）能充分调动和发挥广大员工的主动性和创造性

现代工业企业对人、财、物、产、供、销的管理中，人的管理是最重要的管理工作。这是因为“事在人为”，人是社会生产力中最积极的因素，企业中的一切生产经营活动都是由人来掌握的，因此，在企业管理中，怎样充分调动广大员工的积极性和进一

步发挥每一个员工的聪明才智，是每个管理人员所面临的重要课题。

在过去，我们为此做了很多工作，采取了不少措施，如实行计件工资、奖励制度、劳动竞赛和评选先进等。但也存在偏重经济上满足和物质上鼓励的倾向。由于人的需要是多种多样的，因此旨在调动人的积极性的激励形式也应该多种多样。管理心理学认为，人的积极性的调动，除了应有经济方面的激励外，更重要的还应有责任、权力、成就、创造等方面的激励。

这些年的实践也说明，那种偏重经济和物质方面的激励，虽然也曾起过很大的作用，但也存在着一些局限性。最大的问题是容易导致一部分员工“向钱看”，时间久了，非但收不到调动积极性的效果，而且还会带来种种副作用。

可见，目标管理既是一种科学的管理方法，也是一种民主的管理方法，其基础就是充分相信人的积极性和工作能力。因而，目标的激励就成了激发广大员工积极性和努力提高工作能力的最重要的内容。

目标管理通过企业目标体系的制定、实施和评价活动，把企业各个方面的工作合理地组织起来，把各方面的力量充分地调动起来，把每个人的潜力全部挖掘出来，形成一个为实现企业总目标而密切协作的有机整体。通过这个有机整体的运转，就能把整个企业的人、财、物、产、供、销各项管理协调起来，朝着企业总目标健康发展，顺利达到不断提高经济效益的管理目的。

近年来，中国不少企业引进了目标管理方法，借鉴其科学成就，吸取其精华，剔除其糟粕，进一步发展了其科学性。在具体应用中，这些企业尤其注意结合中国具体情况不断加以改革完善、充实提高，逐步形成中国式的企业目标管理新方法，积累了一些经验，对调动企业员工的工作积极性，发展生产起了较大作用。

目标管理之所以能极大地调动广大员工的工作积极性和创造性，主要经验和做法是：

（1）坚持让员工参与制定目标。

由于每一个员工都参加目标的制定工作，无疑会感到自己为达到企业总目标而“身负重任”，就会以极大的热情投入工作，自己制定个人目标本身就是一种激励，在一定的情况下，这种精神上的激励作用往往会大于经济上的激励作用。

（2）坚持个人目标与总目标相结合。

恰如其分的个人目标，不但要求与总目标紧密结合，而且要求略高于本人的能力，以求激发每个人的上进心，这种上进心若渗透在学习和工作之中，就会使员工产生更大的学习热情和发奋精神。

（3）坚持激发员工达到目标的责任感。

员工通过制定目标、承诺目标，就会激发出努力达到目标的责任感。表现在工作中，这种责任感会促使人们面对各种变化了的生产环境，自己及时地做出正确判断，主动积极地克服困难，想方设法地去完成任务；同时，这种责任感还会激励人们独立自主地完成任务和迅速提高自己工作能力的信心，能发挥每个员工的判断能力、决断能力和创造能力，能针对自己不足之处主动地进行自我提高，进而力争达到自己的目标。

（4）坚持“目标=权力”的原则。

在实现目标的过程中，由于强调“目标=权力”的原则，因此上级应基于对下级的信任，尽量下放权力（授权），使下级实行自我管理。

这种自我管理，一方面是指目标实施者应经常对照自己的目标检查实施活动，另一方面又是指必须依靠自己的分析判断来决定行动方案，这样才能充分行使上级委以的权限，努力达到目标。

（5）坚持自我评价。

在目标管理的成果评价阶段，应以对个人目标“达到的程度”为主，同时考虑达到目标的“困难程度”和“努力程度”进行考评。因此，激励作用并不只是体现在对成果优良者的奖励和表彰上，也不只是体现在把评价结果反映到今后晋升、提薪等人事考核上，更重要的在于员工通过自我评价，能确认自己的工作成果，能发现工作中的价值和兴趣，并在目标达到后享受胜利的满足感等方面上。即使是那些没能实现目标的员工，通过总结经验教训，也能激起一种自我提高的强烈愿望。

管理寓言5-4　一匹马和一头驴的故事

唐太宗贞观年间，长安城西的一家磨坊里，有一匹马和一头驴，它们是好朋友。马在外面拉东西，驴在屋里拉磨。后来，这匹马被玄奘大师选中，一同出发前往印度取经。

17年后，这匹马驮着佛经回到长安，它重回磨坊看望驴。马谈起这次旅途的经历：浩瀚无边的沙漠，高入云霄的山岭，凌峰的冰雪，大海的波澜……使驴听了极为惊异和羡慕。

驴感叹道：“你有多么丰富的见闻啊！那么遥远的道路，我连想都不敢想。”

管理寓言5-4

分析提示

马说：“其实，我们跨过的距离是大体相等的，当我向西域前行的时候，你一步也没停止。不同的是，我同玄奘大师有一个遥远的目标，按照始终如一的方向前进，所以我们打开了一个广阔的世界。而你被蒙住了眼睛，一生就围着磨盘打转，所以永远也走不出这个狭隘的天地。”

资料来源　作者根据相关资料整理.

管理法则5-1　牢骚效应

大禹治水之所以成功，是因为他发现前人治水的出发点是堵水，到处建堤坝将水围起来，可是洪水如猛兽，是堵不住的。于是，他采取了疏导的措施，开凿渠道，让水乖乖地流向江河湖海，不再侵害百姓的家园。

面对员工的牢骚、家人的牢骚、同事的牢骚等，与其掩耳盗铃、听而不闻，不如广开言路，听听大家的心里话。有牢骚是难免的，关键是要弄明白为什么会产生牢骚。治病要治本，有效的沟通才是消除牢骚的良药。

在著名的“霍桑实验”中，梅奥教授带领研究小组，与工人们进行了耐心的“谈话实验”。具体做法就是：心理专家们找工人单独谈话，专家们耐心倾听工人们对厂方的各种意见和不满，并做详细记录。

两年之中，研究人员先后与两万余名工人进行了谈话，积累了丰富的研究材料。还没等他们得出结果，厂长却发现这两年来，工厂的产量大幅度提高了。研究人员就此得出了这样的结论：不管工厂的设施多么完善，工人们还是对各方面有诸多不满，但是无处发泄。

正是这种积怨导致了工人们工作的积极性不高，消极怠工。通过“谈话实验”，工人们的不满情绪得到了发泄，自然感到心情舒畅，一身轻松，所以工作热情高涨。后来，人们将这一现象称为“牢骚效应”。

让员工发牢骚，减压又增效。牢骚是改变不合理现状的催化剂；善疏则通，能导必安。牢骚虽然不总是正确的，但认真对待牢骚总是正确的。

随堂测5

知识掌握

1.什么是需要？简析需要对人的行为的影响。

2.简述需要的特点和产生的原因。

3.如何理解马斯洛的需要层次理论？

4.什么是动机？它有哪些特点？

5.影响动机的因素有哪些？

6.简析动机在管理中的运用。

7.目标管理及其功能是什么？

案例分析

人性化管理效果好

据央视报道：青藏铁路建设者挑战高原缺氧无人区极限，工作艰辛，是我们常人难以想象的。

由于长年累月奋战不息，春节都不能回家，工人想家在所难免。由于海拔高、条件缺乏，电话不通，无法和家人联络，工人的情绪必然会受影响。工程建设指挥部为体现对员工的人性关怀，不惜高价租用通信卫星，保证每人每月能与亲人通话3分钟。

问题：1）这个案例运用了管理心理学的什么原理？

2）这个案例对现代企业管理有何启发？

分析提示：这是非常人性化的管理方式。现代企业管理者要了解员工的内心需要，遵循“以人为本”的管理原理。

实践训练

时下，许多大学生要求入党，试分析他们的入党动机有哪些？从教育和管理角度谈谈如何加以引导？

【心理小测验】

友好相处能力测验

1.你碰巧知道一个同事的一件隐私之后，你的做法是：

A.努力不转告别人　　B.根本没有想到过将它转告别人

C.很快与别人谈论此事

2.你遇到困难的时候：

A.通常尽量自己解决　　B.马上求助于友人

C.只求助于最要好的朋友

3.当你的朋友有困难时，你发现：

A.朋友们都乐于求助你　　B.只有好友求你办事

C.朋友们很少求助你

4.你认为作为朋友，应当：

A.为人可靠，值得信赖　　B.能与自己愉快相处

C.有钱有势

5.以下哪一种情况最符合于你的实际：

A.与朋友常在一起闲聊　　B.常能发现朋友的错误

C.使朋友们很愉快

6.在与朋友的交往中，你觉得：

A.对许多朋友都感到不耐烦　　B.大多数朋友都与你相处得很融洽

C.必要时迁就一下朋友也是值得的

7.你的做法更符合以下哪一种情况：

A.喜欢发现朋友的优点　　B.常坚持自己的看法

C.从不评论朋友

8.对于朋友间的交往，你的观点是：

A.应当保持适当距离　　B.应当充分信赖彼此

C.应当避免承担责任

测试计分表，见表5-1。

表5-1　测试计分表

题号＼选项	1	2	3	4	5	6	7	8
A	2	3	3	2	2	1	3	2
B	3	1	2	3	1	3	1	3
C	1	2	1	1	3	2	2	1

评价方法：满分为24分，得分越高，意味着与别人友好相处的能力越强，事实上与朋友的人际关系状态也较好。得分越低，表明不太善于与朋友相处，与朋友的人际关系状况也较差，不太受朋友欢迎。

第6章

情绪、态度、挫折与管理

学习目标

知识目标：通过本章的学习，你应该能够了解情绪的含义和特点；认识情绪在管理中的作用；明确态度的含义以及态度的形成与改变；理解挫折的含义和成因，掌握对挫折的管理。

素养目标：加强个人情绪管理，提高情商；端正学习态度，培养良好心态；正确面对人生成败和生活挫折，提高逆商，积极适应社会。

趣味导读　　盖大厦的工人

一位旅行者在旅途中看到一群人在干活，他问其中一位："你们在做什么？"这个人不高兴地答道："没有看到我在敲打石头吗？若不是为了养家糊口，我才不会在这里做这些无聊的事。"旅行者又问另外一位，他严肃地答道："我正在做工头分配给我的工作，在今天收工前我必须砌完这面墙。"旅行者又问第三位工人，他开心地答道："我正在建一座大厦。"他为旅行者描述了大厦的形状、位置结构，最后说："不久，这里就会出现一座宏伟的大厦，这个城市的居民就可以在这里聚会、购物和娱乐了。"

分析提示：同样的工作，不同的人有不同的心态。为理想而奋斗是快乐的。

在企业管理中，员工的情绪状态、工作态度以及遭受挫折的反应，都在一定程度上影响组织成员的士气和工作效率。探索是员工保持积极的情绪和工作态度的方法之一，引导员工正确对待生活和工作中的挫折，培养战胜困难的勇气，是管理心理学的又一重要课题。

6.1　情绪与管理

"人非草木，孰能无情。"儒家有"喜、怒、哀、惧、爱、恶、欲"七情之说。情绪就像"神奇果"，会产生神奇的作用。有时，它会使人精神焕发，干劲倍增；有时，它会使人无精打采，萎靡不振。情绪对人的身心健康也有重要作用，俗话说："笑一笑，十年少；愁一愁，白了头。"

从组织管理角度看，积极的情绪会激发人们的工作兴趣和热情，使人精神愉快，心情舒畅，有助于提高工作效率和形成和谐的工作氛围。从领导者角度看，了解自己和下属的情绪状态，有效地控制自己的不良情绪，充分调动下属的积极情绪，加强情绪管理，是领导者一个非常重要的任务。

案例6-1

案例6-1

分析提示

有一个有趣的实验，把两只羊放入相同的环境下生活。差别是，在其中一只羊的旁边拴了一只狼，而在另一只旁边没有拴。一段时间后，那只身旁拴狼的羊，因处在严重的恐惧和忧虑中，吃不下食物，逐渐消瘦，不久便死了，而另一只则安然无恙。

6.1.1 情绪概述

1）情绪的概念

人们在认识世界和改造世界的过程中，对于所接触到的事物，并不是无动于衷的，而是常常抱有各种不同的态度，如高兴、喜欢、气愤、讨厌等。这种表现就是情绪和情感。情绪和情感是人对客观事物是否符合自己需要的态度体验。

从心理学角度分析，情绪和情感虽然都是一种态度体验，但两者是有区别的。

情绪是与人的生理需要是否得到满足相联系的态度体验。

情感则是与人的社会性需要是否得到满足相联系的态度体验。

相对情感而言，情绪一般较短暂且不稳定，具有较大的情景性、短暂性和冲动性，如触景生情引起的激动和回忆等。

但在现实生活中，两者常常被混为一谈，并不作严格的区分。本章我们主要从工作的日常管理角度，讨论情绪对管理工作的影响。

案例6-2

分析提示

案例6-2

"一个小丑进城胜过一打医生。"这是医生给化学家法拉第治疗工作紧张、精神萎靡、身体极为虚弱所开的药方。此后法拉第经常看喜剧、马戏，经常保持心情愉快，活到了76岁。

2）情绪的分类

从情绪的作用角度看，情绪一般具有两极性，即积极情绪和消极情绪，如喜悦和悲伤、热爱和憎恨、满意与不满意等。

情绪的两极性在一定条件下可以相互转化，如破涕为笑、乐极生悲等。显然，积极的情绪可以提高人的活动能力，起着"增力"的作用；消极的情绪会削弱人的活动能力，起着"减力"的作用。从情绪的紧张程度看，情绪可分为紧张和轻松两种状态。

从情绪反应的强弱和影响效果看，可分为心境、激情和应激3种状态。

（1）心境。

心境是一种比较持久的、微弱的、影响人的整个精神活动的情绪状态。

心境不是关于某一事物的特定体验，它具有渲染、弥散的特点。它使人的一切其他体验和活动都感染上由特定心境而形成的情绪色彩。

当一个人心情愉快时，能够感到“花在笑，水在唱”；当一个人处于不良的心境状态时，往往感到烦闷枯燥，容易为一点小事而心烦意乱。

某种心境的形成是许多对人具有重要意义的事情而引起的，如工作情况、人际关系情况、健康状况、事业的进展情况甚至自然环境的变化都可影响人的心境。但是，更为重要的还是人的主观意识、立场观点、生活态度。处于同样的困境中，有的人可能垂头丧气，气急败坏；有的人可能不会被暂时的困境所压倒，仍能从容应对。

如果一个人能够保持积极的心境，则可以感到精神振奋、朝气蓬勃，具有强烈的进取心；反之，消极的心境会使人心灰意冷、消极沉闷。

（2）激情。

激情是一种强烈的、短暂的、爆发式的情绪状态。激情通常是由生活中具有重大意义的事件所引起的。它产生得快，消失得也快。它主要表现为激愤、暴怒、恐惧、狂喜、剧烈的悲痛、绝望等状态。

激情具有十分明显的外部行为表现。例如，狂喜时，手舞足蹈、捧腹大笑；暴怒时，吹胡子瞪眼、咬牙切齿；极度悲痛时，号啕大哭、泪如泉涌、捶胸顿足；恐惧时，目瞪口呆、脸色煞白等。处在激情状态下的人，自我控制力减弱，往往不能约束自己的行为，很少考虑自己的行为会产生的后果。

激情的控制必须具有坚强的意志和正确的思想意识。积极的激情可以成为强大的动力，激发出人体的大量能量去战胜困难，成为奋力进取的动力。消极的激情是一种不受理智制约的情绪，处在这种情况下，往往头脑发热、不计后果、贸然行动。平时我们说的感情冲动就是指这种消极的激情。

管理人员在工作中，特别是在与别人交往中有时会出现感情冲动，这对于工作是不利的。因此，领导者应有意识地控制自己的激情，使之有利于工作的顺利进行。

（3）应激。

应激是在出乎意料的紧急情况下所引起的情绪状态。应激状态可以改变有机体的激活水平，使心率、血压、肌肉紧度等发生显著改变，引起情绪的高度应激化。

在这种情况下人可能有两种表现：一种是使认识狭窄或紊乱，做出一些不符合目的的行为，出现不适当的反应；另一种是使人激发出更大的能量，做出平时不能做出的大胆的行为，或使人的意识更加清晰，极大地提高处理问题的能力。

应激是在没有准备、没有预料到的情况下的情绪反应，因此一个人的应激能力如何，便成为评价其心理品质的重要依据。

管理人员应该具有优良的应激水平，这对于处理那些突发的、意想不到的变故具有重要意义。

管理人员在应激状态下应该保持镇定、从容，避免慌乱和无所适从。在应对紧急情况时如果能够反应敏捷、行动果断、急中生智，便可以化险为夷。因此，管理人员在日常的活动中，应该自觉地培养迅速处理各种棘手问题的能力，应该有一种无畏的精神。

小思考6-1

答案

小思考6-1

问：为什么许多企业宣传，要让顾客“高兴而来，满意而去”，讲求“和气生财”，创建“和谐团体”？

6.1.2 情绪与管理

在组织管理工作中，对情绪研究的主要任务在于探讨其对人的行为的影响作用，以便加强对人的行为的控制和引导，使管理工作更顺利地开展。

从管理者角度看，情绪管理应包括两个方面：一方面是管理者自身情绪的控制和管理；另一方面是对下属员工情绪的控制和管理。

1）情绪的变化与管理

情绪不是自发的，它往往是由环境中的刺激所引起的。这个环境包括自身的内部环境和外部环境两个方面。所以，在企业管理中就应该特别注意人因内部刺激的变化而发生的变化并对外部刺激进行控制。

所谓内部刺激的变化主要包括：人体的情绪呈周期性变化；不同年龄段的员工具有不同的主体情绪特征；女性员工的特殊心理变化。

人的情绪呈周期性变化，一般认为，每当处于高潮和低谷的临界点时，是人情绪表现最差的时期。在这个时期个人的活动效率较差，情绪表现不稳定。

不同年龄段的员工具有不同的主体情绪特征，就社会整体而言，青年人大多数以激情型情绪为其主体情绪特征；中年人一般以沉着、稳健的情绪为其主体情绪特征；老年人随着年龄的增大、体力的衰退和对往事的回忆，容易出现两种情绪倾向：一是自满情绪特点，二是忧虑情绪特点。

女性员工有特殊心理变化，一般情况下，女性的经期变化会经常引起情绪性反应。

外部环境中的刺激很多，除物理性与化学性的刺激之外，还有社会性和心理性的刺激，其对情绪的影响更大。在管理工作中应注意运用一些有效的刺激，引起积极的情绪反应；避免或防止一些消极情绪反应。

补充阅读材料6-1

一个成功的管理者要拥有良好的自我控制能力。管理者不能因为个人的一点小问题就影响周围的人，不能因为一时的不高兴就使一整天的心情都变坏，更不能因为愤怒而影响自己的观察能力和判断能力。只有善于在关键的时候控制和调节好自己的情绪，才能做出正确的判断和决策，才能在企业中树立起良好的个人形象。

案例6-3 **学会放松**

在一次情绪管理的培训课上，培训师拿起一杯水，然后问台下的学员："各位觉得这杯水有多重？"

有的学员回答说是半斤，有的回答说是一斤，培训师听了学员们的回答后说："这杯水有多重其实并不重要，重要的是你能拿多久呢？拿一分钟，当然谁都可以做到。拿一个小时，大家可能会觉得手酸。拿一天的话，身体素质不太好的人可能就要进医院了。水的重量是一定的，你拿得越久，就会觉得越重。这就像我们产生的某种情绪一样，如果我们一直把这种情绪压在自己身上，那么到最后你一定会觉得难受而没办法承担。因此，我们要做的就是放下这杯水，休息一下后再拿起来，这样我们才能拿得更久一些。所以，各位应该把自己所承担的某种情绪适时放下，好好地休息一下，然后再重新拿起来，这样才会承担得更久一些。"

案例6-3

分析提示

资料来源 明道．心理学与管理：案例应用版［M］．北京：中国法制出版社，2015.

案例6-4 **员工怎样让自己快乐起来**

从前，有一个人每天都非常悲伤，一点都不快乐，觉得这世界上根本就没有什么可以让自己快乐的事。有一天，他找到苏格拉底，希望他能给自己指点迷津。

苏格拉底没有告诉他怎样才能快乐，只是叫他去伐木造船。这个人虽然觉得苏格拉底在故弄玄虚，但还是照他的话做了。他把自己的所有精力都用在了造船上，为此他还磨破了手。

一个星期后，一艘倾注了这个人心血的船造好了。于是，这个人又找到苏格拉底，苏格拉底让他把船推下海，然后与他一起上船。他们在船上聊天、嬉戏，这个时候，这个人不由自主地叫道："我开心极了。"

苏格拉底意味深长地对他说："这就是快乐，当你专心去做一件事，看到自己的成果后，快乐就会随之而来。"

案例6-4

分析提示

资料来源 明道．心理学与管理：案例应用版［M］．北京：中国法制出版社，2015.

2）情绪的控制与管理

情绪伴随着人的一切心理活动，对于人的社会活动具有重要的影响。情绪有时具有神奇的力量，但也是一把双刃剑。情绪既可以使最精明的人变成疯子，也可以使最愚蠢的人做出精明之举；既可以成为点燃才智、引爆潜能的火把，也可以成为使人自暴自弃、自戕自焚的烈焰。

在日常生活中，我们很多时候都会受到情绪的左右，有时它使我们精神焕发、充满激情、思维敏捷、干劲倍增；有时它又使我们萎靡不振、暮气沉沉、思路阻塞、消极懒惰。情绪把握得好，就能够激发无穷的潜能、成就辉煌的业绩；情绪控制把握得不好，则可能莽撞行事，甚至跌入万劫不复的深渊。

有的成功学者认为：20%的智商+80%的情商=100%的成功，把情商高低作为预测一个人能否成功的重要标志并非没有道理。有的人认为：情绪具有突然性，当消极情绪爆发时，人往往很难理智而有效地驾驭它。其实，这种看法是片面的。人通过加强自我修养完全可以有效地驾驭自己的情绪。影响我们情绪的因素固然很多，但最主要的不是外界因素，也不是“情绪周期规律”，而是我们自己能不能战胜自我、驾驭自己的情绪。因此，有人将驾驭情绪称为整个人生的“第一管理”，这是很有见地的。

心理学上，最争论不休的话题恐怕就是情绪了。

情绪分为正向情绪和负向情绪，过去心理学注重的是负向情绪及它所引发的心理疾病等，而现在正向情绪的作用愈发引起人们的重视。因为人们看到当正向情绪出现时，负向情绪便被排挤出去了。

人类很早就知道，人的大部分的痛苦源自负面情绪。当一种负面情绪对他人或自己产生伤害时，就称为破坏性情绪，如愤怒是长期受到不公平对待后产生的对外界的破坏性情绪，恐慌则是一种对未来结果的负面期待。

情绪可以影响心情，长久的情绪低落会改变人的性情，影响人格的发展与身体的健康。这两者又直接影响一个人一生的成就，所以教授情绪控制的生命教育已成为各国教育的主流。

有了不良情绪怎么办呢？情绪教育者的建议是：去做点其他的事情，例如，拜访朋友或师长，去运动或看一场电影。这能帮助人改变态度和身心状况，使情绪自然舒缓下来。

作为企业管理者，学会驾驭自己的情绪，加强情绪管理，对更好地开展管理工作，赢得事业的成功至关重要。许多领导者，甚至是伟人，也常常把“戒急用忍”作为座右铭，就是这个道理。不仅如此，管理者还应了解和掌握下属的情绪状态，用自己积极的情绪影响和改变下属的情绪，加强心理沟通，创造良好的情绪环境，以便形成和谐的组织氛围，提高员工工作的积极性。

补充阅读材料6-2　情商（EQ）

情商是指情绪商数，是指情绪控制能力或情绪管理能力，也就是我们所说的驾驭情绪的能力。它包括以下几个方面的内容：一是认识自身的情绪；二是能妥善管理自己的情绪；三是自我激励；四是认知他人的情绪；五是人际关系的管理，即领导和管理能力。

有人认为：“20%的智商+80%的情商=100%的成功。”心理学家认为，情商不仅能让智商发挥更大的效应，还是影响个人健康、情感生活以及人际关系的重要因素。未来的时代，仅凭知识和聪明并不一定能成大事，还要具有良好的心理素质。情商为人们开辟了一条成功的新途径，它能使人们摆脱过去只讲智商的误区，只要不断学习、认知与调整，正确面对情绪的变化，就有开创美好前景的希望。

小思考6-2

答案

小思考6-2

问：电视剧《武林外传》中有一段精彩的对白：“世界如此美妙，我却如此暴躁，这样不好，不好。”这给了我们什么启示？

6.2　态度与管理

态度是人们最常见的一种心理和行为表现。在现实生活中，每个人由于社会经历、生活条件和工作环境不同，其为人处世、待人接物以及对工作和生活的态度也各不相同。

例如，有的人对工作认真、一丝不苟，有的人却马马虎虎、得过且过；对同一观点，有的人赞成，有的人反对等。态度差异是个体差异的一个重要表现，也是影响个体行为的一个重要因素。

了解和运用态度理论服务于管理实践，有助于统一和协调组织成员的思想和行为，转变员工消极的态度和观念，培养员工积极向上的生活和工作态度，以形成良好的工作氛围。

6.2.1　态度概述

（1）态度的含义。

态度通常是指具体对待一定对象相对稳定的一种心理倾向。态度作为一种心理现象，是主体对一定对象的主观反映，它具有明显的倾向性，如支持或反对，亲近或疏远等。态度具有相对稳定性，一经形成，便不易改变。

态度的形成，取决于人的认知，是一种主观反映。因而，这种反映可能正确，可能不正确。这与所认知的信息来源是否全面，认知的某些效应（如首因效应、晕轮效应等）直接相关。

（2）态度的影响。

态度对人的影响表现在许多方面。从心理学的角度看，态度对人的认知、情绪和动机都有重要影响；从行为学的角度看，态度影响人们学习和工作的效率，影响人群关系、群体凝聚力等。

第一，态度对认知的影响。

特定的态度一经形成，便会成为个体心理结构的组成部分，从而影响对后继信息的接受，对后继信息的价值具有理解和判断作用。换句话说，态度具有“过滤”作用，对信息具有接受、理解与组织作用。一般来说，人们对于持积极态度的事物容易接受，感知清晰，并容易产生仁慈效应，注重评价其积极面；对于持消极态度的事物则不易接受，感知也较模糊，有的甚至加以歪曲，注重评价其消极面，产生偏见或成见。这就是说，态度能使个体有选择地接受有利于自己的、合适的信息，拒绝不合适的信息，甚至可能接受错误的信息而产生错误的认识。

心理学家拉姆伯特（W.Lambert）等人曾在加拿大蒙特利尔做过有关实验。实验对象是加拿大的英裔大学生和法裔大学生。实验开始时告诉被试者，这次实验的目的是要了解大家只凭声音而不见面来判断说话者的个性特征的准确性。所以请大家要特别注意倾听说话人的声音与语调。然后让被试者听一段录音，这段录音是10个人分别朗读同一篇文章，5个人用英语朗读，5个人用法语朗读。而实际上只有5个人分别用英语和法语来朗读，但被试者并不知情。实验结果发现：

①同一个人，当他用英语朗读时比用法语朗读时能获得更好的评价。被试者把说英语的朗读者判断为个子高、有风度、较聪明、可靠、亲切、有抱负；而对说法语的朗读者的评价就差一些，仅幽默感获得了较高的评价。

②法裔学生比英裔学生更高估英文朗读者的特征。这个实验说明，一般人很容易根据现成的态度去判断他人。因为当时英裔加拿大人的社会背景优于法裔加拿大人，大学生们对英裔加拿大人的态度也优于对法裔加拿大人的态度。这种态度的区别，影响了大学生们对对象的认知、判断和评价。

第二，态度对情绪的影响。

情绪是事物是否符合自身需要的态度体验，态度与情绪是密切关联的心理现象。一般来说，特定的情绪表明了某种态度，一定的态度决定了相应的情绪。

与态度一致的事物或活动给人带来满足、愉快、喜爱、敬佩等内心体验，形成积极的情绪；与态度不一致的事物或活动则给人带来不愉快、嫌弃、憎恨等内心体验，形成消极的情绪。

态度的情绪功能还表现为态度影响人对挫折的反应模式和忍耐力。挫折是人的目的行为受阻或失败时的一种情绪状态，显然这是一种消极的情绪状态。个体为了摆脱挫折情绪便会产生一定的反应，如寻找受挫原因，设法消除不安感等，这种反应就是自我防卫。自我防卫在一定程度上反映了一个人的态度特点。

不同的人对人、对事、对己的态度不同，对待挫折的防卫方式也不同。有人逃避，有人进取；有人知难而进，有人知难而退；有人将挫折归因于自己，有人怨天尤人；有人善于变通，有人顽固蛮干。

另外，许多态度本身就出于自我保护、自我防卫的目的。例如，一些年轻人害怕别人说自己“嘴上没毛、办事不牢”，而对老年人持有“思想保守”“固执守旧”的认知；而一些老年人为了维护个人的地位、权威和既得利益，对年轻人持有“年轻人太嫩”“年轻气盛”“冲动”“靠不住”的认知。

态度影响人对挫折的忍耐力。顽强进取、不达目的誓不罢休的态度，会增强人对挫折的忍耐力，不容易被挫折吓退、打垮。抱着试试看的态度、得过且过的态度、随遇而安的态度，一旦遇到挫折，便容易改弦更张、逃避退缩。例如，一个组织成员，如果对他所在的组织抱有很强的认同感、归属感和忠诚度，那么他对组织所遭遇的困难和挫折耐受性就较强，愿意同其他成员同舟共济、艰苦奋斗，而不会动不动就牢骚满腹、抱怨不休。

第三，态度对行为动机的影响。

态度对人行为的方向和对象的选择具有调节作用。

态度具有指向性和对象性等特征，它影响着个体行为的方向性，同时也影响着主体对活动对象的选择。

态度能驱使人趋向某些事物，逃避和远离另一些事物。态度规定了哪些东西是所偏爱的、哪些东西是所期望的、哪些东西是可有可无的、哪些东西是必须回避的、哪些东西是必须坚决反对的。

态度的这种影响还表现为它预定对对象或事物的反应模式。态度作为心理倾向，是行为的准备状态，它一经形成便决定了人会按照特定的方式对特定事物采取特定的行为。

例如，一个体育爱好者，对体育活动不仅特别关心，而且会身体力行、积极参与，即使在聊天、闲谈中，也常常离不开体育知识、信息、轶闻、趣事，甚至在人际交往中对志同道合者会给予更高的评价，形成良好的关系。

第四，态度对人群关系的影响。

态度不仅影响人的行为方式，还影响人与人之间的交往方式与人际关系。一般来说，经常持宽容谅解态度的人，易于搞好人际关系，无论在家庭还是在组织、群体中，与人的关系都较为融洽；而对人持尖酸刻薄态度的人，往往容易制造矛盾，导致纠纷，致使人际关系不畅。

从组织和群体的角度看，组织或群体的大多数成员如果都能对人持诚实、热情、友好、谦逊、宽容、互助的态度，则组织或群体的相容程度就会提高，人们就容易和睦相处，团结一致，有较强的凝聚力；反之，如果组织或群体中的许多人对人持虚伪、冷漠、敌视、傲慢、尖刻、苛求的态度，则组织或群体的相容程度就较低，人际关系紧张，凝聚力也低。

第五，态度对工作效率的影响。

态度的认知功能、情绪功能和动机功能决定了个体对信息的选择、接受、理解与判断，决定了对态度对象的内心体验，也决定着个体行为反应的模式，从而影响着人们的活动效率。

一般来说，如果员工对工作抱着积极正确的态度，就容易提高工作的积极性与主动性，激发员工的潜力，提高工作效率；相反，如果员工对工作抱消极否定的态度，就不愿从事这项工作，即使勉强参与，也不会有很高的积极性和主动性，工作效率也不会很高。

态度不仅影响人的工作效率，还会影响人的学习效率。许多研究表明，孜孜以求、积极探索的学习态度，不仅有利于人对知识的认知、记忆和理解，而且有助于人克服种种干扰和困难，提高知识获得的速度和效率。消极的学习态度，对于知识的获得、掌握和应用具有明显的障碍和干扰效果。

补充阅读材料6-3 好心态、好习惯、好性格

良好的心态、习惯、性格是人生成功必备的三大法宝。一个人如何在激烈的竞争中生存立足，求得发展，与自身的性格、心态和习惯有着至关重要的联系。

什么是心态？心态就是你自己对人、对世界的看法和态度。可以说，心态是我们真正的主人，心态决定了我们的命运。积极心态可以使我们学到处世的智慧和做人的道

理，使我们的人生之路越走越宽，生命的价值越来越大，成就事业，获得幸福；消极心态则很有可能会使我们人生的航船驶入浅滩，从而失去发展的机会，一生与困苦和不幸相伴，成为人生的失败者。

心态具有强大的力量，从里到外影响着一个人，决定着他的命运。有怎样的心态，就会产生怎样的行动。同一件事情，由具有不同心态的人去做，其结果必会不同。好的心态就像阳光一样，是能量之源，是快乐之本。当我们的心灵充满“阳光”时，我们的生活也一定会变得充满欢笑、丰富多彩。无数成功人士所走过的成功之路均证实了这样一个真理——好心态是成功的关键。

保持乐观的心态，你的心理年龄会永远年轻。当你朝着奋斗的目标迈进时，好心态会增加你的愉悦与自信，使你充满力量，去获得财富、成功、幸福和健康，从而攀登到人生的顶峰，实现梦寐以求的奋斗目标。

人的性格也蕴藏着巨大的能量。一般来说，性格支配行为，有什么样的性格便会有什么样的行为。好的性格可以让你在错综复杂的人际关系网中游刃有余，在坎坷的人生之路上战无不胜，可以助你走向成功的彼岸；而坏的性格则会不断在你的成长之路上设置障碍，使你迷失前进的方向，甚至会将你推入万丈深渊。

美国著名成功学大师拿破仑·希尔说过：“习惯决定成败。”

习惯在我们不知不觉的反复重复的过程中，会逐渐变成我们的本能。而习惯具有一种能左右人命运的神奇力量。几乎所有的成功人士身上都有这样一个共性，那就是具有良好的习惯。正是这些好习惯，帮助他们开发出自己具备的、更多的、与生俱来的潜能，使他们成就梦想，踏上辉煌的发展之路。也有无数失败者用惨痛的事例证明：正是那些不良的习惯使他们离成功越来越远。所以，许多人之所以没有成功，或者成功得很慢、很艰难，没有养成一个好习惯便是原因之一。

好心态、好性格、好习惯是一个人成功必备的基本素质。充分运用自身的力量应对人生的一切险阻，开发自己的潜能，改变生存现状，创造崭新的生活，你就会真正成为自己命运的主人，并迎来成功，成就梦想。

小思考6-3

答案

小思考6-3　态度影响社会性判断

问：哈斯托夫和坎特里尔将普林斯顿大学和达特茅斯大学两校队足球赛的录像分别放给两校学生看，结果普林斯顿大学的学生发现达特茅斯大学球队犯规次数比裁判实际上指出的多两倍，而达特茅斯大学的学生则更多地指出普林斯顿大学球队犯规而未受罚的次数。为什么？

同其他心理现象相比，态度具有以下五个方面的特征：

第一，态度的社会性。

态度不是一种与生俱来的遗传素质，而是在后天社会生活中获得的社会心理现象。态度的形成与个体社会化的历程密切关联，是个体社会化的结果。

个体自从离开母体来到这个世界上，便不断地受到家庭、邻里、学校以及社会的种种有意或无意的影响，从而接受特定社会的哲学、伦理、风俗、习惯、知识、传统以及行为规范、生活方式，形成一定的世界观、人生观和价值观，从一个自然的人转变成一个社会的人。

个体在社会化的历程中，在接受社会影响的同时，又凭借已有的世界观、人生观和价值观对现实的环境刺激做出反应，做出优与劣、真与假、美与丑、善与恶的评价和判断，并由此形成积极或消极的心理倾向，即态度。

第二，态度的指向性。

态度总是针对特定对象的，具有指向性。态度的对象可能是具体的，如具体的人、事件、事物、群体或组织等，也可能是非具体的，如观念、思想、现象或状态等。

态度是主体的反应，是主体的内心倾向，但是这种反应和倾向总离不开客体，是一种主体与客体之间的关系和范畴。例如，“支持改革，反对守旧”就是主体对改革与守旧所持的态度。

第三，态度的稳定性与可塑性。

态度是个体在长期社会实践中逐步形成的，它一经形成，就具有稳定性，成为一个人个性的组成部分，并表现于个体的认知、情感和意向活动中，使人的行为反应表现出一定的规律性。正是由于人的态度具有稳定性和持续性，才使个体能够更好地适应社会生活。

与稳定性相对的，是态度的可塑性。态度是在社会生活环境的影响下逐步形成的。随着社会生活环境的变迁，态度也将产生相应的变化和调整，以适应环境的变化。例如，人们对于改革的态度，开始的时候许多人可能不理解甚至有抵触情绪，但是随着改革的深入和发展，一部分人逐渐改变了原有的态度，转而支持改革，积极投身于改革中。

一般来说，态度在形成之初，不够稳定，容易受到外部因素的影响，具有较强的可塑性。而当态度一旦形成并巩固以后，想再改变它往往就困难得多。这就是为什么人们对于新事物的态度容易改变而对旧事物的态度不易改变，为什么年轻人的态度比老年人态度容易改变的原因之一。

第四，态度的内隐性与外显性。

态度是一种心理倾向，它是主体对态度对象的内心体验，是个体行为的准备和倾向，但是态度本身不是行为，而是一种主观反映，具有内隐性。态度是主体对客观刺激进行反应的中间环节，这一环节本身是不能被直接观察到的，必须通过间接的途径才能观察到。这就如同我们并不能直接看到风的存在，而只能通过树叶的摆动、风向标的转动来间接推测风的存在一样。

态度的外显性是指态度作为一种内隐的心理倾向总会通过外显的行为折射出来。一个人的态度虽然不能直接观察到，但可以通过对其言语、体态、表情和行为表现的观察、分析，加以推测和了解。例如，从一个领导一心扑在工作上和踏踏实实、兢兢业业的行为中推知他对工作抱着认真、负责的态度。

第五，态度的综合性。

态度是一种综合的心理反应倾向，它表现在人的认知、情感和意志等全部心理过程中，也就是说，人们的心理活动表现为一定的态度时，已经不是某一种心理过程的表现，而是全部心理过程的具体表现。例如，一个员工对某个管理者抱有偏见时，既表现为认知过程中对该管理者的行为做出消极的评判，又表现为在情感上对该管理者产生厌恶、冷漠的情绪，还表现为在意志过程中对该管理者产生拒绝、疏远、远离的状态。

需要指出的是，态度在知、情、意上的综合性并非意味着在任何情境下，三者都是协调一致的，在有些特殊情况下，三者可能存在矛盾。这种矛盾主要表现为认知与情感的矛盾以及情感和意向的矛盾。例如，甲对乙由于误会而产生了矛盾，当误会消除后，在理智上甲消除了对乙的偏见，但在感情上往往不容易很快消除隔阂。

第六，态度的复杂性。

比如，甲对乙可能在情感上非常喜欢，甚至倾慕，但在意向上有时却表现为远离乃至有意地疏远。这就充分表明态度是一种十分复杂的心理现象。态度的复杂性还表现为内心态度与外显行为的矛盾性，即人们对态度对象虽然持有消极态度，但在行为表现上可能是积极的；反过来，内心态度是积极的，但在行为表现上可能是消极的。

补充阅读材料 6-4　　快乐的学问

你改变不了环境，但你可以改变自己；你改变不了事实，但你可以改变态度；你改变不了过去，但你可以改变现在；你不能控制他人，但你可以控制自己；你不能预知明天，但你可以把握今天；你不可能一帆风顺，但你可以事事尽心；你不能延伸生命的长度，但你可以决定生命的宽度；你不能左右天气，但你可以改变心情；你不能选择相貌，但你可以展现笑容；你不能预测未来，但你可以利用现在。

6.2.2 态度的形成与改变

1）态度的形成

态度是在各种环境条件和自身心理因素的相互作用过程中逐步形成的，经历了由动摇到稳定、由简单到复杂、由表面到深化的过程。心理学家凯尔曼（H.C.Kelman）把这个复杂的过程概括为三个阶段——服从、同化和内化。

（1）服从。

服从也叫顺从，是指人们为了获得物质和精神报酬或者避免惩罚而采取的表面顺从的行为。

服从是一种被迫行为而非出于真心实意的行为，这种行为是暂时性的。只有当个体意识到采取顺从行为可以获得某种酬赏或逃避某种惩罚，并且愿意获得这种酬赏或避免这种惩罚时，才会采取顺从行为。一旦这种可能性消失，或个体没有这种意愿时，其服从行为便会立即中止。

服从行为在现实生活中很常见。例如，有些汽车驾驶员只有在有交警监视或者有监测器监控的情况下，才会严格遵守交通规则，而一旦缺乏监督可能就会违反交通规则。有些工人可能在领导或上司的监督下，工作表现良好，而一旦领导不在现场，工作就会松懈下来。

（2）同化。

同化也叫认同，是指人们在思想和感情上自愿、主动接受他人的观点、信念，使自己的态度与他人要求保持一致。同化阶段，个体的行为不再是被迫而为之，也不再是表面行为，而是一种主动的、自愿的反应形式。

人们一旦把某人作为自己的榜样、偶像，或者把某些群体作为自己的目标群体，就会努力使自己的言行举止、思想态度同他人或群体保持一致，产生同化或认同行为。例如，“追星族”对明星的效仿，人们为加入某个群体或组织而对该群体或组织规范、准则的认同与遵从等，都是一种同化表现。

（3）内化。

它是指人们从内心深处真正相信并接受他人的观点而彻底改变自己的态度，并自觉地指导自己的思想和行动。

内化阶段，真正使一个人相信新的观点和新的思想，从而把新的观点和思想纳入自己的价值体系之内，成为自己态度体系中一个有机组成部分。

2）态度的转变

（1）态度转变的形式。

态度不是一成不变的，而是在主客观因素的影响下不断变化的。态度的转变即人的态度由旧变新的过程。从形式上看，这种转变包括量变和质变两方面的内容。

量变是态度在强度上的变化，即改变原有态度的强度，而方向并不改变，这种变化实际上是态度的强化。

它包括正强化和负强化两种形式。

正强化是增强原有的倾向性，使对事物的积极态度更为积极、消极态度更为消极。例如，使员工对改革的态度由比较赞成转变为积极赞成和拥护；使人们对不文明行为的反对态度变得更加强烈。

负强化是减弱原有态度的倾向性，使原有的强烈的积极或消极态度转变为比较微弱的积极或消极态度。例如，使员工对改革的强烈反对转化为一般性的反对；使烟瘾甚大的人控制吸烟量等。

态度的转变首先表现为强度的转变，即量的变化，量变到一定的程度便会出现质变。

质变是态度由原有的旧态度转变为一种新态度，它是态度的性质和方向的改变。态度质的改变也包括两种形式：一是由积极态度转变为消极态度，如由喜欢某人到厌弃某人；二是由消极态度转变为积极态度，如由反对工厂的绩效改革到支持改革。

态度的转变不是瞬间完成的，它是一个复杂的过程，存在不断的反复和矛盾冲突。态度的转变与态度的形成存在密切的关系，态度的转变往往是一种舍弃旧态度、形成新态度的过程。态度转变的过程往往比态度形成的过程更复杂、更困难，这与态度本身的特性有关。因此，在组织管理活动中，管理者要改变员工的不良态度，形成有利于组织行为的态度，必须遵循态度形成和转变的一般规律，运用灵活、多样的方法和策略，才能取得理想的结果。

（2）态度转变的方法。

在组织管理实践中，转变员工态度，做好员工的思想工作，是组织的领导者和管理者的重要职能。员工思想态度是否正确，直接影响着生产效率，也影响着组织目标的实现。做好员工的思想工作，使之形成适应组织发展的态度，要求组织的领导者和管理者必须懂得态度形成和转变的规律，运用有效的策略，促成态度向预想的方向转变。

第一，要了解态度转变的基本过程。

态度转变的过程实际上是一个沟通、劝导的过程，是劝导者通过各种有效的方法作用于被劝导的目标对象的过程。态度转变的过程就是在特定的社会环境中，劝导者有意识地向被劝导者传递经过认真组织的信息以达到改变对方态度的目的。所以，不管是劝导者传递的信息，还是被劝导者和社会环境，都会有一些影响态度转变进程的因素，并影响态度转变的结果。因此，必须认识到态度转变的复杂性，学会从不同角度有效地开展态度转变的工作。

第二，要提高劝导者的可信度。

可信度就是指劝导者所具有的影响他人改变态度的特性。心理专家曾对可信度做了专门研究，指出可信度取决于两个主要的特性——专业性与可靠性。

所谓专业性就是权威性，实际是指劝导者的素质，它包括受教育的程度、专业训练、社会经验、年龄、职业、社会地位和社会背景等方面。这些素质都会影响劝导者在被劝导者心目中的形象，影响他所具有的说服力及权威性。权威性越高，被劝导者态度转变的可能性就越大。

所谓可靠性，就是指劝导者言论真伪的程度，能否引起劝导对象的信任，在思想上产生共鸣。它既包括劝导者的人格特征、外表仪态及劝导技巧，也包括被劝导对象对劝导者动机、意图的理解程度。

管理寓言6-1　想得开是天堂，想不开是地狱

有这样一个故事：一个老太太有两个女儿，大女儿嫁给了一个卖雨伞的，靠卖雨伞为生；二女儿则嫁给了一位盐商，靠晒盐为生。一到晴天，老太太就唉声叹气，说："大女婿的雨伞不好卖，大女儿的日子不好过了。"可一到雨天，她又想起了二女儿："他们家里没有办法晒盐了，他们靠什么赚钱呢？"所以，无论晴天还是雨天，老太太总是很不开心。这样一来，老太太日渐憔悴，愁苦不堪，陷于抑郁之中，两个女儿不知如何是好。

一位智者对老太太说："雨天过了是晴天，晴天过了是雨天。晴天好晒盐，您该为二女儿高兴；雨天好卖伞，您该为大女儿高兴。"老太太听后恍然大悟，从此便不再抑郁了。

管理寓言6-1

分析提示

在心情不好时，如果有意无意地换一种思维角度思考，寻找事物的积极意义，也许就会跟老太太一样，走出心理困境，心情就会好起来。人要有个好心情，就得想开一些，我们的生活并不是一无是处，还是可以"过得去"的。

6.3 挫折与管理

需要、动机、激励理论主要是研究如何调动人的积极性，挫折理论主要是研究阻碍人的积极性发挥的各种因素。在日常生活和工作中，人们遇到障碍、受到挫折，是在所难免的。

古人云“百年人生，逆境十之八九”，挫折和不如意常伴人左右。

管理心理学探索挫折的成因及其表现，寻找避免和战胜挫折的方法和策略，对于促进组织成员的身心健康、创造和谐的组织氛围、做好人的思想工作，都具有十分重要的意义。

6.3.1 挫折概述

1）挫折的含义

挫折通常是指一个人在实现有目的的活动时受到阻碍，其需要得不到满足，而引起内心剧烈冲突时的情绪状态。

一般情况下，人们遭受挫折后，心理上就会产生一种紧张不安的情绪，或引起疾病，或导致行为反常，形成消极甚至对抗反应，如不及时加以引导，可能会带来不良后果。面对挫折，有的人能够向挫折发起挑战，越挫越勇；有的人却精神不振，甚至会行为失常。因此，对挫折的承受力或称容忍力是因人而异的。

2）挫折的成因

产生挫折的原因可能是多方面的，概括起来主要有两个方面。

（1）外在因素的影响。

外在因素主要指外界客观环境，包括自然环境和社会环境等因素。

自然环境是指个人能力无法克服的自然因素。如人的生老病死以及地震、洪水、台风等，受到这些因素限制，人们的动机、需要、目标就无法满足或无法完全满足而遭受挫折。

社会环境是指个人在生活中所遭受到的政治、经济、道德、宗教、风俗习惯等人为因素的限制。

社会环境给人带来的障碍和困难更多、更大，后果也更严重。

人与人之间的社会关系是十分复杂的，人们在这种复杂的社会关系中生存和发展，主观认识往往和客观实际存在偏差，而且人们对客观事物的认识总会有一个过程，这也必然会使人们遇到挫折。

（2）内在因素的影响。

内在因素主要指个人主观因素，包括因个人的体力、智力条件或性格、能力、气质、觉悟等限制而受到的挫折。其分为个人生理条件和动机冲突两方面。

个人生理条件是指个人具有的智力、能力、容貌、身材以及生活上的生理缺陷所带来的限制。例如，色盲无法进医学院读书，或从事某些工作。

动机冲突是指个人在日常生活中经常同时产生两个或两个以上的动机，假如这些并存的动机无法同时获得满足，而且互相对立或排斥，其中某一动机获得满足，其他动机遇到障碍，则会产生难以抉择的心理状态。

造成挫折的原因除了上述一般因素以外，还有组织特有的原因，如组织的管理方式、组织内的人际关系、工作性质、工作环境等其他因素。

补充阅读材料6-5

不同生活事件的压力数值

霍姆斯和拉赫及他们在华盛顿大学的同事发明了一个方法，为定量测量人们一年生活变化情况提供了一种工具。

表6-1中的43项不同事件，是根据它们产生的典型压力的大小排列的，得分越高，生活事件的压力越大。把过去一年里所有发生的事件加起来，就能估计出人们所经受的压力大小。假如一个人在一年中的总压力得分超过200分，第二年他将有50%的可能出现严重的健康问题。因此，霍姆斯和拉赫的这种工具能够预测和压力相关的疾病，不同生活事件的压力数值表见表6-1。

表6-1　不同生活事件的压力数值表

生活事件	平均值	生活事件	平均值
配偶死亡	100	儿女离家	29
离婚	73	婚姻纠纷	29
夫妻分居	65	个人的突出成就	28
监禁	63	妻子就业或停止工作	26
家庭近亲死亡	63	上学或毕业	26
个人受伤或患病	53	生活条件的变化	25
结婚	50	个人习惯的变化	24
解雇	47	与上级发生纠纷	23
夫妻和好	45	工作时间或条件的变化	20
退休	45	住宅的变化	20
家庭成员健康变化	44	学校的变化	20
妊娠	40	文娱活动的变化	19
性障碍	39	宗教活动的变化	19
家庭新成员的出现	39	社会活动的变化	18
企业调整	39	10 000美元以下的抵押借款	17
财务状况变化	38	睡眠习惯的变化	16
亲密朋友死亡	37	家庭收入的变化	15
工作变动	36	饮食习惯的变化	15
夫妻争吵次数变化	31	假期	13
10 000美元以上的抵押借款	35	圣诞节	13
抵押或借贷取消	30	轻度违法	11
工作职责的变化	29		

资料来源　陈红．管理心理学［M］．上海：华东师范大学出版社，2014.

3）挫折后的反应

人们遭受挫折后，由于个性特征、社会阅历、知识水平等不一样，反应形式也各不相同，大致包括消极的反应、妥协的反应和积极的反应三大类。

（1）消极的反应形式。

消极的反应形式包括攻击、退化、固执、逆反、逃避。

第一，攻击。

它是将消极情绪转化为对客体或自身的破坏或伤害，这是一种极常见的反应方式。根据攻击对象的不同，攻击又可分为直接攻击和转向攻击两种。

直接攻击是人在受挫折时，对构成挫折的人或物直接实施攻击行为。这种攻击可能是表情上的，如怒目而视、挥手指责；可能是语言上的，如谩骂、指责、讽刺、挖苦、说风凉话等；也可能是行动上的，如大打出手。

直接攻击是在尚未成熟的幼年或少年时期，人们经常采用的反应形式。随着个体社会化程度的提高，人们会逐步意识到这种攻击方式不利于解决问题，因而变为转向攻击。

转向攻击即不直接攻击受挫源，而转向攻击非受挫源。

转向攻击有三种形式：

一是迁怒，即将愤怒情绪迁移到其他人或事物上。

二是自我攻击。弱者、悲观者以及修养好者，较易自我攻击。极度的自我攻击可能表现为自残，甚至产生自杀的念头。

三是冷漠。冷漠是对愤怒情绪的压抑。

当个体无法通过攻击来发泄愤怒和不满时，一种情况就是将这种消极情绪抑而不发，甚至压制可能导致挫折的愿望以及与此有关的思想感情而不承认其存在，即将之排除在意识外。

这种压抑的结果在表面上表现为冷淡、无动于衷，即冷漠。

冷漠是一种以间接的方式表示反抗的反应形式。例如，员工的要求和需要如果长时间得不到领导的重视和满足，就可能表现为得过且过、无精打采，对工作失去积极性。

小思考6-4

小思考6-4

答案

问：一则幽默故事说，一个人在单位受到上司批评，回家后冲着妻子大喊大叫，妻子转向儿子大喊大叫，儿子气得只能去踢狗，狗则愤怒地追猫。这是为什么？

第二，退化。

它是指当个体受到挫折时，表现出与自己的年龄、身份、知识修养不相称的幼稚行为。

一般人随着年龄的增长、社会化水平的提高，孩童时期受挫折时的任意发泄、毫无理智的反应会逐渐得到控制，并学会在适当的时候表现出适当的情绪和行为反应。但有一些人在某些挫折情境中，会表现出孩子式的幼稚行为，这种反应方式即为退化。例如，有些员工的某些无理要求遭到拒绝时，表现为撒泼耍无赖、蛮不讲理，甚至就地打滚、一把鼻涕一把泪地哭闹。

第三，固执。

固执是当个体的行为失败时，依然故我地重复这种失败的行为。固执不同于顽强拼搏，它是一种不加理智分析的盲目重复行为。由于不能认清失败的真正原因，不能及时调整行为目标，一味蛮干、“不撞南墙不回头”，最终必将是失败的结果。

第四，逆反。

它是当个体遭受挫折后，对造成挫折的人或事有意“唱反调”，不管对方是正确的还是错误的，一概采取盲目反对、抵制与排斥的态度。

逆反也是一种非理智的反应方式，它往往表现为意气用事，对受挫源甚至非受挫源（无辜者）实施报复性的行为。

第五，逃避。

它是一种简单而原始的反应方式，有两种情况：一种情况是对预知挫折情境的逃避；另一种情况是对既成挫折的逃避。

对预知挫折情境的逃避是指个体不敢面对自己预感的挫折情境，而逃向较安全的地方。这种逃避有三种方式：

一是由一种现实逃向另一种现实，如回避做无把握、风险大的工作，转而做有把握、无风险的工作；

二是由现实逃向幻想世界，即从现实的情境中撤出，转向幻想，如做“白日梦”；

三是由现实逃向疾病，即因生理机能的某种障碍而避免面对困难，这种疾病往往是无意识的，并非装病。

例如，参加重要考试时有些学生突然感冒、发烧、腹痛；再如，战场上的新兵可能突然失明、失聪等。

对既成挫折的逃避是指挫折已经发生，而人的意识根本不予以承认，仿佛那些令人痛苦的事情根本没有发生一样，从而避免心理上的不安和痛苦。例如，小孩子闯了祸，常用双手蒙住眼睛；成人常有“眼不见、心不烦”的心理；亲人不幸去世了，人们常不愿承认那是真的。

（2）妥协的反应形式。

它是采取一种折中的办法面对挫折，以缓解和消除消极情绪的方式。妥协方式有：

第一，表同作用。

它是指把别人具有的、使自己感到羡慕的特性或品质附加在自己身上，以缓和自己所面临的不利情境或因不具备这些特性或品质而产生的挫折感。

表同作用有三种表现形式：第一种是通过对自己钦慕对象的言谈、举止、穿着等外在特征的模仿，借此缓解自己由于无法实现愿望而产生的紧张感。例如，青少年对自己所崇拜的明星、伟人或身边的成功者，经常会表现出对他们说话的方式、口头禅、衣着、发型、手势、动作等外在特征的模仿，宛如自己也成了被人羡慕的成功者。第二种是将自己同成功者或有名望的组织或群体联系在一起，从而获得一些间接的荣光，缓解挫折感。例如，声明自己在某名牌高校读过书，自己的工作单位有某些名人，自己认识某某名人，同某某名人握过手，自己是某名人的亲戚或邻居等。第三种是为达到自身需要的满足，迎合有直接利害关系的人的思想和行为，将自己同他们视为一体，借此减少个人挫折感。例如，有些下级职员对上司的言谈举止、思想行为亦步亦趋、形同一人。

第二，责任推诿。

它是指当一个人受到挫折时，把失败的原因推卸给别人，以缓解受挫后的消极情绪。责任推诿是一种极为常见的自我防卫形式，人们经常习惯于把成功归之于个人的努力和才干，而把失败归之于外界环境和客观因素，以避免自我挫败感。例如，学生考试失败后，常抱怨老师教学水平有限，抱怨考题太难，甚至抱怨老师对自己有成见。再如，员工由于工作马虎而出现疏漏和失误时，却找出一大堆客观原因和借口，如机器设备有问题、零件质量不好、任务催得太紧、领导无能等。

第三，自我文饰。

它是指个体受到挫折后，对内心的焦虑、苦闷和烦恼隐忍不发，表面上不动声色，甚至煞有介事地向人表明自己不受其扰，以达到维护心理平衡的目的。例如，竞争失败者宣称自己并不在意是否成功；或者不想为此牺牲太多的时间和精力；或者极力表达自己多么富有君子之风、容让之意。再如，心爱的人不再爱自己了，本来一肚子苦水，有些人却强装笑脸说："只要你过得比我好……"自我文饰常表现为通过显示自己的长处，以弥合失败的创伤。

第四，自我安慰。

《伊索寓言》中有一则故事讲的是一只又饿又渴的狐狸，看到高高的葡萄架上挂满了熟透了的葡萄，很想吃，可是想尽办法就是够不着。垂头丧气的狐狸一面走，一面嘟囔道："我才不要吃呢，这些都是酸葡萄。"生活中，人们得不到想得到的东西，也会说服自己道："那东西其实对我并没有好处。"这种反应方式就是自我安慰。例如，没有被评上先进，便安慰自己说："先进有什么好，落个虚名，还给自己套上了'枷锁'，处处得小心谨慎。"

自我安慰的另一种表现是"甜柠檬"心理。比如，上面那只吃不着葡萄说葡萄酸的狐狸偶然在路边捡到一个柠檬，一边吃着这个酸得掉牙的柠檬，一边称赞这个柠檬是如何甘甜可口。生活中也有许多人明明自己遭到失败却不承认，反而认为那是一种"成功"。

小思考6-5

小思考6-5

答案

问：鲁迅笔下的阿Q，被人打了却说"儿子打老子"，这是一种什么心理？

（3）积极的反应形式。

它是一种理智地面对挫折和失败，将消极的情绪转化为有益于自己和社会的建设性力量的反应形式。积极的反应形式主要有升华、补偿、目标调整等。

第一，升华。

它一般是指那些不被社会所接受的行为和本能冲动，个体自觉加以改变、净化和提高，成为符合社会规范的、高尚的追求。如失败的爱情，容易使人的情感被压抑，此时有人会将这种情感诉诸笔端，演绎成一篇缠绵悱恻的诗歌、散文或小说；有人会将之宣泄于绘画、雕塑、音乐创作之中；有人则将之转化为奋力拼搏的动力，通过这些有益于自身和社会的行为反应，以舒缓个人受挫后被压抑的消极情绪，达到自我防卫的目的。

升华也是对不良情绪的释放，但这种释放不是任凭情绪的冲动反应，而是严格接受理智左右的有目的、有意识、自觉的释放，因此，它是个人成长和进步的动力。所谓"化悲痛为力量"，便是一种典型的升华。

第二，补偿。

它是指目标受阻、遭遇挫折时，个体主动放弃该目标，以另一方面的成功来弥补这一方面的失败，即所谓"失之东隅，收之桑榆"。如盲人的听觉特别灵敏，失聪者一般视觉敏锐，便是一种生理性补偿。再如，一些体育爱好者由于体形、体质的原因，无法成为运动员，却使自己成为一个体育迷、成为一个优秀的业余评论员等，这是一种心理性补偿。

补偿现象可以消除人的某些自卑感和不适感，具有一定的积极作用。例如，笨鸟先飞、勤能补拙等，这种补偿对个人具有积极意义。但不是所有的补偿对个人都有益，例如，有些员工不认真做好本职工作，却挖空心思拉关系、走后门，以期弥补欠缺，显然于人于己都是不利的。

第三，目标调整。

行为目标受挫后，个体通过对主客观因素的分析和检讨，对行为目标进行适当调整，以期获得成功，这种反应方式也是一种积极的应对挫折的方法。例如，公司最初把某产品的目标合格率定为百分之百，多次失败的经历可使之明白，这一目标缺乏现实性，应作适当调整，使之更现实、可行。

小思考 6-6

答案

小思考 6-6

问：许多年轻人梦想考上大学（本科），以此来实现自己的人生理想。结果未能如愿，只考上了高职或"名落孙山"，怎么办？

6.3.2 挫折与管理

由于现实生活中充满矛盾。人生不可能总是一帆风顺，随时有遭受挫折的可能。从管理角度来看，一方面，应尽量减少或消除可能导致员工受挫折的原因；另一方面，当员工受到挫折时，应尽量降低挫折引起的不良影响，提高员工对挫折的容忍力。同时，领导者自身也应以正确的态度和方法处置个人或组织所遇到的挫折，保证管理工作的顺利进行。

1）预防挫折的发生

一般可采用以下三种方法预防挫折的发生：

（1）消除产生挫折的原因。

对于自然因素，有些虽然是不可避免的，但有些还是可以采取措施加以预防的，如进行地震预测、暴风雨预报、台风警报等。尤其对生产过程中的因素更可以预见，如厂房不坚固、机器防护装置不健全、原材料堆放不当、通道堵塞、“三废”污染等。对于社会因素，应尽量引导员工适应环境，遵守法律、社会秩序、公共道德、他人的风俗习惯等，加强法治观念。对于生理因素，应考虑其个人的生理特点，使生理有缺陷的人受到尊重，不被歧视。

（2）协调人际关系。

加强个人差异管理，使员工互相信任、互相帮助、互相支持、互相尊重，建立“同是一家人”的情感。尤其要注意改善领导与下属、管理者与被管理者之间的关系，发挥集体智慧，建立“平等”关系。如果员工之间矛盾尖锐一时无法解决，可暂时调动一下工作岗位。

（3）改善管理制度和管理方式。

如适时调整组织结构，取消有碍于发挥员工积极性的不合理的管理制度，改善人事劳动制度和工资奖励制度，实行参与制、授权制、建议制等。不令员工有受到严格监督和控制的感觉。

2）正确对待受挫折者

正确对待受挫折者，一般采用下列几种方法：

（1）采取宽容的态度。

对领导者来说，对受挫折者的攻击行为采取宽容的态度是很重要的。

帮助受挫折者是领导者的责任之一，应耐心细致地做思想工作，要以理服人，不应该采取针锋相对的反击措施来对付攻击行为。

领导者应当把受挫折者看成生理上的病人，他们非常需要得到像医生一样的领导者的帮助。

（2）提高认识，分清是非。

宽容的态度并不等于不分是非，领导者应当在受挫折者冷静下来的时候，以理服人、热情地帮助他们提高认识，分清是非。只有这样才更有利于促使受挫折者变消极行为为积极行为。

（3）改变环境。

其办法有两种：

一是将受挫折的人调离原工作岗位，转换环境；

二是改变环境气氛，给受挫折者以同情和温暖。

为了更有效地把受挫折者的消极行为转化为积极行为，领导者应尽量少采取惩罚性措施，因为这样会加深挫折感。我们在改造失足青年的工作中已取得了良好的效果。许多事实证明，只要创造适当的条件，犯罪的人身上也能激发出合作和忠诚的行为。

（4）精神发泄法。

这是一种心理治疗方法，就是要创造一种环境，使受挫折的人可以自由表达他受压抑的情感。

人们在受到挫折后心理失去了平衡，常常是以紧张情绪反应代替理智行为，只有帮助他们把这种紧张情绪发泄出来，他们才有可能恢复理智状态，达到心理平衡。

精神发泄可以采用各种形式。可以让受挫折的人用写申诉信的办法发泄不满，当他把不满情绪都写出来时，就会心平气和了；也可以采取个别谈心的办法，或者让他们在一定的会议上发表意见，领导人和同事们耐心听取他们的意见，并对其正确的方面给以充分肯定。

案例6-5　松下的“精神健康室”

日本松下公司的企业办公楼里，大都设置了“精神健康室”，让员工有地方发泄心中的不满，以求得心理平衡，来提高工作效率。

案例6-5 分析提示

这个精神健康室有三个房间，第一间房名曰“消气室”，四面墙上挂着哈哈镜，让那些牢骚满腹的员工进入其内，目睹哈哈镜内自己变了的模样，忍不住笑出声来，让不良情绪得到缓解。第二间房名曰“出气室”，室内设有象征老板的橡皮塑像，旁边放着棍棒，任由来者把“老板”揍个痛快，尽情地把委屈、不满发泄出来。如果感到还不满足，那可以走进第三间房，第三间房名曰“恳谈室”，里面有一个笑容可掬的高级职员热情地接待，洗耳恭听来者的意见，倘若能提出行之有效的好建议，还能获得奖励。

小思考6-7 答案

小思考6-7

问：有人说，生活中直线距离是最短的，而人生之路直线不一定是最短的，人生应该有点曲折。这句话对吗？

（5）进行心理辅导。

克服受挫心理的关键在于提高员工的心理健康水平。因此，管理者应该向广大员工普及心理学知识，积极引导员工加强心理修养，维护自身的心理健康。

3）帮助员工进行积极的自我疏导

管理者尤其是从事员工思想工作的管理者，应创造条件，培养员工学会正确地自我疏导的方法，提高自我调节的水平。

（1）理智消解。

盲目地、缺乏理智地发泄情绪，容易导致过激反应，不利于自身的身心健康，影响人际交往和人际关系。

管理者应引导员工使之认识到盲目、过激反应的危害性，使员工面临挫折时，适当控制不良情绪的干扰，理智地分析挫折产生的根源，注意自我反省，多从主观上找原因，挫折感就容易得到缓解和平息。

（2）目标调节。

管理者应教育员工正确地认识自己，端正角色意识，客观地分析周围环境，正视困难，把工作和生活的目标定位于适当的层次，有助于减少挫折。

管理者不仅要鼓励员工知难而进、开拓进取，还要教育员工不能急躁冒进、好大喜功。目标适当、循序渐进，容易获得成功；而目标不切实际，挫折在所难免。

（3）升华与提升。

培养员工在面临逆境时，将挫折引起的压力转化为继续奋进的动力的能力也十分重要。既然人生不能完全避免挫折，就应该把挫折看成一种人生的经验，看成通往成功之路的必然阶段，看成磨炼意志、走向成熟的工具，那样挫折将不再是前进道路上的障碍，也不再是不可逾越的鸿沟。

小思考6-8

答案

小思考6-8

问：人们常说，失败是成功之母。这句话对人生有何指导意义？

4）加强人格修养，增进心理健康

挫折的多与少，对个体的影响是积极还是消极的，往往取决于一个人的人生境界和人格修养。

具备崇高的人生境界、高尚的人格品质的人，绝不会因为一己私利的得失、眼前利益的去留或喜或悲。对这种人来说，即便是遭遇挫折，也容易正确地面对它、解决它，不会使之成为人生的路障。因此，在管理实践中，提高员工的综合素质，健全员工的人格品质，是使员工减少挫折、克服挫折的根本途径。

（1）提高人生境界。

现实生活中，有顺境也有逆境，失恋、失学、失业、疾病、失败之类的逆境，人人都可能碰到。只要人们能够树立正确的人生观、价值观，把目光放远一点，把人生的追求与他人、与组织、与社会联系起来，就会获得强大的精神支柱，始终保持乐观向上的情绪。

（2）开阔心胸。

目光短浅者、心胸狭隘者，总容易被忧愁、烦恼和愤怒等不良情绪所困扰，他们终日把精力置于防范他人、算计他人之上，嫉妒、狂傲、挑剔、虚荣、自卑等不良品质随之滋长。而那些心胸宽广、志向远大、视野开阔、心地坦荡的人，往往能始终保持镇定的情绪和乐观的心境。

（3）增强适应能力。

适应即改变，是指人能够依据环境的变化而主动进行自我调节、自我改变的能力。具有较好适应能力的人能够正视现实、接受现实，正确评估自己、调整自己。

这种人无论在哪一种生活环境中，都能够很好地生存，并能够抓住一切机遇，促成自我发展和自我完善；相反，缺乏适应能力的人固执、保守、墨守成规、不思改变，对新环境、新事物无所适从、盲目抵制、消极反抗，最终被客观现实碰得头破血流。

（4）多角度看问题。

“塞翁失马，焉知非福”，同样的事情，有人看到的是失败，有人看到的是成功。成败与否，往往取决于人看问题的角度。

容易看到失败的人、容易感受到挫折的人，往往只习惯于从“我”的角度来看问题，“我得到了什么”“我失去了什么”“我有什么好处”等。一个人如果不能对一个问题从多角度去分析、理解、判断，而从一己得失来看待它，就容易愤愤不平、怨天尤人，就容易感觉到挫折和失败。

补充阅读材料6-6 逆商（AQ）

逆商就是逆境商数。

当面对逆境或挫折时，不同的人会产生不同的反应，这种反应的能力，就叫逆境商数。

它主要包括控制力、责任感、影响度及持续性四项要素：

1.控制力。

一个人的控制力越强，就越能扭转逆境。控制力包含两种能力：改变情况的能力和控制自己对事情反应的能力。

2.责任感。

成员的责任感越强，团队就越能共渡难关。在高AQ的团队中，每个成员都会把全队的成败视为自己的责任，而不只是完成自己分内的事。

就像一个登山队，当一个队员受了伤，无论他受伤的原因是不是出于疏忽或错误，团队成员都必须背着他继续前行，互相指责无法让团队抵达目的地。

3.影响度。

越能减少问题产生的影响，挫折的杀伤力便越低。高AQ的人不会让某一挫折影响不相关的工作或私生活，而低AQ的人则视逆境为野火燎原，根本不觉得自己可以控制情况。

4.持续性。

一个人对挫折所造成的冲击是否挥之不去，会影响他对问题的处理。高AQ的人不受过去的影响，也不担心未来，他们只把注意力放在现在能采取的行动上。

俗话说，人生不如意之事十之八九。没有任何一个人一生中可以不经历挫折和失败。成功学告诉我们，在成功的天平上，逆商的砝码远比智商和情商更重。

李嘉诚、霍英东、比尔·盖茨、杰克·韦尔奇、松下幸之助等中外成功人士都经历过无数的挫折与逆境，但是他们永远都在勇往直前，从成功人士身上我们可以看出光有情商、智商只能成才，只有具备逆商才能成大事。

正如美国成功学宗师拿破仑·希尔所说：“幸运之神要赠给你成功的冠冕之前，往往会用逆境严峻地考验你，看看你的耐力与勇气是否足够。”

管理法则6-1　　**青蛙法则——不为明天做准备，就会为今天后悔**

有人做过这样一个实验：将锅里盛满凉水，放进去一只青蛙，然后，把锅慢慢加热，青蛙在水中欢快地游啊游啊，丝毫不介意环境的变化。慢慢地，水温升高了，青蛙感到了危险，要从水中跳出来，但为时已晚，因为它已经快被煮熟了！

这就是青蛙法则，警示着人们居安也要思危，别等到潜在的危机变得无法改变时才哀叹无力回天。

青蛙之所以快被煮熟也不跳出来，并不是因为青蛙本身迟钝。事实上，如果开始直接将青蛙放进热水中，青蛙会马上一跃而起，逃离危险。青蛙对眼前的危险能看得一清二楚，但对渐变的危险却置之不理。仔细想想，我们人又何尝不是这样呢？正如孟子所说："生于忧患，死于安乐。"

未雨绸缪是人们常挂在嘴边的一句话，但真正能做到的人却不多。人类天生有一种惰性，不到迫不得已就不会去改变现行的各种还过得去的做法。

具有真正大智慧的人，往往明白"生于忧患，死于安乐"，会提早做好危机来临的各种预防措施。

知识掌握

随堂测6

1.什么是情绪？一般有哪些种类？
2.引起情绪变化的原因有哪些？
3.结合实际，分析加强情绪管理的重要性。
4.什么是态度？它对人的心理和行为有哪些影响？
5.在管理中，转变员工的态度有哪些基本方法？
6.什么是挫折？产生挫折的原因有哪些？
7.面对挫折的积极反应形式有哪些？
8.结合实际，谈谈如何正确面对生活中的挫折。

案例分析

化干戈为玉帛

一天上午，最佳营业员吕兰所在的商厦进了一批挂钟，购买的顾客特别多。尽管吕兰再三解释保证供应，顾客仍然向前拥挤。忽然，有一个青年火冒三丈地说："卖货的，你瞎眼啦，没见我已经站了半天了？"这位青年的突然举动，使在场的顾客都吃了一惊。其他顾客都觉得这位青年太没礼貌，营业员绝对不会善罢甘休。吕兰当时被这句话噎得两眼噙着泪花，真想回敬几句，但还是克制住了自己，向这个青年说："对不起，让你久等了，待我把前面两位顾客要的挂钟包装好，就给你拿。"青年见她没还嘴，而且对他以礼相待，也觉得自己骂人太不应该，便向她赔礼说："对不起，刚才我是准备和你吵架的，结果你倒向我道歉，这使我很不好意思。"一场可能爆发的吵架就这样平息了，化干戈为玉帛，这也使在场的顾客感触颇深。

资料来源　作者根据网络资料整理而成.

问题：1）这个案例说明了什么问题？

2）从管理的角度分析，你有何启发？

分析提示：管理者加强情绪管理、有效控制自己的情绪是非常必要的。一般来讲，情商低的人不适合当领导者。

实践训练

从身边寻找一个人，利用态度理论尝试转变他的某种态度。

【心理小测验】

你的情商有多高

美国耶鲁大学心理学教授彼得·塞拉斯提出："现代社会，凡期盼在人生道路上获得成功者，不但要有高智商，而且要有高情商。"你关心过自己的情商水平吗？根据国内外有关情商的研究，这里设计了一组测试指标。你不妨试试，自测一下自己的情商。

对下列问题请回答"是"或"否"：

1. 你对自己的性格类型有比较清晰的了解吗？
2. 你知道自己在什么样的情况下容易发生情绪波动吗？
3. 你懂得从他人的言谈与表情中发现自己的情绪变化吗？
4. 你有扪心自问的反思习惯吗？
5. 你遇事三思而后行，不赞同"跟着感觉走"吗？
6. 你遇到不顺心的事能够控制住自己的情绪吗？
7. 你遇到突发事件，能够冷静应对吗？
8. 你受到挫折或委屈时，能够保持能屈能伸的心态吗？
9. 你出现感情冲动时，能够较快地"自我熄火"吗？
10. 你听到批评意见时，能虚心接受吗？
11. 在人生道路上的拼搏中，你相信自己能够成功吗？
12. 决定了要做的事，你会不轻言放弃吗？
13. 工作或学习上遇到困难时，你能够自我鼓励克服困难吗？
14. 你相信"失败乃成功之母"这句话吗？
15. 工作出现差错时，你能自己总结经验教训，不怨天尤人吗？
16. 你对同学、同事们的脾气性格有一定的了解吗？
17. 你经常留意自己周围的人的情绪变化吗？
18. 与人交往时，你知道要了解和尊重他人的情感吗？
19. 你能够说出每位朋友各自的一些优点和长处吗？
20. 参加社交活动，你觉得浪费时间吗？
21. 你有不愿意与他人合作的心态吗？

22. 见到他人的进步和成功，你有没有不高兴的感觉？

23. 与他人共事，你懂得不能“争功于己，诿过于人”吗？

24. 你与朋友相处，能够“严于律己，宽以待人”吗？

25. 你知道失信和欺骗是友谊的大敌吗？

上述25题，主要测试情商所包含的5个方面的内容：认知自身的情绪、控制自身的情绪、自我激励、了解他人的情绪、人际关系管理。

如果你在第1～10题中答“是”达到4个，表明你对自己的情绪有较高的控制能力；如果你在第11～15题中答“是”达到4个，表明你善于自我激励；如果你在第16～18题中答“是”达到3个，表明你能够了解他人的情绪；如果你在第19～25题中答“是”达到5个，表明你会处理人际关系。总体衡量：25个题中答“是”达到20个者属于高情商；答“是”在14～19个之间者，属于情商中等；答“是”在13个以下者，则属于情商偏低，应该有针对性地加强自我训练。

第7章

激励与管理

学习目标

知识目标：通过本章的学习，你应该能够了解激励的含义及其对管理的作用；认识有关激励理论及其运用；明确激励的种类和原则；掌握激励的方法和策略。

素养目标：掌握激励相关理论，提高自我激励水平，合理规划人生。

趣味导读　　最好的标准

某个村庄有一种风俗：用牛的多少来表示待嫁姑娘的美丑，最贤惠漂亮的姑娘需要用九头牛做聘礼，这也是最高规格的聘礼。

李老汉家有三个女儿，前两个女儿既聪明又漂亮，都是被人以九头牛为聘礼娶走的。第三个女儿到了出嫁的年纪，却一直没有人肯出九头牛来娶，原因是她非但不漂亮，还很懒惰。后来，远方有个叫张三的人听说了这件事，就对李老汉说："我愿意用九头牛为聘礼娶你的女儿。"李老汉非常高兴，真的把女儿嫁给了张三。过了几年，李老汉去看自己远嫁他乡的三女儿。没想到，女儿不仅能亲自下厨做美味佳肴来款待他，而且从前的丑女孩也变成了一个气质超俗的漂亮女人。

李老汉很震惊，偷偷地问女婿："难道你会魔法吗？你是怎么令她改变的？"

李老汉的女婿说："我没有刻意地改变她，我只是始终坚信你的女儿值九头牛的聘礼，所以她就一直按照'九头牛'的标准来做了，就这么简单。"

分析提示：信任、鼓励、暗含期待，都是对人的一种激励。

激励，简单地讲就是调动员工的积极性。激励是管理的一个重要功能，因而它也成为管理心理学的核心内容和焦点。作为领导者，要实现组织的既定目标，就必须通过有效的激励激发全体成员的斗志，充分调动员工的工作积极性，挖掘员工的内在潜力，为管理工作服务。

7.1 激励概述

7.1.1 激励的含义

激励，即激发、鼓励，从心理学的角度分析，它是指持续激发人的动机的心理过程。

激励，使人在某些内在或外在刺激的影响下，始终维持在一个兴奋状态。可见，激励是引起个体产生明确的目标，并指向目标行为的内在动力。

在管理心理学中，激励就是指调动员工的积极性、主动性和创造性，使人有一股内在的动力，自觉地朝企业所期望的目标努力。

激励的过程，就是管理者运用特定的手段和策略，促进工作群体或个人努力实现管理目标的过程。有效的激励手段，必须符合人的心理和行为活动的规律。

心理学告诉我们，人的一切行为皆以需要为起点，需要引起动机，动机产生行为，行为又指向一定的目标。这就是人类行为的基本模式（如图7-1所示）。按照这个规律施以必要的刺激，就形成了激励的心理过程模式（如图7-2所示）。

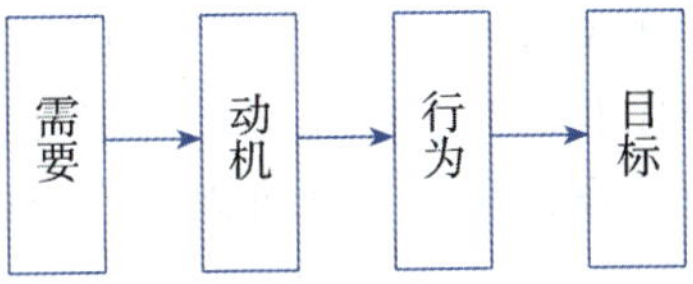

图7-1 人类行为的基本模式图

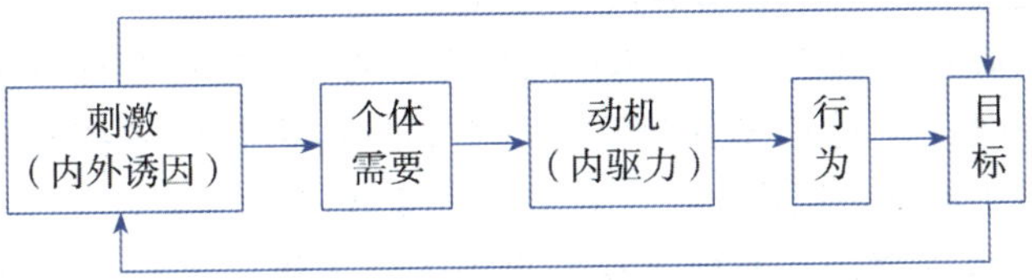

图7-2 激励的心理过程模式图

可见，激励过程的实质，就是认真处理好刺激变量、机体变量和反应变量之间的关系。

其中，刺激变量就是影响员工心理和行为的环境刺激，包括可控的自然环境和社会环境刺激；机体变量是指员工的主观因素，如能力、气质、性格、需要、动机、兴趣等；反应变量是刺激变量和机体变量在员工行为上所引起的反应和变化。

7.1.2 激励的作用

激励在组织管理中的作用是不言而喻的，它作为组织管理的重要职能之一，对于组织目标的实现、工作效率的提高、员工潜在能力的发挥都具有十分重要的作用。

（1）激励是管理的基本职能。

组织管理就是运用有效的方法和手段，以充分利用人力、财力、物力资源及科技力量，最大限度地创造和提高社会效益和经济效益。在人、财、物以及信息资源中，人力资源是最富有活力的资源，人力资源的管理在组织管理中具有举足轻重的地位。人是现代化大生产的主体，以人为中心是现代组织管理的基本趋势。

以人为中心就是要了解员工的心理，关心员工的需要，运用有效的方法和手段，激发和调动员工的工作热情和积极性。以人为中心还要关心员工的疾苦，满足员工正当、合理的需要，使员工对组织产生归属感、主人翁意识和参与意识。以人为中心还要发现和利用员工的才能，让员工在工作中使自己的才华得以展现、潜能得到挖掘，取得成就，获得发展。一句话，以人为中心就是要不断激励人，激发人的工作热情和创造性。

激励是管理的基本职能，管理者的一个重要任务就是对不同的员工采取适当的手段和策略，以激发其工作的积极性、主动性和创造性。

（2）激励是实现组织目标的有效手段。

激励作为一种适宜刺激，目的在于通过满足员工的需要，以激发其工作的动机。激励的目的并非仅停留在单纯地满足需要上，还在于通过需要的满足，使员工对组织目标的实现保持高度的热情。衡量一项管理措施是否具有激励作用，不仅要看这种措施能否满足员工的需要，而且要看该措施能否激发员工实现组织目标的热情。

因此，激励是实现组织目标的有效手段，对于组织目标能否顺利达成具有重要意义。组织的各种有效的激励手段和策略，一方面可以把有才能、适应组织需要的人才吸引到组织中来，长期为本组织工作；另一方面可以使已有的人力资源得到充分利用，保持其工作的有效性和高效率。

（3）激励是提高员工工作效率的核心动力。

美国哈佛大学心理学家威廉·詹姆斯的研究表明，传统的管理方法仅能使员工发挥其能力的20%~30%，而受到充分激励的员工，其能力可以发挥到80%~90%。这说明，激励是发挥员工潜能、提高员工工作效率的重要推动因素。

人的潜能是可以挖掘的，潜能被挖掘出来了，工作效率自然会得到提高。激励就是要激发人的潜能，激发人的创造欲和革新精神。日本丰田公司采用合理化建议奖的方式鼓励员工提建议。结果仅在1983年，员工就提出了165万条建设性建议，平均每人提出31条，它所带来的利润为900亿日元，相当于该公司全年利润的18%。可见，员工的创造欲和革新精神一旦被激发起来，不仅会激发员工的工作士气，建设优秀的企业文化，还能够极大地调动员工的生产热情，提高工作效率，为组织创造直接经济效益。

管理法则7-1　马蝇法则——感谢对手，正是他推动了你的成功

没有马蝇叮咬，马走路慢慢腾腾，走走停停；有了马蝇叮咬，马儿便不敢怠慢，跑得飞快。这就是马蝇法则，是林肯提出的。

林肯顺利地在1860年美国总统大选中胜出，就任后，他任命参议员萨蒙·蔡斯为

财政部部长，当时有许多人反对这一任命，蔡斯虽然能干，但为人狂妄自大，他在大选中输给了林肯，但始终认为自己比林肯要强得多，不太服从林肯的领导。

当朋友不解地问起这件事时，林肯讲了这样一个故事："我想每一位在农村长大的朋友一定知道什么是马蝇。有一次，我和我的兄弟在肯塔基老家的一个农场犁玉米地，我俩一个吆马，一个扶犁。刚开始马很懒，总也不愿意动。可是过了一会儿，它却在地里跑得飞快，连我这双长腿都跟不上。等跑到了地头，我才发现，原来有一只很大的马蝇叮在马身上，我不忍心看着这匹马被咬，就随手把马蝇打落了。我兄弟却埋怨我，并告诉我正是有了马蝇的叮咬，马才跑得飞快。"

然后，林肯解释道："如果现在有一只叫'蔡斯'的强有力的马蝇正在叮咬我们的阵营，我们不仅不应该打落他，更应该感谢他，因为正是有了他的威胁，我们才会更努力地跑。"

上学时，为了赶超成绩好的同学，你会拼命地学习；工作中，有了同事的竞争，你会为职位晋升而努力表现；生活中，一旦情敌出现，你会更加爱护心上人……

一个人、一个组织、一个企业、一个国家，只有被叮着、咬着，才不敢松懈，才会更加努力拼搏，不断进步。竞争，是成功的催化剂。我们应该把对手当成前进的动力之源，向对手学习，从而战胜对手。

7.2　激励理论

20世纪，随着梅奥的人际关系理论的建立和发展，西方的管理学家和心理学家纷纷从不同的角度研究组织成员的行为激励问题，并提出了许多不同的理论。这些理论一般可以分为三类（如图7-3所示），即内容型激励理论、过程型激励理论和行为改造型激励理论。

- 激励理论
  - 内容型激励理论
    - 需要层次理论
    - ERG理论
    - 成就需要理论
    - 双因素理论
  - 过程型激励理论
    - 期望理论
    - 公平理论
    - 目标管理理论
  - 行为改造型激励理论
    - 行为强化理论
    - 归因理论

图7-3　激励理论的分类

7.2.1　内容型激励理论

内容型激励理论也可称为需要的激励理论。需要是激励人们进取的基础和源泉，内容型激励理论就是研究究竟是何种需要激励人们从事自己的工作。最具代表性的内容型激励理论包括需要层次理论、ERG理论、成就需要理论和双因素理论。

1）需要层次理论

1943年，美国人本主义心理学的创始人马斯洛在《人的动机理论》一书中提出了需要层次理论。

马斯洛认为，人的价值体系中存在着不同层次的需要，形成一个需要系统。人类的基本需要是由低级到高级，分层次出现的，包括5个层次，依次是：生理需要、安全需要、社会需要、尊重需要和自我实现需要。当某一层次的需要得到相对满足时，其激发动机的作用随之减弱或消失，此时上一级的较高层次的需要成为新的激励因素。有关的详细内容已在第5章中作了阐述，这里不再重复。

马斯洛的需要层次理论揭示了需要-激励-行为的关系，从而揭示了行为激励过程的共性。它还强调了人的内在需要是激励的主要诱因，强调了人的不同层次的需要对动机的激发和影响。因而，马斯洛需要层次理论对企业管理有重要的指导作用。表7-1就是需要层次理论与管理措施结合的参考表。

表7-1 需要层次理论与管理措施结合的参考表

需要的层次	诱因（追求的目标）	管理措施
生理需要	薪水、健康的工作环境、各种福利	身体保健（医疗设备）、工作时间（休息）、住宅设施、福利设备
安全需要	职位的保障、意外的防止	雇佣保证、退休金制度、健康保险制度、意外保险制度
社会需要	友谊（良好的人群关系）、团体的接纳、与组织的方向一致	协谈制度、利润分配制度、团体活动制度、互助金制度、娱乐制度、教育训练制度
尊重需要	地位、名誉、权力、责任、与他人薪水之相对高低	人事考核制度、晋升制度、表彰制度、奖金制度、选拔进修制度、委员会参与制度
自我实现的需要	能发展个人特长的组织环境，具有挑战性的工作	决策参与制度、提案制度、研究发展计划、劳资会议

资料来源　俞文钊．管理心理学［M］．7版．大连：东北财经大学出版社，2021.

2）ERG理论

ERG理论是奥德弗在实验基础上提出的一种需要理论。他把马斯洛的需要层次概括为3种需要：生存（Existence）需要、关系（Relatedness）需要、成长（Growth）发展需要，简称ERG理论。

首先，生存需要类似于马斯洛需要层次理论中的生理需要和安全需要，如多种形式的生理和物质的欲望以及劳动报酬、工作条件、退休保险等社会保障条件；其次，关系需要类似于需要层次理论中的社会需要和尊重需要，它包括在工作单位的人际关系和人际交往，这种需要在人际交往中共同分享并获得满足；再次，成长发展需要相当于需要层次理论中的自我实现需要，主要是指个人的完善、成长以及创造性的发挥等，这类需要的满足有赖于培养和提高，教育使人们不断发现个人的成长发展需要，并寻求满足的方式。

图7-4是奥德弗ERG理论和马斯洛需要层次理论的对比。

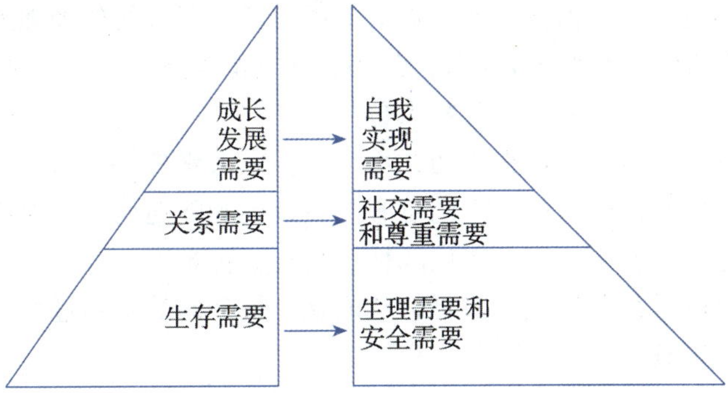

图7-4 奥德弗ERG理论和马斯洛需要层次理论的对比

奥德弗ERG理论的主要观点是：

①各层次的需要得到的满足越少，则这种需要就越为人们所渴望；

②较低层次的需要越是能够得到较多的满足，对较高层次的需要就越渴望；

③较高层次的需要越是满足得少，则对较低层次需要的渴望越强。

奥德弗ERG理论的观点，实际上有很多与马斯洛需要层次理论的观点雷同，并未超越马斯洛需要层次理论的范畴。

通常，人们认为，马斯洛需要层次理论带有普遍性，而奥德弗的ERG理论侧重于带有特殊性的个体差异。因而很多人认为，奥德弗的ERG理论比马斯洛的需要层次理论更符合实际。

3）成就需要理论

20世纪50年代初，美国哈佛大学心理学家麦克利兰对成就需要这一因素进行了大量的调查研究，提出了成就需要理论。成就需要理论抛开人的基本生理需要，主要研究在人的基本生理需要基本得到满足的前提下，人还有哪些需要。麦克利兰认为，除此之外，人还有权力需要、友谊需要和成就需要。

（1）权力需要。

具有较高权力欲望的人，常常追求更高的权力。他们对施加影响和控制他人往往表现出很大的兴趣。他们能言善辩，头脑较冷静，有一定才干和水平。个体的权力需要有一个发展过程，一般变化是从依赖别人到相信自己到控制别人再到自我隐退。

（2）友谊需要。

它亦称归属需要或社交需要。较高层次的人多具有友谊需要，他们通常从友爱、情谊和人际交往中得到欢乐和满足。友谊需要是保证社会交往和人际关系和谐的重要条件，负有全局责任的管理者把这种需要看得比权力还重要。

（3）成就需要。

有成就需要的人，对胜任和成功有强烈的要求，具有挑战性的成就会引发其内心的快感，令其精神振奋。成就需要对行为起主导作用。

麦克利兰成就需要理论的主要观点有：

第一，不同的人对权力需要、友谊需要、成就需要的排列顺序是不同的。个人行为主要取决于其被环境激活的那些需要。据对美国电话电报公司的经理人员的测定，新经理（年轻的经理）的成就需要低于年长的经理，而友谊需要高于年长的经理。

第二，具有高成就需要的人，其特点包括：

①喜欢通过自己的努力去取得成功，可以承担个人责任，相信会有好的结果；

②喜欢自己设置自己的目标，不满足于随波逐流和随遇而安，渴望有所作为；

③在选择目标时，希望任务具有挑战性、具有一定难度，敢于冒一定的风险；

④把个人的成就看得比金钱更重要，从成就中得到的鼓励超过物质鼓励，把报酬看作衡量成就大小的工具。

第三，具有高成就需要的人对企业、对国家具有重要作用。企业拥有这样的人越多，发展就越快。国家拥有这样的人越多，就越兴旺发达。

第四，麦克利兰就管理者如何运用成就激励理论增进成就对人的激励的问题，提出了以下四个办法：

①要经常安排一些成就的反馈，使被激励者了解自己的成功之所在，进一步激励他们对成就的渴望。具有高成就需要的人取得显著成绩时，要给他们合理的薪酬，以使他们能更安心地在组织中工作。

②提供取得成就的榜样，刺激人们取得成功的愿望和行为。

③要把具有高成就需要的人放在具有挑战性的岗位上，肯定他们的成就，鼓励他们多出成果。

④不要限制员工创新，以成就激励他们脚踏实地干事业。

4）双因素理论

双因素理论是20世纪50年代末美国心理学家赫茨伯格提出的。他在一些工商企业中做了广泛的调查，调查对象主要是工程师、会计师等“白领”。

赫茨伯格设计了许多问题，如“什么时候你对工作特别满意”“什么时候你对工作特别不满意”“满意与否的原因是什么”等。调查发现，使员工感到不满意的因素往往是由外部的工作环境引起的，使员工感到满意的因素常是工作本身产生的。因此，赫茨伯格提出“双因素理论”，认为调动人的积极性，主要是从人的内部，用工作本身来调动人的内在积极性，工作对人的吸引力才是主要的激励因素。

（1）双因素理论的主要内容。

赫茨伯格认为，造成员工非常不满意的原因主要是劳动报酬、工作条件、人际关系等方面的因素。这些因素即使改善了，也不能充分激发其积极性，只能消除员工的不满，称为保健因素。

保健因素的作用就像只能预防疾病，而不能医治疾病一样，起着防止人们对工作产生不满的作用。

另一类因素能激发员工的工作热情，调动员工的积极性，使员工感到满意，这类因素称为激励因素。

激励因素是影响人们工作的内在因素，其本质为注重工作本身的内容，借此可以提高工作效率，促进人们的进取心，激发人们做出最好的表现。激励因素像人们锻炼身体一样，可以提高人的身体素质，增进人的健康。如上述的成就、认可、责任、发展等因素的存在将给人们带来极大的满足。

两种因素的内容见表7-2。

表7-2 两种因素的内容

保健因素	激励因素
组织的政策和行政管理	工作上的成就感
技术监督系统	工作中得到的认可和赞赏
与上级主管之间的人际关系	工作本身的挑战和兴趣
与同事之间的人际关系	工作职务上的责任感
工作环境或工作条件	工作的发展前途
薪金	个人成长、晋升、机会
个人的生活	
职务、地位	
工作的安全感	

（2）双因素理论在管理中的应用。

首先，要注意保健因素的作用，注意给工作创造良好的外部环境和条件，以防止员工对工作产生不满情绪，调动员工的积极性，这对提高劳动效率和管理效率有重要作用。

其次，要在保健因素的基础上，利用激励因素去激发员工的工作热情。如果只顾及保健因素，仅仅满足于员工没有意见，大家相安无事，还是不能创造出一流的工作业绩。

所以，在管理工作中，更重要的是利用激励因素。如利用“工作再设计”的方法，扩大员工的工作范围，丰富员工的工作内容，消除员工长期从事单一、重复劳动而产生的单调乏味的厌倦情绪，增强成就需要，让工作本身成为一种强有力的激励因素，激发员工的工作热情，努力提高工作绩效。

案例7-1 欧莱雅公司的激励机制

案例7-1 分析提示

在巴黎欧莱雅公司总部，对刚生育宝宝的女性员工，除了政府规定要给的4个半月的薪水外，欧莱雅公司还额外补贴1个月的薪水，并可以在生育宝宝之后的2年之内的任何时候领取。

在欧莱雅公司的8 000名经理中，有2 000名已购买股权，如此优厚的员工福利，使欧莱雅公司的人才流失率保持在很低的水平，欧莱雅公司的员工平均在公司工作14年。

欧莱雅公司负责人力资源管理的副总裁Francois Vachey说：“员工的忠诚度对于公司来说非常重要。他们来了，加入了我们，然后留了下来。”

7.2.2 过程型激励理论

过程型激励理论侧重于研究激励的整个认知过程以及这种认知过程如何与积极的行为相联系。

过程型激励理论主要包括期望理论、公平理论和目标管理理论。

1）期望理论

期望理论最早是由托尔曼和勒温提出的，但用于说明工作激励问题是从著名心理学家和行为科学家维克托·弗鲁姆开始的。弗鲁姆在他的著作《工作与激励》中阐述了期望理论模式。

期望理论的理论基础：人之所以能够完成某项工作并达成组织目标，是因为组织目标会帮助人们达成自己的目标，满足自己某方面的需要。弗鲁姆认为：某一目标对某人的激励力量等于他所能得到结果的全部预期价值乘以他认为达成该结果的期望概率。该模式可以表示为：

$$M=V\times E$$

其中：M为激励力量，它表明为达到预先设置的目标的努力程度；V为目标效价，指预定目标对于满足个人需要的意义，即对于满足个人需要的重要程度与价值的大小；E为期望值，是指判断达到目标的可能性的大小。

从上面的公式可以看出：目标对个人的价值越大，估计实现的概率越高，激励力量也越大；若实现目标的可能性很大而目标效价很小，或者目标效价很大而期望值很小，人被激发的动力就会很小。

弗鲁姆认为，根据期望理论，要调动人们工作的积极性，在进行激励时，必须辩证地处理好以下三种关系。

（1）努力与绩效的关系。

人们总是希望通过一定的努力去达到预期的目标，如果他认为经过自己的努力有可能达到目标，即个体主观上认为达到目标的期望概率很高，就会有信心、有决心，就会激发出强大力量。

如果他认为目标高不可攀，可望而不可即，或目标太低，轻而易举，就鼓不起干劲，容易失去动力。

（2）绩效与奖励的关系。

人总是希望取得成绩后能够得到奖励，当然这个奖励既包括物质上的，也包括精神上的。如果他认为取得绩效后能得到合理的奖励，就可能产生工作热情，否则就可能没有积极性。

（3）奖励与满足个人需要的关系。

人总是希望自己获得的奖励能满足自己某方面的需要。

然而由于人们在年龄、性别、社会地位和经济条件等方面都存在着差异，他们需要得到满足的程度不同。因此，对于不同的人采用同一种奖励，满足其需要的程度是不同的，激发出的工作动力也是不同的。

为了提高奖励的效价，使它对员工具有很强的吸引力，应根据人们的不同需要采取多种形式的奖励，才能最大限度地挖掘人的潜力，从而提高生产或工作效率。

小思考7-1

问：法国一家报纸组织了一次有奖智力竞赛活动，其中有这样一个题目：如果法国最大的博物馆卢浮宫失火了，当时的情况只允许抢救出一幅画，你会救哪一幅？结果在该报收到的成千上万种回答中，贝尔纳的回答被评为最佳答案，其获得了该竞赛的奖金。他的回答是："我救离出口最近的那幅画。"他的理由是：成功的最佳目标不是最有价值的那个，而是最有可能实现的那个。这说明了什么？

小思考7-1

答案

2）公平理论

公平理论又称社会比较理论，它是美国行为科学家亚当斯在1964年提出来的一种激励理论。该理论旨在通过社会比较研究个人所做的贡献与他所得到的报酬之间如何平衡，它侧重于研究工资报酬分配的合理性、公平性及其对员工生产积极性的影响。

亚当斯公平理论的主要观点包括：

第一，公平感是人类的一种基本需要，当一个人做出了成绩并取得了报酬以后，他不仅关心自己所得报酬的绝对量，而且关心自己所得报酬的相对量。人们总是习惯于把自己付出的劳动和所得到的报酬与别人付出的劳动和所得到的报酬进行比较，还会把自己现在付出的劳动和所得到的报酬与自己过去所付出的劳动和所得到的报酬进行比较。前者属于社会的横向比较，后者是个人的纵向比较。

第二，一般来说，员工以对工作的付出程度比较其所得，如根据彼此的努力程度、工作经验、受教育程度、能力以及工作绩效，比较工资、奖金、晋升、认可等因素，通过比较自己的产出-投入比率与他人的产出-投入比率的差异，来做出判断。比较后所得到的结果有三种：公平、报酬过度或报酬不足。

第三，如果员工认为公平，他们就会保持原有的积极性继续工作。相反，如果他们认为不公平，可能会采取以下几种做法以期实现公平：

①通过自我解释，达到自我安慰；

②采取某种行为谋求改变他人的付出或所得；

③采取某种行为谋求改变自己的付出或所得；

④选择另一个参照对象进行比较；

⑤辞去现在的工作。

大量研究支持了公平理论的观点：员工的积极性不仅受其绝对收入的影响，而且受其相对收入的影响。一旦员工感受到不公平，他们会采取行动纠正这种状况，从而影响工作效率。

3）目标管理理论

目标管理理论是美国管理学兼心理学教授洛克在20世纪70年代提出来的。他强调了研究目标的重要性，围绕目标的激励作用作了深入的探索。

其基本模式如图7-5所示。

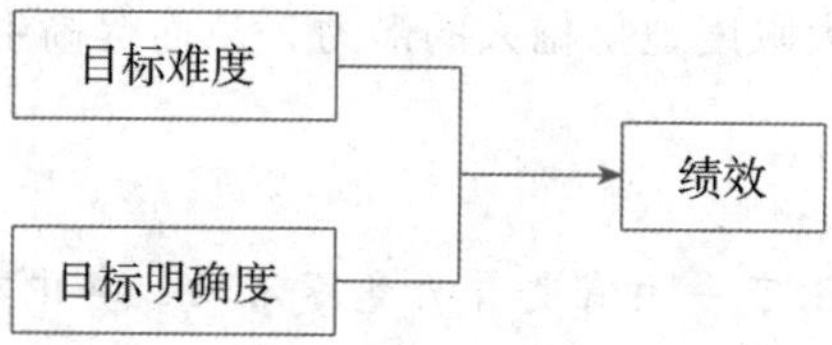

图7-5　目标管理理论的基本模式

这个模式表明：第一，目标难度指目标要具有挑战性，必须经过努力才能完成，就是说，设置的目标既要切实可行，又不能平淡无奇。第二，目标明确度指目标导向必须是具体的，可以测定的，如以数字说明目标等。第三，绩效就是目标的效果，是由目标难度和目标明确度组成的，而且这种绩效是在目标导向行为与目标完成行为循环交替的运行中取得的，即当一个目标达到时，将马上提出更高的新目标，并进入新的目标导向过程。

洛克的目标管理理论的扩充模式可以理解为由三部分组成，即努力、绩效和满足感。

第一部分是努力。

除了上面所说的目标难度与目标明确度外，还有目标接受与目标责任心。

目标难度：如果目标轻而易举就能实现，就不能令人奋发努力；如果目标高不可攀、力不能及，也会令人望而生畏。所以，目标难度必须适当，既有挑战性，又有现实性，才能使人积极追逐。

目标明确度：目标意义明确，及时反馈，掌握进度，使人努力有方向，差距有尺度，便于及时修正行为，增强信心。

目标接受：吸收员工参与决策，员工实现自己参加决策的目标同被动执行目标相比，其努力程度大不相同。

目标责任心：若能使员工以此目标为己任，则其责任心大增，责任感必使其一往无前、义无反顾。

因此，管理者的任务就在于：不仅能为员工提出适合的目标，更为重要的是能创造出增强追求目标努力的情境因素，促使员工做出最大的努力。

第二部分是绩效。

它由指向目标的努力、组织的支持、个人能力、个人特性组成。当人们的指向目标的努力甚多时，绩效必然高于平常。但绩效究竟达到何种水平，除本人努力外，还与组织的支持、个人能力和特性有关。假如员工满怀热情，跃跃欲试，而组织却无视员工的积极性，不闻不问，更谈不到给予必要的支持，那么员工在心理上必然受到相当大的刺激而影响绩效。

员工个人有无能力来协调上下左右的关系、争取组织的支持，也会影响绩效水平。管理者若能意识到这一点，注意提高个人技术水平，搞好专业培训，协调好人际关系，保护和发扬员工的积极性，可以使绩效水平大大提高。

第三部分是满足感。

完成预期目标后，必须经过一定的内酬或外酬才能达到员工的满足感。因此管理者只有通过一定的奖酬使员工获得满足后，才算是善始善终地达到了目标设置的结果。此时，如果内酬充分，则外酬可以作为点缀而使其相辅相成，相得益彰；若内酬不足甚至缺乏，则高额外酬必不可少。

7.2.3　行为改造型激励理论

行为改造型激励理论重点研究怎样转化和修正人的行为，它是研究如何使人的心理和行为化消极为积极的理论。这一理论的代表主要有强化理论、归因理论等。由于归因理论在第3章中已有论述，所以这里主要介绍强化理论。

1）强化理论的概念

强化理论是美国哈佛大学心理学教授斯金纳提出的。斯金纳在巴甫洛夫条件反射理论的基础上，提出了“操作性条件反射理论”，认为人类（或动物）为了达到某种目标，本身就会使用某种行为，作用于环境。当行为的结果有利时，这种行为就重复出现；不利时，这种行为就减弱或消失。

强化通常有以下四种形式：

（1）正强化。

它又称积极强化，是指在行为发生之后，立即用物质和精神的鼓励来肯定这种行为，在这种刺激作用下，个体感到对他很有利，从而增强以后的行为反应及其频率，以达到改变行为的目的。

在管理中，正强化是最常使用且易收到良好效果的强化方式，能起到正强化作用的因素是奖酬，如表扬、赞赏、增加工资、奖金、奖品、职位提升等。正强化，既能起到加强被强化者积极行为的作用，又能使其他人出现积极行为的可能性增大。

（2）负强化。

它又称消极强化，是指预先告知某种不符合要求的行为或不良绩效可能引起的后果，允许员工按所要求的方式行事，或避免不符合要求的行为来回避一种令人不愉快的处境。若员工能按要求行事，即可减少或消除这种不愉快的处境，从而提高了员工符合要求的行为重复出现的可能性。由此可见，负强化与正强化的目的是一致的，只是两者采取的手段不同。

但负强化与正强化是有区别的：对正强化来说，员工努力工作是为了从组织获得奖酬，这种奖酬来自他的良好的工作绩效；对负强化来说，员工努力工作是为了避免不希望得到的刺激结果，不挨管理者的批评。在这两种情况下，希望的积极行为都能得到强化。在运用负强化时，一定要与正强化结合起来，恰当地运用两种手段，才能收到较好的效果。

（3）惩罚。

它是指在消极行为发生之后，对当事人给予某些令人不愉快、不喜欢乃至痛苦的对待，或取消某些为其所喜爱、令其满意和愉快的条件，以示对某种不符合要求的行为的否定，从而减少或消除消极行为。例如，批评、降薪、罚款、开除等，都是惩罚的手段。

（4）自然消退。

它是指撤销对人的某种行为的积极强化，使这种行为出现的频率逐渐减少、衰弱，以至最终消失。研究表明，一种行为长期得不到正强化，便会逐渐消失。

2）强化方式的运用

强化方式是指根据员工行为的情况不同而采用的各种奖酬方式，主要分为连续的和间歇的两种方式。管理者应该针对不同的强化采取不同的措施来改造人的行为，以提高管理绩效和组织的产出水平。管理者实施强化时必须遵循以下原则：

①要有一个目标体系。目标强化物，能强化人的行为。

②要采用渐进法。就是把一个鼓舞人心的长远目标分解成几个阶段，逐步加以完成，即大目标小步子，以增强行为转化的信心。

③及时反馈信息。信息的及时反馈，能使人们了解自己行为的结果，以便及时修正行为，及时强化行为。

④注重个人需要的满足。行为是由动机引起的，而动机是需要激发的，要不断满足行为者的需要，以强化其行为。

⑤贯彻因人而异的强化原则。对不同个体采取不同的强化措施，以获取最佳效果。

⑥坚持奖惩结合、精神奖励与物质奖励相结合以及定期与不定期、定值与不定值奖励相结合的原则。

管理寓言7-1　　猎人、猎狗和兔子

一条猎狗将兔子赶出了窝，一直追赶它，追了很久仍没有追到。猎人讥笑猎狗说："你们两个之间，个子小的反而跑得更快。"

猎狗回答说："我们两个跑的目的是完全不同的！我仅仅为了一顿饭而跑，它却是为了性命而跑呀！"

猎人想，猎狗说得对啊，我要想得到更多的猎物，就得想个好法子。

于是，猎人又买来几条猎狗，凡是能够在打猎中捕捉到兔子的，就可以得到几根骨头，捉不到的就没有饭吃。这一招果然有用，猎狗们纷纷努力追兔子，因为谁都不想没饭吃。

过了一段时间，问题又出现了，大兔子非常难捕捉，小兔子好捕捉。但捉到大兔子和捉到小兔子得到的骨头数量差不多，猎狗们发现了这个窍门，都去捉小兔子。猎人问猎狗："最近你们捉的兔子越来越小了，为什么？"猎狗说："反正得到骨头的数量没有什么大的区别，为什么费那么大的力气去捉那些大兔子呢？"

猎人经过一番思考后，决定不将分得骨头的数量与是否捉到兔子挂钩，而是每过一段时间，就统计一次猎狗捉到兔子的总重量，按照重量决定猎狗在一段时间内的"待遇"。于是猎狗们捉到兔子的数量和重量都增加了。

猎人很开心。但是过了一段时间，他发现猎狗们捉兔子的数量又少了，而且越有经验的猎狗，捉兔子的数量下降得越厉害。于是猎人又去问猎狗。

猎狗说："我们把最好的时间都奉献给了您，但是我们会越来越老，当我们捉不到兔子的时候，您还会给我们骨头吃吗？"

猎人分析并汇总了所有猎狗捉到兔子的数量与重量后，规定如果捉到的兔子超过了一定的数量后，即使捉不到兔子，也可以得到一定数量的骨头。猎狗们都很高兴，又都努力去捉兔子，争取达到猎人规定的数量。

一天，有一条猎狗说："我们这么努力，只得到几根骨头，而我们捉的猎物远远超过了这几根骨头，我们为什么不能给自己捉兔子呢？"于是，有些猎狗离开了猎人。

猎人意识到猎狗正在流失，并且那些流失的猎狗像野狗一般和自己的猎狗抢兔子。情况变得越来越糟，猎人不得已引诱了一条"野狗"，问他到底当野狗比做猎狗强在哪里。野狗说："猎狗吃的是骨头，吐出来的是肉啊！"接着又道，"也不是所有的野狗都顿顿有肉吃，大部分最后骨头都没得啃。"

管理寓言7-1

分析提示

于是猎人进行了改革，使得每条猎狗除基本骨头外，还可从它所猎兔肉中提成，而且随着贡献变大，该比例还可以递增，并有权按比例分享猎人总的兔肉。就这样，猎狗们与猎人一起努力，将野狗们逼得叫苦连天，纷纷强烈要求重归猎狗队伍。

资料来源　佚名. 管理寓言："猎人与猎狗"，蕴含老板用人大智慧，看懂的都是高手［EB/OL］.［2020-03-15］. https://baijiahao.baidu.com/s? id=1661197808313043109&wfr=spider&for=pc.

案例7-2　威斯康星大学实验

1982年，美国威斯康星大学的研究人员在研究成人学习进程项目时，曾做了一个有趣的实验。

研究人员将一批成人学员组成了两支保龄球队，经过短暂的训练后，两队进行了几场比赛，比赛成绩两队互有胜负，难分上下。研究人员将全部比赛过程都摄录了下来，并将录像分别提供给两支队伍，以便他们能借助录像提高队伍的球技。所不同的是，分发给两支队伍的录像带采用了不同的编辑方法。第一支球队收到的录像带所展现的全是他们在比赛中的失误和糟糕的表现；第二支球队收到的录像带所显示的则全是他们的出彩之处。

在仔细研究观看了录像带之后，两支球队都不同程度地提高了各自的球技。在接下来的几场比赛中，第二支球队均以绝对的优势战胜了第一支球队。

分析提示：将焦点凝聚在失误和过错上，使得队员产生了疲惫、厌倦、责备、抗拒等消极情绪；而将注意力集中在表现优异的一面，则使队员的创造性、激情、自信以及渴望成功的欲望等积极情绪得到了极大的提高和调动，形成正强化效果。

7.3 激励与管理

7.3.1 激励的种类

不同的激励对行为过程会产生程度不同的影响，所以选择使用正确的激励类型是做好激励工作的先决条件。组织中经常采用的激励手段有以下几种：

（1）物质激励与精神激励。

所谓物质激励，就是从满足人的物质需要出发，通过对物质利益关系进行调节，激发人的向上动机并控制其行为的趋向。

物质激励多以加薪、减薪、奖金、罚款等形式出现，是激励不可或缺的重要手段，它对强化按劳取酬的分配原则和调动员工的劳动热情有很大的作用。

所谓精神激励，就是从满足人的精神需要出发，对人的心理施加必要的影响，从而影响人的行为。精神激励多以表扬和批评等形式出现，是激励的一种重要手段，效果显著、持续时间长。

（2）正激励与负激励。

根据激励的性质，激励还可分为正激励和负激励两种。

正激励是指当一个人的行为符合组织需要时，通过奖赏的方式来鼓励这种行为，以达到保持和增加这种行为的目的。

负激励是指当一个人的行为不符合组织需要时，通过惩罚的方式来抑制这种行为，以达到减少或消除这种行为的目的。

正激励起正强化的作用，是对行为的肯定；负激励起负强化的作用，是对行为的否定。

在正激励与负激励之间还存在着一种零激励，有人也称其为衰退，即撤销对原来某种行为实施的正激励或负激励，使这种行为在一段时期内连续得不到任何强化，从而达到降低或提高这种行为反应频率的目的。这是一种不施以任何激励的激励，所以称为零激励。

（3）内激励与外激励。

根据激励的形式，激励又可分为内激励与外激励两种类型。

内激励是指由内酬引发的、源自工作任务本身的激励。

外激励是指由外酬引发的、与工作任务本身无直接关系的激励。

内酬是指工作任务本身的刺激，即在工作进程中所获得的满足感，它与工作任务是同步的。内酬所引发的内激励会产生一种持久的作用。

外酬是指工作任务完成之后或在工作场所以外所获得的满足感，它与工作任务不是同步的。

由外酬引发的外激励是难以持久的。

管理寓言7-2

孩子在为谁而玩

一群孩子在一位老人家门前嬉戏，吵闹无比。几天过去，老人难以忍受。于是，他出来给了每个孩子25美分，对他们说：“你们让这儿变得很热闹，我觉得自己年轻了不少，这点钱表示谢意。”孩子们很高兴，第二天仍然来了，一如既往地嬉闹。老人再出来，给了每个孩子15美分，并解释说：“自己没有收入，只能少给一些。”15美分也还可以吧，孩子仍然兴高采烈地走了。第三天，老人只给了每个孩子5美分。孩子们勃然大怒：“一天才5美分，知不知道我们多辛苦！”他们向老人发誓，再也不会来这儿玩了！

管理寓言7-2

分析提示

7.3.2 激励的原则

（1）物质与精神同步激励原则。

该同步激励原则强调物质与精神激励，即人的自然与社会需要是统一的，互为前提和条件，不可对立、孤立地运用，应当统一、综合、同步运用。

（2）引入竞争机制的原则。

这一原则要求把竞争机制引入组织，使员工之间真正拉开档次和差距，并且要使员工认识到高薪、高奖是对其贡献的奖赏。

（3）公平、公正原则。

公平理论为激励工作提供了应遵循的公平原则。公平理论着重研究的是协作劳动中的报酬公平问题和公平分配问题。然而，公平问题不仅表现在分配问题上，还表现在提拔重用、各种待遇等方面。

（4）组织与社会相结合的原则。

社会风气、道德风貌会潜移默化地影响组织的员工。为此，在激励过程中要注意把组织和社会联系起来、协调配合。

组织要善于利用社会上的各种有利因素，作为激发本企业、本单位员工的积极力量，形成组织与社会相辅相成的激励网络。

管理寓言7-3

竞争效应

在挪威，渔民捕捞的沙丁鱼抵港时若是活鱼，卖价会比死鱼高出许多，所以渔民们千方百计地想办法让鱼活着抵港。

但很多渔民都失败了，只有一艘船总能带着活沙丁鱼回到港内。船长的方法很简单：在鱼槽里放进一条鲶鱼。

原来，鲶鱼进入鱼槽后，因环境陌生而四处乱游，大量沙丁鱼发现多了一个“异己分子”，自然也会紧张起来，加速游动，这样一来，就一条条活蹦乱跳地抵达港口了。

管理寓言7-3

分析提示

案例7-3

三只松鼠的："红包"激励

三只松鼠早在创业时期就有很多颇具"江湖气"的激励故事，比如2014年年会发了500万元年终奖，2015年章燎原个人拿出2 000万元用于员工福利。

2016年首次盈利时，三只松鼠董事长兼CEO、"松鼠老爹"章燎原在财务汇报当场决定给3 000多个员工每人发2 630元特别红包，而且要三天之内打到卡上（据说，这次年货节激励也有员工表示，中午发的通知，下午奖金已经到账）。到了上市后，组织发展更为规范，三只松鼠逐步建立了有序的股权激励计划，但仍保留着发红包和奖金的习惯。在2024年4月24日的站内信中，章燎原宣布向高管外的全体员工派发超2 000万元的超额成果奖金，用于对年货节活动成功的激励。在2024"年货节遥遥领先"战役中，全体员工的协同努力创造了三只松鼠年货节历史上最好的成绩，且营收和利润情况也表现较好。企业关怀到位，总是能让员工更具获得感。

案例7-3

分析提示

法国有一句古老的谚语："一个人累了也能再走完一段很长的道路。"但是，这需要调动人本身的动力并受到外界的鼓励。激励的作用，就是鼓励人们在这条道路上走下去，直到实现组织目标。IBM公司的副总裁巴克·罗杰斯深知IBM公司取得成功的一切奥秘。他认为："一个优秀的领导者就是一名鼓动者，一个靠他的言论和行动来激发人们做出最出色的工作的人。"

资料来源　作者根据网络资料整理而成.

小思考7-2

答案

小思考7-2

问：有的企业采取末位淘汰制，有的企业按员工业绩排座次，最好的座位在总经理的最近处，最差的离他最远。这体现了什么？

7.3.3　激励的方法与策略

1）激励的方法

管理心理学认为，重视激励行为的发挥，正确运用激励方法，对于领导者而言是极其重要的。

根据激励理论和现代领导活动的特点及实践经验，比较常用的领导激励方法主要有以下几种：

（1）目标激励。

一个进步的、明确的、经过努力能够达到的目标，对人们有着相当大的激励作用。当人们受到富有挑战性的目标刺激时，就会迸发出极大的工作热情，尤其是事业心很强的人。

所以，一个领导者如果适时、恰当地提出目标，有效地采取目标激励措施，就能极大地激发被领导者的工作热情和积极性、创造性，统一大家的思想和行为，向着同一个目标努力迈进。

值得注意的是，领导者在提出目标时，要使群体或组织的整体目标同被领导者的个人目标有机地结合起来，只有这样才能产生积极的激励作用。

小思考7-3

小思考7-3

答案

问：企业目标管理讲究“跳一跳摘桃子”，有什么含义？

（2）物质激励。

物质利益是每一个人生存和发展的前提和条件。物质激励就是通过满足个人物质利益的需求，来激发人们的积极性、主动性和创造性。

（3）奖惩激励。

其原则有：奖罚分明，以奖为主；有功则奖，有过则罚；无功无过，批评教育。

奖惩激励的目的是：激励先进，鞭策后进，形成争先恐后、你追我赶的社会效应。

（4）信任激励。

俗话说：“信任就是力量，信任是最高的奖赏。”在管理实践中，信任是一种巨大的精神力量。

领导的信任，能够使被领导者产生一种被尊重感、亲密感、荣誉感和责任感，能使其将自己的个人目标与组织目标紧紧地联系在一起，将自己的前途、利益同组织的前途命运联系在一起，从而激发其为群体、为组织努力工作的积极性。

（5）任务激励。

所谓任务激励，就是让个人肩负起与其才能相适应的重任，即由社会或组织提供给个人获得成就和发展的机会，激发其献身精神，满足其事业心和成就感。

任务激励应该把握两点：一是任务轻重适当。任务太轻，会给其“大材小用”之感，起不到应有的激励作用；任务太重，使其感到力所不及，同样起不到应有的激励作用。二是任务出色完成时，则应给予及时的、应有的肯定和奖赏。逾期奖励会削弱激励的力量。

（6）行为激励。

“榜样的力量是无穷的”，领导者用自己的模范行为和高尚人格，去影响和感染下属和群众，成为下属和群众的表率，使人们从领导的行为中受到激励。

（7）参与激励。

领导者让下属和群众参与决策、管理和监督，鼓励和支持组织成员提建议，并予以重视，积极采纳。

参与激励的关键是领导者要开明，要允许、鼓励和支持下级提意见、提问题，尤其是鼓励和支持下级提不同意见和反对意见，尊重下级的首创精神和独特见解。对下级的合理意见和建议要积极采纳，并给予及时的宣扬，从而激发人们的参与意识。否则，就会阻塞言路，挫伤下级和群众的积极性。

（8）关怀激励。

情感是影响人们行为的最直接的因素之一。有情方能吸引人、打动人、教育人。良好、和谐的情感关系，是维护整体合力的基础。在一个组织内，领导者与被领导者的情感关系如何，人们之间的情感关系如何，直接影响着集体绩效。关怀激励就是通过领导者关心下属和群众的切身利益，建立良好的情感关系，来激发下属和群众的高度责任感、主动性，从而提高工作效率，实现预定目标。

案例7-4　肯定员工那些他最重视的价值

有这样一个真实的故事，管理者可以从中看到肯定员工重视的价值的心理激励作用。

案例7-4

分析提示

一天，某人到外地办事，中午在一家饭店吃午餐，餐桌上的红烧肘子特别合他的口味，他觉得很好吃，吃光了肉还觉得不够，于是拿起骨头就啃。这时正巧这家饭店的厨师出来了，厨师感到奇怪，就问：“为什么啃骨头啊？”他回答说：“师傅，这肘子味道实在是太好，没吃够，就把骨头再啃一啃。”厨师听了这话，顿时心花怒放，当即走进厨房，端来一盘新的烧肘子，算是他请客。

资料来源　沈默. 管理要懂心理学［M］. 北京：北京理工大学出版社，2014.

2）激励的策略

要实施有效的激励，必须掌握以下策略：

（1）创造有效奖励的心理气氛。

奖励先进要特别注意环境的心理气氛。在一个平淡气氛中奖励一个人，这种奖励对此人和其他人只能起保健因素的作用。

如果能创造得奖光荣的心理气氛，那么在这种气氛下，奖励对被奖励者与其他人都有极为强烈的激励作用。

（2）奖励对象要有真正的先进性。

奖励先进是为了给人们树立一个学习的榜样和追赶的目标，激发人们的进取意识，使人产生向先进人物学习的积极、良好的心理倾向性。为此，奖励对象要有真正的先进性，切忌弄虚作假。

（3）奖励要注意时效性。

行为修正理论强调“即时反馈”，就是要让人们及时知道自己行为活动的结果，只有这样才能给人以鼓励和信心，鞭策人们继续努力。相对而言，“延时反馈”也就是相隔相当长的时间之后，再让人们知道行为的结果。这时的激励力量就会相应减弱，而且缺乏活力。因此，管理中强调奖励的实效性，赏罚都要及时。

（4）奖励的内容应该多样化。

奖励的内容与形式要真正符合人们的需求，并富有时代性、多样性，这样才能使更多的人受到真正的激励。

20世纪50年代，奖励的物质内容为毛巾、茶杯等。目前这些东西的激励作用已减弱了，人们需要住宅、奖金、旅游等更有价值的奖品。当然，奖励的内容并不是只与奖励物的价值有关，最能满足需要的奖励才能产生最大的激励作用。

案例7-5 善用激将法——反向激励

1895年10月的一天，一个年轻人到全美现金出纳机公司（National Cash Register Company）办事，遇到了该公司设在布法罗市营业处的约翰·兰奇先生。他对约翰·兰奇先生说：“我……我希望能当一名推销员。”

“可以一试。”约翰·兰奇先生可没有太多时间跟他说废话。

两个星期过去了，年轻人走街串巷，一台出纳机也没卖出去。他来到约翰·兰奇的办公室，希望这个前辈能够给予指教。

“哼，我早就看出你不是干推销员的那块料。瞧你一副呆头呆脑的样子，还不赶快给我从办公室里滚出去！你呀，老老实实地回家种庄稼去吧。”约翰·兰奇竟然对他破口大骂。

这个身材高大的年轻人，此时无地自容。不过，他没有因为被数落而不满，只是默默地站在那里。之后，约翰·兰奇没有再发脾气，而是和蔼地说：“年轻人不要太着急了，让我们来好好地分析一下，为什么没有人买你的出纳机呢?”

约翰·兰奇像换了一个人似的，他请年轻人坐下，接着说：“记住，推销不是一件轻松容易的事。如果零售商都愿意使用出纳机，他们就会主动购买，用不着让推销员去费劲儿了。推销是一门学问，而且学问很深。这样吧，改日，我和你走一趟。如果我们俩一台出纳机都没有卖出去，你和我都辞职回家吧!”

约翰·兰奇没有食言，过了几天，他带着年轻人上路了。

年轻人非常珍惜这个宝贵的机会。他认真地观察这个老推销员的一举一动。在一个顾客那里，约翰·兰奇平静地说：“买一台出纳机可以防止现金丢失，还能帮助老板有条理地保管记录，这不是很好吗？而且这台出纳机每收一笔款，就会发出非常好听的铃声，让人心情愉快……”

年轻人睁大眼睛看着一笔生意就这样谈成了。

之后，约翰·兰奇又带着这个年轻人外出推销，每次推销都很成功。

年轻人后来知道，约翰·兰奇那天对他的粗暴，不是真的看不上他，也不是跟老婆吵架了拿他撒气，而是对推销员的一种训练方式：他先将人的脸面彻底撕碎，然后告诉他你应该怎样去做，以此来激发人的热忱和决心，调动人的全部潜能和智慧。

案例7-5

分析提示

这个年轻人就是IBM的创始人——托马斯·约翰·沃森。

资料来源　易书科技．巧言激将为何也是一种激励？[EB/OL]．[2019-03-21]．https://zhidao.baidu.com/question/438809315603482484.html.

案例7-6 罗森塔尔效应

美国著名心理学家罗森塔尔教授设计了这样一个实验：对一所普通学校的一些小学生进行智力测验后，把一份名单交给他们的老师，并告诉老师名单上的学生属于大器晚成者，之后他就再也没有和这些学生接触。可是当学期末再次对这些学生进行智力测验时，他们的成绩显著优于第一次测验的结果。事实是名单上的人是随机挑选出来的，与其他学生没有显著不同。这种结果是怎样造成的呢？罗森塔尔认为，这是因为老师们对这些“大器晚成”的学生予以特别照顾和关怀，而这些学生显然也感受到了这种期望，变得更加努力和自信，以至于他们的成绩得以改善。

案例7-6

分析提示

资料来源　陈讲红. 心理学与领导力［M］. 北京：中国法制出版社，2015.

小思考7-4

答案

小思考7-4

问：对有能力的人，“请将”不如“激将”，要“鞭打快牛”，压力容易产生动力。而鞭子落在“慢牛”“病牛”“馋牛”身上，往往不如在他们的鼻子前挂一把“嫩草”。你觉得这种说法对吗？

管理寓言7-4

偷花者

管理寓言7-4

分析提示

美国有个著名的植物园，里面种满了各种珍奇名贵的花卉，每天都有大批游客前来观赏，但常有花卉不翼而飞的事情发生。为此，管理人员在植物园里竖起了一块告示牌：“凡偷窃花卉者罚款200美元”。可是，花卉仍时有被窃。有人建议把告示改成“凡检举偷窃花卉者奖励200美元”，这一招果然非常有效，从此之后，花卉被窃现象很少出现。

管理法则7-2

倒U形假说——半兴奋状态奠定成功之路

耶基斯和多德林是两位英国心理学家，他们一直致力于研究工作压力和工作业绩之间的关系。他们早期通过用老鼠进行的研究得出：当一个人根本不兴奋、没有压力时，就没有做好工作的动力；相反，当一个人处于极度兴奋时，随之而来的压力可能会导致他对于本可以得心应手的工作却无法圆满完成；只有当一个人处于轻度兴奋时，才能把工作做得最好。

工作压力与业绩之间存在的这种关系被两位学者称为倒U形关系，因为它就像数学中的倒U形曲线一样，呈现先上升后下降的特征，而最高点只有一个，就是当一个人处于轻度兴奋状态时。这就是著名的倒U形假说。

倒U形假说揭示了这样一个规律：过大或过小的压力都会使工作效率降低，只有最佳的刺激，才能使业绩达到顶峰状态。

知识掌握

1. 什么是激励？它在管理中有何作用？
2. 简述过程型激励理论的主要观点及其代表人物。
3. 激励的种类有哪些？
4. 运用激励手段应遵循哪些原则？

随堂测7

5.激励的方法有哪些？

案例分析

微软公司的激励机制

微软公司是第一家用股权来奖励普通员工的企业。微软公司职员可以拥有公司的股份，公司高级专业人员可享受更大幅度的奖励，公司还给任职一年的正式雇员一定的股票买卖特权。微软公司职员的主要经济来源并非薪水，而是股票升值的收益。公司故意把薪水压得比竞争对手低，创立了一个“低工资高股息”的典范，微软公司雇员拥有股权的比例比其他任何上市公司都要高。股票持股者回收到的利润主要来自股票市场价格的攀升。一个员工工作18个月后，可以获得认购权中25%的股票，此后每6个月可以获得其中12.5%的股票，10年内的任何时间均可兑现全部认购权。每两年还配发新的认购权。员工还可以用不超过年薪10%的份额，以8.5折的优惠价格购买公司股票。

这种报酬制度对员工具有长久的吸引力。在微软公司工作5年以上的员工，很少有辞职的。

比尔·盖茨一度成为世界首富，这并不是靠他的工资，而是因为他拥有公司25%的股权。

当微软公司股票价格持续上涨时，比尔·盖茨的财富就会水涨船高。同样，持有股权的微软公司员工也就有很多人成了百万富翁，1994年微软公司的百万富翁有3 000人，到2001年则增加到10 000人以上。

资料来源 作者根据网络相关资料整理而成.

问题：1）微软公司运用了哪些激励手段？

2）分析这些手段的作用？

分析提示：高明的领导者要善于借力，借力必须用有效的激励手段才能达到目的。

实践训练

为调动本班同学学习和参加集体活动的积极性，举例说明可采取哪些激励措施。

【心理小测验】

测测你的智力

这是美国一家高智商协会发明的一套智力测试题。测试时要求全部试题需在18分钟内完成。测试题及分数如下：

1.将硬币任意抛掷10次，落下后都是正面朝上。现在若再抛一次，正面朝上的可能性是多少？(2分)

2.假设你是一个经理，来你这儿的人要么绝对说真话，要么绝对说假话。现在来了一位找工作的人，显得很真诚。他告诉你，马上就要来你这里求职的一个女人告诉他，她是一个说假话的人。请判断一下他说的是真话还是假话。(2分)

3.5个人赛车。A不是第一名，B不是第一名也不是最后一名，C刚好次于A，D不是第二名，E比D低两个名次。请排好5个人的名次。(2分)

4.下面排列的数字中，括号里应是什么数字？

3 7 15（ ）63 127 （1分）

5.40个人两小时烘烤了20个肉饼。两个人烘烤10个肉饼需要几个小时？（1分）

6.S的女儿是我儿子的母亲，我是男性，那么我是S的什么人？（1分）

7.我的孙子都在17岁以下，都是红头发、蓝眼睛。孙女都很美丽。最大的孙子头发很长。法定的选举年龄是18岁。下面4句中哪句能根据以上内容得到证实？（1分）

A.最大的孙子不能参加选举

B.最大的孙女是个美丽的女孩

C.最小的孙子按法定年龄还不能开车

D.最小的孙子有短的红头发

8.根据马铃薯与花生的共同点，苹果与什么（香蕉、百合、桃子、番茄、黄瓜）有共同点？（1分）

9.一只蜗牛从井底向上爬。井深20尺，它白天爬上3尺，晚上又滑下2尺。问它爬出井需要多少天？（1分）

10.六千六百零六写成6 606，那么十一千十一百十一应该怎么写？（1分）

11.一位妇女收购旧鼻烟壶，她收购了两个后因缺钱花又以每个600元的价格把它们卖了。其中一个卖价比买价高20%，另一个低20%，问她是赚了还是赔了？（1分）

12.下面第一行的3个图案如此变下去，会变成第二行图形中的哪一个？（1分）

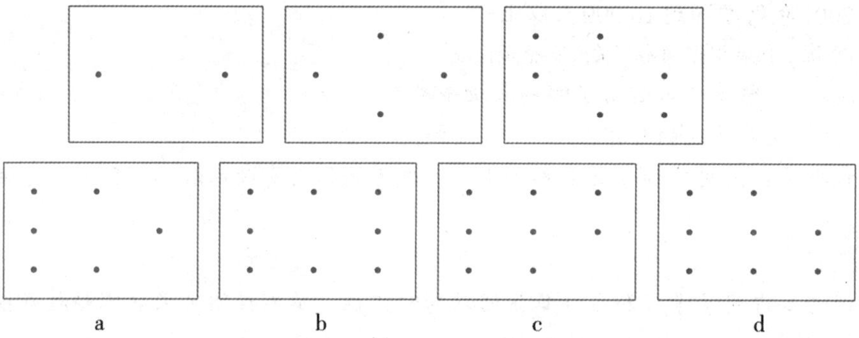

答案：

1.1/2；

2.他在说假话；

3.DBEAC；

4.31；

5.20小时；

6.S的女婿；

7.A最大的孙子不能参加选举；

8.苹果与桃子；

9.18天；

10.12 111；

11.她亏了50元；

12.b。

说明：总分的计算方法是：在18分钟之内答完的加1分；在15分钟内答完的加2分；不到13分钟答完的加3分。

据总分判断智力水平的方法如下：16～18分，极聪明、天才；14～15分，智力水平较高，比大多数人聪明；12～13分，智力水平略高于一般水平；12分以下，智力水平平常，但不必担忧。

第8章

群体心理与管理

学习目标

知识目标：通过本章的学习，你应该能够了解群体的含义，认识群体心理与行为的特征；理解群体动力学理论的基本含义；明确群体规范、群体压力和凝聚力的基本内容；掌握人际关系的重要性及其改善的方法；明确群体冲突的产生原因及其后果，掌握群体沟通的方法和途径。

素养目标：增强群体合作意识，遵守社会公德；提高人际交往和人际沟通水平，改善人际关系。

趣味导读　　**三个尼姑**

三个尼姑在破落的庙宇里相遇。“这个庙为什么一片荒凉呢?”甲尼姑随口问道。

“一定是尼姑不虔诚，所以诸神不灵。”乙尼姑说。

“一定是尼姑不勤劳，所以庙才不修。”丙尼姑说。

“一定是尼姑不恭谨，所以信徒不多。”甲尼姑说。

三人你一言我一语，最后决定留下来各尽所能，看看能不能成功地拯救此庙。于是甲尼姑恭谨化缘，乙尼姑诵经礼佛，丙尼姑殷勤打扫。果然香火渐盛，朝拜的信徒络绎不绝，庙宇也再度恢复鼎盛兴旺的旧观。

“都是因为我四处化缘，所以信徒大增。”甲尼姑说。

“都是因为我虔心礼佛，所以菩萨才显灵。”乙尼姑说。

“都是因为我勤加整理，所以庙宇焕然一新。”丙尼姑说。

三人为此日夜争执不休，庙里的盛况从此又一落千丈。分道扬镳后，她们总算得出一致的结论：这座庙之所以荒凉，既非尼姑不虔诚，也非尼姑不勤劳，更非尼姑不恭谨，而是因为尼姑不和睦。

资料来源　作者根据网络相关资料改编.

分析启示：靠一个人的力量只能获得小的成功，一个团队的力量才能获得大的成功。在一个群体中，合作是最重要的。

群体是人类存在的基本形式，人们总是通过一定的群体参与社会活动。同时，群体也是个体实现理想、抱负，发挥聪明才智的舞台。

个体、群体、组织是一个不可分割的整体。如果把组织看作一个系统，那么群体便是构成这个系统的一个子系统，个体则是群体的构成元素。因而，对群体心理和行为规律的研究，是管理心理学的一项重要内容。

8.1　群体心理概述

8.1.1　群体概述

1）群体的概念

在组织管理中，群体是一个介于组织与个人之间的人群结合体，是成员之间为实现共同的目标和共同的利益，通过相互交往和相互作用，并根据一定的社会规范而建立起来的有机整体。

由定义可知，群体并不是若干个体的简单结合。比如，同乘一辆车的乘客、同看一场电影的观众等，并不能构成群体。因为他们谈不上相互交往，没有任何交互作用。一个群体的存在，离不开三个要素：其一，群体成员是以一定的方式联系在一起的，其中思想感情和心理的联系是极为重要的因素，心理上没有什么联系的人群就不是群体。其二，群体必须有活动，如果没有，群体的存在也是没有意义的。无论是学习活动、生产活动，还是商业活动，都必须以分工协作为基础，在活动中发挥各自的智慧、才能和力量。其三，群体内的成员为实现共同利益和目标必然会相互配合、相互作用、相互依存、相互影响。

2）群体的特征

一般群体应有以下特征：

（1）共同的目标。

群体的目标是群体成员相互意识到的，并且是其成员相互作用、共同努力才能完成的，在此基础上产生以群体活动为主体的共同活动。共同的目标是构成和维持群体的基本条件。

（2）共同的规范。

任何群体都有自身的行为准则，即“群体规范”。它是群体在自身的活动过程中自然形成的，每个成员都必须遵守，否则将受到谴责。群体规范不因成员个人的去留而改变，它是成员间相互协作、密切配合的组织保证。

（3）群体成员具有群体意识和归属感。

群体中的各成员相互依存、彼此认同，在心理上都意识到其他成员的存在，也意识到自己是群体中的一分子，有“我们同属于一个群体”的共同感受。各成员之间有工作、思想和信息上的交流，在思想、感情、心理上建立起密切的联系，群体能满足其成员的归属需要。

（4）有一定的组织功能。

每个成员在群体内都占有一定的地位，扮演某种角色，承担一定的任务，并且领导大家去实现群体的目标。

3）群体的分类

（1）按群体是否实际存在，可将群体分为实际群体和假设群体。

实际群体是指实际存在的、个体参与其中的群体。群体成员之间有着实在的联系和相互作用。如一个实际存在的公司，某企业的车间、班组等。

假设群体是指只存在于人们的意识之中，而实际上并不存在的群体，比如女性群体、儿童群体等。这类群体是为了研究和分析的需要而划分的。

（2）按群体构成原则，可将群体分为正式群体和非正式群体。

正式群体是指那些由正式文件明文规定、有固定的编制和确定的组织地位的群体，如工厂的车间、班组，学校的院系、班级等。正式群体因为有公开的身份、合法的地位和明确的上下隶属关系，一般来讲，组织严密、纪律严明，又被称为组织团体。

非正式群体是指人们在相互交往中自发组织起来的群体。这种群体一般以感情为纽带，多由性格相近、志趣相投、信念一致、关系密切的个体聚合而成，如同学、老乡、亲朋好友、球迷协会等。这类群体没有正式群体那样明确的组织结构，比较松散，也不太稳定，但他们也有自己不成文的群体规范，也有自己的中心人物，对个体行为也有较强的约束力。

非正式群体成员间有一条比较灵通的信息渠道，有较强的自卫性和排外性。它的存在可以弥补正式群体无法满足的需要，在公关活动中所起的作用不亚于正式群体。

（3）按群体的结合程度，可将群体分为松散群体、联合群体和集体。

松散群体是指人们仅在特定的时间和空间结成的群体，成员关系不密切、交往不深，甚至是陌生的、短暂的相处。如同一病房的病人、同一车厢的乘客等。

联合群体是松散群体的进一步发展，成员关系进一步密切、时空上进一步延伸，群体意识逐渐增强，如一起排练节目的演员、一起比赛的球队等。

集体是群体发展的高级阶段，是为了达到一定的目的而组成的群体，具有明确的目标，彼此关系密切、团结协作，组织结构严密、纪律严明，相当于正式组织的群体。

（4）按群体规模的大小，可将群体分为大型群体和小型群体。

大型群体是指人数众多、规模庞大，群体成员间没有直接交往和直接互动作用的群体，如同一民族、国家，或大型企业集团等。

小型群体又称“小团体”，是指成员间有着直接的、面对面的接触和交往的群体，且成员不多。这类群体共同进行社会活动，有情感共鸣，有明确的行为规范和认知结构，如学校的班级、工厂的班组，也包括非正式组织中的“小团体”等。

8.1.2 群体心理与行为特征

1）群体的心理特征

群体的心理特征是指群体成员在工作和生活中形成的与群体活动和状况相关的，经常、稳定的心理感觉。

它具体表现在以下几方面：

（1）归属感。

它是指成员对群体具有依赖的要求，产生向心力的一种特殊的情感表现，也是一个人作为“社会人”的基本要求，是个体因归属于某个自己向往的群体而产生的自豪感和满足感。这种归属感会使每个成员自觉地遵守群体的规范，做事也会从群体的利益出发，彼此相互支持、相互依赖，把群体的荣辱看成自己的荣辱。

（2）认同感。

它是指群体成员在认识上与群体保持一致的情感。群体成员认同群体的目标、规范，并在此基础上产生自觉自愿的行动。同时，在共同兴趣和利益的驱使下，对一些原则性问题和重大事件，能保持共同的认识和评价、怀有同样的情感，即使有些看法不正确，群体成员也因情感因素而保持一致。比如，当一个成员与非群体成员发生争执时，群体其他成员往往会无条件地支持这个成员。

（3）整体感。

它是指群体成员意识到群体的整体性，认识到成员不是单纯的、分散的个体，而是一个有机整体。一般来讲，整体意识越强，成员维护群体的意识就越强，态度也会越坚决，行为也更趋于一致；相反，整体意识越弱，成员对群体的利益和形象就越不在乎。组织内开展公关活动，一个重要的目标就是提高组织成员的整体感，使组织成员与组织“同呼吸、共命运”，能够充分意识到个体是组织的一部分，是组织形象的代表，树立“全员公关意识”。

（4）排外感。

它是指群体内成员有排斥其他群体的意识。群体具有相对独立性和整体意识，这自然就会在一定程度上产生排外意识。人们越重视小群体的利益，“外人”就越难进入这个小群体，或称“小圈子”。这在组织内部是较为普遍的现象。

小思考8-1

答案

小思考8-1

问：营业员上班时和顾客的身份是平等的吗？为什么？

补充阅读材料8-1　　**为什么人们会加入群体**

（1）安全需要。

通过加入一个群体，个体能够降低独处时的不安全感。个体加入一个群体之后，会感到自己更有力量，自我怀疑会减少，在威胁面前更有韧性。

（2）地位需要。

加入一个别人认为很重要的群体，个体能够得到被别人承认的满足感。

（3）自尊需要。

群体能使其成员觉得自己活得很有价值。也就是说，群体成员的身份除了能够使群体外面的人认识到群体成员的地位之外，还能够使群体成员自己感受到存在的价值。

（4）情感需要。

群体可以满足其成员的社交需要，人们往往会在群体成员的相互作用中感受到满足。对许多人来说，工作中的人际相互作用是他们满足情感需要的最基本的途径。

（5）权力需要。

它是个人无法实现的，只有在群体活动中才能实现。

（6）实现目标的需要。

有时，为了完成某个特定的目标需要多个人的共同努力，需要集合众人的智慧、力量。在这种时候，主管人员就要依赖正式群体来完成目标。

资料来源　高树军. 管理心理学［M］. 北京：科学出版社，2005.

2）群体的行为特征

个体在群体中由于受到其他成员的认识、感情和行为的影响，所表现出来的行为方式与个体在单独情况下所表现出来的行为方式是不同的，这是个体出于适应群体与群体环境的需要而做出的反应。

群体的行为特征的具体表现为：

（1）助长倾向。

它对社会发展有助长作用，是指个体与其他人一起工作、活动，有助于消除单调、沉闷的心理状态，因而有利于激发积极的工作及活动动机，提高工作和活动效率。

小思考 8-2

答案

小思考 8-2

问：人们常说“男女搭配，干活不累”，这说明了什么道理？

（2）顾虑倾向。

它对社会有致弱作用，是指个体在大众面前感到不自在，感到拘谨，从而影响了行为效果。

个体行为不仅受到群体成员的影响，而且受到群体外各种各样甚至看不见的大众的影响。顾虑倾向因人而异，一般来说，性格内倾的人，顾虑倾向明显；性格外倾的人，则顾虑倾向不明显。

（3）标准化倾向。

它是指人们在群体共同活动中对事物的知觉、判断以及工作的速度和效率趋于统一化的倾向。

在单独情境下，个体差异很大；但是在群体中，其个体差异明显变小，趋向于同一标准。

（4）服从行为。

它是个体按照社会要求、团体规范或别人的意志而做出的行为。这种行为是受外界影响而被迫发生的。

外来的影响有两种情况：一种是在一定的、有组织的团体规范影响下的服从；另一种是对权威人物命令的服从。

补充阅读材料8-2

搭便车效应

某小区业主因房屋迟迟不能交钥匙入住而对开发商大为不满，维权积极人士打算联合众业主起诉开发商。该小区共有业主1 029名，报名参与的仅130人，实际缴纳费用支持维权的不过98人。最后集体诉讼的参加人数都达不到法律要求，而在维权过程中积极分子曾遭围攻、殴打、恐吓，除少部分业主伸出援助之手外，不少业主连同情的表示都没有。

之所以会这样，主要是很多人抱着“搭便车”的心理：如果其他人维权成功，他们就可坐享其成；维权失败，他们的现实利益也没有受到损害。

诸如上述案例中的“搭便车”心理其实在生活中处处可见，而“搭便车”理论最先是由美国经济学家曼柯·奥尔逊提出的，其基本含义是不付成本而坐享他人之利。

“搭便车效应”是指在利益群体内，由个别成员承担所有人的利益成本。其根源是利益群体成员的投机心理，一方面投机者抱着零成本收益的侥幸心理，另一方面团队缺乏对个体的考核机制。

“搭便车”现象在多数情况下会产生消极的影响，但是在某些情况下也会有其有利的一面。比如刚起步的小企业，可以搭相关大企业的便车，迅速提高自己的知名度；产品概念上的搭车，利用强势品牌宣传自己的产品等。

另外，生活中也有一些“搭便车”现象，比如有人放烟花，周围的人都可以欣赏；广场上播放电影，很多人都可以观看；邻居家门前的路灯，也可以为我们照明等。诸如此类，我们不故意去占谁的便宜，却可以获得某种利益的“搭便车”行为，也不应该遭到否定。

资料来源　陈讲红. 心理学与领导力［M］. 北京：中国法制出版社，2015.

小思考8-3

答案

小思考8-3

问：“3个臭皮匠，顶个诸葛亮”以及系统观中“1+1>2”是什么原因？

8.2 群体的规范、压力和凝聚力

群体的规范、压力和凝聚力，从总体上看属于群体内部的互动行为，而对这个问题的研究最著名的是美国心理学家勒温所提出的“群体动力学”理论。为此，我们先来了解“群体动力学”理论的基本内涵。

8.2.1 群体动力学理论

勒温根据物理学中的磁场理论对群体内部的互动行为进行了研究，提出了“群体动力学”理论。该理论阐明了群体成员之间各种力量相互依存和相互作用的关系，认为个人的心理活动是在一种“心理场”或“生活空间”中发生的，个体行为是个体与环境（包括群体）中的各种力量相互作用的结果。群体行为则是在群体动力影响下的个体行为的总和。

勒温提出了著名的行为公式：

B=F（P·E）

其中：B是行为；P是个人的内部力场；E是环境力场；F是函数。这说明人的行为是个人与环境相互作用的函数。

群体动力学的观点认为，群体不是个体的简单总和，而是超越这种组合的有机体。群体对个体能产生巨大的影响，个体在群体中会产生不同于个体在单独环境中的行为反应效果。推动人采取某一行动的群体动力就是群体内各种力量相互作用的结果，它主要包括群体规范、压力、凝聚力等所有影响群体发展变化的力量。

8.2.2 群体规范

（1）群体规范的形成。

群体规范是群体中每一个成员必须遵循的行为准则，是一个统一成员行为观念的约定俗成的标准体系，是一种内化了的心理行为尺度。

群体规范不同于组织的各种规章制度，它是一种约定俗成的行为准则，可以是成文的，也可以是不成文的。群体规范为多数人接受并公认，影响着成员的思想观念和行为方式。

群体规范是在成员相互作用过程中逐渐形成和发展起来的。典型的群体规范的形成一般要经历探索、形成和定型三个阶段。

探索阶段是指成员按照个人标准看待和了解群体中其他成员的行为标准或已存在的群体规范体系。在这一阶段，成员间通过彼此接近、同化，努力寻求共同因素，并以此作为建立新的群体规范的基点。

形成阶段是指群体中不同的行为、价值、观念体系相互融合，通过心理和行为的互动过程，逐步形成某种公认的、可接受的、规范群体成员行为的标准。在成员的互动过程中，往往出现某种占优势的思想或行为倾向，这种倾向可能是大多数成员意向的综合折中，也可能是群体中心人物的意向或行为倾向。

定型阶段是指经历了一段时间的群体与个人之间、个人与个人之间利益行为及观念的交换、归属及服从过程，最终形成对群体所有成员具有共同约束力的行为规范体系，并以该体系来评价成员的行为效果。

（2）群体规范的作用。

群体规范一经形成，便会对群体的所有成员产生影响和制约作用。

首先，群体规范成为维系群体行为的无形力量。群体规范对群体成员能产生一种心理上的强迫力。当个体发现自己的意见与群体中大多数人的意见不一致时，就会感受到由于标新立异、与众不同所造成的被孤立、被排斥的紧张感。因此，群体的大多数成员会按照群体规范确定行为标准，使群体规范成为群体行为产生、发展和变化的维系力量。

其次，群体规范成为评价群体成员行为的标准。每一个群体都试图去评价其成员的行为效果，群体规范作为界定群体成员行为范围和优劣的标准，便理所当然地充当着评价成员行为效果的标准尺度之一。符合群体规范的行为会为群体接受、认可、鼓励乃至赞誉，违背群体规范的行为便会受到群体的拒绝、排斥、批评甚至攻击。

再次，群体规范成为群体成员行为的动力。群体规范规定了群体成员努力的方向和目标，每个成员都必须按照群体规范去完成群体目标和个人目标，只有这样，个体才能融入群体之中，成为被群体接受并认可的一员，达成个人目标，满足自身需要，体现个人价值。

最后，群体规范具有行为导向和矫正作用。群体规范依据群体的利益规定其成员应该做什么，不应该做什么，以及应该怎样做等。当成员的行为偏离或破坏这种规范时，群体会用各种方法加以纠正，以促使成员回到规范的标准上来。可见，良好的群体规范有助于对成员的行为进行导向和矫正。

8.2.3 群体压力

群体规范会形成一种群体压力，对群体成员的心理和行为产生巨大影响。这种压力不是来自上级的明文规定，而是来自多数人的一致看法和意见。

心理学家研究发现，一个人需要他人精神上的支持，需要避免孤独寂寞的环境，才能真正表现自己的个性，发挥自己的才能，而这些需要靠群体来满足。人既然需要加入到群体中去，则必然要受到某种限制，即受到来自群体的压力。

群体压力的意义表现在：

①使成员采取共同一致的行为。群体的一致行为有助于完成群体目标并维护群体的存在与发展。在群体中，人们的意见和行为往往习惯于接受群体的检验，和多数人一致时，才会有安全感。

②在群体压力下，有些人仍坚持自己的观点，这样可以刺激群体在各方面进行自我检查和反省。一个群体既需要有善于服从的成员，也需要有独立思考的人来另辟蹊径。

在群体压力下，会产生群体的顺从，它是指群体成员在行为上表现为和群体大多数人保持一致，即“随大流”。具体又表现为从众和顺从行为。

从众行为是指个人受到群体的压力，迫使其放弃和改变原来的意见、行为，以适应群体的要求。顺从行为虽然也表现为群体一致的行为，但成员内心仍坚持个人意见，只是表面上顺从。

一般来说，内聚力强的群体，相互认知性高，容易产生从众和顺从行为。这种行为，一方面能使组织内的成员统一思想、步调一致，有利于工作的开展和政策的推行；另一方面，从众行为也容易抑制成员的独创性，造成“人云亦云”，对组织的运行和科学决策是有害的。因而，组织的领导者和管理者要做全面分析，要警惕在表现一致的情况下强制或仓促做出决策。

8.2.4 群体的凝聚力

1）群体凝聚力的概念

群体凝聚力是指群体对其成员的吸引力，以及群体成员之间的相互吸引力。其具体表现是对群体忠诚，成员间有“我们的”感情、有相互合作的“亲情”、有一致的价值观念和相近的心理感受等。

群体的凝聚力具有重要的意义，它不仅是增强群体效能、实现群体目标的重要条件，而且是群体存续的必要条件。如果一个群体丧失了凝聚力，不再能吸引成员，那么它本身就失去了存在的意义。

2）影响群体凝聚力的因素

群体凝聚力的强弱受到许多因素的影响：

（1）成员的同质性。

群体成员在各个方面（诸如社会背景、兴趣爱好、利益目标等方面）的共同点越多，凝聚力就越强。其中，共同的利益和共同的目标是最关键的因素。

（2）规模的大小。

群体存在的必要条件之一是群体成员间的相互交往和相互影响。群体规模小，彼此作用与交往的机会多，其凝聚力就强，但规模过小，就会失去平衡力量，矛盾难以调解；相反，群体规模过大，容易出现意见分歧，信息交流不畅，就不可能有强大的凝聚力。因此，规模适度的群体可以产生最强的凝聚力。

（3）外部影响。

一个群体与外界比较疏离、比较孤立，这个群体凝聚力就较强。若外部存在压力，则压力越大，凝聚力就越强。矿工罢工最坚决，原因就在于此。此外，与外部的竞争也会增强凝聚力。

（4）成员对群体的依赖性。

个人参加某群体总是因为他觉得该群体能满足其经济、政治、心理需求等。因此，一个能满足其成员个人重大需求的群体，对成员才有巨大的吸引力，其凝聚力才强。

（5）群体的地位。

某群体在诸群体中的地位、等级越高，其凝聚力就越强。如该群体被人尊重，成员有较快升迁的机会，有更多的经济报酬，有更大的发展可能性等，其凝聚力就强。

（6）目标的达成。

有效地达成目标会使其成员产生自豪感，增强凝聚力，而凝聚力反过来又会促进目标的达成。

（7）信息的沟通。

信息沟通渠道越畅通，凝聚力越强；相反，相互间越缺乏联系，则凝聚力越弱。

（8）领导方式。

它对群体凝聚力有较大的影响。专制型、放任型领导方式会使凝聚力减弱，而民主型领导方式会使凝聚力增强，并且成员关系融洽、思想活跃。

补充阅读材料8-3

强凝聚力群体的特征

(1) 群体成员之间意见沟通顺畅，信息传递快，互相了解；而不是各自为政，老死不相往来。

(2) 群体气氛民主，生动活泼，人们能“知无不言，言无不尽”，没有压抑感。

(3) 群体成员的归属感强，安心在本群体工作，并以此为傲，而不是“能人思飞”、跳槽现象屡屡不断。

(4) 群体成员有较强的事业心、责任感，愿意参加群体的各项活动，主动承担责任，出勤率高。

(5) 群体的各个成员都喜欢其他成员，愿同他们一起工作，关系和谐。

(6) 群体可以帮助个体达到个体独自达不到的目标，为个体发展创造良好条件。

(7) 群体成员都关心群体，维护群体的利益和荣誉。

8.3 群体中的人际关系

在社会生活中，一个人不可能脱离社会而独立存在，总是要与他人进行接触和交往，建立一定的人际关系。特别是在现代社会中，人际交往的水平和人际关系状况，已经成为影响个人事业成败的重要因素。美国著名的人际关系专家戴尔·卡耐基说过：“一个成功的企业家，只有15%是靠他的专业知识，而85%要靠他的人际关系与领导能力。”

群体中的人际关系也是群体动力的一个重要方面，它的好坏反映了群体成员在相互交往过程中物质和精神的需要是否得以满足的心理状态。在组织管理过程中，协调和改善群体人际关系是管理者的一项基本任务，每个管理者都处于错综复杂的人际关系网中。

成功的人际交往、良好的人际关系，可以使人们感情融洽、彼此信任、互相关心与支持，能够大大地提高工作效率。对一个领导者或管理人员来说，他的主要工作就是要与各方面的人打交道。和组织内外的公众保持良好的人际关系，是领导者的核心能力要求，对于提高领导者的管理水平和工作效率是十分重要的。

8.3.1 人际关系概述

1) 人际关系的含义

人际关系是指社会生活中人与人之间相互交往而产生和发展起来的心理关系。人际关系就好比人们心理上的桥梁和纽带，显示着人与人之间的距离，体现的是人们社会交往、联系的状况。

随着社会的发展、个体社会化加剧以及现代化生活方式的变革与普及，人际关系在社会生活中的地位越来越重要，对人们生活的影响也越来越大。在日常生活中我们不难看到，一些人由于建立了融洽的人际关系，工作更加顺畅、生活更加舒心；另一些人由于搞不好人际关系而导致处处受挫、心情抑郁。对一个管理人员来讲，建立良好的人际关系，不仅是他的主要工作，也是衡量他的基本素质的重要方面。

人与人之间的亲切或疏远、合作或竞争、友好或敌对，都是心理上距离远近的表现，具有较强的情感色彩，它反映了人们的需要是否得到满足时的情感体验。因此，需要是否得到满足是人际关系的基础。人们总是喜欢给自己带来酬赏的人、讨厌给自己带来处罚的人。因此，分析了解不同人的心理需要，掌握不同人的心理特点，是建立良好人际关系的前提。

2）人际关系的重要性

首先，人际关系影响个体的身心健康。一般来说，良好的人际关系，使人心情舒畅，生活和工作愉快；疏远和敌对的人际关系，使人际交往受阻，导致心理失衡，影响人的身心健康。

其次，人际关系影响群体士气与凝聚力。人际关系状况是群体士气和凝聚力的基本特征。良好的人际关系是强凝聚力群体始终保持高昂士气的前提和保证。一般来说，工作群体凝聚力越强，士气越高昂，群体的人际关系必然也越融洽；反之，凝聚力弱的群体士气低落，成员间的人际关系必然很紧张。

最后，人际关系影响群体和组织的工作效率。群体中人际关系良好，群体成员感情融洽，心情舒畅，有助于发挥工作的积极性、主动性和创造性，从而大大提高工作效率；反之，则容易降低员工的工作热情，从而阻碍其工作绩效的提高。

补充阅读材料8-4

让员工快乐地工作

对企业而言，忠诚的员工无疑是最宝贵的财富。可以说，忠诚的员工是每个管理者都向往和追求的目标，而“让员工快乐地工作”是赢得员工忠诚的关键所在。

一项调查显示，员工工作不快乐的企业多数停滞不前甚至倒退，而员工工作快乐的企业则常常蓬勃发展。由此可见，员工的快乐指数是与企业的发展成正比的。因此，精明的管理者，必须学会提升员工的快乐指数，使员工快乐地工作，成为企业发展的动力和源泉。

具体而言，要想使员工快乐地工作，管理者需要从以下几个方面努力：

1.沟通是快乐的桥梁

要想让员工快乐地工作，首先需要顺畅地沟通。沟通是员工融洽相处、团结协作的桥梁和纽带，是提升企业凝聚力和竞争力的基础。

在松下，为了保持沟通顺畅，公司特意制定了“三会”制度，即“朝会”“恳谈会”和“信息员例会”。“朝会”于每天早上召开，会议内容五花八门，气氛轻松愉快，让员工一天都精神饱满；“恳谈会”每月召开一次，主要内容是让员工聚餐聊天，K歌跳舞，娱乐放松，舒缓心情；“信息员例会”也是每月召开一次，内容主要是让员工发泄情绪。从薪酬到住宿条件，从同事到领导，有什么牢骚不满，都可以拿出来大说特说。每个部门分别选出一名员工参加会议，会议结束后，员工代表将问题反映到相关部门，相关部门必须在规定时间内做出书面答复。

除了借鉴松下的会议沟通制度外，内部刊物、组织集体活动、旅游、运动、竞赛等沟通形式，都可以拉近员工和管理者之间的距离，使沟通更加顺畅和人性化。

2.激励是快乐的“催化剂”

美国著名心理学家赫茨伯格在对200名企业员工进行调查后指出，最能给员工带来工作满意度的是企业的“激励因素”，如工作富有成就感、工作成绩得到认可和肯定等；而使员工感到不满意的是企业的“保健因素”，如企业的政策制度、工作条件、薪酬待遇等。对员工来说，即使企业在“保健因素”方面进行了很大的改善，也只能减少他们的不满意，却达不到使他们满意的程度。而只有让员工满意，才能给员工以快乐感和满足感。因此，管理者要在改善企业“激励因素”方面下功夫，以提升员工的满意度和快乐感。

在松下，公司大力推行“透明化经营”，公司每次取得突破性的成绩，高层领导会议一结束，各层管理者就会尽快将好消息告诉广大员工，以鼓舞员工的士气。

3.“家的温馨”是快乐的源泉

在单调乏味的工作中，员工很容易产生心理疲劳，导致缺乏活力和工作情绪低下，这时候，营造“家的温馨”可以使员工心头温暖起来，从而使他们更加快乐地工作。

在谷歌，员工可以随意带心爱的小狗进出办公室，可以在公司的食堂里免费吃午餐和晚餐，公司还允许员工在不耽误工作的情况下在上班时间去打曲棍球。在这种自由和信任的环境中，谷歌的员工感受到了“家的温馨”，所以很多员工都自愿留在公司里加班赶工，死心塌地地为谷歌效力；在伊利，公司设有关怀礼金，如每个员工都有结婚礼金、生日礼金，并有子女商业保险；在西安杨森，工间操、庆生会等措施让员工感受到了家一样的温暖，所以每个员工都能把快乐的情绪带到工作中去。

4.让员工看到未来

要想让员工快乐地工作，最重要的一点是让他们看到“我的未来不是梦”，即让员工看到未来、看到希望，看到良好的职业发展前景。

2005年12月，智联招聘在上海、南京、广州等十几个大中城市进行了以“快乐工作PK台”为主题的网上调查活动。在“公司哪些政策让你最满意”的调查中，“及时全面的培训发展制度”以24.27%的比例位居第一位，而“挣钱多少”仅以9.82%的比例位居倒数第三位。由此可见，单纯给予员工金钱上的奖励，员工未必快乐。只有以员工的发展前途为导向，加强员工的培训工作，才能让员工看到未来、看到希望，进而得到快乐。

企业的成功源于员工的快乐。员工只有在工作中得到了真正的快乐，才能真正地融入企业、充分地发挥自己的聪明才智，实现自身价值，实现自我管理，为企业创造价值。

资料来源 沈默．管理要懂心理学［M］．北京：北京理工大学出版社，2014.

3）人际关系的类型及行为模式

（1）人际关系的类型。

人际关系是一个十分复杂的社会问题。按照不同的分类方法，可以将人际关系划分为许多不同的类型：

①按照人际关系的形成基础可分为血缘关系、地缘关系、业缘关系。

血缘关系是指以血缘为纽带而结成的人与人之间的关系，例如，父（母）子（女）关系、兄弟姐妹关系。

地缘关系是以地缘为纽带而结成的人与人之间的关系，如邻里关系、同乡关系等。

业缘关系是指以工作和行为为纽带而结成的人与人之间的关系，如师生关系、师徒关系、同学关系、同事关系等。

②按照人际关系的性质可分为正式关系和非正式关系、临时关系和持久关系等。

正式关系指的是正式组织中的人际关系。

非正式关系指的是非正式组织中的人际关系。

临时关系是指那些依据一定的时间、地点、条件的变化而改变的人际关系。

持久关系是指那些比较稳定、不容易发生变化的人际关系。

一般来讲，人与人之间的血缘关系、地缘关系、业缘关系都是相对固定的人际关系，商店中服务员与顾客的关系、旅游时游客与导游的关系等都是临时性的人际关系。

小思考8-4

答案

小思考 8-4

问：某些组织群体中存在着“裙带关系”，这对管理有何影响？

（2）人际关系的行为模式。

人际关系是在人与人相互接触、交往中形成的，一定的人际关系表现为一定的人际行为模式，它对人际关系的形成和巩固有着重要的影响。

一般来说，一方的积极行为会引起另一方相应的积极反应，一方的消极行为会引起另一方相应的消极反应。比如，售货员对顾客热情有礼貌，顾客也会向他表示感谢和尊重；相反，服务员态度粗暴或漫不经心，就会引起顾客的不满和愤怒。

美国心理学家李雷运用心理统计方法归纳出了人际关系行为模式的8种类型：

①由管理、指导、教育等行为引发对方的尊敬和顺从等反应。

②由帮助、支持、同情等行为引发对方的信任和接受等反应。

③由赞同、合作、友好等行为引发对方的协助和友好等反应。

④由尊敬、赞同、求助等行为引发对方的劝导或帮助等反应。

⑤由怯懦、礼貌、服从等行为导致对方的骄傲或控制等反应。

⑥由反抗、怀疑、厌倦等行为导致对方的惩罚或拒绝等反应。

⑦由攻击、惩罚、责骂等行为导致对方的仇恨和反抗等反应。

⑧由夸张、拒绝、炫耀等行为导致对方的不信任或自卑等反应。

当然这只是心理学家调查的一个粗糙的框架。在考察人的行为时，必须注意到行为发动者和行为反应者的个性心理特点、角色与地位，尤其应加以注意的是当时所处的情境对人际行为产生的强大影响。

补充阅读材料 8-5　　酒与污水定律

在一次管理培训课上，讲师把一匙酒倒进一桶污水中，然后问大家："这桶水如何？"大家说："这是污水。"讲师又把一匙污水倒进一桶酒中，问大家同样的问题，大家说："这仍然是一桶污水。"这就是著名的酒与污水定律。

酒与污水定律认为，具有超强破坏力的人其负面影响是巨大的。如果将一个极具破坏力的人安置在一个优秀的团队里，其结果是整体团队将遭到破坏；如果将一个优秀的人安置在一个破坏力极强的团队里，就犹如滴水入海、无影无踪，团队的局面依然糟糕。

作为领导者，要避免自己的团队里出现这种害群之马，首先要从源头上拒绝害群之马。领导者在组建团队时，选人用人必须经过慎重考察，以防止用人不当。

资料来源　陈讲红．心理学与领导力［M］．北京：中国法制出版社，2015.

8.3.2 影响人际关系发展的因素

影响人际关系的因素很多，最主要的有以下7个方面：

（1）邻近性。

它是指人与人之间由于居处相邻，或者是由于工作和活动等空间距离上的邻近，彼此之间可以相互吸引，有助于建立与促进相互之间的人际关系。

比如，在生活中，人们往往都会感到同在一个地区居住、同在一所学校学习、同在一个单位工作的人，更容易相互认识和了解，感情上也更容易接近。这就是所谓的邻近性。

空间距离的邻近性之所以会对人际交往和人际关系产生重大影响，其原因是多方面的。

第一，接近能够增强熟悉感，而相互熟悉了解是建立密切关系的前提。

第二，接近可以使彼此之间有更多的时间来探讨某些常见的问题，从而找到共同的语言、兴趣和观念等。

第三，物理距离上彼此比较接近的人，比那些离自己很远的人更"可接近"。也就是说，彼此之间距离上的接近，可以使人消除羞怯感。同时，从周围的人那里获得信息也比较容易和方便，容易达成有效沟通。

第四，邻近性容易在彼此之间达成认知上的一致。

然而，邻近性对人际关系的吸引作用是有条件的。距离相近也并不是越近越好，有时候由于众多因素的影响，距离相近也可能会产生消极的影响。

比如，地域相近、朝夕相处，而利益各不相同、情绪各异，即使是邻居，也可能会发生摩擦和冲突。

小思考 8-5

答案

小思考 8-5

问：有关调查发现，在谈恋爱的大学生中，60%以上是老乡关系。这说明了什么问题？

（2）交往频率。

它是指人们相互接触的次数的多少。一般来说，交往的频率越高，越容易形成密切的关系。因为交往频率的高低，对交往双方是否产生共同经验、共同思想以及相互之间的了解程度和情感体验的深度等，都会产生直接影响。

在现实生活中，两个人从不相识到相识再到关系密切，交往的频率往往是一个重要的条件。俗话说“亲戚越走越亲”，就是这个道理。

（3）相似性。

根据社会心理学的有关研究，交往双方如果有较多类似的地方，那么相互之间的吸引就容易产生，同时也会促进其人际关系的发展。相似性包括交往双方的年龄、性别、职业、观点、态度、行为以及民族、文化背景等方面是否具有共同的特点。

我们每个人都喜欢与自己相似的人，原因是多方面的，日本心理学家古畑和孝认为有两方面的原因：第一，一般情况下人们都希望自己在态度上与大多数人保持一致，这是使我们的预期目标得以实现的关键。因为在一个与自己相似或类似的团体中活动，阻力比较小，活动容易进行。第二，类似的东西常被作为一个相同体而感知，从而使自己与其他类似的人组成一个团体。

（4）互补行为。

在现实生活中我们可以观察到，不仅特征相似的人会相互吸引，彼此之间存在着较大差异的人也能够建立密切的关系，如脾气暴躁的人和脾气温和的人、主动型的人和被动型的人都可以成为好朋友。这表明人不仅有认同的倾向，也有从对方获得自己所缺乏的东西的需要，这就是互补性。具体来说，互补性就是指在需要、兴趣、气质、性格等方面存在差异的人，可以在活动中相互吸引。它是以双方都得到满足为前提的，正是有了互补性，社会生活才更加丰富、更加充满生机。

有一位心理学家在研究中发现，在25对结婚有一段时间的夫妻中，夫妻之间需求的互补性是婚姻关系得以持久的基础。另一位心理学家在对已建立恋爱关系的大学生的调查中也发现，对短期的伴侣来说，推动吸引的动力主要是相似的价值观，而驱使伴侣长期发展的动力，则主要是需要的互补。因而，在有关的心理学文献中，曾经提出这样的一些观点：在选择爱情对象时，会出现互为补充的对立气质的相互吸引，恬静型的人缺乏积极性和主动性，因此，活泼型的人会对他产生吸引力；与此相反，活泼型的人需要一些抑制，而恬静型的人经常会给予他这种影响，从而达到心理上的平衡。

（5）容貌与仪表。

在人际交往之初，人们易被对方的容貌、仪表所吸引，在其他条件大致相同的情况下，漂亮的人更易被人喜欢，更容易促进其人际关系的发展。我们知道以貌取人是一种偏见，也都认为人不可貌相。但实际上，人们还是在不知不觉中受到它的影响。

漂亮的人在社交情境中常占上风，容易引起异性的注意和喜爱，交际较广而容易成功。同时，容貌漂亮的人也比较容易说服和影响他人。研究表明，从表面上看男性比女性更为重视对方的容貌，而实际上女性比男性对容貌更为看重。正是基于这个原因，女性比男性更注意自己的容貌。

为什么漂亮的人易被人们喜欢？根据社会心理学的有关研究，至少有以下四个原因：

第一，舆论宣传的影响。由于受电影、电视节目等的影响，人们容易形成只有漂亮的人才值得爱的偏见或成见。

第二，同漂亮的人在一起，容易得到他人好的评价。

第三，认为漂亮的人还附带有其他方面好的属性。

第四，漂亮的人看着比较顺眼，给人以愉悦的感觉。

将以上四点归纳起来，可概括为两个方面的原因：一是容貌的晕轮效应，即认为容貌漂亮的人同时也具有其他良好的品质；二是漂亮的散逸效应，即认为一个人让别人看到他与一个漂亮的人在一起，能够提高他自身的形象。

但是有关的研究也表明，绝不能夸大容貌与仪表的作用。一般来说，在人际交往之初，容貌的作用较大，但随着相互认识的加深，容貌的作用不断降低。

（6）能力与吸引力。

毫无疑问，我们的容貌与仪表，能够对我们的人际交往和人际关系的发展起到一定的促进作用。但是同时，在容貌和仪表之外，我们的一些内在品质，如能力或智慧等，也会在我们的人际交往和人际关系发展中起到积极的促进作用。

即使是从日常生活的角度来看，那些有才能、有智慧、有所成就的人，都比那些没有能力、不聪明、无成就的人更有吸引力。因而，在有关的社会心理学研究中，人们发现，与能力有关的智慧，在实际的人际交往和人际关系发展过程中所起到的作用和吸引力的强度，甚至比容貌和仪表更大。

（7）人格品性和吸引力。

若进行更为内在的分析，那么一个人的品质和品性，将在其人际交往和人际关系的发展中起到非常重要的作用。根据社会心理学家的建议，要想维持和提高自己的持久吸引力，那么培养自己的良好品质和品性是一个非常重要的条件。

俗话说“君子之交淡如水”，人与人之间的吸引，归根到底取决于一个人的优良品质。它是一个基础，没有这个基础，不可能建立起真正的朋友关系，而只能是“酒肉朋友”。所以在结交朋友时，人们都会十分看重对方的品质和品性。

表8-1是一份我们整理的人际吸引效应品质表，希望能给大家一些参考，加深对品质和品性在人际交往和人际关系中所起作用的理解。

表8-1　　人际吸引效应品质表

最值得喜欢的品质	优点与缺点参半的品质	最不值得喜欢的品质
真诚	固执	作风不好
诚实	循规蹈矩	不友好
理解他人	大胆	敌意
忠诚	谨慎	多嘴多舌
真实	理想化	自私
信得过	容易激动	目光短浅
理智	文静	粗鲁
可靠	冲动	自高自大
有理想	好斗	贪婪
体贴	腼腆	不真诚
可信赖	猜不透	不友善
热情	好动感情	信不过
友善	害羞	恶毒
友好	天真	讨厌
快乐	闲不住	虚伪
不自私	空想家	嫉妒
幽默	追求物质享受	冷酷
负责任	反叛	邪恶
开朗	孤独	自以为是
信任别人	依赖性	说谎

补充阅读材料8-6　人际交往的八大“黄金定律”

心理学家们通过实验证实，8个心理定律能帮你摆脱人际关系困扰，成为生活幸福、事业成功的保证。

（1）首因效应——45秒产生第一印象。

美国社会心理学家洛钦斯提出了“首因效应”，即初次会面，45秒钟就能产生第一印象，包括容貌、衣着、姿势和面部表情等，并会在后续交往中占主导地位。

这提示我们，初次见面应注意言谈举止，最好能言辞幽默、侃侃而谈、不卑不亢、举止优雅。

（2）诚信定律——不要轻易给承诺。

“人无信不立”，诚信是人际交往的基础、做人的根本。正如美国首任总统华盛顿所说：“一定要信守诺言，一定不要去作力所不及的承诺。”

（3）面子定律——凡事为人留情面。

面子的本质是尊严，用美国心理学家马斯洛的需要层次理论来讲，就是受人尊重、得到认可的需要。与人交往中，给别人留面子就是给自己留退路，在家庭关系中尤为重要。

（4）赞美定律——学会夸人心更近。

真诚的赞美要注意：

①赞美事实而不是人，如说“你的书写得真好”而非“你真棒”。

②赞美要具体，如“你的领带跟西装很配”要比“你今天穿得很好看”更能说到对方心里去。

（5）互惠定律——帮人就是帮自己。

英国哲学家培根说：“你希望别人如何对待你，就先如何去对待别人。”对团队而言，真诚帮助员工，员工才能尽心帮助团队成长。

对个人而言，真诚帮助别人，人际交往中会有意想不到的收获。

（6）异性效应——男女搭配工作效率高。

心理学研究证实，有男女两性共同参加的活动，较之只有同性参加的活动，参与者会更愉快、更有干劲，表现更出色。研究发现，在一个集体中，异性人数的比例不能少于20%，否则会降低效率。

（7）谎言定律——心怀善意给希望。

一个善意的谎言有时或许能改变他人人生的轨道，让人际关系更为和谐。例如，同事穿上新衣服给你看时，几句善意的夸奖可能让对方拥有一天的好心情。

（8）忍让定律——宽容不当“滥好人”。

和谐的人际关系需忍让，做到明他人之长，知他人之短，容他人之过。忍让并非不讲原则，也不是提倡当“滥好人”，而是在不触犯原则的情况下，以宽广的心胸面对别人，与人为善。

补充阅读材料8-7 阻碍人际吸引的个人性格特征

社会心理学家指出，有些个人的性格特征会阻碍人与人之间的吸引，不利于促进人们的团结与协作。例如：

（1）不尊重别人的人格，对他人缺乏感情，不关心他人的情绪，甚至把别人作为自己使唤的工具，这种人会妨碍人际吸引。

（2）以自我为中心的人，只关心自己的利益和兴趣，忽视他人的处境和利益，这种人只能与人建立一般的人际关系，缺乏吸引力。

（3）对人不真诚，只关心自己，不顾别人的利益和需要。采取一切手段获得利益和好处，并以此为前提和他人交往，这样会破坏人际关系，缺乏吸引力。

（4）过分服从并取悦别人的人，过分惧怕权威而又不关心部下的人，都会破坏人际关系，也毫无吸引力可言。

（5）过分依赖他人而又丧失自尊心的人，缺少吸引力。

（6）妒忌心强的人，缺少吸引力。

资料来源　高树平. 管理心理学［M］. 北京：科学出版社，2005.

小思考8–6

答案

小思考8-6

问：有位获奥斯卡最佳女主角的演员，主持人问她，男人最大魅力是什么？她说是“有智慧”。这种说法对吗？

8.3.3　处理人际关系的艺术和技巧

管理人员在处理人际关系时，要注意学会使用各种技巧：一是要注意审时度势，根据具体的情景选择合适的方法；二是要注意因人而异，根据具体的交往对象采取不同的方法；三是要注意情理并用，做到“以情感之，以理晓之”。

具体来讲，在组织内部，管理人员对待下级要善于做思想工作，在许多情形下，权威比不上疏导或帮助。若领导者滥施淫威，则易激起下级的逆反心理，从而降低自己的威信。领导要体谅下属的难处，关心下级的疾苦；要善于表扬和鼓励下属；应正确对待下属的缺点或错误；要经常与下级对话，交换思想；要尊重部下，不轻易丢他们的面子。

小思考8–7

答案

小思考8-7

问：在人际交往中，初次见面，人一般都会伪装自己。时间久了，伪装会逐渐减弱，坏习惯逐渐暴露出来。这种说法对吗？

在与社会一般公众的交往中，我们更要注意交往的艺术和技巧。下面我们介绍美国著名人际关系专家戴尔·卡耐基在《人性的弱点》一书中提出的“怎样使你受到人们欢迎”的六个技巧：

（1）对他人真诚地感兴趣。

必须先欢迎他人，而不是事事以自我为中心。那种时刻牵挂着自己利益的人，将很难受到他人的欢迎。

（2）给人留下良好印象的简洁方法是微笑。

法国大作家雨果曾说过：“笑是阳光，它能消除人们脸上的冬色。”当然，这种微笑是真诚的，是发自内心的，这是一种极有价值的笑。那种不真诚的笑，不仅不会给人留下好的印象，反而会使人讨厌。笑可以使人们赢得更多的朋友，笑可以给人们创造一个友好的环境。

（3）要想获得别人的好感，请记住别人的名字。

因为你在与不经常打交道的人交往时能直接叫出他的名字，这说明你对他有着特殊的好感和关心。事实表明，每个人对自己的名字都很重视，甚至有些人不惜任何代价都要使自己的名字永垂不朽。例如，人们在各种捐赠物上、各种收藏品上，甚至在自己游览过的风景名胜处，都想留下自己的名字。如果一个人的名字留在了别人心中，他自然会感到格外高兴。自己的名字是我们所感受到的语言中最重要的字眼。

（4）在交谈中尽量做一个好的听众。

专心地听别人讲话无疑是一种暗示性的赞美，我们每个人都需要别人的这种赞美，特别是在别人谈话到兴头上时，做一个好的听众更容易被对方所喜欢。如果一个人碰到苦恼的事情，他就更需要一个富有同情心的听众。

（5）谈论对方感兴趣的话题。

谈论对方感兴趣的话题容易引起对方对你的兴趣。每个人都有自己感兴趣的事情，如集邮、钓鱼等。要想在实际交往中顺利交流，寻找共同的话题，特别是谈论对方希望别人了解的事情，对方会非常高兴，会珍惜与你的交谈，从而对你产生兴趣。

（6）要使别人立刻喜欢你，你必须以一种真诚的态度去赞美别人，去谈论他。

因为我们每个人都希望获得别人的赞赏，而将这条法则运用于他人身上则是“己之所欲，请施于人”。赞赏别人意味着尊重别人。一些礼貌性的话语，无论是抱歉性的，还是感谢性的，都会获得人们的好感，就是因为这里面包含着自谦，而自谦就是对他人的尊重。

戴尔·卡耐基以许多生动的事例论证了上述各技巧的巨大效用。管理人员在交往时应该注意灵活运用这些技巧，这样有助于建立和谐融洽的人际关系。

补充阅读材料8-8　微笑的魅力

（1）微笑具有丰富的内涵。

微笑，一半是天生的，一半是培养的。微笑在人际交往中是最珍贵的见面礼，它向人们传播友善、谦恭、融洽、和蔼、可亲等心理信息。微笑的秘密在于含蓄、真诚，富有魅力。它向人们表达：很高兴见到你，以及信任、力量等一切美好的东西。有一首关于《微笑》的小诗是这样描写的：

它不需要成本，却可创造连城价值。
它并不使给予者贫穷，却使接受者富有。
它发生在一瞬间，却在记忆中永存。
没有人富裕得可以不要它。
贫穷的人却因受益于它更充实。
它是朋友给予的回报。
它给疲乏者带来慰藉。
它给灰心者带来希望。
它给悲哀者带来光明。

它是消除烦恼的天然良药。

在人际交往中，微笑是一种感情、一种品格，也是一种技巧，是人际交往的钥匙。

（2）微笑是一座心桥。

微笑，会给人以最美的印象，是一座人际关系的桥梁。以微笑对待素不相识、初次见面的人，可以很快缩短彼此间的心理距离，为随后的交往搭起一座桥梁。即使不同民族、国家的人语言不通，但只要始终以微笑相伴，就能融洽相处。它是世界共通的语言。

（3）微笑是一种力量。

在西方曾经流行这样一句话：宁愿雇用一个小学未毕业的女职员——如果她有可爱的微笑，也不愿雇用一位面孔冷淡的哲学博士。因为微笑是最有吸引力、最有价值的东西。

（4）微笑是良好愿望的表达。

在解决双方利害冲突的谈判中，以微笑作为辅助手段，可以显示出你诚心诚意的态度，冲突和矛盾就可能缓和，甚至最终得到解决。即使一时解决不了，只要协商是在微笑中结束的，就说明谈判之门尚未关闭。

补充阅读材料8-9　戴尔·卡耐基：成功交往法则

1）展现出你积极的一面

（1）保持乐观的心态。人类天生就喜欢与和谐乐观的人相处，当人们看那些忧郁愁闷的人时，正如同看一幅糟糕的图画一样。

（2）显示出你的热情。热情有一种特性，那就是它具有感染力，并且能令人有所反应。

（3）自信会让你成功。自信是一种迷人的魅力，能帮你吸引周围的人，让他们追随你、信任你。

2）让别人喜欢你

（1）不过分责备别人。

（2）真诚地付出。

（3）时常微笑。

（4）记住别人的名字。姓名，不仅仅是一个人的符号，更是语言中最甜蜜、最重要的字眼。

（5）学会倾听。

（6）让对方感到自己重要。

3）让别人赞同你

（1）避免争论。天底下只有一种能在争论中获胜的方式，就是避免争论，要像躲避响尾蛇和地震那样避免争论。

（2）勇于承认自己的错误。

（3）友善地对待他人。

（4）让对方畅所欲言。如果大部分时间都是你在说话，另一个人就会认为你是个无聊透顶的人。

（5）从对方的角度看问题。

（6）不满足一时的成功。

（7）善于启发他人。

（8）维护对方的自尊，别让人下不了台。

8.4 群体冲突与沟通

8.4.1 群体冲突

1）冲突的含义和分类

冲突一般指抵触、对抗和斗争。组织管理中的冲突是指组织中的个人或群体，由于观点、需要、利益或要求的不相容，而引起的激烈争执以及造成的紧张状态。冲突既包括个人内心的冲突，也包括群体内部和群体之间的各种冲突。

冲突是社会或群体中客观存在、不可避免的现象。从一般意义上看，冲突就是矛盾、斗争，产生分歧、对抗甚至暴力和破坏，是一个消极的现象。

著名的霍桑试验的研究报告中就把冲突看作沟通不良、人与人之间未能开诚布公、管理层未能满足员工需要所带来的破坏性后果。但随着研究的深入，一些管理心理学家发现，冲突并不只有消极的一面，它也有建设性的、有助于组织建设和健康发展的积极的一面。因而，在企业管理中，我们既要预防、避免并及时化解消极的冲突，也要促进、发展建设性的冲突，为组织的健康发展服务。

2）冲突的心理根源

为了正确处理冲突和矛盾，客观分析冲突产生的心理根源是十分必要的。组织中，冲突的产生主要有以下几方面原因：

（1）人的“个性”。

美国著名心理学家杜布林从弗洛伊德的心理学观点出发，认为许多人存在着潜在的侵略意识，并且想寻找机会表现出来。战争、攻击、杀人以及球赛等现象都是这种侵略性的证据。这种潜在的侵略性是冲突的根源之一。杜布林认为，人们常把组织当作表达冲突的场所。在企业中，恶意的攻击和中伤，使用带有敌意的尖刻的语言，有时就是发泄“侵略性”的表现，从而引起冲突。

（2）信息沟通不畅。

在日常工作中，由于信息沟通不及时、渠道不畅通，或信息失真、不对称，或信息渠道来源不同而产生误解、矛盾，导致冲突，是组织常发生的事情。

（3）认识角度和价值观的差异。

由于人们的知识、经验、态度以及思想认识和价值观等的差异，看问题的角度不一样，对同一事物的评价往往会不一样，从而产生分歧和冲突。

（4）争夺权力和利益。

组织中的个人或群体（部门）为了获得更多的权力，获得更多的利益，而和他人或群体（部门）产生冲突，这也是组织中常见的矛盾。

（5）有限资源的争夺。

资源总是有限的，任何企业在资源的分配方面几乎都不可能做到谁要都给，要多少给多少。美国一家著名公司的财务副总裁说过，在他的工作中，最棘手的问题是如何分割一块馅饼，以避免某些贪心者吃得过饱。在企业中，各个部门常常因为争夺材料、资金、人员而发生冲突。

（6）角色冲突。

企业中的个人和群体，由于扮演的角色不同，各有其特定的任务和职责，从而产生不同的需要和利益，因此会发生冲突。

（7）职责不清、分工不明。

在许多组织中，由于交叉管理，往往出现职责不清、分工不明等问题，从而导致工作上互相推诿、扯皮，或争着插手，该管的不管，不该管的争着管，引起冲突。

（8）组织群体氛围不佳。

一个群体的气氛如何，将会对群体成员产生很大的影响。我们常常看到，若一个群体的作风不正，领导班子不团结、勾心斗角，那么这个群体内的矛盾将是不可避免的。领导阶层的派系之争，必然导致群体成员之间的对立和冲突状态。

3）群体冲突的利弊分析

现代管理心理学研究表明，群体的冲突，对组织来讲并非单纯地有害，它既有消极的一面，也有积极的一面。

冲突的积极功能和作用主要体现在以下几方面：

第一，在某种情况下，通过冲突或矛盾斗争可以使群体中的个人加强意见交流，更加了解各自的立场，更明确地辨别是非，修正自己的某些不正确看法，有利于个体的成长。

第二，可以加强群体内部的团结，消除某些不利因素，使群体变得更有凝聚力，群体成员变得更加忠诚。

第三，有利于群体之间竞争意识的培养和工作方面的横向联系。

第四，有利于群体决策、群体工作的制度化和领导作风的民主化。事实证明，一定程度的冲突可以成为群体发展的一种动力，使成员有了必要的“出气口”，使领导转向民主型，管理趋于科学化，决策趋于程序化和制度化。

第五，冲突还可以满足人们固有的进取心或其他需求，激发人的创造性思维和革新意识。国外有关研究指出，冲突在这方面的作用是不可忽视的，它是产生创意的一个重要条件，一个没有任何冲突的群体是没有朝气、没有效率的群体，更谈不上对群体成员的鞭策。

冲突的消极作用是显而易见的。毕竟冲突是一种矛盾、分歧，是一种不和谐的因素。

消极作用的主要表现有：

①冲突使人产生情绪压力，影响精神健康。

②激烈的冲突常常造成组织资源的错误分配，给组织整体带来损失。在冲突中还会浪费时间和一定的金钱。

③当争执者的立场走向极端时，组织系统无法处于正常状态，很难做出正确的决策。

④曲解了组织目标，走上了歪道，给组织造成损失。

⑤冲突影响组织团结，会伤害个人情感，造成心理阴影。

4）冲突的处理

就冲突而言，不管其结果对组织是有利还是有弊，冲突本身都需要通过一定的方法和策略加以解决，常见的方法有：

（1）妥协。

这是解决冲突常用的方法。当各个群体为了资源的分配发生冲突时，上层领导常常充当仲裁人。仲裁人可以采取妥协的方法，让每一方都得到部分满足。

（2）第三者裁判。

它是指由权威人士仲裁，靠法规来解决，或者由共同的上司裁决。比如，两位经理人员发生争执而出现僵局，就请共同的上司来听取双方的论述，然后由上司裁定哪一方有理。这种做法要注意防止输掉的一方受到心理挫折。

（3）拖延。

这是解决冲突的一种微妙而又常常没有结果的办法。冲突的双方都不去寻求解决的办法，而是拖延时间，任其发展，以期等待环境的变化来解决分歧。

（4）不予理睬，或称冷处理。

按照心理学的观点，不作决定比起拒绝别人的要求，引起的冲突较小。所以，有些人就采用回避问题、不予理睬的办法，事实上这种办法不但不能解决问题，有时还会加剧冲突。

（5）和平共处。

这种方法由冲突各方决定，采取求同存异、和平共处的方式，避免把意见、分歧公开化。这样做虽没有彻底解决分歧，但可以避免冲突的激化。

（6）压制冲突。

它是指制定规章或由上级命令限制冲突。这种办法能收效于一时，但并没有消除冲突的根源。

（7）转移目标。

寻找一个外部竞争者，把冲突双方的注意力转向外部竞争者。

（8）教育。

教育冲突双方，了解冲突所带来的危害，讨论冲突的得失，帮助他们改变思想和行为，或者教育某一方顾大局、识大体，宽恕对方，与对方合作，解决冲突。

（9）重组群体。

有时一个群体内冲突甚烈，又长期解决不了，影响效率的发挥，可果断地将该群体解散，重新组织，或进行人事调动。

补充阅读材料 8-10　　谨防群体决策中的小团体意识

小团体意识是美国心理学家贾尼斯（Janis）通过考察美国历史上一些存在重大失误的群体决策事件，以及认真研究了某些企业的决策失误而招致破产的案例后提出来的。

所谓小团体意识，就是以表面一致的压力阻碍群体内不同意见的发表，使群体不能对问题的解决做出符合实际的评价和分析，使群体做出错误的决策，导致损失。这种小团体意识主要有以下表现：

①在决策中出现不同意见时，他们试图掩饰自己的错误，坚持自己的观点。

②对怀疑多数人意见的人施加压力。

③造成一种错觉，认为弃权就是赞同等。

因此，小团体意识具有很大的危害性，它使群体决策被限于个别方案，并不能对大多数人所偏爱的方案进行有效审查，特别是往往无视专家的意见，扼杀创新精神。

管理寓言 8-1　　落网之鸟

管理寓言 8-1

分析提示

猎人在湖边布网捕鸟，许多鸟落网，由于鸟很多，网被鸟带着飞上了天空。猎人跟着鸟跑，农夫看到了说：“你怎么能追得上鸟呢？”猎人答道：“如果只有一只鸟，我没办法，但网里有一群鸟，我肯定能追得上。”后来鸟和网果然掉到了地上，猎人成功了。

8.4.2　群体沟通

1）群体沟通的含义

管理心理学认为，沟通就是群体中人与人之间的信息交流，是群体成员相互交往的一种重要形式。

事实上，在群体中，人与人之间的任何联系都是通过沟通这一基本方式进行的，没有沟通，群体本身也就不存在了。例如，领导的指示和意图、群体工作计划的下达，群体成员之间的意见交流、情感交流等，都是通过沟通来实现的。可见，沟通是群体存在和发展的一种重要动力，是群体人际关系的润滑剂。

2）群体沟通的功能

在社会生活中，人际沟通是人与人之间相互联系、进行交往的基本形式。研究表明，一个人除了睡眠之外，在醒着时大约有 70% 的时间都花在这样或那样的沟通之中。通过沟通，可以达到交流思想、沟通感情、互通信息、增进了解、愉悦身心、发掘潜能、健全人格等目的。

在组织和群体的工作中，沟通同样具有十分重要的意义和作用。其功能主要包括以下几个方面：

（1）获取信息。

人际沟通是信息传递的基本方式。在各类组织和群体的工作实践中，人际沟通为群体提供了工作的方向、资料、情报和知识等外部环境信息。此外，人际沟通也能够为群体提供内部信息，如了解群体内部成员的凝聚力、士气以及成员之间、部门之间的关系等。对群体内部信息的及时了解和把握，是组织和群体领导者科学决策，不断调整工作重心和工作方式、方法，提高管理效能的基本保证。

（2）增进了解。

组织与组织、组织与群体、群体与群体以及群体内部成员之间，只有通过不断地沟通和交往，才能使彼此增进了解，消除误会、矛盾或隔阂，从而使群体形成良性的互动。

加强群体的人际沟通，有助于增进成员对群体和组织的了解，有助于增进成员对领导的了解，有助于增进领导对成员的了解，有助于成员间的相互了解，有助于成员、群体、组织对外部环境的了解。

（3）协调关系。

人与人之间建立和谐、融洽的人际关系，是人的基本需要。这种需要能否获得满足，直接影响人的情绪和行为。良好的人际沟通是调节人际关系、满足上述人的需要的重要条件。这是因为人与人之间的交往与沟通，可以增进友谊，产生亲密感，加强团结与协作，调节人际关系，进而营造和谐的氛围；相反，如果群体内部或群体之间缺乏有效的信息和意见沟通，就容易造成群体成员间的冲突和对立，使群体缺乏凝聚力，士气低落，人际关系紧张。

人际沟通不仅有利于协调群体的人际关系，还有助于消除成员的孤独、压抑和紧张情绪，使人心情舒畅，减少挫折感，有利于个体的身心健康。

（4）转变态度。

个体或群体态度的形成与转变与其能否获得全面、丰富的信息有直接关系。这就是说，信息和意见是影响人的态度形成与转变的基本条件。全面、丰富的信息交流和意见沟通可以不断强化或转变已有的态度，使之趋向于更科学、更公正。

（5）激励行为。

组织或群体的领导者必须能够有效地激发员工的工作热情和工作行为，这是领导者的基本职能。

有效的人际沟通是激发员工工作行为的基本手段之一。

在前面的有关章节中提到的许多激励策略实际上都与加强群体内部的人际沟通有直接关系。例如，目标管理的方法、参与管理的方法、“社会人”假设的人性观所主张的管理策略等，都主张管理者必须同员工保持持续、广泛的沟通和交流，积极听取员工的意见、建议和呼声，关心员工的需要、态度和追求，增强管理的透明度，使员工明确组织目标，支持组织目标，并愿意致力于组织目标的达成。

组织和群体中的人际沟通形式多样，主要包括：

其一，正式沟通与非正式沟通。正式沟通是通过组织机构明文规定的渠道进行的沟通，如组织之间人员的往来、请示汇报制度、会议制度等。正式沟通所传递的信息一般具有计划性、目的性、系统性和权威性。

非正式沟通是正式渠道以外的信息交流和意见沟通。如果说正式沟通是一种官方的、规范化的沟通形式，那么非正式沟通则是民间的、非规范化的沟通形式。一般来说，像私人聚会、唠家常、说闲话、传播小道消息等，都属于非正式沟通。非正式沟通比正式沟通方便易行，因此更为常见。有时候，非正式沟通所传递的信息比正式沟通传递的信息更真实、可信。非正式沟通以交流思想、观点，表达需要、动机，传递感情、好恶为主要目的，它有助于群体成员间增进友谊、协调关系、沟通感情、满足需要。

其二，单向沟通与双向沟通。单向沟通是指交往一方只发出信息，另一方只接收信息，不存在反馈联系。例如，下发通知，做报告、演讲，发布指示、命令等大都具有单向沟通的性质。

双向沟通是指交往双方既发出信息，又接受信息，相互反馈、相互影响的沟通形式。例如，讨论会、座谈会、对话会、茶话会、谈判、公关等都属于双向沟通。

其三，上行、下行及平行沟通。按照人际沟通过程中信息传递的方向，可以把沟通分为上行沟通、下行沟通和平行沟通三种形式。

一般来说，组织和群体的领导者与员工进行的信息沟通属于下行沟通；而下级主动向上级传递信息，汇报思想，反映意见、建议等则属于上行沟通；同级成员之间的沟通属于平行沟通。

其四，口头沟通、书面沟通与非言语沟通。按信息传递方式（工具）分，人际沟通还可以分为口头沟通、书面沟通与非言语沟通三种形式。

口头沟通是指运用口头语言进行的沟通，如会议、讨论、谈话、报告、电话洽谈等。口头沟通缩短了人际交往的距离，使沟通双方处于同一种沟通状态中，有助于增进沟通双方的亲切感，有利于信息的及时反馈，使沟通富有弹性，便于信息被正确地理解和接受。

书面沟通是运用书面文字符号进行的沟通，如通知、布告、文件、书信、报刊、电报、电传、电信网络等。这种沟通形式的优点是严肃、规范、权威性强、不易歪曲，可以复查，利于保存，易于深入领会；不足之处是沟通不够灵活，感情因素少。

在人际沟通过程中，除了运用言语沟通的方式之外，人们还经常借助其他的沟通方式，如手势、动作、体态、眼神等，这些沟通方式一般统称为非言语沟通。

管理寓言8-2　短6寸的裤子

某市评选市先进少先队员，贝贝被选中。明天就是颁奖的日子了。贝贝高兴地上街买了条新裤子，可裤子长了3寸。吃晚饭的时候，趁奶奶、妈妈和姐姐都在，贝贝把裤子长了3寸的事情说了出来，可是饭桌上大家都没有反应。饭后大家都去忙自己的事情了，这件事情就没有再被提起。

姐姐因为学习睡得比较晚，临睡前想起弟弟在吃晚饭时说的事，于是就悄悄地把裤子翻出来，剪短了3寸，叠好放回原处。

半夜里，狂风大作，下起雨来。妈妈被惊醒，怕贝贝着凉，走到贝贝的房间给他盖被子时，突然想起儿子晚饭时说的话，于是拿起裤子也剪短了3寸。

老年人睡觉少，奶奶很早就醒来了，突然想起了孙子昨天说的裤子的事，于是拿起剪刀又将裤子剪短了3寸。

最后，贝贝只好穿着短了6寸的裤子去参加颁奖典礼了。

管理寓言8-2

分析提示

3）沟通的原则和技巧

（1）沟通的原则。

为了减少或克服人际沟通过程中的障碍和干扰、提高沟通的有效性，应该遵循如下原则：

第一，提高沟通信息的清晰度。

清晰、明确的信息是有效沟通的前提和基础。做到这一点，一要选择适当的沟通工具或媒体，二要简化沟通网络和层次，三要消除背景噪声的影响，四要明确沟通的问题和所要传递的信息，五要运用简洁的语言选择最主要的信息。

第二，增强沟通双方的信任度。

沟通双方相互理解、相互信任，一方面有助于获取和反馈正确、有效的信息；另一方面也可以防止信息被过滤和扭曲，同时有助于沟通双方采用灵活多样的沟通方式，从而保证信息获得有效的传递和接收。

第三，提高沟通的心理水平。

它是指在人际沟通过程中，要注意集中精力、正确感知，增强记忆的准确性，提高思维能力和水平，培养平和的情绪。

第四，克服不良的沟通习惯。

不良的沟通习惯不仅影响沟通本身的进行，还可能影响人际交流、人际关系和人际评价。因此，提高沟通主体的行为素质和人格修养，克服那些在沟通过程中令人不快或不利于信息输入和输出的不良行为习惯是十分重要的。

第五，营造良好的沟通氛围。

没有良好的沟通气氛，就无法进行顺畅的人际沟通和意见交流。因此，营造良好的沟通氛围是保证沟通有效性的基本原则和要求。

（2）沟通的技巧。

依据上述原则，沟通主体在人际交往过程中，应该从信息的组织与发送、领会与反馈以及沟通情境的改善三个方面着眼，改善人际沟通的方法和技巧，提高信息传递和思想交流的效率。

第一，信息的有效组织与发送。

沟通主体将所要传送的信息有效地组织并发送出去是提高沟通效率的基本要求之一。

具体地说，就是要对信息进行适当的编码，选择合适的沟通媒体。换句话说，就是要恰当地运用语言、文字和体态动作。

一般来说，人际沟通过程中正确的语言表达要做到：

①语言真挚，具有感染力和吸引力；

②语言轻重缓急得当，有必要的重复；

③净化语言，说话和气，忌粗鲁、莽撞；

④明确称谓，明晰人称；

⑤规范语言，少用方言、土语等。

第二，信息的有效领会与反馈。

它是有效沟通的另一个基本要求。具体地说，就是要对对方发出的信息进行正确译码、接收，并进行必要的反馈。换句话说，就是要耐心聆听、积极反馈。实际上，在人际沟通过程中，听有时比说更重要，有效聆听、适当反馈，可以提高沟通的有效性。

第三，沟通情境的改善。

情境因素是影响沟通效率的重要方面，良好的沟通情境也是有效沟通的基本条件之一。

沟通情境的改善应注意做到：

①选择合适的沟通场合；沟通场合的选择要注意同沟通的内容相适应。

②安排合适的时间。

③排除外界干扰。

④营造良好的沟通氛围。

⑤善始善终，礼貌、友好地道别。

案例8-1

华为的“百草园”营造温馨的家园

案例8-1

分析提示

在华为工作过的员工，无不对其舒适的工作环境有着深刻的印象。华为的百草园是华为员工在华为的温馨家园，里面有超市、休闲中心、餐厅、美发厅，一应俱全。在华为无论衣食住行，一张工卡全部解决。这里对于整日专注于科技项目，无暇顾及生活琐碎事务的研发人员来说无疑是“人间天堂”。公司还定期举办各种运动比赛等活动，通过这些活动拉近了员工之间的距离。舒适的工作环境也在一定程度上对员工起到了激励作用。

管理法则8-1

避雷针效应——能疏善导，化解隐患

解决矛盾的最好方法不是回避和压制，而是找到矛盾的根源并“对症下药”，化解矛盾。化解争吵最简单的方式不是更大声、更泼辣，而是动之以情、晓之以理。

善疏则通，能导必安。正如建筑物顶端的避雷针所起的疏导作用一样，如果我们在公司里装一个避雷针系统，就能够及时化解公司与员工之间的矛盾；如果我们在自己身上装一个避雷针，就能够及时排除隐患。这就是著名的“避雷针效应”，即能疏善导，化解隐患。及时解决管理中的沟通障碍，有效沟通，打造上下一心的高效组织。

知识掌握

随堂测8

1.简述群体的概念和特征。

2.结合实际，分析群体的心理特征和行为特征。

3.什么是群体规范？它有哪些作用？

4.分析影响群体凝聚力的因素。

5.谈谈你对人际关系重要性的认识。

6.简述管理人员处理人际关系的特征。

7.什么是群体沟通？它有哪些基本功能？

8.简析管理中冲突产生的心理根源。

案例分析

拿破仑的惨败

在滑铁卢战役的第一阶段，拿破仑的部队兵分两路。右翼由拿破仑亲自率领，在利尼迎战布鲁查尔；左翼由奈伊将军率领，在卡特勒布拉斯迎战威灵顿。拿破仑和奈伊都打算进攻，而且两个人都精心制订了对各自而言相当优秀的作战计划。但不幸的是，这两个计划都打算用格鲁希指挥的后备部队，从侧翼给敌人以致命一击，但他们事先并没有就各自的想法交换意见。当天的战斗中，拿破仑和奈伊发布的命令又含糊不清，致使格鲁希的部队要么踌躇不前，要么在两个战场之间疲于奔命，一天之中没有投入任何一方的作战行动中，最终导致拿破仑惨败。

问题：1）分析拿破仑失败的原因。

2）该案例对现代企业领导者有何启发？

分析提示：缺乏信息沟通是失败的根源。

实践训练

请就班级中的某次活动开展情况，与老师或同学进行沟通，然后进行书面总结。

【心理小测验】

人际关系状况测验

请你根据自己的实际情况，对以下的每个问题做出回答，符合的，把该问题后面的“是”圈起来；不符合的，把该问题后面的“否”圈起来。

1.你平时是否关心自己的人缘情况？ 是 否

2.在食堂里你一般都是独自吃饭吗？ 是 否

3.和一大群人在一起时，你是否会产生孤独感或失落感？ 是 否

4.你是否经常不经同意就使用他人的东西？ 是 否

5.当一件事没做好时，你是否会埋怨合作者？ 是 否

6.当你的朋友有困难时，你是否时常发现他们不打算来求助你？ 是 否

7.假如朋友们跟你开玩笑过了头，你会不会板起面孔甚至反目？ 是 否

8.在公共场合，你有把鞋子脱掉的习惯吗？ 是 否

9.你认为在任何场合下都应该不隐瞒自己的观点吗？ 是 否

10.当你的同事、同学或朋友取得进步或成功时，你是否真的为他们高兴？ 是 否

11.你喜欢拿别人开玩笑吗？ 是 否

12.和与自己的兴趣、爱好不相同的人相处时，你不会感到兴趣索然、无话可谈吗？ 是 否

13.当你住在楼上时，你会往楼下倒水或丢纸屑吗？ 是 否

14.你经常指出别人的不足并要求他们去改进吗？ 是 否

15.当别人在融洽地交谈时，你会贸然地打断他们的谈话吗？ 是 否

16.你是否关心和常谈论别人的私事？ 是 否

17.你善于和老年人谈他们关心的问题吗？ 是 否

18.你讲话时常出现一些不文明的口头语吗？ 是 否

19.你是否时而会做出一些言而无信的事？ 是 否

20.当有人与你交谈或对你讲解一些事情时，你是否时常觉得很难聚精会神地听下去？ 是 否

21.当你处于一个新的集体时，你会觉得交新朋友是一件容易的事吗？ 是 否

22.你是一个愿意慷慨地招待同伴的人吗？ 是 否

23.你经常向别人吐露自己的抱负、挫折以及个人的种种事情吗？ 是 否

24.告诉别人一件事情时，你是否试图把事情的细节都交代得很清楚？ 是 否

25.遇到不顺心的事，你会精神沮丧、意志消沉，或把气出在家人、朋友、同事身上吗？ 是 否

26.你是否经常不经思索就随便发表意见？ 是 否

27.你是否赴约前不吃大葱、大蒜，以及防止身带酒气。 是 否

28.你是否经常发牢骚？ 是 否

29.在公共场合，你会很随便地喊别人的绰号吗？ 是 否

30.你关心报纸、电视等媒体发布的社会新闻吗？ 是 否

31.当你发觉自己无意中做错了事或伤害了别人，你是否会很快地承认错误或道歉？ 是 否

32.有闲暇时，你是否喜欢跟人聊聊天？ 是 否

33.你跟别人约会时，是否常让别人等你？ 是 否

34.你是否有时会与别人谈论一些自己感兴趣而他们不感兴趣的话题？ 是 否

35.你有逗乐儿童的小手法吗？ 是 否

36.你平时告诫自己不要说虚情假意的话吗？ 是 否

计分与评价：

下列各题答“是”的计1分：1、10、12、17、21、22、23、27、30、31、32、35、36；下列各题答“否”的计1分：2、3、4、5、6、7、8、9、11、13、14、15、16、18、19、20、24、25、26、28、29、33、34。计算自己的分数，并根据表8-2评价自己

的人际关系状况。

表8-2　　评价表

总分	人际关系状况
29分以上	很好
25 ~ 29分	较好
19 ~ 24分	一般
15 ~ 18分	较差
15分以下	很差

第9章

组织心理与管理

学习目标

知识目标：通过本章的学习，你应该能够了解组织的概念、分类和组织结构；认识组织的变革与发展的过程；明确组织团队建设的必要性和策略；掌握组织文化建设的内容和方法。

素养目标：增强团队意识，遵循组织规范；具有爱岗敬业的基本职业道德观念，坚定文化自信。

趣味导读 **裁员**

有一个社区建了座桥，居民们说："我们有了桥，最好找个警卫员来守护。"

接着有人说警卫员要领薪水，所以必须雇用一名会计。接着，又有人指出需要有司库，于是，便有了警卫员、会计和司库。既然有了这么齐全的"人马"，便需要有个行政主任管他们。之后居民们便又雇用了一个行政主任。不久，社区要削减经费，一定要裁员，于是他们便裁掉了警卫员。

分析提示：这是典型的组织机构臃肿、人浮于事的表现，必然导致工作效率低下。合理的组织应该是高效的。

任何社会都是有组织的社会，人类社会的历史发展过程本身就是一系列有组织、有目标的运动过程。随着社会的发展和进步，组织问题越来越趋于复杂。因而，许多管理学家试图通过对组织设计和组织工作中心理学问题的研究，探索如何有效地运用组织中的人力、物力资源，发挥组织心理的作用，更好地使组织成员完成职业化、社会化过程，更好地发挥组织在管理中的作用。

9.1　组织心理概述

9.1.1　组织的概念、特征和类型

1）组织的概念

组织是由集体发展而来的，是由许多功能相关的集体组合而成的。随着组织的不断变革和发展，对组织的认识也在不断深化。

（1）传统的组织概念。

它是指为了达到某种特定目标，用组织中各部门的分工合作与各种责任制度去协调一群人的行动。可以用如下几个具体问题，进一步说明传统的组织概念：

①一个组织，必须有一个共同目标。人们为了达到这一共同的特定目标，而需要协同活动。如果没有共同目标，组织就是一盘散沙、空有虚名，也就失去了其存在的意义。

②组织有不同层次的分工，有明确的责任制度。组织的目标，是个体单独无法达到的。要实现这个预定的目标，就必须使其成员有明确的分工与合作，还要有责任制度加以保证。

③组织的功能是协调人们为达到共同目标而进行的活动，包括各层次内部和各层次之间的协调。

这个概念只指出了组织的最基本特征，它只考虑了组织的内部因素，而没有考虑到组织的外部环境。这种传统的组织概念，实质上是把组织看成与外部隔绝的封闭系统。因此，这种传统的组织概念还不能全面地适应复杂多变的外部环境。这也是传统组织概念与现代组织概念的根本差别。

（2）现代的组织概念。

它是指开放的社会技术系统。这个概念是在传统组织概念的基础上，为了适应外部环境的变化，进一步完善和发展起来的。这个概念包括如下含义：

①组织是一个开放系统。它不断地与外部环境进行信息交流。为了不断增强适应外界环境的能力，其本身也在不断地改革和发展。

②组织是一个社会技术系统。它既包括结构和技术方面，也包括心理、管理和社会方面。

③组织是一个完整的系统。它由许多子系统组成，并与外部环境相互作用。它不仅调整各子系统之间的活动，还调整各子系统与环境的关系，以便达到共同的目标。

④组织是一个动态概念。为了适应环境的不断变化，组织本身也要不断改革。

2）组织的特征

一般来说，组织的特征可归纳为以下几方面：

（1）组织的整体性。

组织为了实现特定的共同目标，经过成员的分工和职能的划分，运用不同层次的权

力和职责，合理地协调成员的活动，从而达到预定的目标。所以，组织本身是一个综合机构，是一个集体实现目标的工具，是一个提供工作环境、决定目标、分配工作、完成目标的整体性人群体系。

（2）组织的实用性。

由于现代化工业企业生产的社会化程度越来越高，要取得任何一项成就都必须借助于集体的力量，依靠组织，发挥人力、物力、财力的综合功能，这样才能适应外界环境的变化，所以组织具有很强的实用性。

（3）组织的复杂性。

组织是由若干个集体和个体组成的。这些组成单位之间、成员之间充满着差异，如能力、经验、个性等。这些差异是产生冲突的因素，也是人类存在、合作的原因。

组织中的领导者要利用这些条件、处理这些差异，建立一个合作的、调动一切积极性的、高效的组织，还必须协调组织中所有的单位和成员为实现组织的共同目标，要将组织的目标分解，并建立一个权力层次体系，要有严格的规章制度等。这些工作都十分复杂，都需要组织发挥其作用才能实现。

3）组织的类型

组织的类型纷繁多样，从不同角度有不同的划分。比如，有营利或非营利、公有或私有、大或小、生产或服务、传统或现代等划分方式。较规范的划分有以下几大类：

（1）按使用权力和权威的程度，可分为：

①强制型组织。这类组织通常使用强制力作为控制的手段，如执法机构、监护性精神病院等组织。

②功利型组织。这类组织在行使合法权利的同时，把经济报酬和各种奖励作为控制的手段，如工商企业、农场等组织。

③规范型组织。这类组织以方针政策、法律制度、道德规范等作为控制的手段，如学校、医院、科研部门、专业协会以及政治性和社会性的各种团体等组织。

（2）按主要受益者的身份，可分为：

①互利型组织。这类组织的成员为主要受益者，如工会、党派、人民团体、俱乐部、行业和职业联合会等组织。

②工商型组织。这类组织的所有者为主要受益者，如各类工商企业、开发公司等。

③服务型组织。这类组织是以服务的对象为主要受益者，如医院、学校、社会服务性机构、服务行业以及宗教组织等。

④国家型组织。这类组织的主要受益者为广大公民，如各级各类政府组织，立法、司法机构，军队、邮电通信等组织均属此类。

（3）按组织的正式程度，可分为：

①正式组织。它是经有关部门批准，正式成立的组织，如各种正规的企事业单位等。

②非正式组织。它是指人们自发形成的，以共同的兴趣、爱好、思想情感或血缘、

地缘关系为纽带成立的组织，如球迷协会、老乡会等。

小思考 9-1

小思考9－1

答案

问：在任何正式组织中都可能存在着非正式组织，那么非正式组织是否在任何情况下都对正式组织起着妨碍和破坏作用？

9.1.2　组织结构

1）组织结构的内涵

组织结构是指组织内部各个构成部分之间所确立的相对稳定的关系及模式。这种模式要反映组织各部分排列顺序、聚集状况、联系方式及各要素之间的相互关系。

组织结构在整个管理系统中发挥着“框架”作用。有了它，系统中的人流、物流、信息流才能正常流通，组织目标的实现才成为可能。而组织能否顺利地达到目标，能否促进个人在实现目标的过程中做出贡献，在很大程度上又取决于这种结构的完善程度。

2）组织结构的设计原则

组织结构的设计应遵循以下原则：

①目标统一性原则，即组织结构的设计，必须从组织要实现的总目标出发，并为有效实现总目标服务。

②分工协作原则，即要按照专业化的原则设计部门和确定归属，同时要有利于组织单元之间的协作。

③指挥统一原则，即在配合职权关系中，必须保证指挥的统一性，防止“令出多门”。

④集权和分权相结合的原则，要将高层管理者的适度权力集中与放权基层有机结合起来。

⑤权责相结合原则，要使每一个组织单元或职位所拥有的责任、权力和利益相匹配。

⑥稳定性和适应性相结合原则，既要保证组织的相对稳定性，又要在目标或环境变化情况下及时调整。

⑦决策执行和监督机构分设的原则。为了保证公正和制衡，决策执行机构和监督机构必须分别设置。

⑧精简高效原则。机构既要精简，又要有效率。

3）组织结构的形式

组织结构形式是管理组织结构设置的具体模式，它包括横向结构设计和纵向结构设计两个方面。横向结构设计解决部门划分问题，建立分工协作关系；纵向结构设计解决层次划分问题，建立领导隶属关系。

组织结构的基本形式包括：

（1）直线制。

它是一种最早、最简单的组织形式，最初产生于手工业作坊，当时老板和工场主都实行“个人管理”，对生产、技术、销售、财务等各项事务都亲自处理。因此，这种组织形式没有职能机构，从最高管理层到最低管理层，是直线垂直领导，如图9-1所示。

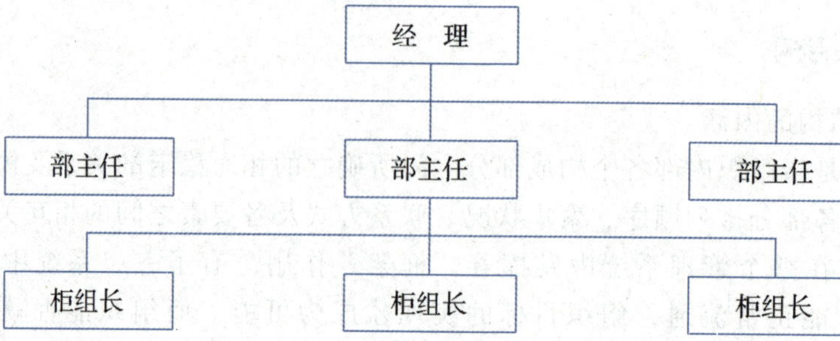

图9-1 直线制组织结构形式

直线制的优点是：

①机构简单，沟通迅速；

②权力集中，指挥统一；

③垂直联系，责任明确。

直线制的缺点是：没有职能机构，管理者负担过重，而且难以满足多种能力要求。因此，它只适用于小规模企业。

（2）职能制。

它是指设立若干职能机构，各职能部门在自己的业务范围内都有权向下级下达命令和指示，即各级负责人除了要服从上级直接领导的指挥以外，还要受上级各职能机构的领导，如图9-2所示。

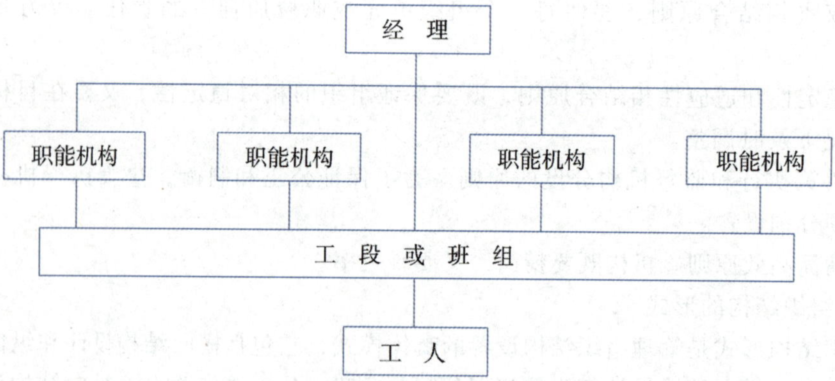

图9-2 职能制组织结构形式

职能制的优点是管理分工较细，有利于工作深入，便于充分发挥职能机构的专业管理功能。但这种组织形式也有很多不足，容易出现多头领导、政出多门，破坏统一指挥原则。

事实上，职能制也只是表明了强调职能管理专业化的意图，无法在现实中真正实行。

（3）直线-职能制。

直线-职能制又称直线参谋制。

它吸取了直线制和职能制的长处，也避免了它们的短处。

它把直线指挥的统一化思想和职能分工的专业化思想相结合，在组织中设置纵向的直线指挥系统和横向的职能管理系统，即在各级领导者之下设置相应的职能部门分别从事专业管理，如图9-3所示。

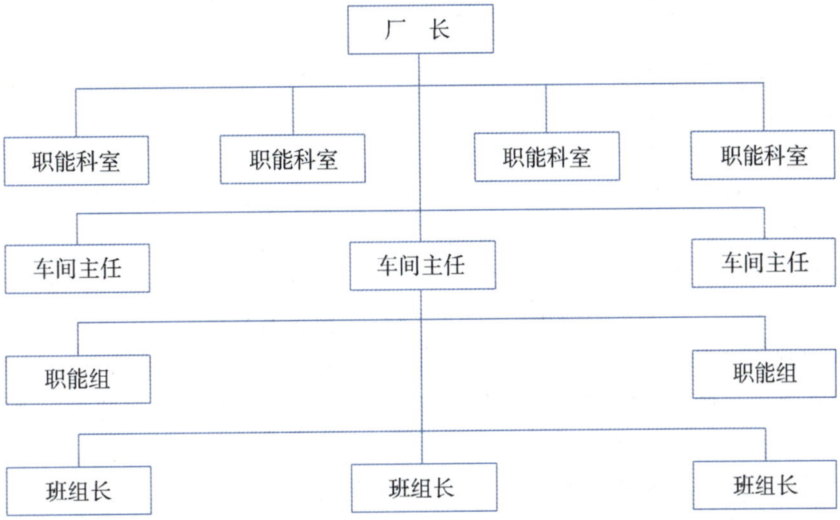

图9-3　直线-职能制组织结构形式

这种组织结构形式的特点是以直线指挥系统为主体，同时利用职能部门的参谋作用。

职能部门对下级部门无权直接指挥，只起到业务指导作用。其只有在直线人员授权下可行使职能权。

直线-职能制的优点是：既保证了组织的统一指挥，又有利于强化专业化管理，因此这种组织形式普遍适用于各类组织。

直线-职能制也有很多不足：

①下级缺乏必要的自主权。

②各职能部门之间联系不紧，容易造成脱节或难以协调。

③直线人员与参谋人员之间的关系有时难以协调。

（4）事业部制。

它是一种分权制的组织形式，是指在公司总部下增设一层相对独立经营的“事业部”，实行公司统一政策，事业部独立经营的一种体制，如图9-4所示。

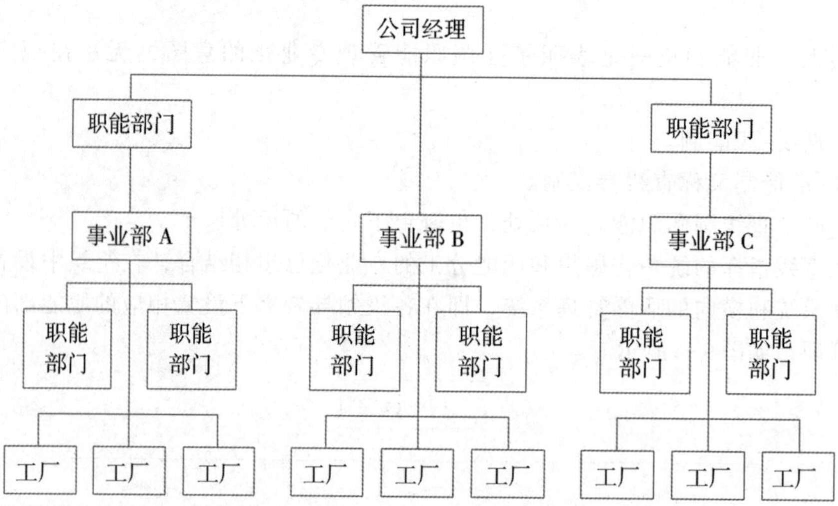

图9-4 事业部制组织结构形式

事业部是分权化单位，它分割了一定的直线指挥权限，有进行采购、生产、销售的自主权，是实际的利益责任单位，具有利益生产、利益核算、利益管理三种职能，是在总公司控制下的利益中心。在总公司领导下，实行独立核算，自负盈亏；每一个事业部都是一个责任中心，是产品责任单位或生产责任单位，有自己独立的市场。

事业部制的优点是：

①对产品的生产和销售实行统一管理、自主经营、独立核算，有利于发挥各事业部的积极性、主动性，并能更好地适应市场。

②有利于最高层管理者摆脱日常事务，集中精力去考虑宏观战略。

③有利于锻炼和培养综合管理人员。

事业部制的缺点是：

①事业部制要求管理者精干得力、知识面广、经验丰富。如果管理者素质达不到该要求，则会造成事业部管理的困难。

②事业部制还存在着分权所带来的一些不足，如本位主义；指挥不灵，企业整体性差；职能机构重复设置，管理人员增多等。

事业部制主要适用于规模大、有不同市场面的多产品（服务）的现代大企业。

（5）矩阵制。

它又叫规划-目标结构，它由纵横两套管理系统叠加在一起组成一个矩阵，其中纵向系统是按照职能划分的指挥系统，横向系统一般是由产品、工程项目或服务组成的管理系统，如图9-5所示。

这种形式的组织结构最初出现在20世纪50年代末，被用于完成某些特殊任务。例如，企业为了开发某项新产品，在研究、设计、试制、生产各个方面，要求有关职能部门派人参加，组成一个专门小组，小组里的成员既同原职能部门保持组织上和业务上的联系，接受原部门主管的领导（主要是专业技术上的领导），又要对项目小组的主管负

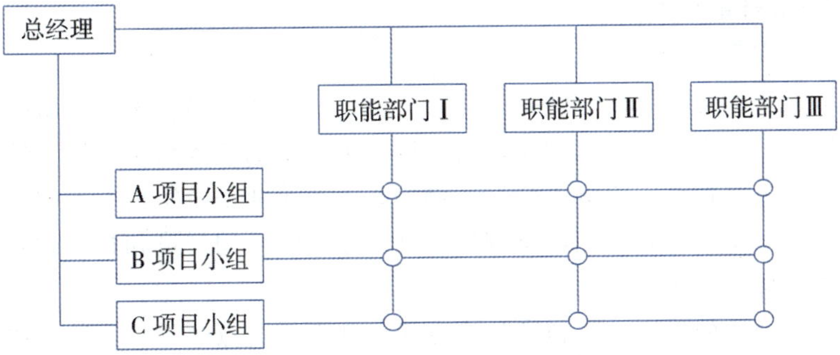

图9-5　矩阵制组织结构形式

责，服从项目主管的管理（作为一个作业部门的领导者，应对其工作人员全面管理）。

矩阵制的优点是：

①使企业组织结构形成一种纵横结合的联系，加强了各职能部门之间的配合。

②对人员的使用富有弹性，有利于发挥专业人员的综合优势，有利于提高整体工作效率。

矩阵制的缺点是：

①由于组织成员必须接受双重领导，破坏了统一指挥原则，下属会感到无所适从。

②工作出现差错时，不易分清领导责任。

这种组织形式主要适用于变动性大的组织或临时性工作项目。

（6）委员会组织。

委员会也是一种常见的组织形式，它是执行某方面管理职能并实行集体决策、集体领导的管理者群体。委员会在实践中被广泛采用，如董事会、监事会、员工委员会、学位评定委员会等。

其突出的优点是：集体领导和决策，有效避免了个人能力有限造成的各种失误。

其缺点是：决策速度慢，不利于个人负责，责任不清。这种组织形式主要适用需要集体领导或专项职能的组织。

上述介绍的各种组织形式各有利弊，没有哪种是十全十美的。组织应依目标与实际情况进行灵活选择，必要时也可将几种形式结合起来，以更有效地保证目标实现。

小思考9-2

答案

小思考9-2

问：在组织规模比较大且业务范围广或市场区域大时，采用哪种组织结构形式比较适宜？在创新任务比较多、生产经营复杂多变的条件下，采用哪种组织结构形式比较适宜？

9.1.3　组织的有效性

衡量一个组织是否有效，主要有以下几种标准：

1）组织有效性的标准

（1）是否实现目标。

无论什么性质的组织都有它特定的目标，所以目标实现与否是衡量组织效力的常用尺度。从系统的观点来看，可以把实现目标确定为组织的有效输出，把它理解为向社会提供了什么，解决了什么，服务了什么。例如，一个企业是否实现了单位时间内的既定生产指标；一所大学是否在规定的学制内达到了培养学生的质量和数量的要求等。

（2）是否有效率。

这是一个综合性的尺度，它包括许多方面。从系统观点来看，可以看作是否有效地利用了输入。例如，一个企业在单位产品上是否达到了以最少的人力、财力、物力和时间的投入，并获得了最佳的经济效益和社会效益。若它耗费了超量的资源，而没有获得或获得很少的经济效益，那说明这个企业没有效率或效率很低。因此，组织是否有效率就是要分析研究输入和输出之间的比例关系，以及对整个社会和环境系统的效果。

（3）是否有社会责任和信誉。

假如一家酿酒厂为了获得尽可能多的收益，不在提高质量上下功夫，而是一味地扩大生产、增加产量，结果导致成品酒酒精含量过高。这无疑是一种不负责任的态度，必然会造成不良的社会影响，使企业失去信誉。一家医院已经宣布治愈的病人，实际上却没有痊愈，病人不得不又到其他医院去治疗同样的病。这都说明社会责任的强弱与信誉的高低，说到底是工作和服务质量问题。

（4）组织及管理的状况如何。

组织在实现目标、提高效率的同时，采取了什么样的管理方式？运用了哪些有效的管理方法？组织的结构和稳定性如何？假如这个组织是一个在实现预期目标后就瘫痪下来的组织，那它的有效性就值得怀疑。假若组织连存在下去的可能性都没有，那还谈什么有效性呢？同样，一个组织内部若矛盾重重、勾心斗角，控制和调节的作用又非常有限，它的有效性也会受到制约和影响。

（5）员工是否满意。

这一条包括的内容很多，也是一个综合性尺度。如员工对他所从事的工作是否满意，是否觉得有用武之地；员工对工作报酬是否感觉合理，包括自己和他人的比较；员工是否感到有发挥潜力、实现自我发展的前途。假如不少员工希望尽快脱离这个组织，或者消极怠工，那这个组织的有效性必然要受到很大的影响。

2）如何提高组织的有效性

提高组织的有效性，同样需要从多方面来考虑，这里我们主要从培养组织良好的精神状态、有效地开展工作、避免不经济的做法等方面加以分析。

（1）培养组织良好的精神状态。

组织与人一样，也有其特殊的精神状态，并主要体现在4个方面的特性上：

①适应性，即要提高组织解决问题的能力以及随着变化的环境灵活地做出反应的能力。

②同一感，也就是要让组织成员能够意识到它是一个什么样的组织，它应该努力完

成什么样的工作目标。否则，“挂羊头卖狗肉”的组织，其精神状态肯定是不正常的。

③识别能力，即能够客观地认识周围的环境，特别是能够认清与组织有关的事物。否则，不是看不到威胁，便是贻误时机，遭到客观规律的惩罚。

④一体化，即要协调好组织内部各个层次、各个方面的关系，消除误解和曲解，避免矛盾和冲突。要使组织内的各个方面意识到取得成就的关键在于通力协作，这样才能提高有效性。

（2）有效地开展工作。

要做到这一条必须具有良好的组织工作机制，能够把握住组织所面临的局势和应该协调的工作，使之处于最佳的工作状态：

①要有效地接收和传递信息。要像市场分析师那样掌握行情（信息），利用信息来指导工作。

②要主动地根据信息要求，在组织内部做出灵活的、富于创造性的调整，如同一个大学要根据社会需求的变化来调整专业设置、课程体系、招生计划一样。

③要调动组织成员的积极性和责任感，使大家乐于参与管理，善于革新。只有这样，才能把实现组织目标变为成员的行动。比如，组织要降低成本，没有员工的认真对待此目标恐怕很难实现。

④要培养和营造良好的组织气氛，避免和克服组织气氛对员工造成的压抑感。否则，可能会出现员工得过且过，或与组织离心离德的问题，使工作无法进行。

（3）避免不经济的做法。

应当承认，组织的有效性在许多情况下受到了组织内不经济做法的严重影响。因此，避免组织的不经济做法，也是提高组织有效性的重要途径。

从实际工作中出现的主要问题来看，组织的不经济做法主要有如下一些表现：

①人员配置上的不经济做法。如有的组织人数不多，领导却不少，导致“官多兵少”，相互制约，工作效率不高。有的组织人浮于事，工作十分拖拉。

②组织机构设置上的不经济做法，如机构重叠、相互制约、相互推诿等。许多单位为了使工作的条块更清楚，设置了许多专门机构，结果使下层组织无法应对多头牵制的局面，只得同样增加办事机构和工作人员，造成机构臃肿、队伍庞大，工作效率非常之低。原来只需要一上一下的事情，现在却要几上几下，互相扯皮，无法进行。国外学者把这种现象称为“组织乘数”，认为这是最不经济的一种做法。

③管理上的不经济做法，如控制过死，下级没有活力。这实际上是一种封建家长制的领导作风，一切唯上是从，下级没有选择和自决的余地。国外学者风趣地把这种现象称为“管理华尔兹舞”，意思是说管理人员特别是领导者过分地包揽和干预组织的活动，导致组织的工作效率很低。

管理法则9-1　奥卡姆剃刀定律

“奥卡姆剃刀定律”是14世纪来自奥卡姆的英国人威廉所主张的“思维经济原则”，

概括起来就是“如无必要，勿增实体”，即只承认确实存在的东西，那些空洞无物的普遍性概念都是无用的累赘，应当被无情地“剃除”。

“奥卡姆剃刀定律”的思维方式是要剔除一切不必要的累赘。就管理而言，累赘主要是指组织机构臃肿、人员冗杂、目标不明确，规章制度繁乱等。

如果你想成为一个优秀的领导者，就要建立一套完善的组织制度——简单有效。要做到这一点，就要大胆地举起“奥卡姆剃刀”，毫不留情地剃掉那些不适宜组织发展的累赘。精兵简政，简化组织结构，使组织结构精简灵活。

“奥卡姆剃刀定律”告诉我们要剔除累赘，力求简洁。这个定律用到我们普通人身上就是要简化生活。

现代社会精彩纷呈，同时我们的生活也变得复杂累赘。QQ、微信的好友栏里人数不下几百，同学聚、老乡聚、工作聚，各种群聚把休息的日程安排得满满当当，假日游的景点人满为患，女性的衣橱更是琳琅满目。这些真的全部是我们所想要的、所需要的吗？事实上，大部分情况都是人云亦云，或者盲目跟风，有时候又是迫于风气，结果大家都忙，大家都累。

资料来源　陈讲红. 心理学与领导力［M］. 北京：中国法制出版社，2015.

小思考9-3

答案

小思考9-3

问：一个和尚挑水吃，两个和尚抬水吃，三个和尚没水吃。为什么？

9.2　组织的变革与发展

9.2.1　组织的变革

所谓组织变革是指对组织本身进行调整和变动，使其适应不断变化的外部环境和内部条件的过程。组织的变革不仅是机构、技术的改革，更重要的是成员的心理、观念上的改变。

1）组织变革的动力

组织变革的动力主要分为外部动力和内部动力。

（1）外部动力。

它是由外部环境系统的各种变化所引起的。它包括技术、经济、法律、政治、文化、人口、生态等各个方面的因素。同时，也包括每个组织所处的具体的工作环境因素。如竞争和市场变化就是一种明显的变革动力来源。

竞争，既加快了企业技术创新和产品更新的速度，又加强了企业间的横向联系；既不断设法扩大资源的投入，又尽可能有效地利用现有资源。为什么有的企业在激烈的竞争中濒临破产，有的却生机勃勃？同样，技术变化也是一种很明显的变革动力来源，如计算机技术的应用使高速数据处理和解决复杂的生产问题成为可能，新的仪器设备和自动化技术使许多新产品的开发以及传递方式都发生了革命性变化。

新技术的发展不仅影响生产的技术条件，而且也影响生产的社会条件，创造了新的职业形态和管理方式。这些都说明，在现代社会中，技术进步是永无止境的。

此外，经济、政治、文化和具体工作环境因素的变化，也都会成为各种变革的动力来源。

（2）内部动力。

它一般是由组织内部各个分系统的变化所引起的，如目标与价值分系统、技术分系统、结构分系统、心理社会分系统和管理分系统等。如价值观念的变化必然会引起组织目标的变化，进而影响人们行为方式的变化。

当然，价值观和目标的变化与外界环境力量的作用有直接关系。而技术分系统的变化也是组织内部的一个明显的变革动力源，特别是对组织内部的结构分系统和心理社会分系统具有相当大的作用。

拿一个企业来讲，技术的变化至少包括产品形式或功能的变化、劳务形式与功能的变化以及组织所采用的转换过程的变化。那么，这些变化也必然引起结构和成员心理活动状态的变化。然而，结构分系统的变化也是一个重要的变革动力源。如为了使组织更有效率，可以设计出不同的分工方法和协作手段，而这些变化又常常会引起其他方面的调整，成为组织变革的推动力量。我国目前出现的许多大型企业集团就是这种变革的产物。

非正式组织、心理社会分系统也是重要的变革动力源。组织目标的实现在很大程度上依赖于人的因素，而人的士气、个体和群体方面的激励因素的变化都会产生明显的影响力。因此，人的心理方面的任何变化均会导致组织活动的明显变化。

特别是在某些变革需要个人或群体来适应和支持的情况下，人的因素就显得非常重要，处理不好变革就很难付诸行动，难以取得实效。

另外，组织变革的动力也来源于组织内的管理分系统，如管理方式的调整、领导作风的变化、控制方法的变化、参与决策的程序等。

案例9-1　从商鞅变法看组织变革

战国时期秦国的秦孝公即位以后图强改革，便下令招贤。商鞅自魏国入秦，提出了废井田、重农桑、奖军功、实行统一度量衡和建立县制等一整套变法求新的发展策略，深得秦孝公的信任，被任为左庶长，在公元前356年和公元前350年，先后两次实行以“废井田、开阡陌，实行郡县制，奖励耕织和战斗，实行连坐之法”为主要内容的变法。经过商鞅变法，秦国的经济得到发展，军队战斗力不断加强，发展成为战国后期最富强的国家。

显然，商鞅变法属于激进型变革。从开始变法到变法结束，21年就让秦国从一个贫穷落后的国家一跃成为战国七雄中最为强盛的国家。在这个过程之中，因变法而被处以刑罚的秦人不计其数。商鞅变法以一种摧枯拉朽的力量涤荡了旧秦贵族势力，激进而有效。

商鞅变法时内外部环境恶劣。外部环境方面，在春秋时期，秦国社会经济的发展落后于各大国，在与世仇魏国的战争中处于不利地位，面临着被灭国的危险。内部环境方面，秦国旧族势力强大，井田制和税收制度成为维护旧族势力的专用工具，严重束缚了社会生产的发展，而且军队建设落后，军备严重不足。内忧外患之下，秦国急切需要一场轰轰烈烈的大变革。

商鞅变法几乎包含了组织变革的所有方法。废井田，奖励军功，很好地调动了秦人的积极性，各家各户大力发展生产，百姓踊跃参军，使秦国这个“大组织”效能不断提升，算作组织发展的典范；废除世卿世禄制，规定爵位依军功授予，宗室非有军功不得列入公族簿籍，一个规定就无条件地剥夺了旧贵族的特权，是强制执行的手段；改革户籍制度，实行连坐法，定秦律，连公子虔都一视同仁，被施以劓刑，用的是规则与政策约束；甘龙、杜挚等旧贵族占据秦国重要位置，秦孝公为推行变法，任命商鞅为左庶长，成为秦国实际掌权派，属于更换领导者；商鞅舌战群儒，以历史进化的思想驳斥了旧贵族所谓“法古”“循礼”的复古主张，为实行变法作了舆论准备，属于辩论。

内忧外患已经给了秦国最强烈、最真实的紧迫感。以秦孝公、商鞅、车英等为核心，建立了一支强有力的指导团队。徙木为信，确立正确而鼓舞人心的变革愿景。徙木为信，以国家公告的形式向全国进行宣贯，实行最大规模沟通。秦孝公死后，商鞅力主变法，绝不松懈，推动变法进一步向前；制定法律，统一度量衡，将变法作为一种新的行为规范固定下来，成为秦国的“国家文化”，让“赳赳老秦，共赴国难”的秦人文化得到传承。商鞅变法堪称组织变革的典范。

案例9-1

分析提示

资料来源　陈红．管理心理学［M］．上海：华东师范大学出版社，2014.

2）组织变革的过程

管理心理学家对组织变革的过程的认识不尽相同。勒温认为要经过解冻、改变、再冻结3个步骤。而罗希认为有4个程序：一是创造一个需要变革的知觉；二是分析诊断环境，以创造变革的需要以及决定变革的方向；三是沟通变革所影响的人员；四是监督变革，调整组织。凯利则将组织变革的程序分为9个步骤，即确定问题、做出诊断、列出可行方案、制定决策准则、采取解决方式、计划变革、采取行动、评估、反馈。

综合上述各种观点，一般认为，组织变革须经过8个步骤，其过程如图9-6所示。

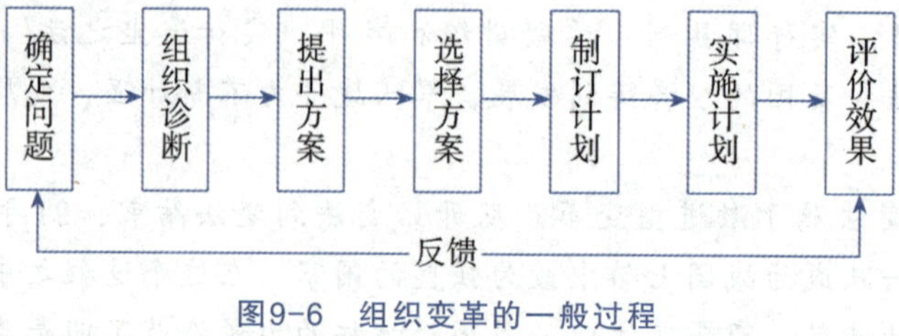

图9-6　组织变革的一般过程

3）组织变革的方法

由于组织的情况不同，组织变革的方法也不尽相同。一般来说，组织变革有以下4种方法：

（1）通过改变结构来实现组织变革。

组织结构的改变是指对组织设置进行调整。例如，成立新的部门或合并取消某些部门，协调各部门的工作，调整管理层次，提高基层的自主权等。随着内外环境的变化，在必要的时候对组织结构进行调整，常常可以使组织发生根本性的变化。

（2）通过改变技术来实现组织变革。

从改变技术入手，进行挖潜改革与革新，是实现组织变革的重要途径。通过引进新技术、新设备，进行技术革新与科技挖潜，提高机械化、自动化程度，改进和提高产品质量等，都能实现组织变革。

（3）通过改变人来实现组织变革。

所谓改变人，就是改变人的素质，特别是员工的心理素质。改变员工的工作动机、态度行为、技术和知识水平，提高员工的工作积极性与创造性，是实现组织变革的重要途径。

（4）通过调节和控制外部环境来实现组织变革。

组织不仅要适应外部环境的变化，而且要主动地调节和控制外部环境，使之在最大程度上有利于组织目标的实现。因此，除了改革组织内部的管理制度外，还应主动地参与环境的变革，使其适应组织的需要。例如，增加外部信息资料的输入、开辟新的市场等都有助于组织目标的实现。

4）组织变革的阻力和克服

组织变革与其他变革一样，是除旧布新，不可避免地会遇到许多阻力，主要包括：

（1）心理的抵制。

第一，职业认同的影响。人们在稳定的职业中有一种安全感，当酝酿进行组织变革时，人们便会感到忐忑不安；当实施变革时，人们习惯的工作模式被打破，则会引起人们情绪上的波动，产生抵触情绪。

第二，风险恐惧的影响。组织变革有一定的风险，如何对待风险，人们的态度不尽相同。有的人害怕风险，担心变革带来自身职业的不稳定，甚至担心个人失业。变革越是激进，这种心理阻力就越大。

第三，权力、地位上的考虑。组织变革往往涉及组织机构和人事安排的变动，这种变动会使一些人在变革中失去原有的权力和地位，因而产生心理抵制。

第四，人际关系变动的影响。当组织变革时，员工的工作单位可能发生变动。这种变动使一部分人一方面留恋其原单位较为融洽的人际关系；另一方面又担心不能适应新的人际关系。

（2）经济原因造成的阻力。

组织变革往往带来利益分配的变化。例如，担心技术改革后被解雇；担心改变工作计时或计件办法使自己收入减少；担心改变职务而降低奖金；担心增加产量而不增加收入。

（3）社会阻力。

任何变革都要打破旧的平衡，改变旧的规范和习惯，而群体和社会的惰性往往会自发地维持原先社会环境中已经形成的平衡。这种维护固有平衡的群体及社会力量就成为变革的社会阻力。

面对变革的各种阻力，为保证组织变革的顺利进行，常采用下列方法：

第一，员工参与变革。管理心理学家认为：让员工参与变革，既可以吸引员工产生认同感，又可以利用员工的智慧，从而减少变革中的思想阻力。在变革时，组织有关人员对变革方案进行讨论，会使他们感觉受到重视和尊重，从而产生较强的责任感；同时，又能使其了解变革的内容和意义，提高其变革的主动性和自觉性，这样便会促使变革顺利实现。

第二，适应员工心理，合理安排变革进程。考察历史上失败的变革，其原因往往是操之过急，忽视了人们的心理承受能力。因此，要恰当地安排变革的时间和进程，以适应员工心理的变化；要尽量使组织变革的方向与员工群体目标相一致，以增强变革的动力；要注意变革与群体规范的关系，以便引导员工相应地改变旧规范，建立新规范。

第三，聘请外部“变革顾问”。这也是克服阻力的一种好方法。这样做是为了维护组织内部某一部分人利益、损害另一部分人利益的心理，有利于克服阻力。同时，这样做也有利于组织吸收新的知识和更加客观的观念、态度，并且减少企业旧传统、旧关系的束缚，有利于变革的实施。

第四，运用力场分析法。力场分析法是勒温创造的一种方法。勒温认为当变革遇到阻力时，如果用强硬的手段压下去，是不利于解决问题的。因此，他主张把支持变革与反对变革的所有因素按图示方法进行排队，其大小可以用估算值来表示，把支持的力量称为驱动力，把反对的力量称为遏制力，在客观地比较、估计其强弱程度之后，采取合理措施，增强支持因素，减少反对因素，以使变革顺利进行。

案例9-2　企业变革要谨慎

20世纪80年代，可口可乐公司与百事可乐公司“打得不可开交”。1983年，可口可乐公司的市场占有率为22.5%，百事可乐公司的市场占有率为16%；1984年，可口可乐公司的市场占有率为21.8%，百事可乐公司的市场占有率上升到17%。对可口可乐公司来说，事态尤显严峻，如果再不加把劲，眼看着就要走下坡路了。可口可乐公司开始行动了。

在美国和加拿大，可口可乐公司对20万名13～59岁的消费者进行了调查，一项结果表明，55%的被调查者认为可口可乐不够甜。不甜没什么大不了，让饮料甜一点还用费力气吗？

可口可乐公司的董事们初衷是不错的，他们认为如果要保住其产品在软饮料工业史上的霸主地位，产品的味道更好一些是有必要的，至少口味应当更甜些。

1985年5月1日，可口可乐公司在耗资400万美元、历时两年的研究后，决定舍弃可口可乐的老配方，取而代之的是更科学、更合理的新可口可乐。为了新可口可乐面市，公司在纽约市林肯纪念中心举行了一次记者招待会，约有200家报纸、杂志和电视台的记者应邀到场。不过许多记者并不看好新可口可乐。媒体的这种疑虑也加重了人们对新可口可乐的不乐观。24小时之内，81%的美国人都知道了可口可乐的这次变化，比知道1969年7月尼尔·阿姆斯特朗在月球上行走的人还多。最初的4个小时，可口可乐公司接到了约650个电话。3个星期之后，电话以每天5 000个的速度增加，并且还有很多愤怒的信件。新可口可乐引起了众怒，它大大地伤害了许多消费者对老可口可乐的忠诚，也伤害了他们对老可口可乐的感情。旧金山还成立了一个“全国老可口可乐饮者协会”，并举行了抗议新可口可乐的游行示威活动。一些美国人甚至威胁说要改喝茶水，还有人竟然开始储存老可口可乐了，也有人倒卖老可口可乐来获利。那年春天和夏天，可口可乐公司共收到了40 000封信，大多是控诉新可口可乐的。

百事可乐公司还火上浇油。百事可乐公司总裁斯蒂尔在报纸上公开发表了一封致可口可乐公司的信，声称可口可乐公司的这一行动是在表明，可口可乐公司正从市场上撤回产品，并改变了可口可乐的配方，使其更像“百事可乐公司的产品”。“毋庸置疑，正是因为百事可乐长期以来在市场上所取得的成功，方使对方做出这个决定。”斯蒂尔同时以讥讽的口吻宣称新可口可乐的推出意味着百事可乐的胜利，为庆贺这一让人陶醉的成功，百事可乐公司员工放假一天。

1985年7月11日，可口可乐公司的董事长戈苏塔无可奈何地宣布：恢复可口可乐的本来面目，更名“古典可口可乐”，并在商标上特别注明“原配方”。与此同时，戈苏塔还宣布：新配方的可口可乐生产计划不变。

消息传开，可口可乐公司的股票一下子飙升，有惊无险地度过了这次风波。

案例9-2

分析提示

资料来源　赵凡禹．管理基本功［M］．北京：管理出版社，2003.

9.2.2　组织的发展

现代组织理论家不仅注重组织改革问题，而且注重组织发展问题。前者侧重于解决组织内部出现的某些不利于组织生存的问题，后者则侧重于研究组织向前发展的问题。

1）什么是组织发展

所谓组织发展，是指组织适应内外环境的变化，改进和更新组织，达到组织的最佳化和高效化的过程。

组织发展活动始于20世纪50年代末的美国，其社会背景是各类组织正置身于前所未有的迅速变化和动荡不安的社会环境中，环境的变化、人员心理的变化冲击和推动着组织的变革和发展。

任何一个组织系统，都必然存在三个相互作用的子系统：技术或工作子系统、管理或行政子系统、人文子系统。

组织发展就是这三个系统相互作用的结果。组织要对上述三个子系统进行一系列变革，其中改革人的因素、发展人的能力、改善组织成员之间的关系是组织发展的核心问题。

2）组织发展的内容

其在于调整组织的结构和体系，使之既能适应环境条件的变化，又能满足组织成员的心理需要。它包含如下五个方面的内容：

①营造组织内部相互信任的气氛，疏通沟通网络，协调上下级关系，调动组织成员的积极性。

②调整组织结构体系，使决策、授权的单位尽可能处于或接近组织中心。

③在达成组织目标的过程中展开各部门的竞争，注意在竞争中扩大各部门间的合作，加强部门间的联系。

④把各种激励手段与达成组织目标紧密相联，使组织目标与成员目标趋于一致，提高成员达成目标过程中的心理满足感。

⑤在组织内提倡和促进创新精神，努力提高组织的整体效能。

9.2.3 组织团队建设

团队是21世纪组织发展的趋势。20世纪90年代以来，"团队工作"成为管理的热点，众多管理者推崇团队的工作方式，甚至以团队方式来进行组织重构。团队使人们的工作更有效率，对工作和组织有更高的满意程度，更能发挥他们的积极性和创造性，使组织高效率运行。

1）什么是团队

团队是两个或两个以上个体相互作用和协作，以便完成组织预定的某项特别目标的最小单位。

团队的概念包含三个要素：

①需要两个或两个以上的人员，团队的规模可大可小，但一般少于15人。

②团队人员有规律地相互接触，彼此间不打交道的人不可以组成一个团队。

③团队人员共享绩效目标。

团队概念意味着一种崇高的使命感和竞争感。团队是由在兴趣、爱好、技能、工作关系上有共同目标的个体自愿组合并经领导层认可批准的一个群体。团队成员相互协作以完成团队目标，这一目标与组织目标的达成是完全一致的。

2）团队观念的产生

团队观念是20世纪70年代西方兴起的"向日本学习"浪潮的产物，是从"日本经验"中提炼出来的。在充满团队精神的企业里面，企业主和员工可以制定共同的远景规划，共同商讨企业的经营决策，为实现共同的远景规划而努力。

通过对日本竞争力源泉的研究，欧美企业领悟到，单打独斗、依靠个人奋斗的个人英雄主义的时代已一去不复返了。光靠领导者殚精竭虑而没有员工的积极参与，光靠员工的个人能力而没有有效的团队协作，在今天已难再获成功。企业应充分运用人力资源，尤其要尽力形成强大的团队合力。

就当前来说，企业的经营环境正发生着变化，竞争越来越激烈。组织外部环境的风云变幻和组织内部条件的日趋复杂使团队建设越来越多地被诸多企业重视和运用，像海尔、宝钢、长虹、联想等企业都成功地构建了团队。

3）团队建设的心理机制

（1）情绪认同。

真正好的团队的特点是在成功或者失败时有共同的感受、有情绪上的温暖和同情，为每个人的成功而自豪和高兴，相信自己的团队是名副其实的工作集体。有效的情绪认同，取决于个人与其他成员的团结程度，取决于个人对待群体中其他成员的态度积极到什么程度。

（2）共生效应。

它是一种社会心理效应，指个体与个体或个体与群体间相互依存、相互激励的社会心理现象。建立团队，最重要的是在认知上形成一种强烈的、积极的归属感和“我们感”。团队成员互相认同，把自己的团队看成是“我们”，而不仅仅是一群人的集合体，团队依靠人的这种心理基础。同时，团队建设也应创造这样一种环境，使人们把团队成员当作“我们”，使每一个成员都认同这个团队，共生共存。

（3）心理相容。

它是指群体成员之间心理上的相互理解、包容和协调，即群体内成员间的心理流和心理面是处于一个同频共振的心理场中，一个人或者若干人的行为会引起群体的肯定性反应。心理相容是成员产生相同感受的基础。人们观点和信念的一致性是心理相容产生的最主要原因，而群体内成员相互间物质利益分配的合理性是心理相容的根源。

（4）共同的信念。

它可以成为人们决定是否采取行动的有利因素。它服务于一种功能，使我们能够调整自己的爱好和行为，并使其理性化。以团队为基础的工作方式，首先意味着摆脱权威的束缚，实际上也意味着改变组织内权力的运用方式。因此，第一个共识应当是互相尊重，包括团队成员之间的互相尊重和管理人员对团队工作的尊重。

（5）参与心理。

无论是在工作积极性、责任感方面，还是在生产效益方面，参与心理都有其独特的影响。团体工作方式的出现，本身就体现着组织对“员工参与”的重视。不仅如此，团队的工作基础之一就是成员的参与。

补充阅读材料9-1　　**宝钢集团构建“超级团队”**

上海宝山钢铁集团（以下简称“宝钢”）的成功源于它是一个富有战斗力的集体。其中，团队精神的引进、确立、调整及完成正是宝钢现代化管理模式的重要内容之一。

宝钢的团队管理思想有三个来源：一是传统文化重视群体主义的积淀；二是老钢厂（鞍钢、武钢等）建设者带来的集体主义观念；三是日本新日铁管理制度。

宝钢的“团队管理”有以下特点：

（1）重视基层管理、重心下移，实行作业长制。

作业长是自己管辖范围内的绝对权威，是厂长派驻到各基层的“封疆大臣”，是厂长权力的延伸和细化，人称“小厂长”。

（2）实行“工序服从”和“专业搭接”。

工序服从原则即上道工序服务于下道工序，也服从于下道工序，实现了不同作业长之间的横向指挥。专业搭接制度是指各部门之间要树立“主动协作、工作渗透、业务搭接”三大原则，并专门制定了系统考虑前后左右协作关系的专业搭接制，既杜绝了扯皮推诿，又加强了不同部门之间的横向联系与协作。

（3）加大教育培训力度，不断提高团队素质。

该厂将自主管理活动与全面质量管理小组活动、创文明班组建设活动一起纳入群众性管理轨道。

（4）新型贸易公司的“团队建设”。

宝钢的一批新型贸易公司自觉运用团队理论来武装、壮大自己。上海宝钢商贸有限公司提出，只有员工满意的公司才能使顾客满意。该公司极力提倡平等精神，提出“人人都做贡献，想法属于大家”的会议准则。该公司既强调个人的突进，又强调团体的携手共济，两者相得益彰。

管理寓言9-1　　狮子和狐狸

狮子和狐狸合作找食物，狮子凭凶猛负责攻击，狐狸凭聪明负责寻找。每次，狮子和狐狸都满载而归，分食物时，每次也都是平分。日子久了，狮子觉得他吃了很大的亏，因为没有它，狐狸寻找到再多食物也没有用，凭狐狸那点本事，吃鸡还差不多。

在一个喜庆日子，狮子和狐狸得到的食物特别多，这一次，狐狸要平分，狮子不干了，道：“你最好给我滚，否则我会要你成为我的食物来欢度这个喜庆的日子。”狐狸不得不很委屈地离开了。自那以后，狮子的日子也不好过，总是处于半饥饿状态。

管理寓言9-1

分析提示

其实，狮子和狐狸是一起寻找食物的最佳搭档。狮子有攻击力，狐狸有智慧，彼此互补。

9.3　组织文化心理

9.3.1　组织文化概述

1）组织文化的内涵

组织文化从广义上说，是指组织在社会实践过程中所创造的物质财富和精神财富的总和。从狭义上说，组织文化是指在一定的社会政治、经济、文化背景条件下，组织在社会实践过程中所创造并逐步形成的独具特色的共同思想、作风、价值观念和行为准则。它主要体现为组织在活动中所创造的精神财富。

组织文化作为一个整体系统，其结构与内容由以精神文化为核心的三个层次构成，如图9–7所示。

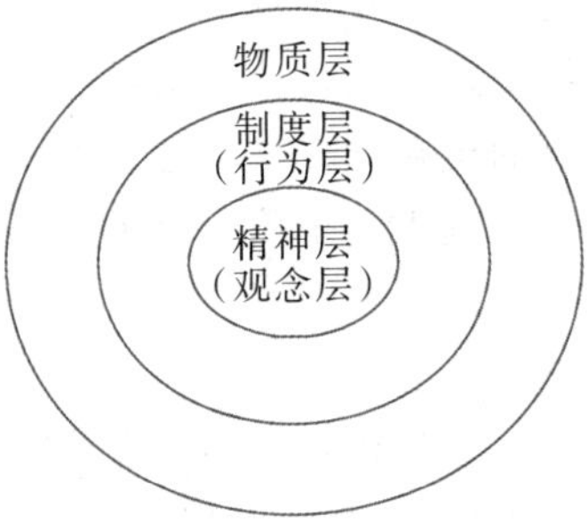

图9–7 组织文化的结构

（1）精神层（观念层）。

这主要是指组织的领导和成员共同信守的基本信念、价值标准、职业道德及精神风貌。精神层是组织文化的核心和灵魂，是形成物质层和制度层的基础和原因。组织文化中有无精神层是衡量一个组织是否形成了自己的组织文化的标志和标准。组织文化精神层包括以下几个方面：

第一，组织最高目标（组织愿景）。它是组织全体成员凝聚力的焦点，是组织共同价值观的集中表现，也是组织对成员进行考核和实施奖惩的主要依据。组织最高目标又反映了组织领导者和成员的追求层次和理想抱负，是组织文化建设的出发点和归宿。在美国，许多公司把它称为“组织愿景”。

第二，组织哲学。它又被称为组织经营哲学，指组织领导者为实现组织目标而在整个生产经营管理活动中的基本信念，是组织领导者对组织长远发展目标、生产经营方针、发展战略和策略的哲学思考。组织哲学是在组织长期的生产经营活动中自觉形成的，并为全体成员所认可和接受，具有相对的稳定性。

第三，组织核心价值观。它是指组织全体成员共同信奉的价值标准和基本信念，也可称作组织的基本信仰。这是组织文化精神层的核心，也是组织文化中最稳定的内容。随着组织内外环境的改变，组织的竞争策略、经营理念和管理模式可以调整变化，但其核心价值观不会轻易变化，而且长期保持不变。

第四，组织精神。它是组织有意识地提倡、培养成员的优良精神风貌，对组织现有的观念意识、传统习惯、行为方式中的积极因素进行总结、提炼及倡导的结果，是在全体成员有意识的实践过程中所体现出来的。

第五，组织风气。它是指组织及其成员在组织活动中逐步形成的一种带有普遍性的、重复出现且相对稳定的行为心理状态，是影响整个组织生活的重要因素。组织风气是组织文化的直观表现，组织文化是组织风气的本质内涵，人们总是通过组织全体成员的言行举止感受组织风气的存在，并透过它体会组织全体成员所共同遵守的价值观念，从而深刻地感受到该组织的文化。

第六，组织道德。道德指人们共同生活及行为的准则和规范。组织道德是指组织内部调整人与人、单位与单位、个人与集体、个人与社会、组织与社会之间关系的行为准则。组织道德就其内容来看，主要包含调节员工与员工、员工与组织、组织与社会三方面关系的行为准则和规范。作为微观的意识形态，它是组织文化的重要组成部分。

第七，组织宗旨。它是指组织存在的价值及对社会的承诺。组织对内、对外都承担着义务。对内，组织要保证自身的生存和发展，使成员得到基本的生活保障并不断改善他们的生活福利待遇，帮助成员实现人生价值。对外，组织要为社会的物质文明和精神文明进步做出贡献。

（2）制度层（行为层）。

这是组织文化的中间层次，主要是指对组织、成员的行为产生规范性、约束性影响的部分。它集中体现了组织文化的物质层和精神层对成员和组织行为的要求。制度层规定了组织成员在共同的组织活动中应当遵守的行为准则，它主要包括以下三个方面：

第一，一般制度。它是指组织中存在的一些带有普遍意义的工作制度、管理制度及各种责任制度。这些成文的制度与约定及不成文的组织规范和习惯，对组织成员的行为起着约束的作用，保证整个组织能够分工协作，井然有序、高效地运转。

第二，特殊制度。它主要是指组织的非程序化制度，与一般制度相比，特殊制度更能反映一个组织的管理特点和文化特色。众所周知，“日清日高”制度（OEC）、“三工并存”制度、“三干”制度、“中层干部受控”制度等，均是海尔集团的特殊制度。有良好组织文化的组织，必然有多种多样的特殊制度；组织文化贫乏的组织，则往往忽视特殊制度的建设。

第三，组织风俗。它是指组织长期沿袭的、约定俗成的典礼、仪式、行为习惯、节日、活动等，如歌咏比赛、体育比赛、集体婚礼等。组织风俗与一般制度、特殊制度不同，它不表现为准确的文字条目形式，也不需要被强制执行，完全依靠习惯、偏好维持。组织风俗由精神层所主导，又反作用于精神层。组织风俗可以自然形成，也可以人为开发，一种活动、一种习惯一旦被全体成员共同接受并沿袭下来，就成为组织风俗的内容。

（3）物质层。

这是组织文化的表层部分，是组织创造的物质文化，是形成组织文化精神层和制度层的条件。物质层往往能折射出组织的经营思想、管理哲学、工作作风和审美意识。

物质层主要包括下述几个方面：

①视觉识别要素。它指组织名称、标志、标准字、标准色等。它们是组织物质文化的集中的外在体现。

②物质环境。它指组织的自然环境、建筑风格、办公室和车间的设计和布置方式、绿化美化情况、污染的治理等，是人们对组织的第一印象，这些无一不是组织文化的反映。

③产品特色。它包括产品的功能特点、式样、外观和包装等。产品的这些要素是组

织文化的具体反映。

④技术工艺设备特性。产品的技术工艺要求不同，所使用的设备不同，也必然反映出组织文化的不同。

⑤厂徽、厂旗、厂歌、厂服、厂花。这些因素中包含着很强烈的组织物质文化内容，是组织文化的一个较为形象的反映。

⑥组织的文化体育生活设施。这些用于组织文化建设活动的设施，带有很浓厚的组织文化色彩。

⑦组织造型和纪念性建筑。其包括组织环境中的雕塑、纪念碑、纪念墙、英模塑像等。

⑧组织纪念品和日常用品。组织定制的纪念品、礼品和日常办公用品等往往具有很强的个性特点，鲜明地体现了组织文化品位。

⑨组织的文化传播网络。其包括组织自办的报纸、刊物、有线广播、闭路电视、计算机网络、宣传栏（宣传册）、广告牌、招贴画等。

综上所述，组织文化的三个层次是紧密联系的。物质层是组织文化的外在表现和载体，是制度层和精神层的物质基础；制度层则约束和规范着物质层及精神层的建设，没有严格的规章制度，组织文化建设无从谈起；精神层是形成物质层和制度层的思想基础，也是组织文化的核心和灵魂。

2）组织文化理论的由来

组织文化理论是由美国学者在研究日本企业与美国企业管理方式差异的基础上首先提出来的。

第二次世界大战后，日本在短短的20年里，以锐不可当的势态和惊人的速度，迅速恢复和发展了本国的经济，挤进了全球经济强国的行列，并在美国建立工厂、收购企业，买入债券和股票等，向美国发出了挑战，这时美国才开始反省自己。

通过研究分析，得出结论：形成日本企业巨大生产力和强劲竞争力的，不仅仅是发达的科学技术、先进仪器设备等物质经济因素，同时包括了更为深刻的社会历史、文化传统、心理状态等文化背景的因素。

正是上述诸多因素的融合，形成了日本企业独具特色的风格，铸就了日本企业与众不同的企业精神。

美国经济发展落后于日本，其主要原因就在于美国的企业管理思想和企业管理方式落后于日本，具体体现在美国的企业管理不像日本那样重视人的作用，对企业文化不够重视。因此，美国人通过对日本组织管理实践的分析比较和对“日本奇迹”的研究，充分认识到企业管理不仅仅是一门科学，而且是一门艺术；它不仅靠逻辑和推理，而且靠直觉和感情。

在管理与文化的关系处理上要更加重视精神的作用和文化的力量；在人与物的关系处理上应做到人物并重，以人为主。在“硬”管理与“软”管理关系处理上要“软”“硬”兼备，以“软”为主；要把实现企业管理规范化和理性化与激励和引导员工的精神、情感、智慧及调动员工的积极性、主动性和创造性紧密结合，互相补充。

3）组织文化的功能

（1）导向功能。

组织文化有助于把组织成员的思想、行为引导到实现组织确定的目标上来。它通过对组织群体共有的价值观念的塑造，从精神上引导员工的心理和行为，使员工在潜移默化中接受共同的价值观念。

（2）凝聚功能。

组织文化有着把组织成员紧密团结起来，形成一个统一体的凝聚力。这种凝聚力的产生，一方面是由于组织文化重视人的价值，珍惜和培养人的感情，注重集体观念的形成，因而有利于促进员工间的团结；另一方面是组织文化注重从多方面的文化心理去沟通人们的思想，使人们产生对组织目标、准则、观念的认同感、使命感、归属感和自豪感，从而使组织产生一种强烈的向心力和凝聚力。

（3）激励功能。

组织文化有助于激励组织成员培养自觉为组织发展而积极工作的精神。组织文化的这种激励作用，一方面是由于组织文化是一种以人为中心的管理，尊重人、爱护人，注重对人的思想、行为的“软”约束；另一方面，组织文化的激励功能是促使组织的共同价值观的形成，使其转化为员工实现自我激励的动力，自觉地为组织的生存和发展工作。

（4）约束功能。

组织文化具有对组织成员的思想和行为进行约束和规范的作用。

由于组织文化是组织群体的文化，其必然影响组织中每个成员的认识、感觉、思想、伦理、道德等心理过程，使其自觉或不自觉地按共同价值观行事，一旦违反这种价值观念，无论别人知道与否，自己都会感到内疚和不安，从而使自己在思想和行为上做出调整，以服从价值观念的规范。

（5）辐射功能。

组织文化对组织内外都有着强烈的辐射作用。对内，组织文化通过强烈的感染传播力量对员工产生着影响。对外，组织文化通过各种渠道对社会产生影响。例如，通过高质量的产品和令顾客满意的服务，使顾客感受到企业独特的文化特色；利用各种宣传手段，如电视、广播、报纸、书刊、会议等传播方式，宣传组织文化等。组织文化对内、对外的辐射过程，也正是组织形象的塑造过程，因而对组织的发展有着重要的意义。

9.3.2 组织文化建设

1）组织文化建设的原则

（1）人本化原则。

以人为本，是组织文化建设的第一原则。目前，“世界500强”中卓越的组织，已将尊重人的价值作为第一追求目标。如松下电器的“松下之道”就是将尊重成员放在首位。沃尔玛创始人山姆·沃尔顿曾总结出事业成功的“十大法则”，其中有七条与成员关系有关。组织文化建设要真正把人放在中心地位，强调以人为中心的管理，以对人的价值关怀为目标，充分尊重人、理解人、关心人、爱护人，为成员搭建充分施展才华的舞台，创造宽松和谐的良好环境，最大限度地调动和发挥人的积极性、创造性。以人为中心的文化，还要坚持顾客至上、消费者优先，实现组织与顾客双赢。组织只有得到消费者的信任，才能在激烈的市场竞争中立于不败之地。因此，要树立“顾客永远都是最重要的人”的观念，并将其贯穿于活动之中，落实到每一个为顾客服务的环节之中。

（2）个性化原则。

组织发展的历程不同，结构不同，经营的业务不同，地理环境不同，面对的市场不同，它们应对市场的策略和处理内部冲突的方式也不同。所以，各个组织应创建符合本组织特点的组织文化。个性化是组织文化建设的灵魂所在。组织只有形成自己独特的文化，才能构建核心竞争力。

在组织文化建设过程中，既不能照搬他人模式，也不要排列空洞时髦的词句。组织文化建设假如都是一个模式，词语雷同，就不能体现组织的差异性，组织文化也就失去了魅力。提到迪士尼公司，就让人想到“让迪士尼乐园的每个人都成为一个尽兴的孩子”的组织理念；提到沃尔玛，就让人想到“低价销售，顾客满意”的组织价值观。纵观肯德基、微软等世界著名组织，无不具有深厚的文化意蕴和独特的个性风格，组织的管理者应该认识到一个组织区别于其他组织的特征不只在产品、组织的外在形象上，更多地应该在组织的文化特色上。

（3）长期性原则。

组织文化建设不是一时权宜之计，也不是阶段性工作，它是一项系统的、长期性的战略任务。组织要克服急功近利的倾向和急躁情绪，不能奢望通过一两个活动、三五个月的建设就取得立竿见影的效果。思想观念的改变、行为方式的变革、机制和制度的健全和完善，都需要一个过程，需要经过不懈的努力，不可能一蹴而就。因此，我们必须树立长期作战的思想，把组织文化融入组织发展战略中，进行战略管理、整体规划，在系统思考的前提下，制订分步实施计划和年度工作计划，与生产经营管理同步实施、同步建设、同步发展，持续建设、常抓不懈。

（4）创新性原则。

创新是组织的灵魂，由于组织处在一个不断变化的环境中，因此不能固守一种固定文化表现形式，既要保持其文化的本质不变，又要不断创新它的表现形式，增添新的文化内容，这是组织文化获得巩固和发展的必然要求。因此，组织在进行文化建设时，一定要突破思维定式和传统习惯，换个角度想问题，尝试“不按常理出牌”，处理好破和立的关系，大胆进行变革和创新。同时，要勇于挑战自我、超越自我。没有创新的文化是平淡乏味的，只有创新的文化、与时俱进的文化，才是有活力、有朝气的文化。

组织文化的创新是群众性的，不是领导个人的；是连续的，不是一曝十寒的。把创新植入组织价值观，全方位融入组织文化诸多要素和建设的全过程，培育全体成员的创新精神，使创新成为组织的品质，这是组织文化建设必须始终关注的焦点，也是所有成功组织的共同经验。总之，创新应成为组织文化建设的主旋律。

（5）群众性原则。

领导者倡导和认同的文化叫作领导文化，管理层认同和实践的文化叫管理文化，只有广大成员认同并实践的文化才叫组织文化。

成员是组织的主体，也是组织文化建设的主力军。组织文化建设如果只有领导者的意志而无广大成员的参与，就会变成少数人的空忙。因此，在组织文化建设中，要尊重成员的主体地位和心理需求，广泛发动成员，认真听取成员意见，激发和调动成员的积极性和创造性，从而使成员能积极自觉地参加组织文化各个方面的建设过程。

同时，要把建设的过程作为宣传、渗透、提升的过程。这样，不仅便于集中群众的智慧，而且容易达成共识，更重要的是有利于贯彻执行。

组织领导既是组织文化的倡导者，又是组织者和缔造者，所以，在强调群众性的同时，不能忽视组织领导在组织文化塑造中的关键作用。

（6）竞争力原则。

组织文化是组织竞争力的核心要素。组织文化要素与物质要素相比，具有不可模仿性和不可复制性，是搬不去、带不走、丢不掉的东西。这种独具的特质，是组织最具竞争力的部分，一旦为组织所拥有，其市场竞争力将难以匹敌。组织文化建设，要以提高核心竞争力为出发点和落脚点，认认真真做工作，实实在在搞建设，不能图虚名、走形式、搞花架子。在文化建设过程中坚持竞争力原则，必须避免单纯的设计型文化和政治化文化，避免把组织文化建设与组织的生产经营隔离和对立起来，避免把组织建设与组织的制度化隔绝开来，避免把塑造成员当作组织文化的目的。

（7）科学性原则。

组织文化的建设虽然是一项主观的活动，但必须立足于组织的客观实际，秉持科学的态度，实事求是，遵循其自身发展的规律，按照科学、合理的程序来进行。要根据组织的定位和目标，确定组织文化的定位和目标；要根据组织发展所处的历史阶段和实际情况来确定组织文化建设的层次和类型。提炼文化理念要内涵清楚、准确，具有质的确定性。制度文化、行为要能为成员所接受和认同，并能在实践中执行和落实；形象文化要实事求是，不能任意拔高、夸大其词。总之，只有经得起时间和空间考验的文化，才是有生命力的文化。

2）组织文化的要素

美国哈佛大学教授迪尔和肯尼迪把组织文化整个理论系统概述为5个要素，即组织环境、组织的价值观、英雄人物、文化仪式和文化网络。

（1）组织环境。

它是指组织的性质、组织的经营方向、组织的外部环境、组织的社会形象、组织与外界的联系等方面。它往往决定组织的行为。在组织文化中，组织环境一般通过组织所宣称的使命和目标来体现，它是组织价值观念的基础。

（2）组织的价值观。

它是指组织内成员对某个事件或某种行为的好与恶、是否值得仿效等的一致认识。统一的价值观使组织内成员在判断自己行为时具有统一的标准，并以此来选择自己的行为。

（3）英雄人物。

它是指组织文化的核心人物或组织文化的人格化，其作用在于作为一种活的样板，给组织中其他成员提供可供仿效的榜样，英雄人物对组织文化的形成和强化起着极为重要的作用。

（4）文化仪式。

它是指组织内的各种表彰、奖励活动、聚会及文娱活动等，它可以把组织中发生的某些事情戏剧化和形象化，以生动地宣传和体现组织的价值观，使人们通过这些生动活泼的活动来领会组织文化的内涵，使组织文化在"寓教于乐"中得以传播。

（5）文化网络。

它是指非正式的信息传递渠道，主要是传播文化信息。它是由某种非正式的组织和人群及某一特定场合所组成的，它所传递出的信息往往能反映出员工的愿望和心态。

补充阅读材料9-2　　**用"心"营造管理软环境**

有管理专家说，"没有问题员工，只有员工问题"。这是所有管理者都要树立的一个新观念。当管理者谈论问题员工的时候，首先要问一下自己：造成这些问题的心理是怎样形成的？

对员工心理影响最大的是一个企业或组织的环境，这个环境包括硬环境和软环境。薪金、办公条件等物质环境可以被称为硬环境：而良好的人际关系、和谐的企业文化、宽容而富有包容性的领导作风都属于软环境。硬环境和软环境都会对员工的心理产生影响。

不良的组织环境造就出不良的员工心理，比如在硬环境中，如果在分配上不公平，员工的劳动没有相应的薪资回报，员工就会感觉到心里不舒服。

而在软环境中，领导一个无意的眼神也可能令某些员工不安。在日常工作中，如果员工与同事相处不好，以致每日如芒刺在背，情绪低落，那么他怎么能干好工作，又怎么可能有积极的工作态度呢？因此可以说，环境造就员工心理。

要用好的环境来塑造好的员工心理。硬环境是良好组织环境的基础，但在同等的硬环境条件下，软环境就变得至关重要了。而且良好的软环境还可以弥补硬环境的不足，对员工良好心理的塑造起着关键作用。

软环境一定要更用心来建设。人们主张用"心"来"理"人，即必须从心理层面来管理员工，营造良好的心理软环境，让员工心情舒畅，这可能是使用物质刺激法和规章约束法做不到的。建立企业文化是一种从感情层面获得人心的办法，管理者对员工的体贴与关心，也是从感情层面获得人心的办法。

人们提出用"心"来"理"人正是提倡这样一种管理方法，任何管理目标都必须以"理"人心为指向。这里的"心"有两个含义：

一是要用心。管理者要花大量的心思去研究员工心理，真正用心去把握员工的心思，然后有针对性地出台各种获取人心的措施，达到管理的目标。

二是要真心。管理者要注重以心换心，以自己的真诚去获得员工的支持。这些看起来没有成本的东西，有时甚至可以获得更大的力量。

资料来源 沈默. 管理要懂心理学［M］. 北京：北京理工大学出版社，2014.

3）组织文化建设的内容

组织文化建设的内容主要包括以下几方面：

（1）物质文化建设。

它是组织文化的表层建设，其目的在于树立良好的组织形象。以企业为例，企业文化建设的内容主要包括：

①产品文化价值的创造。要运用各种文化艺术和技术美学手段，作用于产品的设计和促销活动，使产品的物质功能与精神功能达到统一，使顾客获得满意的产品和服务，从而增强企业的竞争能力。

②厂容厂貌的美化、优化。要能体现企业的个性化，要有好的厂名、厂徽，有合理的企业空间结构布局，有与人的劳动心理相适应的工作环境，从而提高员工的归属感和自豪感。

③企业物质技术基础的优化。要注重智力投资和对企业物质技术基础的改造，以使企业技术水平不断提高。

（2）制度文化建设。

它是组织文化的中间层建设，目的是使物质文化更好地体现精神文化的要求。其内容主要包括：

①确立合理的领导体制。要明确组织的领导方式、领导结构和领导制度，理顺组织中党、政、工、团等各类组织之间的关系，以做到领导体制的统一、协调和通畅。

②建立健全合理的组织结构。要明确组织作为一个正式组织，其内部各组成部分及其相互关系，以及组织内部人与人之间的相互协调和配合的关系，建立高效精干的结构，以利于组织目标的实现。

③建立健全开展组织活动所必需的规章制度。要以明确合理的规章制度，规范员工的行为，使员工的个人行动服从于组织目标的要求，以提高组织系统运行的协调性和管理的有效性。

（3）精神文化建设。

它是组织文化核心层的建设。它决定着组织物质文化和制度文化的建设。其内容主要包括：

①明确组织所奉行和追求的价值观念。使之形成组织生存的思想基础和组织发展的精神指南。

②塑造组织精神。在借鉴中外古代文化的成果，总结历史、展望未来的基础上，精炼地概括组织精神，并利用各种手段，使之渗透于组织的各个方面，成为组织生存和发展的主体意识。

③促进组织道德的形成和优化。形成良好的道德风气和习俗，以规范组织及其成员

的行为。

补充阅读材料9-3

要“理”人，不要“管”人

通常人们会把“管”和“理”放在一起叫“管理”，但实际上这两个字有先后，有轻重。在某种程度上，“理”才是管理的高级阶段。有的管理专家提出，要“管”事，但不要“管”人，而是要“理”人。有的管理者会发出疑问，不“管”人，企业或组织还能发展吗？

从某种程度上看，“管”是一种物质性的硬动作，因此最好针对具体事件；而“理”则是一种心理上的软动作，可以面对更加复杂的人心。“管”是一种初级的管理方式，而“理”则是一种高级的管理方式。

有管理专家总结说，“管”有三大害处：一是管理者会非常累，经常会被他所管的人弄得焦头烂额；二是一旦把人纳入管理范畴，就会一切都公事公办，这样就留不住人心，导致企业或组织失去应有的活力；三是“管”人是一种短期行为，不利于企业或组织的长远发展。

资料来源　沈默．管理要懂心理学［M］．北京：北京理工大学出版社，2014.

案例9-3

松下公司的“横轴”团队

松下公司是日本十大财团之一。松下公司的创始人松下幸之助把儒家文化与西方管理科学完美地结合在一起，高举“以人为本”的管理旗帜，在松下公司组建了一支具有强大凝聚力的一流团队，被对手称为“可怕的用人机器”。

松下公司的团队思想源自著名的“横轴观念”。松下幸之助认为，思想的坐标轴分为横轴和纵轴。纵轴是“从自然世界中探寻真理”，横轴则是“集中众人的智慧”。松下幸之助说：“即使再伟大的人其个人智慧也是有限的，以其有限的智慧看事物、思考问题，则常以得到错误的结果而告终。”松下幸之助本人运用这一思想在后台指挥松下公司。松下幸之助还认为，世上没有完美的事情，只要公司能雇用到70%的中等人才，就是公司的福气了，因为成功说到底要依靠大家的力量和智慧。

为加速“横轴”团队的开发建设，松下幸之助还提出了“公开式经营法”，即财务、经营方式、经营状况三公开。公司内的透明度越高，公司的团队精神越强，共同经营、共同承担风险、共同享受成果的决心就越强。

松下公司创业之初就提出“松下七精神”宣言：产业报国，光明正大，和睦一致，力争向上，感谢报恩，顺应同化，礼仪谦让。以上宣言要求每位员工都必须牢记、遵守。

案例9-3

分析提示

资料来源　作者根据松下公司的相关资料整理.

9.3.3　交叉组织文化心理

1）交叉组织文化概述

交叉组织文化，又称为跨国文化或跨文化，主要针对来自不同国家、不同民族的人们，在同一组织内工作时，而形成的组织管理问题。当前经济全球化迅速发展，跨国公司越来越多，关于交叉组织文化的心理研究成为管理心理学的一个新课题。

在对企业进行跨国管理时，管理方法与技术、决策方式、控制程序已基本趋同，而更有弹性的和差异性的则是组织文化因素。不同的文化背景在很大程度上决定了不同的价值观念、工作态度与工作行为。因而，跨国企业的管理者不仅要解决组织结构、资金投向、投资收益等问题，更重要的是解决由于交叉文化因素而产生的各种新问题。

管理心理学的交叉文化组织心理研究侧重于从文化价值观角度，提出交叉文化组织心理模型，制定更为有效的组织结构和管理制度，在不同的文化环境下有效地开发和利用人力资源，并运用各种可能的手段和方法，激励、引导和约束各类相关因素，促进组织文化的协调和融合。

在跨国公司的经营管理中，正确处理交叉文化心理问题，主要体现在以下几个方面：

（1）跨国公司的文化趋同和文化差异。

全球文化有着相同的地方，许多理论也为各国人民所认同。但是完全趋同是永远不可能的。不同国家的人有着不同的文化和思维习惯，任何一个公司用同一种文化、同样的方法来进行跨国经营管理，必然会失败。

由文化差异而产生的对人及对经营管理工作上的问题，常常会使跨国公司的业务受阻。一个管理者在进行国际合作时，必须对文化差异造成的影响有较深刻的认识。文化差异很容易导致合作策略的冲突。

（2）跨国经营中的人事问题。

①跨国经营管理者。

不论经营性质如何，组织都要适应国际化经营。国际化人员配备被称为国际经营的致命弱点，经常会出现选择不当的问题，从而对跨国经营产生不利影响。许多企业在选择跨国公司的工作人员时，只注意他们的技术能力，而忽视了其跨文化的人际交往能力，要注意文化的敏感性、灵活性和政治意识等。

不同国家的人有着完全不同的背景、文化和宗教信仰，而且生活在不同的社会政治、经济制度下，管理人员必须考虑到所有这些因素，因为这些因素可能对其工作产生相当明显的影响。

一位成功的国际化经理应做到以下几点：了解东道国，尤其是有古老文化的国家的历史；理解不同国家的基本经济和社会观念；了解和使用其语言；尊重不同的生活哲学和道德观念等。

②员工管理策略。

跨国公司在员工的招聘方面，常依据成本效益原则，尽量雇用当地人，使其“本土化”。但是只注意成本，可能会导致所聘员工的工作不能令人满意，其工作失败的代价远远高于选择的成本。

为外籍员工与本国员工设计报酬方案是非常棘手的事情。有的公司有一种单一的政策适用于所有员工，也有相当多的公司依据员工情况制定标准。当考虑全世界员工的报酬水平时会出现如下问题：在与其他国家的公司联合的情况下，是否应该使双方的报酬系统综合成统一的系统？是按当地市场的水准来调整报酬率，还是与合伙人本国国内的类似工作相联系？通常每一个联合的组织是不同的，但合作双方在主要目标上至少是一致的。

补充阅读材料 9-4

中美两国文化的核心价值观比较（见表9-1、表9-2）。

表9-1　美国文化的核心价值观

核心价值观	具体表现
个人奋斗	成功源于奋斗，必须努力工作
讲求实效	时间就是生命，效率就是金钱
求新	人类在进步，产品、观念要更新
物质享受	人活着就是为了过好日子
个人主义	关心自己，自我尊敬，好自我表现
自由	我行我素，自由选择，走自己的路
冒险精神	轻视懦弱和平庸，一鸣惊人，出人头地

表9-2　中国文化的核心价值观

核心价值观	具体表现
求同心理	合作精神，注重社会规范
勤俭节约	知足常乐，精打细算，节制个人欲望
家庭观念强	孝悌持家，敬老爱幼，童叟无欺
稳重含蓄	内向、朴实、中庸之道
较保守	安分守己，不冒风险，循规蹈矩

由两国传统文化核心价值观比较可看出：美国的核心价值观是在一个快速多变、激烈竞争、充满“理性”的社会中形成的。所以，快速、实效、奋斗、冒险、享乐就成了这种价值观的特点。

而我国的传统文化核心价值观是在漫长的、封闭的、专制的、以儒家学说为统治思想的封建社会中形成的，而且这种影响根深蒂固，所以保守、中庸、勤俭、合作就成了这种价值观的显著特点。

需要说明的是，改革开放以来，随着东西方文化的不断交融，我国人民的价值观发生了较大的变化。对此，应该进行深入的研究。

2）跨文化管理与整合同化理论

（1）整合同化理论产生的历史背景。

跨国公司是全球化发展的产物，同时也大大推进了全球化的进程。它使不同国家和地域的人们比以往任何时代都有了更多接触。这种接触不仅包括资本、技术、商品、劳务方面，还包括深层次的文化、管理等。

跨国公司有很多特点，其中较突出的一个特点就是多元化，同时多元化也成为今天组织的重要特征。跨国公司的多元化特点主要体现在以下几个方面：

①文化背景多元化，主要指员工在种族和文化背景上的差异，如跨国公司的员工可能来自不同国家和地区，来自不同的种族。

②员工个体多元化，包括员工性别多元化、年龄多元化、心理多元化、生理多元化等个体因素上所存在的差异。

③其他多元化因素，包括员工学历、家庭与婚姻状况多元化，收入、社会地位、工作经验的差异等。

跨国公司人力资源多元化使得管理多元化成为必要。多元化管理的一个重要任务是增强企业的凝聚力，保证组织成员向着一致的方向努力。

如何实现管理多元化？整合同化理论是实现这一目标的有效方法和理论。整合同化理论（IAT）将企业多元的价值观整合为一个大多数员工认同的共同价值观念，即企业核心价值观，并使全体员工接受。

整合（Integration）指跨文化企业主动整合内外部资源，在求同存异的基础上，将多元化价值观转化为企业新的共同价值观，它既来源于多元的价值观，又高于多元的价值观；同化是组织对共同价值观进行确认，并使其成为绝大多数员工认同的观念。

（2）整合同化理论的特点及过程。

第一，整合同化理论的特点。

整合同化理论是共同管理文化（Common Management Culture，CMC）模式的进一步推广与提高，并具有下述4个特点：

① 该理论是具有中国特色的跨文化管理模式。

在中国引入西方先进管理观念和方法时，在多元文化被整合同化的过程中，必须立足于中国传统的管理文化，只有适合中国国情的整合同化理论才能取得最终成功。

② 整合同化理论进一步从系统论的观点，阐明了宏观、中观和微观三个层面的跨文化管理。

从跨国公司东道国与母国之间文化差异的宏观层面来看，跨文化管理需要对文化差异进行了解、调整和适应，达到整合与同化，这是第一层次；就跨国公司内部的中观层面来看，对企业组织内部各部门的不同文化氛围或背景进行协调，达到组织之间、团队与团队之间的协同合作，构建和谐而具有弹性的组织网络，这是整合同化的第二层次；就个体的微观层面看，不同社会文化背景的员工进入跨国公司，使多元化员工之间能够实现良好的沟通，对其实行多元化管理，调动和发挥其潜能，增进组织智商，这是整合同化的第三层次。

这三个层次各自独立，同时又相互作用、相互影响。

③ 整合同化理论是在共同管理文化模式的基础上发展总结出的理论，其主旨是体现不同管理文化的“最佳协和”（Synergy）状态。

其理论基础主要有：莫朗（Robert T.Moran）的跨文化组织管理理论，以“最佳协和作用”来评价跨文化管理模式的有效性；加拿大学者基林（Peter Killing）提出的合资企业成功之道的标志及其遇到的障碍；毕密斯（Paul W.Beamish）对发展中国家的合资企业经营提出的一些准则等。

④ 跨国公司面向的是瞬息万变的市场、多元化的员工、多元化的社会文化背景，因而客观上要求跨国公司的管理具有发展性、动态性。

作为学习型的跨文化企业，必须根据现存的管理认知结构主动组织和同化新的信息、新的变化。因此，成功的跨文化管理必然是由跨文化企业作为一个行动者主动进行的。

第二，整合同化的过程。

跨国公司的文化整合同化过程可以分为四个阶段：探索期、碰撞期、整合期以及创新期。文化冲突的高潮可能发生在碰撞期，也可能发生在整合期。

① 在文化整合的探索期，需要全面考察跨文化企业所面临的文化背景状况、文化差异问题、可能产生文化冲突的一些相关方面，并需要根据考察的结果初步制订出整合同化的方案。

利用公司简讯、公司会议沟通不同文化团体之间的思想与行为模式的差异。列出各方的文化特征、对公司的期望，并列表进行相同点、不同点的比较。经理和员工常用图解的方法来表示文化差异对他们的影响，这为随后的跨文化分析提供了可视化的起点。

② 碰撞期是跨文化企业进行文化整合的实施阶段，也就是文化整合开始执行的阶段，这一阶段往往伴随着一系列管理制度的出台。因此，在这一过程中十分重要的是对于“障碍焦点”的监控。

所谓障碍焦点，是指文化整合过程中可能起到重大阻碍作用的关键因素，它可以是某一个人、某一个利益团体、某种文化背景之下的一种制度等。

随着文化整合的进行，障碍焦点将是一个十分活跃的因素。由于不同文化的直接接触，碰撞期发生冲突是在所难免的。

不同的跨文化企业的冲突类型不同，程度也有所差异。因此，在碰撞期中处理好文化整合的速度与可能发生文化冲突的强度关系也是监控障碍焦点过程中必须注意的问题。

③ 整合期是指不同的文化逐步达到融合、协调、同化的过程，这是一个很长的阶段。在这个阶段，主要就是形成、维护与调整文化整合中的一系列行之有效的跨文化管理制度与系统。

这是一个动态的发展过程，“整合同化”在这一阶段体现得最为明显。跨文化管理中需要采取深度访谈等方式寻找适合于不同文化的“共同愿景”。

④ 创新期是指在文化趋向同化的基础上，跨文化企业整合、创造出新的文化时期。这一时期的开始点相对于前面三个时期来说是比较模糊的，因为很可能文化碰撞的过程就是开拓和创新的过程。

随着跨文化企业的成长与成熟，创新期的主题和过程会不断地延续下去。寻找不同文化的优点，摒弃不同文化的缺点或不适应之处，才能促进一个创新的、充满生机的跨文化企业文化的整合形成，在文化碰撞的基础之上创新出具有独特风格的跨文化管理文化。

第三，整合同化理论的原则。

① 因地制宜原则。

跨国公司中的各方应在不同管理文化的基础上，针对宏观环境、企业的中观和微观特征、员工的接受和适应能力，因地制宜地建立适合本企业的共同管理模式。

② 可行、适宜原则。

该原则既指在引进外国管理方法和模式时，要考虑其在本国是否可行，也指整合同化模式要随企业的动态发展而变化。

③ 系统性原则。

任何一个企业都是开放的系统，系统中的任何一项内容都不是孤立的，我们要把一个企业看作一个完整的系统，注意系统的完整和平衡。

④ 整体性原则。

在一定意义上，系统性就是整体性，但整体性更强调跨国公司内部只能服从一个统一的管理模式。

⑤ 平等互利原则。

获得社会和经济效益是跨国公司内部各方的共同目标和合作基础，但不同的投资动机形成了不同的利益观。如何处理好双方利益并使其达到统一，是跨文化企业能否生存和发展的关键。

⑥ 相互了解原则。

在跨国公司中，只有对各方的文化背景、管理观念甚至关于个人的一些信息进行了解后，才有可能相互理解，才谈得上接受，积极的了解有助于增强合作。

⑦ 相互尊重原则。

尊重是建立双方信任关系的基础，也是诚意和信誉的表示。

⑧ 相互信任原则。

相互信任是一种良好的沟通氛围，它是整合同化能顺利进行的重要机制。

⑨ 协商共事原则。

它强调管理中各方要进行及时、有效的沟通，多听取对方的意见，确保双方在重大问题上一致。

⑩ 长远考虑原则。

无论是从本企业的生命周期出发，还是从市场的未来发展趋势看，都要作长远考虑，对企业经营战略等关键问题，双方既要从自己的利益出发，同时又要兼顾双方的共同利益；既要考虑目前所得，也要兼顾长远所得。

第四，形成整合同化的有效手段和方法。

① 共同决策的有效执行。

决策权共享是跨文化企业的重要特质，是整合同化的直接动力。共同决策可以作为制度确定下来。

② 提高各方管理人员的素质。

从人员的选择、人岗匹配、培训、合理的考核和晋升等方面进行把关。

③ 研讨会。

它为各方在工作中加深了解、促进合作、提高效率提供了机会。

④ 制度化。

管理文化最终以具体管理活动来体现，而企业的规章制度直接制约着企业的群体行为、组织体制和工作准则。“制度化”是统一不同管理文化、确定统一管理风格的有效手段。

⑤ 加强管理的规范化。

规范化管理可以约束企业中随心所欲的权力意识和各部门之间的矛盾冲突，也有助于权力的分享、共同决策的一致性和管理的民主化。

⑥ 促进各方信息的交流。

信息的整理、传递其实是管理规范化的一个重要组成部分。由于跨国公司中人力资源的多元化，为实现信息的准确传递，接收方对其信息的正确解码是非常重要的。为避免由于文化不同所引起的误解，进行一定的跨文化适应性培训、文化敏感性训练是必要的。

⑦ 加强员工的参与。

员工参与有助于进一步提高管理效率和效果，可通过决策咨询、目标管理、自主管理等方式进行。

⑧ 创造良好的工作环境。

它既包括良好的岗位环境，也包括良好的人际环境。

⑨ 加强各类人员的培训。

培训对于缩小跨国公司中各国员工在教育水平、技能素质和管理水平上的差异很有帮助。培训内容包括专业技术培训、管理培训、语言培训等。

⑩ 增强合作技能和协调能力。

光靠管理观念更新、管理方法的统一等手段并不能获得合作技能和协调能力，这种技能更需要在实践中逐步获得。

案例9-4 上海大众汽车有限公司的跨文化管理

上海大众汽车有限公司（以下简称上海大众）是由上海汽车工业（集团）总公司、中国银行上海分行、中国汽车工业总公司和德国大众汽车公司合资经营的汽车生产企业。注册资本为3.5亿元人民币，中德双方投资比例各为50%，合营期限为25年。

从上海大众成立至今，在吸收消化先进技术、工厂建设改造、企业经营管理、产品的生产制造以及人员培训和零部件国产化等方面都取得了很大进步，连续数年被评为全国十佳合资企业，多次名列全国合资企业营业额第一名和出口创汇额、实现税前利润第一名。

上海大众取得成功的秘诀之一就在于它创建了合资企业中不同文化背景下的共同管理文化，即应用了整合同化理论。

（1）上海大众应用整合同化理论的首要任务：形成统一的价值观，在中德双方合作过程中，提出“不但技术要国产化、管理要国产化，而且人才也要国产化”。这是保证企业长远发展和共同利益的基础，所以在发展中始终注意这个问题。

（2）上海大众整合同化理论的展开模式。其具体表现为管理观念、组织结构和管理方法三个单元。

在管理观念上，中德双方存在四大方面的差异：一是在增加企业工资基数和企业效益关系上，中方认为工资基数应与企业效益挂钩；德方认为工资基数应与社会物价指数及通胀指数相联系。二是在企业人员的工资调整上，中方偏重于考虑员工的资历、经历和学历；而德方注意工作岗位本身。三是在企业领导层的结构上，中方建议不论在决策层还是在执行层，都用一长负责制；而德方主张决策层用集体制，执行层用一长负责制。四是在企业工作方法上，中方员工习惯于按领导意图行事；德方员工习惯在企业规章的基础上按自己的意志完成工作。

对于这些差异，大众的做法是首先正视这些差异，用相互交流的方式理解这些差异，最终形成双方共识的管理观念。

在组织结构方面，大众根据自己的情况，合理设置了企业的组织体制并有效地配备了中外人员。

在管理方法方面，主要有以下具体的管理措施：一是确定了统一的决策参照系，包括接受任务、正确传递并理解信息、提出可行性方案并评价、选择、执行等。二是建立符合上海大众特点的企业规章，用这种方式来确定工作准则，使双方人员都按照规章来开展企业工作，有效地消除了工作方法上的不和谐与冲突。三是建立良好的企业工作环境。上海大众实行岗位责任制，员工能根据岗位主动承担企业工作；而企业对员工的福利、生活等予以关心，促进中德员工的良好沟通和人际关系。

案例9-4

分析提示

补充阅读材料9-5　著名企业的组织文化

许多成功的企业之所以在市场经济的海洋中乘风破浪，得益于它们优秀的组织文化。

（1）日本松下公司靠大量生产的“自来水哲学”和仿制为主的“后发制人”策略，长期保持优质低价，成为家电行业的“超级大国”。

（2）日本太阳组织集团奉行“大则死，小则活”的哲学，凭借“见缝就扎根”的蒲公英精神和化整为零的灵活经营方式，不断壮大。

（3）世界最大的快餐企业——美国麦当劳快餐公司，在全世界有11 000多家连锁店。其共同的经营原则是“保证质量、讲究卫生、服务周到、公平交易”；共同的价值观是“质量、服务、清洁、实惠”。

（4）中国海尔的企业文化。

海尔的精神：敬业报国，追求卓越。

海尔的作风：迅速反应，马上行动。

海尔的用人理念：人人是人才，赛马不相马。

海尔的质量理念：优秀的产品是优秀的人干出来的。

海尔的营销理念：先卖信誉，后卖产品。

海尔的市场理念：只有淡季思想，没有淡季市场。

海尔的服务理念：用户永远是对的，真诚到永远。

海尔的出口理念：先难后易。

海尔的资本运营理念：东方亮了再亮西方。

海尔的技术改造理念：先有市场再建工厂。

海尔的职能服务理念：您的满意就是我们的工作标准。

海尔的生存理念：永远战战兢兢，永远如履薄冰。

（5）北京同仁堂集团有350多年的历史。它的成功，得益于中华优秀传统文化与现代文明的结合。同仁堂从创业开始，就以“济世”“养生”为宗旨，遵循诚实敬业的药德，提出“修会无人见，存心有天知”的信条。

管理法则9-2

蓝斯登定律

很多公司领导者喜欢板起面孔，做出一副“父亲”的模样来教训员工。他们以为只有这样才能树立威信，赢得下属的敬畏。当员工犯错时进行批评当然无可厚非，但若平时总是一副冷冰冰的样子，对待员工没有笑脸，总以为自己是权威、是绝对领导者，这就触犯了管理的大忌。

研究结果表明，企业内部生产效率最高的员工，不是工资最高的员工，而是心情最舒畅的那些员工。愉快的工作环境会使人心情愉悦，因而能特别积极地投入到工作中去。压抑的工作环境只会使人从内心产生抵触情绪，从而严重影响工作的效率。

这一现象便是有名的蓝斯登定律：跟朋友一起工作，远比在父亲监督之下工作有趣得多。

这是美国管理学家蓝斯登提出的，意即员工在愉快的环境下工作，效率会更高。顾客是上帝，员工更是上帝。营造氛围，让员工快乐地工作。尊重员工，让员工感受到企业的温暖，也是解决员工工作倦怠的有效方式。

知识掌握

随堂测9

1. 简述现代组织的概念及特征。
2. 如何理解组织结构的设计原则？
3. 简析直线制和直线职能制组织结构的特点和优缺点。
4. 什么是组织变革？组织变革的动力是什么？

5.克服组织变革阻力的方法有哪些?

6.什么是团队?简述团队观念的产生及现实意义。

7.什么是组织文化?它包括哪些基本内容?

8.如何进行组织文化建设?

案例分析

宝洁公司新的网络式设计

为了在供应链上的每个点都取得更好的价值，宝洁公司重新设计了它的开发、制造、销售、定价、营销和出售产品的方法。新的设计取消了三个管理层次，使公司对世界市场的变化反应更快，针对各地顾客的愿望，更加迅速地调整和改进产品。

要降低成本，需要在管理过度的宝洁公司进行彻底的变革。在爱德克·阿兹的领导下，11个组织联合考察了公司的各个部门。给他们下的指令有4个：改变工作；以较小的投入做较多工作；取消重复工作；减少不能转嫁给消费者的成本。在来自布施·阿兰公司的咨询顾问的指导下，大卫团队用了6个月的时间测试销售组织的成本。该团队对被公司称为顾客管理体系的41个工作程序进行了分析。他们发现宝洁公司是同行业中管理费用最高的公司，正如一位管理人员所说："过去管理层太多、部门太多，把一个采购订单搞正确了几乎像经历了一场天灾。"

此次改革的一个目标是使连接供应商、批发商、零售商和消费者的销售链更像一个连续不断运转的球。网络覆盖取代了旧的要不断补充产品的零售订货系统。当一箱洗衣粉在付款台被扫描时，购买信息将被直接输送到制造商的计算机数据库里，计算机中安装的程序将自动补充产品。这种无纸交换使差错和反开账单降到了最低限度，减少了库存和脱销情况，并改善了现金流量。

资料来源　作者根据网络相关资料改编.

问题：1）这个案例反映了组织的什么问题?

2）与原来相比，这种新的网络结构模式将给宝洁公司带来什么?

分析提示：社会在变革、发展，企业组织也必须不断变革和发展，这样才能保持企业的社会适应性。

实践训练

调查所在地区一个大型企业的组织文化建设情况，然后分析该组织文化的特色及建设过程。

【心理小测验】

人际关系建立能力测验

下列各题是否符合你的情况，请按很符合、符合、不符合、很不符合评价，分别在A、B、C、D上画圈并计分评价，见表9-3、表9-4。

表9-3 人际关系建立能力测验表

1. 我很容易交到新朋友。	A、B、C、D
2. 我在与陌生人谈话时，常不知如何开头。	A、B、C、D
3. 我交朋友常常由别人引荐。	A、B、C、D
4. 我喜欢参加群体活动。	A、B、C、D
5. 我能很好地体会别人的心情。	A、B、C、D
6. 我常能准确猜出别人为什么高兴或不高兴。	A、B、C、D
7. 我不轻易评论别人。	A、B、C、D
8. 我时常觉得，好多人都不讨人喜欢。	A、B、C、D
9. 初次打交道不应信任别人。	A、B、C、D
10. 人只应与对自己有利的人交友。	A、B、C、D
11. 我很容易同别人“见面熟”。	A、B、C、D
12. 在社交场合，我可以很投入地与大家玩乐。	A、B、C、D
13. 一个人外出时，我常不知如何排解孤独。	A、B、C、D
14. 我不喜欢常被人打扰。	A、B、C、D
15. 我常忘记答应别人要做的事情。	A、B、C、D

表9-4 计分方法

选项 题序	1题	2～3题	4～7题	8～10题	11～12题	13～15题
A	4分	1分	4分	1分	4分	1分
B	3分	2分	3分	2分	3分	2分
C	2分	3分	2分	3分	2分	3分
D	1分	4分	1分	4分	1分	4分

评价方法：

量表总分为60分。如果你的得分较高，那么说明你很善于建立人际关系，容易结识新的朋友，在人际关系上的处境也较好。如果你的得分较低，则意味着你建立人际关系的能力尚需改善。

第10章

领导心理与管理

学习目标

知识目标：通过本章的学习，你应该能够了解领导、领导行为的含义，明确领导的作用；理解领导者影响力的含义及提高途径；熟悉领导理论的相关内容；明确领导者的基本素质和心理特征要求；掌握领导者加强自我修养的内容和方法。

素养目标：提高管理素质和领导水平，培养现代领导者的思维方式；提升品格修养，增强个人影响力和个人魅力。

趣味导读　　为什么不自己拿

一天，一位妈妈带着一个5岁的孩子到杂货店买东西。老板看到这个可爱的小孩，就打开一罐糖果，要孩子自己抓一把。

但是这个孩子却没有任何的动作。几次邀请未果之后，老板亲自抓了一大把糖果放进他的口袋。回到家中，母亲很好奇地问孩子："为什么没有自己去抓糖果呢？"

那孩子回答得很妙："因为我的手比较小呀！而老板的手比较大，所以他拿的一定比我拿的多很多！"

分析提示：聪明的小男孩，利用老板得到了更多的糖果。所以，个人的能力是有限的，要学会利用别人的优势，管理也是一种借力行为。

在组织管理工作中，领导者处于特别重要的地位，发挥着关键的作用。领导者的行为对于一个组织或部门管理的好坏，具有决定性的影响。在影响员工积极性的各种因素中，领导的心理和行为是一个关键性的因素。俗话说"火车跑得快，全靠车头带"。因此，探索领导心理和行为活动的规律、掌握领导的艺术和策略、提高领导者的影响力，是现代管理的客观要求，也是管理心理学研究的一个重要课题。

10.1　领导心理概述

10.1.1　领导与领导行为

1）领导

在日常生活中，特别是在口语里，我们常把领导和领导者混为一谈。但在理论上，它们是两个不同的概念，两者既有联系又有区别。

关于领导的含义，国内外学者有许多不同的论述。孔茨认为，领导是“一门促使其部属充满信心，满怀热情地完成他们任务的艺术”。泰瑞认为，“领导是影响人们自动为达成群体目标而努力的一种行为”。布朗卡特认为，“领导是一项程序，使人得以在选择目标及达成目标上接受指挥、引导和领导”。

综合来讲，我们认为，领导是引导和影响个人或组织，在一定条件下实现某种目标的行为过程。这个概念至少包括以下三个方面的含义：

（1）领导是一个行为过程，不是静态的而是动态的过程。

（2）领导是一种影响力，对其成员进行引导和施加影响。

（3）领导的目的在于实现组织的特定目标。

领导不是简单地凭借权力而机械行动的，它是一个施加影响的、具有创造性的过程。从这个意义上说，领导既是一门科学，也是一门艺术。

2）领导者

所谓领导者，就是指引和影响个人或组织，在一定条件下实现某一目标的行为者，简言之，领导者就是做出领导行为的人。他是在社会共同活动中，组织、带领、引导和影响被领导者实现组织目标的个人或集团。

领导者的基本内涵包括“权、责、服务”三个要素，领导者是三个要素的统一。

（1）权力是领导者的基本特征。

领导者要担负起社会活动的组织、引导、指挥、管理、协调和监督的责任，必须具有组织授予的职位和相应的法定权力。领导者的权力是法定的，与职位相关联。领导者的法定权力包括决策权、指挥权、用人权、监督权、奖惩权等。

（2）责任是领导者的根本属性。

领导者是负有一定领导责任的人。所谓责任，就是在领导活动过程中，领导者在自己的职务和权力范围内应做的工作和应承担的使命。

（3）服务是领导者的实质内涵。

领导者运用权力、履行责任的过程，实质上就是服务的过程，为群体服务，为实现组织的目标服务。

3）领导行为

它是指领导者致力于实现某一目标的行为。它是围绕组织目标而受领导意志支配的领导主体行为和职能行为的总和。

领导主体行为包括领导者（群体或个体）的主导行为和被领导者的配合行为。领导者在领导中处于主导地位。领导行为是领导者和被领导者相互作用于共同目标而采取的行动。在这里，行动的过程是领导，致力于实现这个过程的人是领导者，而该过程又是由领导者、被领导者及其所处的环境共同构成的。它们之间的关系是一个复合函数关系，可用公式表示为：

领导=f（领导者，被领导者，环境）

小思考 10-1

答案

小思考 10-1

问：拿破仑说："一头狮子领导的一群绵羊可以打败一头绵羊领导的一群狮子。"是何含义？

10.1.2　领导的功能

领导的功能，概括地说包括两个方面：一是组织功能，二是激励功能。组织功能在于引导组织成员共同实现组织目标；激励功能在于重视满足组织成员合理的物质和精神需要，激发群体的积极性。领导行为的实现就是领导者实现组织功能和激励功能的过程。

领导的组织功能属于管理学研究的范畴。管理学认为，实现企业目标是领导的最终目的，围绕这个目的，领导者必须充分地利用主客观条件，制定企业目标与进行决策，合理地使用人力、物力、财力和信息等，建立起科学的管理系统。所有这一切，都是领导的组织功能。

激励功能属于管理心理学研究的重要课题之一。管理心理学认为，激励功能是领导的主要功能。一个领导者是否具有这种激励下属的能力，直接关系到领导行为的效能。事实证明，即使目标再好，组织再合理，管理再科学，如果领导者缺乏激励功能或者不能很好地发挥自己的激励功能，都无法实现企业的目标。

激励功能的内涵包括以下三个方面的内容：

（1）提高被领导者接受目标、执行目标的自觉程度。

通常情况下，个体的行为活动目标与群体或组织的目标并不完全一致。个体积极性、创造性的发挥程度与个体、组织目标之间的一致程度成正比。因此，作为领导者，要想方设法地把实现组织目标与满足组织成员的需要统一起来，努力创造一种和谐的环境，加强组织成员对组织目标的感受，从而提高他们接受和执行组织目标的自觉性。

（2）激发被领导者实现组织目标的热情。

组织成员的积极性、创造性的发挥，一方面取决于个人目标与组织目标是否一致，另一方面依赖于组织成员工作热情的激发。因此，激发员工热情是领导激励功能的重要内容之一。注意满足被领导者的心理需要，是激发被领导者实现组织目标的热情的关键性措施。

（3）提高被领导者的行为效率。

被领导者的行为效率是指为实现组织目标所做贡献的大小或能力才干的发挥程度。为提高组织成员的行为效率，领导者要十分注意为他们创造良好的物质环境与心理气氛，使之感到“英雄大有用武之地”，从而为组织目标的实现做出尽可能大的贡献。

10.1.3　领导体制的演变

自19世纪工业革命以来，随着科学技术的进步、生产的发展和企业规模的扩大，领导体制也经历了一个变化和发展的过程。

1）家长制领导

家长制领导方式是从中世纪封建社会发展过来的，是生产和技术还很不发达的现代工业企业初期的领导方式。

企业在生产上、技术上的领导，都沿袭着封建主义的家长制的领导方式。老板既是企业的所有者，同时也是企业的管理者，一切由老板说了算，一切取决于他的个人经验和判断。

2）经理制或“硬专家”领导

1841年10月5日，在美国的一条铁路上（马萨诸塞至纽约路段），两列客车迎头相撞，造成2人死亡、71人受伤。这次事故在社会上引起了极大的反响，人们严厉谴责相关铁路公司的老板没有能力领导现代化企业。有关方面对这家铁路公司的领导体制进行了大胆改革，建立了各级责任制，选拔有管理才能的技术专家担任领导，而老板只拿红利，不插手具体的经营管理业务。这就是美国第一家由只拿薪水的经理通过正式管理机构管理的企业。

这种领导体制改革具有两个特点：

①使企业的财产所有权与经营管理权分开；

②管理企业的领导者都是从精通本企业生产过程的技术专家中选拔的，也就是由“硬专家”转行的。

3）职业“软专家”领导

随着现代化大生产的发展，现代科学技术与生产进一步结合，经营管理的作用日益扩大，任务也日益繁重复杂，因此精通某一专业技术的“硬专家”越来越不能适应发展的需要。

与此同时，管理逐渐成为一门科学，“管理学院”“工商管理研究所”等专业机构也相继成立，以经营管理为专长的职业“软专家”应运而生，他们逐渐走上了管理第一线，代替了“硬专家”的领导。

4）专家集团领导

第二次世界大战后，特别是近20年来，随着现代生产和科学技术的高度分化与高度融合，企业规模进一步扩大，有的企业分支机构甚至遍及全国乃至全世界，企业的命运与国际、国内的政治、经济、社会等因素休戚相关。

在这种情况下，“软专家”个人的领导已无法应对。于是在一些大企业首先出现了集体领导的形式。许多公司成立了总经理办公室、董事长办公室、公司办公室、总经理委员会等组织，用集体领导的形式代替了过去由董事长、总经理一两个人负责决策经营的传统方式。重大决策都要经过共同讨论后才能决定。与此同时，出现了大批“智囊团”“思想库”，他们给领导机构提供大量信息和资料，起着“顾问”的作用。这就是以“软专家”为主组成的专家集团领导。

小思考 10-2

小思考 10-2

答案

问：古希腊一则寓言说，“狐狸对任何事情都知道很多，而刺猬只知道一件事情，但是很精深”。你如何理解？

10.1.4 领导者的影响力

领导者实现有效领导的关键是在被领导者心目中要有崇高的威望，而威望的高低则取决于领导者影响力的大小。

1）影响力的含义

影响力是一个人在与人交往中左右与改变他人心理与行为的能力。领导者的影响力则是领导者左右和改变被领导者心理与行为的能力，包括对员工的感染力和支配力等。

领导者的影响力包括两类：权力性影响力和非权力性影响力。

权力性影响力是由上级主管部门赋予领导者的职务、地位、权限等因素所构成的强制性影响力，具有不可违抗性，是领导者形成影响力的关键，又称强制性影响力。

非权力性影响力是以领导者自身的品德、知识、能力等因素为基础所构成的非强制性影响力。它是由于领导者人格高尚、德高望重，或有专门知识、特殊技能，或因情感等原因而获得的影响力。被领导者接受这种影响是自愿的，它又称自然性影响力。

权力性影响力与非权力性影响力并不矛盾，成功的领导者必然是将二者融为一体，产生更好的效果。

2）影响力的构成

（1）权力性影响力。

其相关因素有：

①传统因素。自古以来，人们形成了一种观念，认为领导者拥有权力，社会地位比普通人高，从而产生了对领导者的服从感，这就使领导者的言行产生了影响力。它属于观念性因素。

②职位因素。领导者有职、有权，可决定被领导者的命运，会使被领导者产生敬畏感。职位越高，影响越大。它是以法定权为基础的，是社会赋予的力量，属于社会性因素。

③资历因素。领导者有一定的资格和丰富的阅历，就会对被领导者产生影响，使人

们产生敬重感，资历越深，影响越大。它属于历史性因素。

（2）非权力性影响力。

其组成因素有：

①品格因素。这是指领导者自身的品行、人格、作风等方面高尚完美，能够做到先组织之忧而忧，后组织之乐而乐，这样就能产生吸引力，令人敬佩，从而形成对被领导者的影响力。

②知识因素。一个领导者如果知识丰富、博学多才，就会使被领导者产生信赖感。这种影响力超出职权之外，最有说服力。

③能力因素。领导者的能力越强，使人产生的敬佩感越强。它是通过实际工作体现出来的，因而具有实践性。

④情感因素。人与人之间建立了良好的感情，互相越亲切，相互之间的吸引力也就越大。因此，搞好感情投资，领导者的影响力就会增强（如图10-1所示）。

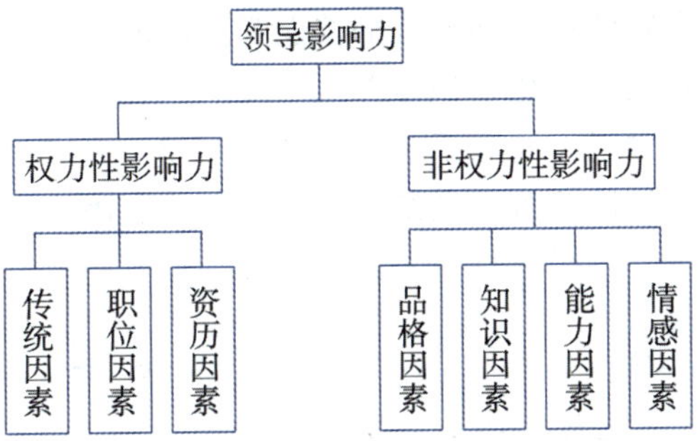

图10-1 领导者影响力构成示意图

3）领导者影响力的提高

（1）合理地使用权力性影响力。

领导者手中掌握权力，客观上增强了影响力，对于权力性影响力不是不要或放弃，而在于正确合理地使用：

①用权要慎重与理智。一般情况下，尽量少用强制性手段或惩罚性手段，要善于教育、启发、引导。不以权压人、不以权谋私、不滥用权力。

②要善于授权。要坚持大权集中、小权分散的原则，适当授权。这样有利于上下级沟通，有利于调动下级的积极性，以获得更多的支持。

③要善于具体指导。领导者不能一味地发号施令，对部下的工作不仅要求他这样做，而且还要进一步使他明白为什么要这样做以及这样做的方法，因为威信不是靠命令能得到的。

④要自觉接受下属监督，虚心听取下属的意见。

（2）努力提高非权力性影响力。

领导与被领导者之间不是“以权制人”“以力压人”“以利诱人”的关系，而是平等的、互助合作的关系，因此领导要推崇“以德服人”“以才服人”“以理服人”，要靠非权力性影响力而不是依赖权力性影响力。

小思考10-3

答案

小思考 10-3

问："力服不如口服，口服不如心服"，要提高领导者的影响力，就是要让下属"心服口服"，对吗？

要提高非权力性影响力，要从以下几方面入手：

第一，领导者要十分注重自己的品格修养。在现实生活中，领导者要大公无私、廉洁自律，严格要求自己，这样才能提高自身的影响力。

第二，领导者的工作业绩本身就是一种吸引力。领导者的工作业绩离不开领导才能，因此，领导者要注意在实践中不断提高自己各方面的能力水平，包括思维能力、决策能力、创新能力、管理能力、专业技术能力、社交能力、公关能力、社会适应能力等。

第三，领导者要明于事理，善于对各种复杂问题做出正确判断和选择。这是以广博的知识、超常的智慧、丰富的经验和熟练的技能为基础的。为此，领导者要注意更新知识和扩大知识面，提高自己的文化知识修养。

第四，领导者与被领导者之间除了公事公办的工作关系以外，还要建立和维护好情感关系，领导者要关心下属的疾苦，真诚地帮助员工解决困难，爱护人、体贴人，这样才能得到被领导者的支持。

补充阅读材料 10-1　领袖的人格特点

1. 自信：有领袖魅力的领导者对自己的判断和能力充满信心。

2. 远见：他们有理想，认为未来一定更美好。目标越远大，下属越有可能认为领导者有远见卓识。

3. 清楚表述目标的能力：了解下属的需要，能清楚地将目标传达给下属，并成为一种激励力量。

4. 对目标的坚定信念：为了达成目标，他们有强烈的奉献精神，勇于自我牺牲，愿意从事高风险的工作，承受高代价。

5. 特立独行：他们的行为独特、新颖、反传统、反规范。当获得成功时，这些行为令下属们惊诧并崇敬。

6. 作为变革的代言人：他们被认为是激进变革的代言人而不是传统现状的卫道士。

7. 环境敏感性高：他们能够对需要变革的环境加以限制，对资源进行切实可行的评估。

资料来源　罗宾斯．组织行为学［M］．孙建敏，等译．17版．北京：中国人民大学出版社，2019.

管理法则 10-1　南风效应——以柔克刚：温暖是不可抗拒的力量

北风和南风有一天在天空中相遇了，可是它们谁也决定不了到底应该刮什么方向的风，于是，就在天空中争吵不休。这时，它们看见路上有个行人，就决定打个赌，看谁能让行人把身上的大衣脱掉，谁成功，就刮哪个方向的风。

北风发威，顿时冷风凛冽、寒冷刺骨，结果行人为了抵御北风的侵袭，便把大衣裹得更紧了。北风灰溜溜地败下阵来。这时，南风徐徐吹动，行人顿时觉得暖意上身，便脱掉了大衣。于是南风轻而易举地获得了胜利。

“南风”法则也叫作“温暖”法则，它来源于法国作家拉·封丹写的这则寓言。它告诉我们：温暖胜于严寒，循循善诱的说服胜过粗暴的批评。

案例 10-1　朕也喝醉，不知对错

案例 10-1
分析提示

宋太宗在北陪园饮酒，大臣孔守正和王荣侍奉酒宴。结果两人喝得酩酊大醉，争吵不休，失去了臣下的礼节。内侍奏请太宗把二人送吏部治罪，但是宋太宗却令人把他们送回了家。

第二天，二人酒醒后想起昨晚酒后在皇上面前失礼，十分害怕，一起跪在大殿上向皇上请罪。宋太宗笑笑说：“昨晚朕也喝醉了，记不得有这些事。”

这里特别要强调的是，领导者应学会尊重下属，这对于提高领导者非权力性影响力是至关重要的。尊重下属表现在以下几个方面：

第一，要尊重下属的人格。在与下属的交往中，不能总是摆出一副领导的架子，不要搞强迫命令，当下属工作出了问题时，不应一味埋怨，而要主动承担责任，多加帮助；当下属对领导者有意见时，应主动沟通，建立良好的关系。

第二，要尊重下属的意见。工作中，对下属的正确意见要尽量采纳，下属的意见优劣参半时，要充分肯定其正确部分；对其错误或不正确的意见，应平心静气地给予分析说明。

第三，要尊重下属的劳动。特别要尊重下属在工作中的积极性和创造精神。

第四，要尊重下属的特长。要依据下属的特长，知人善任，尊重和理解他们，使他们感到领导者真诚可亲，值得信赖和可靠，“士为知己者死”，这样被领导者就会发自内心地服从和追随。

总之，提高领导者影响力的主要途径是综合运用和发挥非权力性影响力和权力性影响力的作用，使它们相辅相成、相互促进。从一定意义上讲，非权力性影响力在整个领导者影响力中占主导地位，起决定作用。如果一个领导者的非权力性影响力较大，那么他的权力性影响力也会随之增强；反之，如果非权力性影响力较小，那么他的权力性影响力就会更低。

补充阅读材料 10-2　对员工要有仁爱之心

关爱员工是每个管理者都应该具备的一种品质，也是每一位管理者都必须遵循的行为准则，因为关爱他人有助于管理和事业的成功。

日本三井株式会社社长上岛重二认为，一名成功的管理者必须具备三个方面的素质，一是强健，即要拥有非常优秀的下属，能把各式各样的人都团聚到自己的周围，为自己所用；二是弹性，即充满灵活性；三是感情，也就是有爱心，对自己的员工、家人、企业、顾客都要充满爱意。

要成为一名成功的管理者，爱心是必不可少的。体现在具体工作上，就是你去爱员工，员工才会爱你；你去帮助员工成功，员工才会帮助你成功。因此有的企业家说："做企业就是让员工获得快乐和成功，如果在这个过程中，员工无法体验到成功与快乐，不能够与你的成功与快乐融为一体，那么这就不是一个成功的企业。"

爱是世界上最伟大的情感，成熟的管理者如果不具备这种素质，其管理就一定是残缺的，这样的管理者最终会被员工所抛弃。

一位管理者这样总结：没有爱的企业家是只赚钱不快乐的企业家；是费尽了心机也赚不了大钱的企业家；是心灵上缺少安慰，或放纵，或孤独的企业家。

在一个企业或组织中，如果管理者能够真正关心和爱护下属，让他们感觉到家庭般的温暖和厚重的依靠，感觉在这里能够工作得快乐，那么这个管理者就成功了一半。

资料来源　沈默．管理要懂心理学［M］．北京：北京理工大学出版社，2014.

管理寓言10-1　楚庄王的用人之道

春秋时期，楚国的楚庄王是个既能用人之长，又能容人之短的人。

一次，楚庄王设酒宴赏赐他的群臣。楚庄王的爱姬许姬为大臣们倒酒。忽然一阵风吹过，大殿上的蜡烛被吹灭了。这时有人在暗中拉扯许姬的衣服，聪明的许姬顺势抓住那人的帽缨，并揪了下来。回到楚庄王面前悄声说："蜡烛灭时，有人拉扯我的衣裳，我揪下了他的帽缨，请大王掌灯追查。"楚庄王却马上说："和我一起喝酒，谁不把帽缨揪下来，就不够尽兴。"于是，所有人都把帽缨揪了下来，也就不知道被揪下帽缨的是谁了。这样，楚庄王又与群臣欢乐饮酒，直到宴会结束。

后来吴国兴兵攻打楚国，有一个人在战斗中常打头阵，五次冲锋打退敌人，并取到敌方将军的首级献给楚庄王。楚庄王感到奇怪而问他道："我对你并没有什么特殊的恩宠，你为何对我这么好呢？"他回答说："我就是早先在殿上被揪下帽缨的那个人。当时就应该受刑而死，至今负罪很久了，没能有所报效。现在有幸能做一个臣子理应做的事。"

管理寓言10-1

分析提示

由于楚庄王胸襟开阔，宽厚容人，对下属不搞"求全责备"，于是才保住了人才，调动了其最大的积极性。

资料来源　秦湖．被扯掉的帽缨［J］．环球人物，2012（25）．

10.2　领导理论

国外许多管理心理学专家多年来从不同的角度对领导心理进行了深入研究，提出了许多具有代表性的领导理论。归纳起来，大致包括领导特性理论、领导作风理论和领导行为理论。

10.2.1 领导特性理论

领导特性理论，是以研究领导者个性特征为主要内容的一种领导理论。研究这种理论是为了预测具有什么样人格特性的人才能当领导，并能获得最佳领导效果。其中较为典型的研究有如下几种：

1）斯托格迪尔的领导个人因素论

斯托格迪尔在全面研究了关于有效领导应具备的素质方面的文献后，总结了与领导有关的个人因素如下：

（1）5种身体特征：精力、外貌、身高、年龄和体重。

（2）2种社会性特征：社会经济地位和学历。

（3）4种智力特征：果断性、说话流利、知识渊博和判断分析能力强。

（4）16种个性特征：适应性、进取心、热心、自信、独立性、外向、机警、支配力、有主见、急性、慢性、见解独到、情绪稳定、作风民主、不随波逐流和智慧。

（5）6种与工作有关的特征：责任感、事业心、毅力、首创性、坚持和对人的关心。

（6）9种社交特征：能力、合作、声誉、人际关系、老练沉稳、正直、诚实、权力的需要和与人共事的技巧。

2）鲍莫尔的领导品质论

美国普林斯顿大学的鲍莫尔提出了作为一个领导应具备的10个条件：合作精神、决策能力、组织能力、精于授权、善于应变、敢于求新、勇于负责、敢担风险、尊重他人和品德高尚。

3）吉伯的天才领导者特征

美国心理学家吉伯提出天才领导者应具备7项特征：善言辞、外表英俊潇洒、智力过人、自信、心理健康、有支配他人的倾向、外向而敏感。

4）日本研究者提出了领导者“十德十能”的特性条件

十项品德：使命感、责任感、依赖性、积极性、热情、忠诚老实、进取心、忍耐性、公平、勇气。

十项能力：思维决定能力、规划能力、创造能力、判断能力、洞察能力、劝说能力、对人的理解能力、解决问题能力、培养下级能力、调动积极性能力。

小思考10-4

问：领导者的相貌也很重要，相传曹操满脸奸相，就连他自己也认为自己不可为君王，所以一直未称帝；刘备、孙权相貌堂堂，有帝王之相。这说明了一个什么道理？

小思考10-4

答案

10.2.2 领导作风理论

领导作风理论在于研究领导者不同的工作作风对员工的影响，以期寻求一种最佳领导作风。

1）勒温的领导作风理论

勒温的领导作风理论以权力定位为基本变量，把领导者的极端工作作风分为三类，即专制作风、民主作风和放任自流作风，见表10-1。

表10-1 领导者的三种作风对照表

项目 类型	专制作风	民主作风	放任自流作风
权力定位	权力定位于领导者手中	权力定位于群体	权力定位于每位员工
领导方式	个人独裁	群体参与领导	无政府管理
决定方式	领导者个人决定	群体讨论决定，领导者激励与协助	由个人决定，领导者不参与
工作方法与程序	分段指示工作内容，员工无法了解下一步骤和整个目标	对工作的内容与程序，成员皆在讨论中了解，领导者提供两个以上方案，供员工选择	领导者提供材料，不做积极指示
工作分担	领导者决定后通知员工	工作分担由员工决定、伙伴自选	领导完全不干预
奖惩方式	领导者根据个人好恶奖惩	领导者依据客观事实奖惩	对工作不做评价

2）利克特的领导作风理论

美国密歇根大学社会研究中心的利克特等人通过长期研究，把领导作风归为四大类：

（1）专制集权式领导作风。

具有这种作风的领导者凡事单独做决定，以强制的方法（如奖惩）让下属执行，下属无发言权。

（2）仁慈集权式领导作风。

具有此种作风的领导者，尽管仍然把权力集中在自己手中，但对下属比较和气，也能听从下属的建议，只是这种上下沟通十分有限。

（3）协商民主式作风。

具有这种作风的领导者对下属有一定的信任，会授予下属部分权力，在决策时能充分地听取各方面的意见。由于沟通较充分，上下级的信任与相互支持都较好。

（4）参与民主式作风。

具有此种作风的领导者对下属有充分的信任，上下级处于平等的地位，允许下属参与领导过程，在一定范围内赋予下属自行决策权。此种作风的上下级之间由于获得充分的沟通而彼此信任，并建立起一定的友情。

利克特认为：参与民主式作风的领导效果最好，而专制集权式的领导效果最差。他建议领导者要真心诚意地让员工参与管理，要看到员工的智慧，充分信任他们。

补充阅读材料10-3　日本、美国及中国的领导实践活动

领导就是一些有影响力的人的价值实现的过程，使员工为公司或组织目标的实现做出贡献，主要涉及动机、领导人员的交流。

表10-2总结了日本、美国及中国领导者在管理上的比较。

表10-2　日本、美国及中国领导者在管理上的比较

日本企业的领导者	美国企业的领导者	中国企业的领导者
(1) 领导者作为小组成员或促进者 (2) 家长作风 (3) 普通的价值促进合作 (4) 避免对抗，有时导致领导的含糊性 (5) 批评性的交流从上至下或从下至上	(1) 领导者作为决策小组的领导人 (2) 指示性（强硬、强制、坚决） (3) 通常是分散价值，个人主义有时阻碍合作 (4) 通常面对面地对抗，强调领导的清晰度 (5) 非批评性的交流从下到上，以从上到下的交流为主	(1) 领导者为小组（委员会）的负责人 (2) 指法性领导（父与子的关系） (3) 普通价值，强调和谐 (4) 避免对抗 (5) 从上到下的交流

1.日本企业的领导者

日本企业的领导者被视为具有社交能力的联系人，是小组的一部分。

通过家长式的领导方法，领导者体现出其对下属福利的极大关心。

普通的价值与小组精神促进合作。领导者的作用是营造一个具有“团队精神”的工作环境，而且他也愿意帮助下属完成他们的工作。为了最大限度地保持和睦，管理人员应避免与下属面对面地对抗，这意味着有些事情只能被含糊地放在一边。领导者需要听从者，而且也要从下属得到帮助，所以希望他的下属们将他的个人利益与公司或组织的利益联系起来。

带有批评性的交流通常是从上至下或从下至上的，而非批评性的交流是从上至下的。这种交流模式被日本公司的领导者推行，他们花费了大量的时间与其下属交流，强调面对面的交流胜过书面交流。

2.美国企业的领导者

在美国公司中，领导者管理职能的执行有很大的不同。

领导者被视为公司的决策者，领导整个公司。他们被期望具有指令才能，并且强硬、强制而且坚决。他们的任务是联系分散的价值。然而在团体中被强化的个人主义，在组织中可能会妨碍合作，这就期望领导者可以做出决策，并使团体或企业的领导清晰明了，即使这会令其与那些持不同意见的人产生面对面的对抗。

尽管领导者工作非常辛苦，他们仍珍惜个人生活，并使其与工作分开。公司团体内部交流的方式在很大程度上是从上至下按级别进行的，而且强调书面交流。

3. 中国企业的领导者

在中国企业中，领导者的管理职能同时具有日本企业与美国企业的特点。领导者是团体首要人员（例如，在委员会中），并且领导的风格具有强制性。一个被采访者描述领导者与其下属之间的关系是父母与孩子之间的关系。也就是说，希望下属人员服从领导的命令。反过来，领导者为业绩与目标的完成向更高的当局负责，但却并不负责满足客户需要和需求（这一点也正在慢慢改变）。中国式的领导方式同日本式的领导方式类似，受共同价值观与注重和谐的影响。而其交流，如在美国公司中一样，主要采取从上至下的方式。

资料来源　孔茨，韦里克. 管理心理学［M］. 马春光，译. 北京：经济科学出版社，2012.

10.2.3　领导行为理论

领导行为理论着重研究领导者在领导过程中所采取的领导行为的特点以及不同的领导行为对员工的影响，目的是寻求最佳的领导行为。我们这里主要介绍几种比较有代表性的领导行为理论。

1）管理方格理论

1964年，管理学家布莱克和莫顿提出了管理方格理论。他们认为，管理者的成绩可用两种变动因素来衡量：第一种是对员工的关心程度，即对人的关心度。第二种是对生产的关心程度，即对任务的关心度。前者用纵坐标表示，后者用横坐标表示，两者各划分为9等份，这样整个方格图便可用来表示不同类型的领导行为（如图10-2所示）。

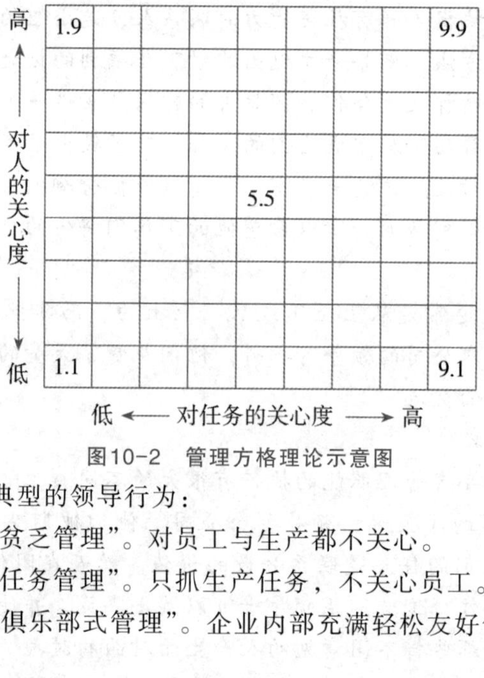

图10-2　管理方格理论示意图

他们共列举了5种典型的领导行为：

①“1·1型”，即“贫乏管理”。对员工与生产都不关心。

②“9·1型”，即“任务管理”。只抓生产任务，不关心员工。

③“1·9型”，即“俱乐部式管理”。企业内部充满轻松友好气氛，但生产任务得不到关心。

④“9·9型”，即“战斗集体管理”。生产任务完成得好，员工关系协调，士气旺

盛，员工利益与企业目标相结合。

⑤“5·5型”，即“中间式管理”。完成任务过得去，员工关系一般化。

管理方格理论对于培养有效的管理者是一种有用的工具。每个领导者或管理者都可以用它来分析和衡量自己的行为处于哪个方格之中，从而清楚地认识自己的领导行为，并给自己提出向“9·9型”努力的目标，以更有效地改进企业管理工作。

2）领导行为四分图

美国俄亥俄州立大学商业研究所于1945年开始了领导行为的研究。研究人员制作了一张领导行为描述调查表，在问卷调查和分析的基础上，最终将领导行为的内容归纳为两个方面，关心人和关心工作。根据研究，这两种领导行为不是相互对立的两个端点，不是注重了一个方面必然忽视另一个方面，领导者的行为可以是这两个方面的任意结合，并由此可能形成4种基本领导行为，如图10-3所示。

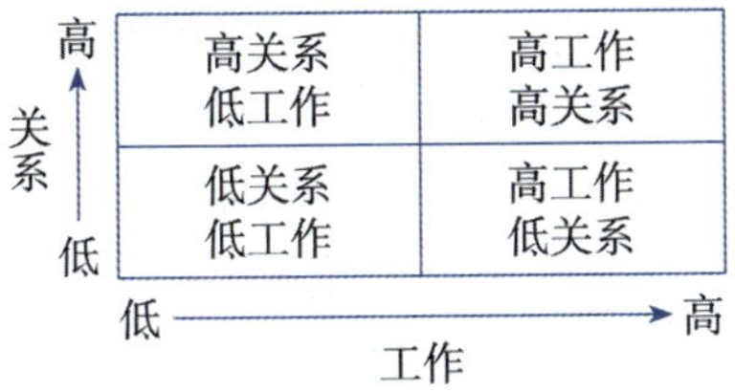

图10-3　领导行为四分图

一个方面是“抓组织”，或是“主动型”。这种行为主要以工作为中心，领导者通过设计组织结构，明确职责、权利、相互关系和沟通办法，确定工作目标和要求，制定工作程序、工作方法与制度来引导和控制下属的行为表现。

另一个方面是“关心人”，或称“体贴型”。这种行为主要以人际关系为中心，关心和强调下属个人的需要，尊重下属意见，给下属以较多的工作主动权，注意建立同事之间、上下级之间的互信气氛。

他们共列举了4种典型领导行为：

①低关系、低工作行为。这种行为对工作与人均缺乏相应的关心，是一种不负责任的管理行为。

②低关系、高工作行为。这种行为重视工作而不重视对人的关心，属于强制管理行为。

③高关系、低工作行为。这种行为重视对人的关心而忽视工作管理，可以认为是一种亲情管理行为。

④高关系、高工作行为。这种行为既关心员工，又重视工作，是理想的领导行为模式。

然而，由于领导精力与其他方面的限制，做到第四种模式比较困难。一般情况下，作为一名领导者，应当在工作和关系之间寻找平衡，达到一种比较理想的境界。

3）勒温的三种极端的领导作风

心理学家勒温根据领导者如何运用职权，把领导者在领导过程中表现出来的极端作风分为三种类型。

（1）专制作风或独裁风格。

具有这种作风的领导者独断专行，从不考虑别人的意见，所有决策都由自己做出，靠命令组织实施，与下级保持相当的心理距离，没有感情交流。

（2）民主作风。

具有这种作风的领导者鼓励下属参与决策，组织的决策在领导者的激励与协调下由集体讨论确定。在分配工作时尽量照顾到个人的能力、兴趣和爱好；对下属的工作也不安排得那么具体，下属具有较大的工作自由、较多的选择性和灵活性；在领导工作中，主要用非职位权力与威信使下属服从；领导者积极参加群体活动，与下属无任何心理上的距离。

（3）放任作风。

具有这种作风的领导者把权力完全给予组织成员或群体，自己对工作尽量不参与，也不主动干涉，毫无规章制度，工作进行几乎全部依赖组织成员，自负责任。

勒温根据实证研究指出，放任作风的领导作风效率最低，只能达到社交目的，而完不成工作目标。专制作风的领导虽然通过严格管理达到了工作目标，但群体成员没有责任感，情绪消极，士气低落。民主作风的领导工作效率最高，不但能完成工作目标，而且组织成员关系融洽，工作积极主动，有创造力。

补充阅读材料 10-4　优秀管理者的20个习惯

优秀管理者的20个习惯：

（1）行动前设定目标；

（2）培养重点思维；

（3）发现关键问题；

（4）要事第一；

（5）运用二八定律；

（6）向竞争对手学习；

（7）善于借助他人的力量；

（8）换位思考；

（9）树立团队精神；

（10）责任重于一切；

（11）把握关键细节；

（12）重在执行；

（13）有效沟通；

（14）掌握工作和生活（休息）的平衡；

（15）高效地收集并消化信息；

（16）集思广益；

（17）善于授权；

（18）有效决策；

（19）遇到困难找办法；

（20）追求卓越。

案例 10-2

敢怒而不敢言

在苏联的一次政府会议上，赫鲁晓夫声色俱厉地指责斯大林的错误，突然听众席上有人打断了他的讲话："你当时也是斯大林的同事，为什么当时不阻止他，而现在才大侃特侃呢？"诘问者大声问道。"谁在这样问？"赫鲁晓夫怒吼道。

会议厅里立刻安静下来，没有一个人敢出声。赫鲁晓夫轻声地说："现在你该明白为什么了吧？"

一声怒吼，吓得众人不敢吭声。试想，这样的领导者，不让下属提反对意见，过分仰仗权力，作为下属，他们会信服这样的领导者吗？

资料来源 作者根据网络相关资料整理.

案例 10-2

分析提示

10.3 领导者的素质与心理

10.3.1 领导者的基本素质

关于领导者的素质问题，国内外学者曾进行了大量研究，提出了许多看法。

结合我国国情，我们认为，领导者的基本素质一般应包括以下内容：

（1）政治素质。

它是领导者的灵魂，它决定着领导活动的政治立场、政治方向和领导者的世界观。这一点对领导者来讲，非常重要。

（2）精神素质。

良好的精神素质是领导活动能够取得成功的重要因素，它包括创新精神、求实精神、顽强进取精神和勤奋好学的求知精神。

创新是发展的前提，是进取精神的体现，是领导活动的本质要求。求实精神是创新的基础，只有从实际出发，注重实践，按照客观规律办事，才会有所创造，有所发展。

勤奋好学的求知精神则是新知识、新思想的源泉。

（3）知识素质。

知识素质是领导者的重要素质之一，是领导活动取得成功的基础。需要掌握的知识包括马列主义科学思想和理论体系、管理方面的专门知识以及比较广泛的科学文化知识等。

（4）能力素质。

应该说能力素质是领导者的一个核心素质，它是领导者把主观意图转化为客观现实的转换器。这种素质主要包括统筹全局的管理能力、周密严谨的组织能力、任人唯贤的用人能力，以及科学的决策能力、灵活的应变能力、良好的协调能力和处理人际关系、公共关系的平衡能力。

（5）品行素质。

良好的品行素质对领导者确定组织目标、有效克服各种不良倾向以及处理好人际关系等都具有重要意义。它主要包括领导者良好的个人品质、秉公办事的原则、谦让容人的宽宏度和较强的自制能力。

（6）观念素质。

科学技术飞速发展的时代更为强调观念素质。这里的观念素质主要是指系统观念、动态观念、市场观念、竞争观念、时间观念、机会观念、效率观念、信息观念、生产力观念等。观念素质反映了领导者能否适应不断变化的形势，能否跟上时代的步伐。

（7）气质素质。

尽管气质素质与领导者的思想觉悟、政策水平和管理能力没有直接的联系，但作为一个领导者，气质素质往往也影响其活动绩效。因此，领导者应该看到自己的优点和缺点，自觉地克服短处，使自己思维敏捷而又精深，兴趣广泛而又专一，情绪热烈而又稳定，行动迅速而又稳重。

（8）身体素质。

领导者应该有健全的体魄、充沛的精力、吃苦耐劳的精神。正如邓小平同志讲的，不管你的见解多么高明，如果没有精力，要做好工作是很困难的。因此，身体素质是领导者素质中一个不可忽视的基础素质。

综合以上领导者素质，最重要的是政治素质、能力素质和观念素质。政治素质相当于方向盘，能力素质相当于转换器，观念素质相当于调节器。

案例 10-3　肥皂水效应

约翰·卡尔文·柯立芝于1923年成为美国总统，他有一位漂亮的女秘书，容貌虽好，工作中却常因粗心而出错。一天早晨，柯立芝看见秘书走进办公室便对她说：“今天你穿的这身衣服真漂亮，正适合你这样漂亮的小姐。”这句话出自柯立芝口中，简直让女秘书受宠若惊。柯立芝接着说，“但也不要骄傲，我相信你同样能把公文处理得像你一样漂亮。”果然从那天起，女秘书在处理公文时很少出错了。一位朋友知道了这件事后，便问柯立芝：“这个方法很妙，你是怎么想出的？”柯立芝说：“这很简单，你看见过理发师给人刮胡子吗？他要先给人涂些肥皂水，为什么呀？就是为了刮起来使人不觉得痛。”

案例 10-3

分析提示

资料来源　陈讲红．心理学与领导力［M］．北京：中国法制出版社，2015.

补充阅读材料 10-5　企业家的素养

一流企业家做人不做事，二流企业家做人又做事，三流企业家不做人只做事。

一流商人是精明加厚道，二流商人是精明加精明，三流商人是厚道加厚道。

一流企业做文化，二流企业做品牌，三流企业做项目。

10.3.2　领导者的现代思维方式

作为现代企业领导者，思维方式很重要。思路决定出路，正确、明智的思维方式可以改变人的生活甚至决定人生的成败。社会在发展、变革，现代化运动和改革的浪潮使得现代人的思维发生了很大的变化。作为现代企业领导者要想提高决策、指挥、用人的水平，提高领导效能，就必须学习和掌握现代思维方式。现代思维方式主要包括以下内容：

1）创新思维

创新思维是指以新颖独创的方法解决问题的思维过程，这种思维能突破常规思维的界限，以超常规甚至反常规的方法、视角去思考问题，发掘与众不同的解决方案，从而产生新颖的、独到的、有社会价值的思维成果。当今世界经济与科技飞速发展，创新成为推动社会发展的重要力量，大众创业、万众创新成为当今社会的主旋律。培养创新思维是现代企业领导者必备的基本素质。创新思维有下列基本特征：

（1）思维的变通性。

它是指善于根据事物的变化发展，运用已有的知识经验，灵活机动地进行思考，及时地改变解决问题的步骤和方法的思维能力。例如，战国时期的孙膑就是一位极富思维变通性的军事家。“田忌赛马”“围魏救赵”就是典型案例。在现代企业经营中，运用变通性思维，也常常能使企业摆脱困境。例如，一家布店，仓库积压了不少低档滞销布，多次降价，效果甚微。于是他们就把这些布料制作成床罩、枕套等商品，结果这些商品竟成了热销货。

（2）思维的独创性。

它是指思维活动具有新颖、独特的智力品质。所谓新颖，就是不墨守成规，前所未有；独特就是与众不同，别出心裁。例如，当成千上万的美国人涌向西部“淘金”时，亚默尔却敏锐地、独具慧眼地发现寻找水源、出售泉水更能发财。几年下来，他就因卖水成为当时美国的大富豪。

案例10-4　　**去掉篮筐的底**

据说篮球运动刚诞生的时候，篮板上钉的是真正的篮子。每当球投进去之后，就有一个专门的人踩在梯子上把球拿出来。为此，比赛不得不断断续续地进行，缺少激烈紧张的气氛。为了让比赛更顺畅，人们想了很多取球的方法，都不太理想。有一天，一位父亲带着他的儿子来看球赛。小男孩看到大人们一次次不辞劳苦地取球，大惑不解：为什么不把篮筐的底去掉呢？一语惊醒梦中人，大人们如梦初醒，于是才有了今天我们看到的篮网样式。

案例10-4 分析提示

去掉篮筐的底，就这么简单，但那么多有识之士都没有想到。这个方法听起来简单，然而这个简单的“难题”困扰了人们多年，皆源于人们的思维习惯。

资料来源　作者根据相关资料整理.

案例 10-5　把电梯装在楼外

有一家酒店的电梯不够用，打算再增加一部，于是酒店请来了建筑师和工程师，商讨如何增设新的电梯。专家们一致认为，最好的办法是每层楼都打个大洞，直接安装新电梯。方案定下来后，两位专家坐在酒店前厅商谈工程计划，他们的谈话被一位正在打扫卫生的清洁工听到了。清洁工说：“每层楼都打个大洞，肯定会尘土飞扬，把酒店弄得乱七八糟的。”工程师瞥了清洁工一眼，不屑地说：“那是难免的，那你说能怎么办呢？”由于清洁工天天在这里上班，对这座楼十分熟悉，再加上他善于观察，他立即答道：“我会把电梯装在楼外。”

案例 10-5

分析提示

工程师和建筑师听了这话，相视片刻，不约而同地为清洁工的这一想法叫绝。于是，便有了近代建筑史上的伟大变革——把电梯装在楼外。

资料来源　周拥军. 把电梯装在楼外［N］. 中国青年报，2004-06-21.

补充阅读材料 10-6　创新思维的名言警句

1. 作为一个未来的总裁，应该具有激发和识别创新思想的才能。——斯威尼

2. 最有效的创新都简单得惊人，其实，一项创意所能得到的最高褒奖就是别人说一句：这个一看就懂，我怎么没有想到呢？——佚名

3. 创新是一个民族进步的灵魂，是一个国家兴旺发达的不竭动力。——习近平

4. 创新应当是企业家的主要特征，企业家不是投机商，也不是只知道赚钱、存钱的守财奴，而应该是一个大胆创新、敢于冒险、善于开拓的创造型人才。——约瑟夫 · 熊彼特

5. 将来，先进国家生产的产品价值只有很少一部分是从蓝领工人的劳动及资本物中得来的，而主要是从设想和创新中得到的。——吉福德 · 平肖第三

6. 对创新来说，方法就是新的世界，最重要的不是知识，而是思路。——郎加明

2）辩证思维

辩证思维是指以变化发展的视角认识事物的思维方式，通常被认为是与逻辑思维相对立的一种思维方式。

在逻辑思维中，事物一般是“非此即彼”“非真即假”；而在辩证思维中，事物可以在同一时间里“亦此亦彼”“亦真亦假”而无碍思维活动的正常进行。世间万物是互相联系、互相影响的，同时又是相互转化的。对立统一规律、质量互变规律和否定之否定规律是唯物辩证法的基本规律，也是辩证思维的基本规律。用辩证的眼光看问题，任何事物都有正反两方面，都会有优点和缺点、危险和机遇、好事和坏事的相互转化。“塞翁失马，焉知非福”“失败乃成功之母”都是辩证思维的典型。

补充阅读材料 10-7　辩证思维的名人名言

1. 一个成功者和一个失败者之间的区别，并不在于知识和经验，而在于思维方式。——陆登庭

2.沉舟侧畔千帆过，病树前头万木春。 ——刘禹锡

3.山重水复疑无路，柳暗花明又一村。 ——陆游

4.事物矛盾的法则，即对立统一的法则，是自然和社会的根本法则，因而也是思维的根本法则。 ——毛泽东

5.人生颇富机会和变化，人最得意的时候，有最大的不幸光临。 ——亚里士多德

6.万物必有盛衰，万事必有弛张。 ——韩非

3）逆向思维

逆向思维又称反向思维。一般来说，思考问题的方向可以分为两种：

一种是从分析原因入手，经过逻辑推理，由发散到收敛而得出结论，叫作正向思维。

另一种是从剖析结果入手，进行反证探索，由收敛到发散而另辟蹊径，叫作逆向思维。

一般来讲，正向思维通常是进行演绎或归纳推理，大家思考的方法和过程都差不多，很难取得重要突破；而逆向思维由于破坏常规，往往能够碰撞出创造的光芒和智慧的火花，从而取得突破性进展。

中华民族素有逆向思维的传统，并为这种思维方式起了一个非常典雅而又十分贴切的名称——“反弹琵琶”。

自学成才的速算家史丰收23岁成名，他总结出的23句口诀，解决了多位数从高位到低位多位乘法的计算问题。史丰收的速算法就是“反弹琵琶”思维方式的具体运用。

管理者“有所不为而后有所为”“用一闲对百忙”等思维方式也都是反向思维的结晶。

在当今丰富多彩、复杂多变的世界上，要使事业获得成功，必须具备反向思维的能力。

美国“汽车大王”福特在自己的改革获得成功后说：“人们总是受沿袭已久的陈规陋习的支配，这在生活中是可以的，但在工作中这是必须摒弃的恶习。”事实证明，超越常规的逆向思维方式，有利于管理者深入、科学地认识新事物，有助于管理者全面、慎重地考察问题，有益于管理者促进新观点的形成。

逆向思维与常规思维不同，逆向思维是反过来思考问题，是用绝大多数人没有想到的思维方式去思考问题。运用逆向思维去思考和处理问题，实际上就是以“出奇”去实现“制胜”。因此，逆向思维的结果常常令人大吃一惊，别有所得。

案例10-6 绝妙的乌龙球

在一场篮球赛上，保加利亚队与捷克队相遇。最后8秒钟，保加利亚队球员忽然朝自家篮筐里投入一球，使比分成为平局。因为保加利亚队必须赢5分才能出线，而当时他们只领先2分，只有打成平局，进入加时赛，才有一线生机。加时赛中，他们赢了6分。保加利亚队运用这个绝妙的乌龙球，最终获得了出线权。

案例10-6
分析提示

案例10-7 谁刻的老鼠最像

某国有两位非常杰出的木匠，技艺难分高下。一天，国王突发奇想，要他们3天内雕刻出一只老鼠，谁刻得更逼真，就重奖谁，并宣布他是技术最好的木匠。

3天后，两个木匠都交了作品，国王请大臣们帮助一起评判。

第一位木匠刻的老鼠栩栩如生，连老鼠的胡须都会动；第二位木匠刻的老鼠只有老鼠的神态，粗糙得很，远没有第一位木匠雕刻得精细。大家一致认为第一位木匠的作品获胜。

但第二位木匠表示异议，他说："猫对老鼠最有感觉，要决定我们雕刻的是否像老鼠，应该由猫来决定。"国王想想也有道理，就叫人带几只猫上来。没想到的是：猫见了雕刻的老鼠，不约而同地向那只看起来并不像老鼠的"老鼠"扑过去，又是啃、又是咬，对旁边的那只栩栩如生的"老鼠"却视而不见。

事实胜于雄辩，国王只好宣布第二位木匠获胜。但国王很纳闷，就问第二位木匠："你是如何让猫以为你刻的是真老鼠呢?"

"其实很简单，我只不过是用混有鱼骨头的材料雕刻老鼠罢了，猫当然喜欢。"第二位木匠答道。

案例10-7

分析提示

4）超前思维

超前思维就是面向未来的思维。它是针对将来可能出现的情况对现状进行调整的思维方式，也就是预测性思维，是人的思维能动性的表现。

具有超前思维的企业领导者，总是在充分了解事物的过去和现状的基础上，花费更多的精力思考事物比较长远的发展趋势和可能出现的各种情况。他们总是不局限于眼前，而是站在事物发展的制高点上，尽可能地拓展时间视野，愈来愈远地向前探索。他们的思维有明确的目标性和方向性，有恰到好处的提前量。

阿尔温·托夫勒在《未来的震荡》一书中说："能预测对方棋子动向的下棋人、具有长远观点的经理人员以及在读一本书之前先扫一眼目录的学生，都比别人略高一筹。"

5）动态思维

动态思维是一种运动的、调整性的、不断择优化的思维活动。它的根本特点是根据不断变化的环境、条件来改变自己的思维程序、思维方向，对事物进行调整、控制，从而达到优化的思维目标。

动态，是现代管理的一大特点。现代管理工作是一个动态的过程，这个过程包括计划、组织、控制等各个环节，每一个环节都是周而复始、交错进行的，每一环节自身也是一个复杂的动态系统，如果不从动态上把握管理活动，必将脱离实际，一事无成。

动态反馈是动态思维的一个重要方面。企业管理者要在紧张之中保持清醒，关键在于有灵活、准确、有力的反馈。反馈是一个系统是否有充沛活力的标志。因此，企业管理者首先要在自己管理的系统中建立起强有力的反馈系统，然后需要选择最得力的人员从事反馈工作。有了这些，企业管理者就不必害怕自己的决策不完善。只要有灵敏、准确、有力的反馈，不完善的也可以在实践中完善起来，失误的也可以得到及时纠正并转化为正确的。这样，就可使工作在“决策-反馈-再决策”的良性循环中不断前进。

6）连动思维

连动思维就是“由此及彼”的创造性思维，即从此现象或问题联想到彼现象或问题，提出新颖的设想，搜寻另一种可能性，并能有所发现、有所创造的思维过程。连动思维有以下两种表现形式：

（1）横向思维。

它是一种同时性的横断思维，是截取历史的某一横断面、研究同一事物在不同环境中的发展状况，在同左邻右舍的相互关系和相互比较中，找出该事物在不同环境中的异同的一种思维活动。换句话说，所谓横向思维，即发现一种情况后，便联想出与之相类似的相关情况。把握联想的相似律，是横向思维的关键。

横向思维也属于比较思维，它截取历史的某一横断面展开比较认识。横向比较能够让思维在更广阔的范围内驰骋，使人发现这个事物在一定空间范围内所处的确切位置，找出该事物与其他事物的差异性，从而能够获得一种信息动力，反过来推动这一事物的发展。

（2）纵向思维。

它是指发现一种情况后，立即向纵深思考、探究出现这种情况的原因。这种纵向联动的思维方法，可使人从一些偶然的现象中，发现重大问题。把握联想的接近律，是正确进行纵向思维的关键。

在很多偶然现象面前，这种纵向联想的思维方法，常常大显身手。如有的人由一次偶然的责任事故，引起警觉，打开思路，改革不合理的规章制度，这便是纵向思维。

纵向思维以自己和自己比较为其主要特点，这种思维活动尽管有其独特作用，但它往往使人们只看到自己所取得的成绩，容易盲目乐观，夜郎自大，因而影响奋发进取的精神。

横向、纵向两种思维各有其局限性，只有把两者结合起来，克服各自的片面性，才能使思维活动达到更高的水平，从而增强管理工作的科学性、全面性和准确性。

7）侧向思维

侧向思维，又叫类比思维、联想思维。它从两个对象在某些重要方面的相似关系中受到启发，使思路豁然开朗，问题迎刃而解。

英国医生博诺把这种通过“左思右想”，利用“局外”信息来发现并解决问题的能力同眼睛的侧视能力相类比，称它是“侧向思维”。显然，在管理决策中，侧向思维具有举一反三、触类旁通的作用。

侧向思维要在一定的条件下才能发挥作用，从而帮助各级管理者找到解决问题的方法。管理者所研究的问题，必须成为他坚定不移的研究目标，成为他梦寐以求的答案。只有这样，他的大脑皮层才会对这个问题建立起一个相应的“优势灶”，这就是侧向思维取得成功的最重要的条件。

以科学研究为例，阿基米德由于整天冥思苦想“金冠之谜”，所以看到从浴缸溢出的水的体积跟自己入水部分一样大时，如获至宝。当一名现代企业管理者把某一问题当作坚定不移的研究目标时，他的大脑皮层就会建立起一个相应的“优势灶”。这样，侧向思维感受到刺激，大脑就会在所研究的问题上对它做出反应，提出问题，形成概念或产生新的思想。

在企业管理活动中，侧向思维的灵活运用对于拓宽视野、启迪思想、获取理想的经济效益和社会效益，显得尤为重要。

8）发散思维

发散思维也叫多路思维、立体思维、求异思维。发散思维是沿着不同的方向、从不同的角度思考问题，从多方面寻找解决问题答案的思维方式，多思路、多方面地去思考问题，而不是一条路走到黑，这是发散思维最根本的特点。

发散思维从一个思维对象出发，充分展开想象的翅膀，让“想象”这匹骏马在自由联想的田野上奔驰，在强制联想的领域里歇脚，在对比联想、接近联想和相似联想的土地上分别涉猎。

就像一个光源向四面八方发射出无数条光线一样，使我们的思维纵横交错，构成丰富生动的“意识之网”。它蕴含着丰富的想象和联想，有着正向、侧向、反向等多种方向，可以迅速而灵活地编织出多种多样的“意识产品”。

9）收敛思维

收敛思维也是一种创造性思维，是以集中思维为特点的逻辑思维，它又叫求同思维、复合思维。平时开会，在大家发言的基础上，我们总要把论题和意见集中一下，这就是思维的收敛过程。

收敛思维认定在一定条件的限制下，某个问题仅有一种答案。为了获得这个正确答案必须使多路思维“集”向某个中心点，即指向这一答案。这一“个性”特点决定了收敛思维的基本功是抽象、概括、判断和推理的能力。

它把遐想千里的发散思维牵引回来，向某一思维节点发起思维攻势，这种思维攻势是多侧面、多角度的，在时间上具有连续性、在空间上具有立体性。

收敛思维的最大优点在于：它能去发散思维之粗而留其精，去发散思维之伪而留其真，提纲挈领，收思绪之行而理之，集思绪之束而用之，使思路逐步清晰，问题慢慢减少，本质渐渐显露。

10）定量、定性思维

定量思维的特点是：把数量分析作为过程的基本组成部分，而且强调数量分析是决策的依据。

定性思维是以对事物的定性分析作为基本思维过程，思考的侧重点在于事物的性质、特点，而非数量化方法。

马克思非常注意研究数学，他认为：一种科学只有在成功地运用了数学时才有可能达到真正的完善。目前，包括社会科学在内的各类学科的数量化趋势都在增强，自然科学、社会科学、思维科学普遍处于定量化的过程之中。这些都大大促进了人们思维的准确化、深刻化，从而使思维的定量化成为现代思维方法的重要特征。

在社会化大生产条件下，对于一项重大项目的决定绝不能光凭经验，而要采用已经比较成熟的、定性与定量分析相结合的可行性研究的科学方法，经过周密的系统分析，选择优化方案。

企业管理工作亦不能停留在单凭管理者个人经验和意志办事的传统方法和水平上，要像研究自然科学一样，也必须采取思考、计量、决策这样一个思维过程来进行。这样一种思维过程，我们叫作定量思维方法。

但是，也应该看到，企业管理工作的随机性非常强，靠定量的数学方法可以起到一定的作用，但完全公式化也没有必要，因为最后的拍板还得靠管理者的定性分析和直觉判断。

对现代企业管理者来说，他们既要认识到管理活动向定量发展的趋势，在学习一定的管理数学知识的基础上强化自己定量评价事物的意识，又要注意到定性思维方法的作用，将定性思维与定量思维方法有机地结合起来，从而真正实现管理决策的科学化、民主化。

11）模糊思维

模糊作为精确的对立面，曾经是不受欢迎的字眼。人们总是避免模糊，力求精确，特别是一提到定量分析，必然会联想到精确。

人们在实践活动中，总是会遇到许多与模糊有关的概念，在日常生活中自觉或不自觉地使用着大量的模糊语言。例如，“今天温度很低”“这里气候潮湿”中的“很低”“潮湿”就是一些不确切的概念，很难也没有必要做出精确的回答。

同样，“美与丑”“明与暗”“好与坏”，这些概念之间也没有截然可分的界限，也属于模糊概念。由此可见，人类进行生产实践和科学实验，运用模糊概念和模糊思维是不可避免的。

现代企业管理者必须认识到，随着社会的科学化和科学的社会化，研究的对象越复杂，就越难精确化。

也就是说，在一定的阈值之上，精确性和复杂性是互相排斥的。在企业管理活动中，现代企业管理者要把握好精确思维与模糊思维的关系。在日常生活中，也有这方面的例子。例如，作为一名企业管理者，对有些事、有些话不要过分敏感。有些话对方出于无意，你过于敏感了，就显得多疑与偏执。有些事，对方不是这个意思，你却想入非非，彼此也就难以投机。古人说：“君子坦荡荡”，有些事情不必认真，“模糊”有时反而比“精确”好。

小思考 10-5

小思考 10-5

答案

问：水至清则无鱼，人至察则无徒。你怎样理解这句话？

12）底线思维

底线思维是一种以底线为导向的思维方法，认真计算风险，估算可能出现的最坏情况，并且接受这种情况。它要求凡事从坏处准备，努力争取最好的结果，做到有备无患、遇事不慌，牢牢把握主动权。

习近平总书记曾在讲话中指出：各级领导干部要善于运用底线思维。运用这种思维方式对于我们准确地判断前进道路上的各种风险挑战，同时采取应对之策，化挑战为机遇，具有重要意义。我们看形势、做决策都要坚持“两点论”。既要看到有利的一面，也要看到不利的一面。要居安思危，增强忧患意识，把形势想得更复杂一点，把挑战看得更严峻一些，做好应对最坏局面的打算。为此就要增强前瞻意识，把工作预案准备得更充分一些、更周详一些，做到心中有数，处变不惊。只有这样，才能在工作中掌握主动，化危机为契机、变挑战为机遇，提高领导者的管理水平。

10.3.3 领导者的心理特征

领导者的心理特征主要强调以下几点：

（1）观念上的战略型特征。

现代生产是社会化的大生产，现代经济建设同样是系统化的经济建设，时代要求领导观念必须有一个相应的转变，这就是从“生产型”“事务型”向“经营型”和“战略型”转变。因而，领导不仅要着眼于具体的战术性决策，更重要的是要着眼于未来、着眼于发展、着眼于战略上的决策。

（2）思维上的创新型特征。

这种特征是领导者创新意识的体现，它不受任何条条框框的束缚和限制，表现了实事求是、勇于探索、开拓创新的科学态度和进取精神，如科学上的发现、技术上的发明、管理上的革新理论等。

同样，在考虑企业发展的时候，只有能够在企业内部挖掘新的资源，注意技术、经济、社会、心理等方面的新变化，不失时机地采取可能成功的新行动，才能不断地走向成功。同时，能够预见到新的限制条件，优化对现有资源的利用和控制，表现出敏感的反应能力和灵活性，这样才能为企业带来新的生机。

思维上的创新是事业发展的重要前提，没有这种创新的思维就不会带来创新的行动。

（3）心理上的主导型特征。

这种特征是与依附型特征相对立的，它是具有战略眼光、创造能力的。若一位领导毫无主见，总是依靠别人来筹划对策和办法，那么他所领导的部门将是毫无生气的。

但主导型并不等于专断型，它是在民主集中制的基础上的主导型，也是在自己职权范围内的主导型。

（4）知识结构上的“T”形特征。

这是体现领导知识化、专业化的一个重要特征，但它并不等于有知识、有专业技能的人就可以成为一个好的领导者。

所谓“T”形特征，就是指领导者必须具有先专后博的知识结构，集专、博于一身，基础比较厚实，知识面较广，能够综合运用各类知识，高瞻远瞩，展得开，推得动，收得拢。否则，知“专”不知“全”，见树不见林，无法统筹全局。

实践证明，领导者的“T”形知识结构和专门家的知识结构是不同的。专门家的知识结构是倒“T”形结构，即首先应有比较宽广厚实的基础，然后在此基础上发展自己的专门知识和能力。

（5）作风上的果断型特征。

这种特征是与谨小慎微、优柔寡断和拖拉作风相对立的，是现代领导的一个重要心理特征。它要求领导者决策果断，作风果敢，勇于在风险中求生存、求发展，具有冲破一切阻力和困难的气魄、百折不挠的韧性，它是果断、顽强和熟虑等特征的综合体现。

（6）性格上的外倾型特征。

领导是被领导者的领头人，是协调和处理人与人之间关系和人与客观环境之间关系的决策者。

因此，领导必须善于交际、开朗乐观、坦率随和，具有一定的交际能力和风度，向性格上的外倾型发展。沉默寡言、不善于交际、性格非常内向的领导者很难成为一个有效的领导者。

从现代科学技术的发展与人的观念的发展来看，外倾型特征必须具备五大取向：

一是未来取向，即要面向未来，因为各种挑战总是在未来；

二是环境取向，即要适应环境的不断变化，协调好各种关系；

三是动态取向，即要动态地调整目标与对策，灵敏地捕捉各种新的信息，不断创新；

四是理性取向，处处以客观事实和逻辑推理为依据，不受情绪和直觉的支配，不受非正常关系的影响；

五是社会取向，即不危及社会公德和人民的利益。

补充阅读材料10-8　管理者的技能

管理学家孔茨提出，管理者必须具备三个方面的技能，即技术技能、人际技能和概念技能。

（1）技术技能。

它是指管理者掌握与运用某一专业领域内的知识、技术方面的能力。技术技能包括：专业知识、经验；技术、技巧；程序、方法、操作与工具运用熟练程度等。这些是管理者对相应专业领域进行有效管理所必备的技能。管理者虽不能完全做到成为内行、专家，但必须懂行，必须具备一定的技术技能，特别是一线管理者更应该如此。

（2）人际技能。

它是指管理者处理人事关系的能力。人际技能包括：观察人、理解人、掌握人的心理规律的能力；有效开展人际交往，与他人融洽相处，增强向心力、凝聚力的能力等。

在以人为本的今天，人际能力对于现代管理者是一种极其重要的基本功，没有人际技能的管理者是不可能做好管理工作的。

（3）概念技能。

它也称构想技能，指管理者观察、理解和处理各种全局性的复杂关系的抽象能力。概念技能包括：对复杂环境和管理问题的观察、分析能力；对全局性的、战略性的、长远性的重大问题的处理与决断能力；对突发性紧急事件的应变能力等。其核心是一种观察力和思维力。这种能力对组织的战略决策和发展具有极为重要的意义，是组织高层管理者所必须具备的，也是最为重要的一种技能。

不同层次的管理者对管理技能的需要具有差异性。上述三种技能，对任何管理者来说都是应当具备的。但不同层次的管理者，由于所处的位置、作用和职能不同，对三种技能的需要程度明显不同。高层管理者尤其需要概念技能，而且所处层次越高，对概念技能的要求也越高。概念技能的高低，成为衡量一个高层管理者素质高低的最重要的尺度。而高层管理者对技术技能的要求就相对低一些；与之相反，基层管理者更重视的却是技术技能。由于他们的主要职能是现场指挥与监督，所以若不掌握熟练的技术技能，就难以胜任管理工作。当然，相比之下，基层管理者对概念技能的要求就不是太高。各层次管理者对技能需要的比例如图10-4所示。

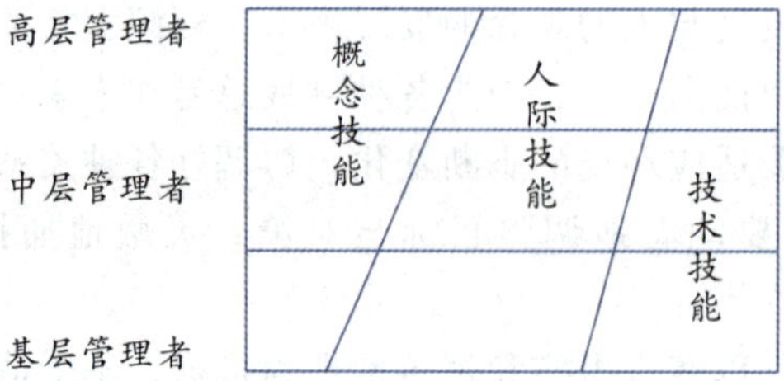

图10-4　各层次管理者对技能需要的比例

10.3.4　管理者的个性品质与心理健康

1）管理人员的个性

管理者的管理能力是重要的，而他们的个性特征也是重要的，是管理人员选拔和培养中值得注意的素质要求。

（1）管理欲望。

这是有成就的管理人员的基本要求之一。管理者的个性中有较强的支配欲，同时愿意承担责任。他们喜欢管理工作，有影响他人的欲望，也有与他人共同努力取得成果的欲望，许多人被管理层的地位所吸引，但缺乏创立一种共同的工作环境以实现共同目标、取得成绩的基本动力。管理者必须具备的是“从事管理工作的志愿”，而这意味着个人努力、充沛的精力和长时间地脱离家庭生活。

（2）正直。

管理者应是值得信任的，在同他人交往中是诚实、坚持真理、意志坚强、行为符合道德伦理标准的人。福特公司的总裁亨利·福特二世讲过，“诚实、公正和开明是一些感人的品质”。百事可乐的唐纳德·肯德尔也把职业道德和正直列为经理的根本品质。

（3）情绪成熟、愉快。

情绪成熟体现了坚定、稳定、冷静、自信，而情绪愉快则表现出同情、合作、热情的特点。有效的管理者无论对自己还是对他人，都有良好的情绪，他们既不颓废，也不是工作狂，更不会总是大发雷霆。这是管理者的一个重要品质。

（4）移情。

在心理学中，移情是指一个人将自己的意识想象地投射到他人身上的心理现象。在日常生活中，可以把它通俗地解释为将自己置于他人的位置，设身处地地领会他人的情感、好恶和价值观等，也就是常说的换位思考。善于移情的管理者会真诚而努力地了解下属、关心下属。

（5）责任感。

它是指严肃认真，工作努力而勤奋，不逃避责任；完成任务和上级的指示，任劳任怨。

（6）心智。

高效的管理者的智力总是较优秀的。这里包括了想象、好奇心、文化、开放的经验和良好的思维力、反应力等。

2）制约管理有效性的个人因素

英国管理咨询家M.伍德科克和D.弗兰西斯指出了11个制约管理有效性的个人因素。这些因素包括管理人员身上不具备或没有得到发展的某些能力，也包括那些阻碍领导潜能发展的个性特点。

（1）自我管理。

不善于自我管理的人，就不能充分合理地利用自己的时间、精力和技能，不善于应对现代管理甚至个人生活中的突发事件。不善于自我管理的管理者要努力营造轻松的氛围，缓和紧张感，以保持身体健康和良好的工作状态。

（2）价值取向。

现代管理把效率、个人潜能的实现和发展、社会公益等看作个人的价值取向。价值取向不适当的管理者表现为对个人和社会价值观缺乏明确的认识，存在着与当前事业或生活条件不相适应的取向，或者表现为缺乏信念和自我意识。

（3）成就需要。

成就动机不强的管理者对自己的事业缺乏长远打算，宁愿维持现状而缺乏冒险精神，对新事物、新环境缺乏激情，敏感性较低。

（4）自我发展。

自我发展停滞不前，表现为不能克服自己的弱点、战胜自己，对尖锐的矛盾倾向于逃避。

（5）解决问题。

解决问题的方式缺乏新意，缺少做出有效决定的魄力；在信息处理、计划商讨等具体环节方法单一。

（6）创新性。

不善于做出标准化的决定，没有能力革新和发明。缺乏创新意识的管理者常受思维定式的影响，在工作中自己不能产生新思维、新方法，也不能激发和评价下属的创造发明，他们不愿进行实验和冒险。

（7）影响力。

缺乏影响力的管理者，不善于暗示他人，不注意倾听他人的意见，不能使周围的人们追随自己，在争议中常倾向于妥协；与之相处困难，不可信赖，他们也很少能够得到来自每个成员的协助与参与。

（8）管理哲学。

管理哲学不顺应潮流，对现代管理思维了解不足，观念陈旧；领导作风不合时宜，武断权威，缺乏人情，体现为不了解下属，不信任他们，不激励他们。

（9）领导技巧。

与下属的关系紧张，不能授权他人。在无技巧的领导下工作，下属通常感到不满足，不能发挥已有的工作水平，也不愿真正配合管理者的工作。集体的心理气氛欠佳，工作效率不高。

（10）教育他人的能力。

管理者缺少帮助他人发展的愿望，不具备一个领导者的品质（如宽容、真诚、耐心）。不能对下属的工作提出问题或及时反馈，即使进行了沟通和评价，多半也是形式和表面上的，因而也难以得到下属对其管理工作优劣的反馈。

（11）组织群体的能力。

建设群体、协调关系能力弱的管理人员，不善于统一思想，难以建立和睦、团结、工作高效的团队；不能使群体成员在工作中得到满足、实现自我价值；更不能营造良好的工作环境。

3）领导者心理健康与调适

世界卫生组织曾为心理健康下过定义：心理健康是指个人的心理活动始终能保持积极的状态，能够适应各种各样的环境，经受得起外界不利因素的影响，顺利地度过社会变故和灾难，能够进行积极的自我调整并为社会发挥最大的聪明才智。可见，心理健康的基本标志是既要对社会有良好的适应性，又要有推进社会发展的创造性。几种常见的不健康心理障碍包括：

（1）不良的个性。

个性正常与否主要看其与社会环境的适应程度。对企业领导人而言，若个性不良，往往会事倍功半，造成上下级关系不和谐，甚至会影响领导者自身的健康，如许多领导者易患高血压、心脏病，其客观原因与领导者所处的位置、环境以及所承受的工作压力有关；主观原因则由其不良个性所决定。这些领导者多为A型性格。A型性格的特征是：争强好胜、追求完美、言语急躁、富有感情、总觉得时间不够用等。面对日常工作中经常会出现的事与愿违的情况，这类领导者心理失衡，从而导致血液循环系统的失衡，引发心脏病的可能性就较大。

（2）焦虑症。

它是神经官能症的一种，是一组大脑功能暂时失调的心理障碍。其表现以突如其来的和反复出现的莫名其妙的心理恐惧为特点，一般同生活紧张、工作重压、人际关系不良等精神因素有关。

其具体表现为注意力不能集中、精神不安、忧虑烦恼、多愁善感、惶惶不可终日、总担心自己和家人会发生某种不幸，有时有恐惧的对象，有时则无恐惧的对象。伴之躯体的症状为心悸、胸闷、头晕、疲劳乏力、消化不良、睡眠障碍等。

（3）抑郁症。

它客观上多由某些突发事件所引起，如亲人离世、离婚、被遗弃、工作受挫、伤残、疾病等。

其表现为持久的情绪低落、悲哀和郁闷、终日长吁短叹、无精打采，甚至默默流泪，有的还伴有挥之不去的自杀念头。

（4）疑虑症。

此种心理症状往往由人际关系失调所引起。其主要表现为担心上级领导不信任自己，怀疑别人在领导面前说自己坏话，在工作中给自己作梗，认为他们故意刁难自己。尤其在领导班子不太团结时，此症状的患者严重时只要看到一些与自己不是"一派"的人聚在一起，就认为他们一定是在商议跟自己作对的计谋等。

据日本精神保健组织专家冈本常男统计，尽管多数企业领导人并没有前述一些症状的明显表现，但类似神经症的症状或多或少存在。对此，不必害怕，也不需求医问药，只需要进行不同程度的心理治疗。在我国目前的情况下，这种心理治疗更多的是靠个人的自我调节。

小思考10-6

答案

小思考10-6

问：有人说，冲动是魔鬼，对吗？

补充阅读材料10-9 "乐商"（HQ）

人面对各种压力时，迫切地想从中破茧而出，于是"乐商"（HQ）这个概念应运而生。乐商这个概念最先由《乐商》的作者任俊提出。

乐商是指人们在良好心态和积极行为的影响下，达到自我愉悦的精神境界，能在人际交往中创造一种令人愉悦、有趣的沟通氛围的能力，是现代化的智力生产力。意即做个有趣的人，比做个有用的人更有价值。

美国专家曾发表一篇研究报告，研究结果显示：一个人年少时越乐观（乐商水平越高），长大后就越会赚钱。16～18岁时乐商水平最低者，到29岁时平均收入比同年龄段群体的平均收入少30%；16～18岁时乐商水平最高者，到29岁时收入比同年龄段群体平均收入高10%。

4）如何保持心理健康

（1）培养良好的个性。

良好的个性是指人们与他人打交道的良好能力。个性的形成有其先天因素，更主要的是后天环境和社会实践的影响。个性一旦形成具有相对的稳定性，但并非一成不变。尽管纠正不良个性难度大，需要的时间长，但只要认识充分，下定决心，持之以恒，是终可奏效的。

纠正了不良个性就等于排除了心理障碍，疏通了血液循环。因此，要积极主动地培养良好的个性。例如，克服完美主义假想，决策时用满意原则代替最佳准则，与人交往中要取长补短，处理问题时力求大事精明、小事糊涂，生活中不必把弦绷得太紧，注意劳逸结合等。比如，要建立以快治快、以应变对多变的现代生活模式，以面向未来的生活倾向来达到心理上的平衡，从而减轻现实生活给我们造成的心理压力。

（2）正确对待挫折。

任何人在生活中，挫折总是难免的，企业领导人尤其难免。有些挫折可能是主观因素造成的，如经营决策不当而使企业陷入困境等。更多的挫折可能是外界因素造成的，如环境突变、政策倾向、上级态度、遭受诬陷等。要力求保持“达观”的情绪来正确对待挫折。

所谓达观，是既不消极悲哀、怨天尤人，又不回避现实、盲目乐观，是正视现实、承认现实、立足于现实，冷静地分析原因，寻找走出困境的道路，然后，争取得到上下共识，一步一个脚印地带领员工走出低谷，攀登新的高峰。

（3）贵有自知之明。

领导者要正确地了解、评估自己。既不要过分自信，只看到自己的长处和优点，不注意自己的短处和缺点，从而产生自满自负的骄狂心理；也不能低估自己，只看到缺点和不足，看不到自己的长处和优点，从而导致自责内疚的自卑心理。此外，领导者还要有适度的抱负。

所谓适度，就是量力而为，根据自己的实际情况为自己确定一个“跳一跳够得着”的目标。不切实际的过高目标，会因实现不了而导致心理挫折。

一般来说，对于多数企业领导人，遵从“有小求而无大欲”可谓良策。扎扎实实地进取，不断地实现一个高于一个的“小求”，就能既保持个人良好的心态，又给事业做出不小的贡献。

（4）进行自我调节。

自我调节的方法主要包括：

第一，自我松弛法。

其具体方式有：

①呼吸放松法。鼻吸口呼，吸气时腹部鼓起，稍停顿，再慢慢呼气。呼气时间逐步延长，但不要憋气，尽量使呼吸动作深沉而平稳。

②肌肉放松法。找个清静地方，闭上双眼，采用先收紧后张开、先提升后下降等方式使四肢乃至全身的肌肉形成由紧张到放松的循环。

③精神放松法。集中精神回忆一些令人愉快的生活体验，或想象一些美好的情景，如青山绿水、鲜花清泉、白云明月、冰雕雪景等。以上方式都能促使情绪平静，增强血液循环，从而达到消除紧张情绪、克服疲劳、恢复活力的目的。

第二，发泄疗法。

人们处于高度紧张状态之下会以紧张的情绪反应代替理智行为。只有这种紧张情绪以适当的方式发泄出来，才能恢复理智状态。

精神发泄方式多种多样，只要不损伤别人的情绪或影响群众的团结，采用哪种方式均可，如找一个僻静无人的地方大喊大叫，以吐胸中积郁；或者找知心朋友诉说自己的烦闷，尽管对方未必真能提出好的解决症结的办法，但只要能耐心倾听，加以适当劝说开导，往往就会达到松弛紧张情绪、恢复良好心态、重新振作精神的目的。

第三，精神转移法。

心理障碍的形成是逐步积累出来的，有些不良个性甚至在长年累月中已成定式。强制自己不焦虑、不恐惧、立即乐观起来，恐难以奏效。改正面治疗为迂回战术，采用转移注意力的方法，反倒会取得较好效果。如看电视、听音乐、绘画练字、读书看报等。若条件允许，最好的办法是转换生活环境（如外出旅游）。国外盛行带薪度假以恢复精力、体力的做法，有些企业还把总结反思、战略决策性的会议转移到高山上、密林中的疗养院召开。

其他如变换工作法、顺其自然法等都是自我调节的方法。需要注意的是，克服心理障碍虽然主要依靠自我调节，但如果能在专家指导下进行，则成效会更显著。发达国家已把心理咨询正式列入医疗科目，心理咨询医师的地位也高于其他科的同行。我国近年来也开展了这方面的研究和应用工作。一般的大中城市已有专门的心理咨询机构，许多医院也设有心理咨询门诊。因此，当面对重荷而感到心理压力太大时，应当及时向心理医生咨询，寻求帮助，以保持心理健康。

管理寓言10-2　逆境时，你如何反应？

一个女儿对父亲抱怨她的生活，抱怨事事都那么艰难，她不知该如何应付生活，想要自暴自弃了。

她的父亲是位厨师，他把她带进厨房。他往第一口锅里放了些胡萝卜，第二口锅里放入鸡蛋，最后一只锅里放入碾成粉状的咖啡豆，他分别向三口锅内倒入开水，放在火上煮，一句话也没说。

女儿咂咂嘴，不耐烦地等待着，纳闷父亲在做什么。大约过了20分钟，他把火关了，把胡萝卜捞出来放入一个碗内，把鸡蛋捞出来放入另一个碗内，然后又把咖啡舀到一个杯子里。做完这些后，他才转过身问女儿："亲爱的，你看见什么了？""胡萝卜、鸡蛋、咖啡。"女儿回答。

他让女儿靠近些并让她用手摸摸胡萝卜。她摸了摸，注意到它们变软了。父亲又让女儿拿一只鸡蛋并打破它。将蛋壳剥掉后，她看到的是一个煮熟的鸡蛋。最后，他让她啜饮咖啡。品尝到香浓的咖啡，女儿笑了。她问道："父亲，这意味着什么？"

父亲解释说，这3样东西面临同样的逆境——开水中煮沸，但其反应各不相同。胡萝卜入锅之前是强壮的、结实的，但进入开水后，它变软了、变弱了。鸡蛋原来是易碎的，薄薄的外壳保护着它液体状的"内脏"，但是经开水一煮，它的内脏变硬了。而粉状咖啡豆则更独特，进入沸水后，它反而改变了水。"哪个是你呢？"他问女儿，"当逆境找上门来时，你该如何反应？你是胡萝卜，是鸡蛋，还是咖啡豆？"

知识掌握

随堂测10

1. 如何定义领导和领导者？为什么说领导也是一门艺术？
2. 简要分析领导的功能。
3. 什么是领导者的影响力？它包括哪些基本内容？
4. 如何提高领导者的影响力？
5. 简述你比较赞同哪种领导特性理论。
6. 简述勒温和利克特的领导作风理论。
7. 领导者的心理特征包括哪些内容？
8. 领导者如何保持心理健康？

案例分析

西邻的5个儿子

一个叫西邻的人有5个儿子，一子朴，一子敏，一子盲，一子偻，一子跛。西邻将质朴的儿子安排去种地，将机敏的儿子安排去经商，让双目失明的儿子去卜卦，让驼背的儿子去搓麻绳，安排跛足的儿子去纺线。如此一来，5个儿子都从事着适当的工作，并且回避了自己的短处。

问题：1）西邻对5个儿子的安排得当吗？

2）此案例对管理活动有何启发？

实践训练

1. 情绪表达和了解的训练（6～8人一组，小组训练）

（1）准备一些小卡片，每张上面写有一种情绪，如喜悦、悲哀、恐惧、愤怒、惊奇、烦躁、忧虑、郁闷等。

（2）组织一个6～8人的训练小组，训练前将卡片发给每个成员，每人1～2张。要求每个人都要将自己的卡片收好，不能让别人看到。

（3）先让一个人将自己卡片上所写的情绪表达出来，同时要求其他成员进行仔细观察，看这个人表达的是什么情绪，并把观察结果写在一张纸上。小组成员不得相互讨论。按照这样的程序，每个成员都要轮流做一次。

（4）评分：观察正确或描述基本接近（如激动和兴奋）得1分，不正确得0分；表达准确或接近得1分，不准确得0分。若是6人的小组，能够准确表达自己的情绪（通过别人的观察得知)，满分应为5分，准确识别他人的情绪，满分也是5分。通过评分就可了解自己在表达和了解情绪方面的水平高低。

(5) 每人如此轮流一遍，以了解自己是否能恰如其分地表达情绪和了解别人的情绪。

2.情绪控制的训练（放松训练）

在具体进行放松练习前，应注意以下事项：选择一个光线柔和、安静无干扰的房间，尽量减少分心刺激；选择最舒适的坐姿，最好是坐在单人沙发或带扶手的椅子上；衣服要宽松，摘下眼镜、手表及饰物；在练习中注意肌肉紧松的感觉。下面教大家一个全身放松的训练方法。

预备动作：用舌尖顶住上颚，用鼻深吸一口气，憋气，然后用口慢慢地呼出气。再吸一口气，憋气，慢慢地呼出气……

正式操作：肌肉放松的部位是从下到上，即脚趾、小腿、大腿、臀部、腹部、胸部、肩、颈、臂、手、舌、嘴、眼、额头。操作要领是紧张时吸气，放松时呼气；每个动作持续各10秒，放松时也是如此；肌肉紧张时嘴里默念数字1至10。具体步骤为：①脚趾用力向下弯曲（屈趾）——放松；脚趾用力向上翘（翘趾）——放松。②小腿绷紧——放松。③大腿用力收紧——放松。④臀部上提——放松。⑤尽可能地收腹——放松；绷紧并挺腹——放松。⑥收胸——放松；挺胸——放松。⑦耸肩向后——放松；提肩向前——放松。⑧脖子尽量向下压——放松；脖子尽量向后仰——放松；脖子向左转——放松；脖子向右转——放松。⑨手臂向里屈——放松；手臂向外绷紧——放松。⑩手指向里弯（握拳）——放松，手指向外绷紧——放松。⑪舌头用力抵住上颚——放松；舌头用力抵住下颚——放松。⑫尽力张大嘴巴——放松；闭口咬紧牙关——放松。⑬睁大眼睛——放松；紧闭眼睛——放松。⑭眉头皱紧——放松。⑮用双手搓脸，达到全身放松的目的。

可别小看这种练习，当你熟练掌握之后，你就可以在短短几分钟内使自己紧张、不安的情绪放松下来。如长期坚持这种放松训练，不仅能消除紧张情绪，还可使你头脑清醒，提高记忆能力，有助于学习和工作。

【心理小测验】

测测你的领导作风

请用“是”或“否”回答如下各题：

1.你喜欢经营咖啡馆、餐厅之类的生意吗？

2.平时把决定或政策付诸实施之前，你认为有说明理由的价值吗？

3.在领导下属时，你认为与其一方面跟他们工作，一方面监督他们，不如从事计划、草拟细节等工作。

4.在你管辖的部门有一位陌生人，你知道那是你的下属最近录用的人，你不介绍自己而先问他的姓名。

5.流行风气接近你的部门时，你会让下属去追求。

6.让下属工作之前，你一定把目标及方法提示给他们。

7. 与部门内员工过分亲近，会失去他们的尊敬，所以还是远离他们比较好，你认为这种观点对吗？

8. 郊游之日到了，你知道大部分人都希望星期三去，但是从许多方面来判断，你认为还是星期四去比较好。你觉得不要自己做主，还是让大家投票决定好了。

9. 当你想要你管辖内的部门员工做一件事情时，即使是一件按铃召人即可做的事，你一定要自己去以身作则，以便他们跟随你做。

10. 你认为要撤一个人的职并不困难。

11. 越能够亲近下属，越能够好好领导他们，你认为对吗？

12. 你花了不少时间拟订了解决某个问题的方案，然后交给一个下属去执行，可是他总是找该方案的毛病，你对此并不生气，但是问题依然没解决让你坐立不安。

13. 充分处罚违反企业规范者是防止其他人违规的最佳方法，你赞成吗？

14. 假如你对某一情况的处理方式被提出异议，你认为与其宣布自己的意见是决定性的，不如说服下属请他们相信你。

15. 你是否允许下属为了他们的私事而自由地与外界的人交往？

16. 你认为你的每个下属都应对你抱有忠诚之心。

17. 与其自己亲自解决问题，不如组织一个解决问题的委员会。你觉得这种做法对吗？

18. 不少专家认为在一个群体中发生不同意见的争论是正常的。你赞成这种看法吗？

判断：

如果1、4、7、10、13、16题答“是”多，说明你具有专制型倾向。

如果2、5、8、11、14、17题答“是”多，说明你具有民主型倾向。

如果3、6、9、12、15、18题答“是”多，说明你具有自由放任型倾向。

主要参考文献

[1] 吕书梅. 管理沟通技能［M］. 大连：东北财经大学出版社，2018.
[2] 李亚轩. 管理心理学［M］. 北京：经济管理出版社，2018.
[3] 刁爱华，钟华，熊璐. 心理学与管理［M］. 长沙：中南大学出版社，2022.
[4] 肖祥银. 管理心理学［M］. 天津：天津科学技术出版社，2018.
[5] 钱力德. 团队管理心理学［M］. 北京：中华工商联合出版社，2020.
[6] 王垒. 组织管理心理学［M］. 北京：北京大学出版社，2020.
[7] 邓靖松. 管理心理学［M］. 北京：中国人民大学出版社，2018.
[8] 刘永芳. 管理心理学［M］. 北京：清华大学出版社，2021.
[9] 狄寒梅. 管理心理学［M］. 武汉：武汉大学出版社，2020.
[10] 高树军. 管理心理学［M］. 北京：科学出版社，2005.
[11] 朱吉玉. 公关心理学［M］. 3版. 大连：东北财经大学出版社，2013.
[12] 白振汉，陈德耀. 现代管理心理学［M］. 3版. 青岛：青岛出版社，2001.
[13] 苏东水. 管理心理学［M］. 4版. 上海：复旦大学出版社，2002.
[14] 王重鸣. 管理心理学［M］. 北京：人民教育出版社，2001.
[15] 赵中利. 现代秘书心理学［M］. 北京：高等教育出版社，2004.
[16] 况志华，徐沛林. 管理心理学［M］. 南京：南京师范大学出版社，2001.
[17] 俞文钊. 管理心理学［M］. 6版. 大连：东北财经大学出版社，2018.
[18] 刘亚臣，冯明凯. 现代管理心理学教程［M］. 沈阳：东北大学出版社，2003.
[19] 安应民. 管理心理学［M］. 北京：中共中央党校出版社，2002.
[20] 孙喜林. 管理心理学［M］. 大连：东北财经大学出版社，2019.
[21] 马银春，吴学刚. 读三国学做人做事［M］. 北京：中国物资出版社，2005.
[22] 何帆生. 每天学点管理心理学［M］. 北京：五洲传播出版社，2010.
[23] 卡耐基. 成功交往法则［M］. 鄢爱华，张弘，译. 呼和浩特：远方出版社，2003.
[24] 石森. 管理心理学［M］. 北京：机械工业出版社，2004.
[25] 徐子建. 组织行为学［M］. 北京：对外经济贸易大学出版社，2005.
[26] 严文华. 跨文化沟通心理学［M］. 上海：上海社会科学院出版社，2007.
[27] 高树平. 管理心理学［M］. 北京：科学出版社，2005.
[28] 韦里克，孔茨. 管理学［M］. 11版. 马春光，译. 北京：经济科学出版社，2004.
[29] 陈讲红. 心理学与领导力［M］. 北京：中国法制出版社，2015.
[30] 陈红. 管理心理学［M］. 上海：华东师范大学出版社，2014.
[31] 沈默. 管理要懂心理学［M］. 北京：北京理工大学出版社，2014.
[32] 明道. 心理学与管理：案例应用版［M］. 北京：中国法制出版社，2015.

主要参考文献

[illegible]